VOYAGES

DANS

LES DEUX OCÉANS

TYPOGRAPHIE PLON FRÈRES, 36, RUE DE VAUGIRARD

VOYAGES

DANS

LES DEUX OCÉANS

ATLANTIQUE ET PACIFIQUE

1844 A 1847

BRÉSIL, ÉTATS-UNIS, CAP DE BONNE-ESPÉRANCE, NOUVELLE-HOLLANDE,
NOUVELLE-ZÉLANDE, TAITI, PHILIPPINES, CHINE,
JAVA, INDES ORIENTALES, ÉGYPTE

PAR

M. EUGÈNE DELESSERT

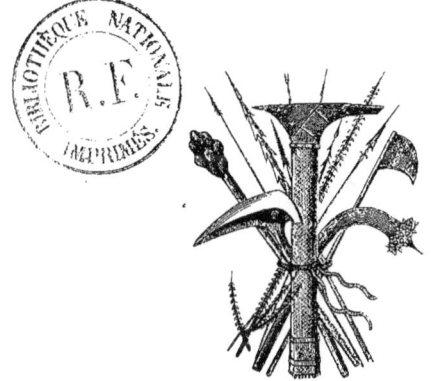

PARIS

A. FRANCK, LIBRAIRE, 69, RUE RICHELIEU

MDCCCXLVIII

A la Mémoire

de M.

Benjamin Delessert

Hommage & respectueux souvenir

d'Eugène Delessert.

BRÉSIL, CAP,

NOUVELLE-HOLLANDE,

TAÏTI, MANILLE.

REINE POMARÉ (Taïti).

INTRODUCTION.

Monsieur Benjamin Delessert, dont la mort inattendue a jeté le deuil dans notre nombreuse famille, et auquel j'avais adressé quelques détails sur la colonie de la Nouvelle-Hollande, a été assez bienveillant pour trouver quelque intérêt à mes observations. Par bonté pour moi, et aussi pour pouvoir faire connaître à nos parents et amis l'emploi de mon temps, il voulut faire imprimer mon journal que j'ai toujours eu le soin de tenir exactement pendant le cours de mes voyages. Je n'avais pu lui adresser cependant que la première partie de mes notes sur Sydney, parce que je savais lui être agréable en lui communiquant de suite quelques détails sur les heureux résultats obtenus en peu de temps dans cette colonie, et ce qui me détermine aujourd'hui à les publier toutes, c'est que je me crois obligé de suivre ses intentions, et c'est à lui, qui n'est plus, que je me recommande encore pour obtenir l'indulgence avec laquelle il accueillait les moindres travaux entrepris dans un but utile.

Vers la fin de 1839, je partis pour le Brésil, où je fis un assez long séjour; de là je passai aux États-Unis, où m'appelaient mes affaires, et, après avoir visité ce pays de liberté et de progrès, j'étais de retour à Rio-Janeiro à la fin de décembre de l'année suivante. Quelque temps après, ma santé se trouvant altérée par la fatigue et les chaleurs continuelles, je me décidai à rentrer en France, où j'arrivai en juillet 1841.

Trois ans plus tard, encouragé par mon père, qui lui-même a fait de longs voyages aux Indes, je quittai une seconde fois le Havre, au mois d'août 1844, pour me rendre à la Nouvelle-Hollande. Je visitai une partie de l'Océanie, les îles de la Société, Java, les Philippines, la Chine et les Indes-Orientales. Après trois ans d'absence, je revins en France par la mer Rouge, l'Égypte et la Méditerranée.

Je crois avoir rapporté de tous les pays que j'ai visités des collections importantes d'objets d'art et d'histoire naturelle; mais, comme l'a déjà dit M. Benjamin Delessert, mon livre n'est point une relation de voyage, il est publié comme simple souvenir et n'a pas d'autre prétention.

PREMIÈRE PARTIE.

VOYAGE AU BRÉSIL.

Je partis du Havre pour le Brésil vers la fin de 1839. La traversée se fit en cinquante-sept jours. On comprendra facilement que ce ne fut pas sans éprouver de vives émotions que je quittai ma famille; je ne parlerai donc pas de cette séparation et encore moins des lenteurs et des ennuis de la traversée; il me suffira de dire qu'il y avait à bord une trentaine de passagers de tout âge, hommes et femmes, formant une petite république assez difficile à gouverner.

Aussi ce fut un heureux jour pour moi que celui où nous arrivâmes enfin à Rio : mes regards pouvaient assurément se porter sur les plus ravissants points de vue, mais il fallait plus de calme pour en bien jouir. J'étais pour le moment tout au plaisir de quitter cette prison de bois, où le caprice des vents, la monotonie d'un long voyage et les mille accidents peu variés d'une traversée fatigante, finissent par émousser tous les sentiments, pour ne laisser de place qu'à un ardent désir de toucher terre : elle était là, devant nous, cette terre tant désirée et que nous allions enfin aborder.

L'expérience m'a appris que le voyageur qui parcourt des contrées lointaines ferait sagement de prendre connaissance du tarif des douanes de tous les pays qu'il veut visiter. Je n'avais pas eu la précaution d'étudier ces tarifs, et force me fut de laisser mes bagages entre les mains des employés fiscaux, qui, sur ce point du globe comme chez toutes les nations civilisées, se distinguent par un excès de zèle trop souvent peu courtois.

Mais, pendant qu'on transportait du navire au port les effets et la cargaison, j'oubliai le navire et la traversée, je prenais terre avec les yeux. Rio-Janeiro, vue du port, présente un des plus délicieux points de vue du globe : les hauteurs sur lesquelles sont bâtis les couvents, et les montagnes des envi-

rons, parsemées de maisons de campagne et de jardins, offrent une vue aussi
variée qu'imposante. A quelque distance apparaissent les *Orgues*, pittoresques
élévations dont la disposition bizarre justifie le nom qu'elles portent.

Route de la Gloria à Rio.

Sous ces premières impressions, je m'acheminai d'un pas léger vers les amis
qui m'accueillirent avec cette bienveillance du cœur que le savoir-vivre n'imita
jamais. Me voici donc installé au Brésil et pour un peu de temps. Je ne dirai rien
non plus des émotions passagères, des impressions personnelles et de ces mille
riens qui intéressent l'individu, et qui le plus souvent ne peuvent se bien rendre.

Le voyageur qui de la mer aperçoit pour la première fois la terre du Brésil
ne voit d'abord qu'un pays élevé, agreste, accidenté; mais que le spectacle est
différent lorsqu'il s'avance dans les terres! il découvre les sites les plus pittoresques : des montagnes richement boisées et des vallons couverts d'une verdure éternelle. On dirait une immense forêt, tant la végétation est puissante ;
mais celui qui voudrait connaître dans toute sa beauté cette terre si riche de
son soleil, de ses eaux, de ses arbres et de ses campagnes, devrait entrer au
Brésil par le détroit qui sépare Sainte-Catherine du continent. Qu'il ne se hâte
pas trop, afin de jouir à l'aise de ses impressions. Les magnificences de ces
lieux, la majesté des sites, le grandiose des expositions provoqueront sans
cesse son admiration.

Nous sommes en route par le point que nous avons indiqué. Voici d'abord que s'élèvent comme par enchantement, du fond de la mer, des rochers coniques chargés de verdure : là, vous avez des massifs d'orangers et de citronniers; plus loin, d'immenses plantations de manioc, de riz, de café, de maïs et de sucre. Les diverses transformations d'une nature luxuriante passent tour à tour sous vos yeux pour varier la scène.

Si la solitude avec sa grandeur nous lasse, côtoyons ces riantes baies dont les rives sont bordées de maisons gracieusement exposées, qu'entourent de vrais jardins enchantés. Nous pouvons même assister quelque part à la pêche de la baleine, et dans d'autres lieux recueillir ce *murex* précieux qui fournissait la pourpre des rois et un grand nombre de jolies coquilles. Une immense plaine, elle s'appelle *Corritiva*, qui nourrit de nombreux troupeaux, nous rappellera l'Europe par les fruits qu'elle produit comme des enfants de son adoption.

Respirons un instant à *San-Francisco*, afin d'admirer la gigantesque majesté de ces forêts aussi vieilles que le monde, et qui seules pourraient nous révéler l'histoire des habitants autochthones de ces contrées sauvages. Les siècles ont passé sur leurs têtes sans en altérer la fraîcheur toujours renaissante. Dans les temps pluvieux, nous aimerons à voir la jolie ville de Saint-Paul sortir toute verdoyante, toute parée du sein des eaux, comme la Vénus mythologique. Ici la nature multiplie ses spectacles, qui se renouvellent à chaque pas : voici des arbres séculaires caressés par les lianes aux capricieuses arabesques, des montagnes qui menacent le ciel : de leurs flancs s'élancent des fleuves nombreux, artères bienfaisantes qui vont porter la fécondité dans les vallées et établir les communications sociales ; puis les gras pâturages, les terres qui rapportent sans culture ; et, pour peu que vous y teniez, je puis vous montrer ici le désert de sable, comme en Afrique, avec ses mirages fantastiques et ses ravissantes oasis.

Reprenons un peu géographiquement l'exposition de tous ces accidents, et fixons d'abord la position du pays qui nous occupe ; nous en découvrirons plus facilement ensuite le cours de ses rivières et la direction de ses montagnes, l'étendue de ses plaines et la position de ses villes.

Le Brésil, depuis le fleuve des *Amazones*, presque sous l'équateur, au deuxième parallèle de latitude nord, jusque vers le fleuve de *la Plata*, au 35° de latitude sud, s'étend en longueur sur près de neuf cents lieues communes ; sa plus grande largeur, de l'est à l'ouest, est d'environ huit cents lieues, et il renferme en surface plus des deux cinquièmes de l'Amérique méridionale. Les rivages et les sinuosités de la mer lui donnent plus de douze cents lieues de côtes. Sa surface est au moins de quatre cent quatre-vingt mille lieues carrées. Sa forme est celle d'un triangle irrégulier. Il confine au sud et au nord-est avec l'Océan Atlantique ; au nord, avec la Guyane française et la Guyane espagnole, qui fait partie de la république de Colombie ; à l'ouest, avec cette même république, le Pérou et les provinces du *Rio de la Plata*. Sur plusieurs points de cette frontière, les limites ne sont pas marquées avec précision, car souvent elles se trouvent dans des cantons déserts ou habités par des peuples sauvages.

Le Brésil, dans la province de *Rio-Janeiro* surtout, me donna le souvenir de la Suisse sous les tropiques : ce sont bien les mille élévations désordonnées du terrain, les roches abruptes et les pics sourcilleux, les arbres touffus et les fraîches cascades qui se précipitent. J'y cherchai vainement, à mon grand regret, la neige éblouissante que le paysagiste aime tant et que les chaleurs équatoriales font tant désirer. Mais laissons là l'Helvétie : elle ne donne aujourd'hui signe de vie que pour déchirer le glorieux pacte de son existence nationale, dont Guillaume-Tell écrivit, il y a longtemps, la première page.

On peut rattacher les nombreuses montagnes du Brésil à trois chaînes principales dont le noyau parait être sous le dix-neuvième parallèle et le quarante-cinquième méridien. La première et la plus importante est la *Serra do Espinhaço.*

La seconde est moins haute que la précédente, et elle parcourt avec de très-fortes interruptions les provinces qui bordent l'Océan Atlantique. Les Brésiliens l'appellent la *Serra do Mar,* parce qu'elle s'étend parallèlement à la côte, qu'elle forme même en quelques endroits.

La troisième, qui est la plus longue du système brésilien, mais aussi la plus basse, s'appelle la *Serra dos Vertentes.*

Le stratégiste, en contemplant ces hauteurs qui bordent la mer, y verra de formidables barrières qui feront respecter l'intégrité du territoire brésilien, si des étrangers mal intentionnés en essayaient la conquête : il s'assurera qu'on pourrait s'emparer de quelques ports ; mais il faudra faire par mer les approvisionnements de l'armée, car un petit nombre de chemins difficiles et de défilés de ces Thermopyles transatlantiques, seuls points de communication entre le littoral et l'intérieur, seraient victorieusement défendus par quelques soldats.

Pour moi les montagnes sont des lieux aimés à d'autres titres. C'est sur les hauts lieux que l'âme, déployant à son gré ses puissantes ailes, flotte dans un monde de volupté et de contemplation. Oh ! oui, l'homme sent son cœur se dilater, il respire plus à l'aise, il marche avec un front plus noble, avec un regard plus vivant et plus joyeux quand il échappe au triste tumulte et à l'atmosphère des villes pour se plonger dans la nature, sur les montagnes, sous le vaste et radieux pavillon du ciel. Jean-Jacques Rousseau, qui s'y connaissait, a dit quelque part : « C'est une impression générale qu'éprouvent tous les » hommes, quoiqu'ils ne l'observent pas tous, que sur les hautes montagnes, » où l'air est pur et subtil, on se sent plus de facilité dans la respiration, plus » de légèreté dans le corps, plus de sérénité dans l'esprit. Les plaisirs y sont

» moins ardents, les passions plus modérées. Les méditations y prennent je ne
» sais quel caractère grand et sublime, proportionné aux objets qui nous frap-
» pent, je ne sais quelle volupté tranquille qui n'a rien d'âcre et de sensuel...
» Je suis surpris que des bains de l'air salutaire des montagnes ne soient pas
» un des grands remèdes de la médecine et de la morale. »

La divinité n'a-t-elle pas d'ailleurs choisi les montagnes comme un piédestal de prédilection où elle a aimé à opérer ses merveilles et ses manifestations
aux hommes? Quel est le chrétien qui ne s'émeuve au nom du Sinaï, du mont
Oreb ou du Calvaire? La folle mythologie n'eut-elle pas son Olympe, son mont
Ida et son Parnasse?

Donc j'aime les montagnes, et celles du Brésil sont bien propres à accroître
mes sympathies. Reposons-nous un moment sur l'un de ces points élevés où
l'air est si salubre aux poitrines européennes. Nous sommes, si vous voulez,
sur la plus grande hauteur de la *Serra do Espinhaço*. De là nous apercevons
le partage des eaux et la formation des bassins. Des mêmes collines coulent
l'*Amazone* et le *Rio de la Plata;* mais l'un va à l'est et l'autre au sud. Nous
ne pourrions pas être plus admirablement placés pour voir descendre des
montagnes, se précipiter en torrents écumeux, en cascades de neige ou couler
dans un lit bordé de mille arbustes fleuris et de plantes odorantes, les nombreux cours d'eau qui sont un des caractères marqués du Brésil : peu de
contrées au monde sont arrosées et vivifiées avec autant de profusion.

Le plus grand de tous les fleuves, l'*Amazone,* qui prend sa source au Pérou,
dans le sein des plus hautes montagnes de la terre, entre par le nord-ouest
dans le territoire brésilien ; il s'y grossit de plusieurs rivières importantes, qui
parcourent avec rapidité des terres inhabitées que souvent elles inondent pour
les féconder, hélas! en pure perte, et finissent par s'engloutir dans l'immense
Amazone, qui n'a pas moins de treize cents lieues de cours. Ses bords ne présentent de tous côtés qu'une vaste plaine marécageuse : son embouchure a
douze lieues de large : ce fut autrefois une des limites naturelles du Brésil.

Le fleuve des *Tocantins,* moins superbe que l'Amazone dans son cours
majestueux, arrose le Brésil sur un espace de cinq cents lieues du sud au
nord. Des montagnes et des forêts encaissent ses rives, et vers sa source de
bruyantes cataractes indiquent l'impétuosité de son cours à travers des vallons
et des précipices ; mais, réuni à l'Araguaya, il continue sa course dans un lit
commun, offrant au pays l'immense avantage d'une navigation non interrompue depuis son embouchure jusqu'au centre du Brésil, embouchure qui, voisine de celle de l'*Amazone,* vient mêler ses ondes par un bras de communication au vaste courant du grand fleuve.

On a dit et je l'ai lu que le Brésil renfermait un très-grand nombre de lacs ;
mais les vastes marécages auxquels on a donné ce nom ne sont produits sou-

vent que par le débordement des rivières dans la saison des pluies. Nous citerons le plus considérable, appelé *Xarayes*, qui n'est formé que par les débor-
dements du *Paraguay*. Sur plusieurs points de la côte on remarque de ces lacs
ou lagunes.

Au sud-ouest, le *Paraguay*, le *Manoré*, le *Guarupé*, la *Madeira* et plus de
trente rivières qui ont leur embouchure commune forment comme un large
canal d'environ cinq cents lieues de circuit autour du Brésil. Ces courants immenses lui servent de boulevard intérieur, et, en le séparant des républiques
turbulentes qui ont pris la place des anciennes colonies espagnoles, elles le
mettent à l'abri des attaques des voisins.

Revenons pour un moment au grand réservoir d'où sortent non-seulement
toutes les rivières qui se jettent dans l'*Amazone*, dans le *Paraguay*, dans
l'Océan méridional, mais encore les précieux courants aurifères et ceux, plus
précieux de beaucoup, qui arrosent un sol parsemé de diamants. Que de trésors découverts ou encore enfouis dans ces parties centrales du Brésil ! Quelle
source de richesses offrent aux possesseurs de cet empire cette multitude de
cours d'eau qui se subdivisent en canaux innombrables et présentent de faciles
voies de communication pour pénétrer jusqu'au cœur du territoire brésilien !
Ce réservoir immense est appelé le plateau des *Parexis* ou *Campos-Parexis*.
Une tribu indienne lui donna ce nom. Cette région, qui s'étend d'orient en oc-
cident sur un développement de plus de deux cents lieues, est couverte partout
de terres légères et de monceaux de sable qui, de loin et par l'effet de leurs
ondulations, ressemblent aux vagues de la mer. Le sol y est si mobile, si sa-
blonneux, que les convois de mulets et les caravanes y enfoncent et s'y fraient
difficilement une route ; la végétation y est rachitique, elle n'est représentée
çà et là que par des herbes pauvres et à tige mince d'un pied de hauteur. Que
le voyageur ne s'aventure qu'avec prudence dans ces plaines perfides ; le phénomène du mirage, en éblouissant sa vue, viendra souvent lui créer des sites
enchantés, des routes faciles pour lui dissimuler des précipices.

Le riche habitant de nos villes européennes qui veut se choisir une agréable
maison des champs la bâtit dans des lieux qu'ombragent les futaies et que
rafraîchissent les courants d'eau vive : il n'a garde de négliger les accidents de
terrain. Rien n'est triste comme une habitation de campagne dans une plaine
sans eau et sans arbres touffus. Que de sites ravissants viennent au Brésil embellir les maisons de campagne ! Que les antiques manoirs, aux tourelles élan-
cées, aux formes fantastiques de l'architecture du moyen âge, seraient bien
encadrés dans ces massifs de forêts vierges ! Ces forêts du Brésil sont sa plus
riche, sa plus ravissante parure. La grandeur des proportions, le vert foncé des
feuilles qui, sous le ciel le plus brillant, communiquent au paysage un aspect
grave et austère, tout est charme, tout est poésie.

Pour donner une idée exacte des nombreux oiseaux qui charment la vue et animent ces admirables forêts, il faudrait réunir le talent du peintre le plus habile à la science du naturaliste. Audubon, qui a publié sur les oiseaux d'Amérique un magnifique ouvrage, les a représentés avec une grande vérité ; il est impossible de mieux rendre la nature. C'est d'après ses dessins que j'ai fait graver quelques-uns des oiseaux que j'ai rapportés.

Pie-grièche de la Caroline.

On ne peut connaître toute la beauté des forêts équatoriales qu'en s'enfonçant dans leurs retraites aussi vieilles que le monde. Là, rien ne rappelle l'éternelle répétition de nos chênes et de nos sapins. Chaque arbre a pour ainsi dire un port qui lui est propre, chacun a son feuillage et offre souvent une teinte de verdure différente de celle de l'arbre voisin. Des végétaux gigantesques, qui

Chouette du Brésil.

appartiennent aux familles les plus éloignées, nous dit M. A. Saint-Hilaire, entremêlent leurs branches et confondent leur feuillage. La plupart des arbres s'élancent parfaitement droits à une hauteur de plus de cent pieds, et ils étalent souvent les plus brillantes couleurs. Les lianes surtout communiquent aux forêts les beautés les plus pittoresques et produisent les effets les plus variés.

Engoulevent de la Caroline.

Ces végétaux, dont nos chèvrefeuilles et nos lierres ne donnent qu'une faible idée, appartiennent, comme ces grands végétaux, à une foule de familles différentes. Certains de ces arbrisseaux flexibles ressemblent à des serpents, dont ils empruntent la forme et la couleur; d'autres, à des rubans ondulés; ceux-ci se tordent ou décrivent de larges spirales, pendent en festons, serpentent entre les arbres, s'élancent de l'un à l'autre, les enlacent de mille façons et forment des massifs de branchages, de feuilles et de fleurs impénétrables à l'homme et aux animaux. Les intervalles des grands arbres sont remplis par une foule d'arbrisseaux divers, dont le voyageur cueille les fleurs avec reconnaissance, ne pouvant atteindre aux bouquets gigantesques qui flottent sur sa tête ; des ruisseaux limpides, d'abondantes sources aux ondes de cristal coulent dans les bois vierges et y entretiennent la fraîcheur, qui rend au voyageur fatigué de nouvelles forces pour de plus lointaines excursions.

Sous ces latitudes équatoriales la nature est toujours nouvelle : il semble qu'elle ait réservé ses magnificences pour ces pauvres Indiens, qui trouvent là la source de leurs émotions les plus douces et qui préfèrent assurément leurs solitudes embaumées au bonheur que leur promettait l'avidité des Européens au nom de la civilisation et le fer à la main. Les bois des environs de *Rio* ont une majesté qu'on ne rencontre pas ailleurs au même degré, mais aussi l'abondance des eaux n'est nulle part aussi grande.

Un jour du mois de décembre 1839, nous étions partis de Rio, quelques amis et moi, pour aller chasser le cerf à quinze ou vingt lieues. La route avait été difficile ; des mules seules pouvaient se hasarder sur les étroits sentiers bordés de précipices, uniques chemins de ces solitudes. Après bien des fatigues, nous étions arrivés dans une riante vallée couronnée par les *Orgues*. Notre halte de chasse était une fort convenable maison d'exploitation rurale, qui appartenait à un Anglais de notre connaissance. Je n'entrerai dans aucun détail au sujet de la réception qui nous y attendait et dont j'ai gardé le souvenir ; mais je n'oublierai jamais les impressions de bonheur que j'éprouvai pendant les quelques jours de notre expédition. Je crois que le cerf se déroba à nos coups, malgré l'ardeur incessante de notre meute, qui troublait bruyamment le calme de ces déserts. Je m'en allais à l'aventure, plus occupé d'examiner le plumage d'un oiseau inconnu, les couleurs variées d'un insecte ou la fleur d'un arbrisseau, que du cerf de chasse. Il arriva une heure où la fatigue m'engagea impérieusement au repos : quel lieu plus agréable aurais-je pu choisir ? Il m'en souvient comme d'hier, d'énormes arbres morts de vieillesse avaient en tombant écrasé les arbrisseaux et les rejetons ; la chute de ces géants de la terre avait éclairci les rangs pour former une magique salle de verdure. Je ne pus que me laisser aller au sentiment d'admiration que m'inspirait tout ce qui frappait mes regards. Cependant le soleil, dont les rayons ne pénétraient pas jusqu'à moi, éclairait la cime du dôme vert qui m'abritait : quelquefois un souffle égaré du zéphyr parvenait à percer le feuillage pour m'apporter de là-haut une suave émanation de fleurs inconnues. Sur ma tête la majesté du soleil, l'éclat odorant des arbres fleuris ; à mes pieds la fraîcheur et le calme : partout la magnificence et l'éternelle beauté de la nature. Il arriva un moment où je me trouvai tellement absorbé que je crus faire un rêve, et je me demandais si les odeurs pénétrantes qui endormaient mes sens, si le cactus que je foulais aux pieds, si l'ananas dont je coupais les branches avec mon couteau de chasse, n'étaient pas là par une de ces hallucinations décevantes d'un cerveau malade. Les aboiements des chiens répétés par les échos vinrent m'arracher à cet état de poétique rêverie et me rappeler que tout ce que je voyais existait bien réellement.

Ces simples souvenirs de voyage ne sont pas l'histoire naturelle du pays que j'ai visité. Je professe un grand respect pour la science, mais je confesse avec humilité que je crois sur parole à son infaillibilité : il est bien entendu que mes naïves observations ne doivent pas annoncer la moindre présomption scientifique ; il n'est pas besoin en effet d'être savant pour s'assurer que nul pays ne fournit des bois aussi précieux pour la teinture, la marqueterie, la menuiserie et les constructions navales. Les forêts vierges sont peuplées d'arbres qui produisent des fruits dont on pourrait extraire des liqueurs recherchées ; d'autres produisent la gomme élastique, des résines, la gomme élémi ; d'autres, des bois de teinture : l'écorce de *tabahuga* peut remplacer le liège pour les bouchons, celle du *sapucaya* fournit une étoupe propre à calfater les vaisseaux. Trois espèces de quinquina, différentes de celles du Pérou, et plusieurs autres arbres peuvent remplacer ce fébrifuge. Les espèces de palmiers sont nombreuses. On peut citer le cocotier, le tucum, dont on tire une filasse qui sert à faire des lignes et des filets. La salsepareille et le véritable ipéca- cuanha, le ricin et d'autres plantes médicinales croissent naturellement, ainsi que l'*ilex matae* ou thé du Paraguay. Dans le Sud, on récolte les céréales des climats tempérés. La canne à sucre, le café, le coton, le tabac et même le thé sont cultivés avec succès ; le figuier, l'olivier, la vigne y viennent à souhait : voilà l'utile ajouté à l'agréable.

Boa.

Il ne faut pas, en signalant le *bien* et le *beau*, que j'oublie le *mal* quand je le rencontre. Ce mal, contre lequel il faut prendre des précautions, ce sont les

animaux dangereux qui se cachent sournoisement dans l'épaisseur des bois.
Les reptiles s'y trouvent en grand nombre, et il en est quelques-uns de
venimeux.

Groupe de grives attaquées par un crotale (serpent à sonnettes).

On a dit que l'Amérique méridionale nourrissait, et cela est vrai, l'impru-
dente! une espèce de tigre appelé jaguar, des couguards, des panthères, des
léopards, des ours et des loups : je voudrais pouvoir dire qu'on a calomnié la

terre du Brésil en lui prêtant ces animaux malfaisants. J'aimerais bien mieux soutenir, avec M. Saint-Hilaire, que les espèces innocentes y sont en beaucoup plus grand nombre : ce qui viendrait à l'appui de mon désir, c'est que les cerfs, les daims, les élans, les antilopes y multiplient à l'abri de la dent carnassière de leurs ennemis. On y trouve aussi des tapirs, des agoutis et plusieurs espèces de singes. On fera bien cependant de se méfier des serpents. Je ne puis pas

dire que j'aie rencontré le fameux boa; mais j'en ai vu la peau, et quelle peau! dirait un critique de France : elle était sèche et racornie, pourtant elle avait vingt pieds de longueur sur un demi-pied de diamètre. Le monstre devait avoir vivant une plus grande longueur, et l'élasticité de son corps était en proportion, car on sait qu'il s'élance sur un cheval, un bœuf, un mulet, le broie et l'engloutit. Ce terrible reptile avait été tué au Brésil, et fut rapporté en France par un passager du trois-mâts l'Amiral Pleville sur lequel je revins.

On sera dédommagé de la crainte qu'inspirent ces êtres dangereux en contemplant des myriades d'oiseaux dont le plumage diversement nuancé diffère

Groupe d'oiseaux-mouches (rubis).

autant que les mœurs, et qui animent par leur ramage la solitude des forêts. J'avais vraiment regret de diriger mon fusil sur ces gentils habitants des bois ; il fallait tout mon désir d'accroître ma collection d'Europe pour me décider à

Merle voyageur.

les mettre à mort. Les bords des rivières sont couverts de papillons qui émaillent les arbrisseaux des rivages ; et des millions d'insectes, remarquables par la variété de leurs formes ou la vivacité de leurs couleurs, ne quittent pas les bois.

Quant à ceux qui habitent la demeure des hommes, ce ne serait que par un effort surhumain que je pourrais en dire du bien : il me souvient trop combien j'ai été leur victime ; il faut croire que l'ardeur du soleil parvient à durcir assez l'épiderme des habitants du pays pour les rendre peu sensibles à la morsure de ces petits êtres altérés de sang ; ou serait-ce que le climat donne à la longue une surabondance d'humeur, dont il est profitable pour l'homme que se nourrisse la nombreuse famille des moustiques, des cancrelas, des fourmis, des chiques ou bichos qui pénètrent en un instant dans la peau dure des pieds et occasionnent de vives douleurs. Je ne saurais trop décrier ces vilains insectes, car ils m'ont fait passer de fréquentes *nuits blanches ;* il est vrai que j'avais fini par prendre les précautions des Brésiliens, et que je fus forcé de m'habituer à ces visites nocturnes ; toujours est-il que je les ai laissés sans regrets.

Que j'aime mieux décrire ces innocents insectes lumineux ou mouches à feu ! Je les aperçus pour la première fois auprès de Rio, un soir de décembre 1839,

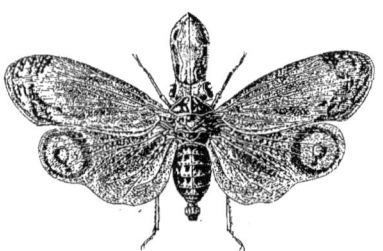

Fulgore porte-lanterne.

au retour d'une promenade à cheval. Les sentiers que je suivais étaient embaumés, la solitude était complète et le silence n'était troublé que par le bruit de ma monture. Tout à coup je vis l'air sillonné de flammes, on eût dit les étincelles d'un feu d'artifice. Tandis qu'en France on ne connaît d'insectes lumineux que les lampyres ou vers-luisants, qui, dépourvus d'ailes, restent à peu près à la même place, cachés parmi les herbes ; j'ai su qu'au Brésil diverses espèces, appartenant à plus d'un genre, parcourent les airs et éclairent les ténèbres. Ces insectes phosphorescents répandent ordinairement une lumière d'un grand éclat, d'un vert jaune ; quelques-uns pourtant ne laissent échapper qu'une lueur rouge et obscure : rien n'était plus amusant pour moi que de

les voir voler par cette nuit sombre, ils devaient être en nombre incalculable ;
l'espace était traversé par des lueurs plus ou moins larges, qui se croisaient en
tous sens, brillaient un instant, disparaissaient ensuite pour reparaître plus
loin : c'était beau ! Je n'avais plus le moindre souvenir des maudits ennemis de
mon sommeil ; les puces pénétrantes n'avaient jamais existé, tant j'éprouvais
de charme à suivre du regard ces météores animés. Hélas ! j'avais en partant
laissé derrière les meubles et dans les murs de ma chambre mes visiteurs de la
nuit ; ils attendaient patiemment mon premier sommeil pour quitter leur
retraite du jour : si je ne me trompe pas, ils me firent rudement sentir leurs
morsures cette nuit-là, sans doute pour me punir de l'admiration que m'avait
inspirée la tribu lumineuse de leur grande famille.

Lézard du Brésil.

Aigle à tête blanche.

Le Brésil renferme de grandes richesses minéralogiques. Si je ne craignais d'être accusé de paradoxe, je dirais volontiers que c'est un malheur ; car enfin des districts entiers sont encore aujourd'hui occupés à l'extraction de l'or et à la recherche des diamants, et leurs habitants vivent dans la pauvreté et le besoin. Les mines d'ailleurs s'épuisent et ne rendent que faiblement. Cependant la culture des terres, qui répandrait l'abondance, est négligée. A ces hommes qui recueillent l'or et les diamants, le travail de la terre paraît indigne ; ils aiment mieux se croiser les bras et attendre de loin les provisions alimentaires, qu'ils trouveraient à peu de frais chez eux. Mais la soif de l'or est trop vivace : comme l'avare qui meurt de faim sur son trésor, les habitants des districts des mines préfèrent leur misère, ils se résignent aux privations plutôt que de renoncer à l'espoir d'une précieuse découverte ; en attendant, ils sont les plus pauvres du Brésil.

Pendant longtemps on trouva l'or à peu de profondeur. Suivant M. de Humboldt, on n'a même exploité jusqu'ici que des mines d'alluvion, sans avoir encore été obligé de fouiller dans les entrailles de la terre. Quoique ces terrains aurifères aient été connus depuis 1577, ce ne fut que vers la fin du dix-septième siècle, en 1699, que furent découvertes et exploitées les mines d'or, et celles de diamants dans les premières années du dix-huitième siècle. Leur plus grande prospérité eut lieu, pour les mines d'or, entre les années 1730 et 1750. Leur produit annuel était en moyenne de 30,000 marcs, dont la valeur représentait 22,890,000 fr., ce qui est plus du tiers de ce que donne toute l'Amérique, ajoute M. de Humboldt. Je reviendrai sur ces mines, lorsque je parlerai des provinces où elles se trouvent.

Quant à l'argent, on le rencontre dans plusieurs provinces du centre ; mais il n'est commun nulle part : il n'en est pas de même du fer et de l'aimant, qui abondent sur plusieurs points ; le cuivre aussi est peu commun, l'étain et le mercure le sont encore moins. On connaît des mines de sel gemme, des sources minérales, etc. Le granit constitue la majeure partie des montagnes, le calcaire se voit dans plusieurs endroits.

Sur toutes ces merveilles du pays brésilien, sur toutes ces richesses naturelles, dont j'ai voulu donner une idée dans cet aperçu très-incomplet, jetons comme un vaste manteau d'azur, un ciel toujours pur, un soleil sans cesse fécondant, et nous conviendrons que ce pourrait bien être là ce fugitif *El-Dorado,* que les Espagnols et les Portugais cherchèrent si longtemps dans le Nouveau-Monde. Le climat est généralement sain, quoique ardent ; sur les côtes de l'Océan, il est toujours tempéré, soit par leur élévation au-dessus du niveau de la mer, soit par l'abondance des pluies. Le froid, qui est toujours modéré et presque un agrément, ne se fait légèrement sentir que dans les cantons élevés, par exemple vers les sources du *San-Francisco ;* on y voit de la glace en juin et juillet, mais partout l'air est salubre. Les fièvres périodiques qu'on signale sur les bords marécageux de quelques rivières, telles que le *Rio-Dolce*, le *San-Francisco*, ne sont ni dangereuses ni malignes. Le Brésil, dont les productions sont aussi variées que les climats sous lesquels il est situé, réunit, en un mot, tous les avantages de la zone tempérée et de la zone torride.

C'est ce qui a fait dire à un voyageur, M. Arsène : « Qu'on jouit partout » d'une heureuse température. A Porto-Alegre et dans plusieurs autres lieux, » on ne jouit pas seulement d'un air pur, mais encore d'une bonne santé : jamais » climat ne fut plus convenable à des Européens. C'est un air caressant et em- » baumé. Aussi les médecins n'y font-ils pas fortune, et les pharmaciens sont- » ils obligés de se faire parfumeurs. »

Assistons maintenant à la prise de possession de cette terre par les Européens, et disons un mot de son histoire. Hélas! en parlant de l'action de la nature toujours bienfaisante, je n'ai eu que de douces impressions à rappeler. L'œuvre de Dieu porte avec elle le cachet de son auteur; mais combien l'homme, dans ses désirs insatiables de puissance et d'ambition, ne vient-il pas déranger souvent la divine économie de la création, et porter le ravage, la destruction dans les lieux où régnaient la paix et le bonheur !

Ce n'est pas au Brésil que pourra s'appliquer la phrase consacrée : *Son histoire se perd dans la nuit des temps.* Dans les préoccupations tant soit peu exclusives de notre amour-propre, les peuples dits *civilisés* ont seuls droit à nos études; l'histoire commence pour nous à l'aurore de ce qu'on appelle la civilisation. Hélas! ce flambeau, qui ne devrait luire que pour le bonheur des nations, est trop souvent dans nos mains une torche incendiaire qui détruit et n'édifie rien. Depuis dix-huit ans, nous *civilisons* les Arabes africains en brû-lant leurs moissons, en incendiant leurs chaumières, en nous appropriant leur bétail et en leur prouvant les armes à la main que Dieu est pour les *gros batail-lons.* Miséricorde et compassion pour ces pauvres Arabes, voudrions-nous dire à ceux qui commandent; ne combattent-ils pas pour une cause sacrée, pour leur religion et leurs foyers! Faut-il donc à l'œil investigateur de l'histoire pour le diriger, et la lueur des incendies, et les scènes de dissolution et de carnage?

Dans les vastes terres de l'Amérique vivaient des hommes primitifs que Dieu avait créés nos frères; ils remplissaient les conditions de leur nature, et se re-nouvelaient comme toutes les espèces, sans se trouver à l'abri des changements et des révolutions qui surviennent chez les peuples ; mais ils ne transmettaient pas leurs hauts faits à la postérité. L'art d'écrire, ce moyen civilisateur qui trop souvent déguise avec une perfide élégance la pensée, ne leur était pas connu : ils ont donc laissé la trace de leurs annales aux pieds des arbres, sur les bords des rivières, au milieu des pampas et des savanes, où nous n'avons pas le loisir d'aller faire de recherches. Des archéologues, à l'aide des ruines d'édifices fameux, de canaux, de monuments tumulaires ou de temples, ont bâti des systèmes, avancé quelques paradoxes dont ils étayaient ces systèmes, mais ils n'ont répandu aucune lumière sur le passé des anciens peuples de l'Amérique.

L'histoire du Brésil ne commence donc forcément pour nous qu'à sa découverte. Depuis cette époque, elle embrasse une période de trois siècles jusqu'à l'émigration de la famille royale de Bragance. On sait que, dès l'année 1500, *Vincent-Yanez Pinson,* navigateur espagnol, avait découvert le nord du Brésil, dont il prit possession au nom du roi d'Espagne. Jacques de Lepe, autre Espagnol, alla plus loin vers le sud ; mais voici que dans le même temps un amiral portugais, faisant voile pour les Indes et voulant éviter les calmes qui règnent fréquemment le long de la côte de Guinée, fit route à l'ouest. Au 15e degré de latitude australe, il aperçut une terre qu'il prit d'abord pour une île de l'Océan Atlantique, mais il ne tarda pas à reconnaître son erreur. Quelques soldats qu'on avait débarqués rapportèrent que le pays était fertile, couvert d'arbres, arrosé par de belles rivières et peuplé de sauvages basanés et armés de flèches. *Don Pedro Alvarez Cabral,* c'était le nom de l'amiral portugais, aborde le 21 avril 1500, par le 17e degré de latitude sud, dans la baie de *Porto-Seguro;* il y plante une croix et déclare que le pays appartient à son souverain. Cette coutume des navigateurs de faire un titre de propriété de leurs découvertes dut, j'imagine, paraître quelque peu bizarre aux naturels de ces pays; mais ce n'était pas de cela que s'inquiétaient les Européens.

Aucune possession du Nouveau-Monde n'a été ni si longtemps, ni si souvent disputée, non-seulement par les naturels, mais encore par les nations formidables de l'Europe, qui se sont tour à tour portées au Brésil, soit pour le piller, soit pour s'y établir. L'Espagne réclama vivement contre l'occupation portugaise, alléguant le droit de première découverte. En 1507, elle équipa deux vaisseaux où se trouvaient le célèbre pilote Jean de *la Casa* et *Americ Vespuce.* Cette expédition reconnut de nouveau le cap Saint-Augustin et alla jusqu'au 40e degré sud, en longeant la côte et débarquant dans les ports dont elle prenait possession. D'autres expéditions furent faites au Brésil par les Espagnols, qui en rapportaient diverses marchandises, entre autres des bois de teinture. C'est par l'un de ces bois d'une couleur rouge, et que l'on nomma *Brasil,* du mot *brasa* braise, et plus tard *Bresillet,* que le nom de *Brésil* fut donné à la nouvelle contrée.

De leur côté les Portugais ne négligeaient pas ce pays ; ils s'opposaient, autant qu'ils le pouvaient, aux prétentions des Espagnols. De longues discussions eurent lieu entre les deux cours, et enfin, en 1778, un traité confirma aux Portugais la possession du territoire qu'ils avaient successivement envahi.

Cependant Emmanuel, roi de Portugal, avait détaché du service de l'Espagne Améric Vespuce pour l'envoyer examiner les pays découverts par Cabral. Dans un deuxième voyage fait en 1503, le rival heureux de Christophe Colomb se réfugie dans la baie de Tous-les-Saints et y fonde le premier établissement portugais. D'abord Emmanuel n'attacha pas un grand prix à sa nouvelle possession, qui devait être un jour la richesse et le refuge de ses descendants. Le pays fut donné à ferme moyennant une modique redevance : peu à peu l'importance du nouvel établissement se fit sentir, mais dès lors aussi commencèrent les désordres.

En 1531, les Portugais avaient donné plus de consistance à leur colonie : ils l'avaient divisée en capitaineries et avaient édifié des villes et des bourgades, et enfin placé un gouverneur général à *San-Salvador*.

Mais on se rappelait en France que François I⁰ʳ avait dit : *Je voudrais bien qu'on me montrât l'article du testament d'Adam qui partage le Nouveau-Monde entre mes frères l'empereur Charles-Quint et le roi de Portugal, en m'excluant de la succession.* Et les esprits entreprenants, les hommes aventureux brûlaient d'aller conquérir cette part de l'héritage d'Adam. Le calme du règne d'Henri II laissait en présence les catholiques et les protestants ; ces derniers étaient souvent persécutés, et l'on prévoyait déjà que la cause religieuse serait le prétexte de bien des guerres sanglantes. En 1555, *Nicolas Durand de Villegagnon*, chevalier de Malte, vice-amiral de Bretagne, encouragé par l'amiral de Coligny, dont il partageait les croyances religieuses, obtint du roi Henri II l'autorisation d'aller tenter la fortune sur les bords si vantés de ce Nouveau-Monde que l'éloignement peignait encore des plus séduisantes couleurs. Il obtint trois vaisseaux, sur lesquels il fit monter une colonie choisie de réformés qui espéraient fonder sur un rivage lointain un paisible *champ d'asile*.

Villegagnon arrive heureusement au Brésil. L'aspect séduisant qu'offraient à ses yeux l'intérieur du pays et la rade formée à l'embouchure du fleuve que les naturels appelaient *Ganabara*, et que les Portugais avaient déjà nommé *Rio-Janeiro*, le captivèrent. Il fondait les plus grandes espérances sur son expédition, mais la discorde se mit parmi ces colons ; ils oublièrent la charité chrétienne pour disputer sur le dogme : au lieu de vivre en paix sur une terre étrangère où ils devaient mutuellement se porter secours, ils se déchirèrent à coups de barbares syllogismes sur la présence réelle ou les indulgences. Villegagnon fut la cause de tout le mal : il abjura la religion réformée, séduit, dit-on, par les promesses du cardinal de Lorraine. Dès ce moment les malheureux Français purent prévoir leur perte. Les attaques des Portugais, la famine, les incursions des sauvages consommèrent la ruine de la colonie, qu'il fallut abandonner en 1558. Je mentionnerai pour mémoire une éphémère expédition des Français à Maragnan vers 1610 et la prise de Rio-Janeiro par Dugay-Trouin, glorieux mais inutile fait d'armes d'un compatriote.

Les Français de l'expédition de Villegagnon, presque tous Normands, s'en allaient chercher des royaumes, à l'exemple de leurs ancêtres du onzième siècle, les vaillants compagnons de Tancrède de Hauteville; mais Villegagnon n'était point un Tancrède et la terre du Brésil ne fut pas pour eux la *Calabre* ou la *Pouille*. Jean de Léry, le premier auteur français d'un ouvrage sur le Brésil, fit partie de cette expédition; c'était un zélé protestant, qui écrivait avec une remarquable intelligence : il a dépeint avec intérêt les mœurs des sauvages, parmi lesquels il a vécu deux mois sans cesse exposé à servir à leurs horribles festins. Son ouvrage, qu'on lit avec plaisir, eut alors un grand succès; parmi les témoignages flatteurs qu'il reçut, je cite les vers suivants d'un contemporain où se remarque une grande finesse d'expression :

A JEAN DE LÉRY.

« Tu fus par ci la fidèle trompette
» Qui ce monde antartiq' sommas à nostre foy,
» Et, n'eust esté ce traistre à son Dieu, à son roy,
» La conqueste sans glaive en estoit toute faicte.
» Si ce peu de bon sang que la France rejette
» (France barbare aux siens) avoit tel cœur que moi,
» Nous te prendrions pour chef et irions avec toi
» Chercher là quelque part de paisibles retraites;
» Mais ains que s'embarquer, je voudrois tous jurer
» A peine du *boucan* de ne point déclarer
» A nos hostes nouveaux la cause du voyage;
» Car s'ils savoyent, Lery, comme sans nul merci
» Nous nous entre mangeons, ils craindroient que d'ici
» Leur vinssions quereller le titre de sauvage. »

Dans l'année 1558, le roi de Portugal, don Sébastien, meurt en Afrique avec l'élite de sa noblesse. Le sombre héritier de Charles-Quint, Philippe II, s'empare du Portugal et de ses colonies, et ce ne fut qu'en 1640 que le Brésil revint de nouveau à ses premiers maitres. Mais, pendant la domination espagnole, les Hollandais s'emparèrent de la partie du Brésil comprise entre l'embouchure du Rio-San-Francisco et du Maragnan, où ils fondèrent divers établissements.

C'est l'époque à laquelle des guerres sanglantes et de cruelles exterminations vinrent apprendre aux naturels du pays ce qu'ils devaient attendre de leurs maitres européens. Sans cesse attaquée par les Anglais ou les Hollandais, qui, toujours repoussés, reparaissaient encore, la colonie, mal défendue et plus mal gouvernée, périssait d'une double plaie. Cette guerre d'insurrection et d'usurpation finit enfin en 1654. Dès lors le Brésil hollandais fut perdu pour la métropole; mais aussi, à partir de cette époque, la maison de Bragance étendit sa sollicitude sur ce riche pays, qui, n'étant plus disputé, ne tarda pas à gagner en etendue et en importance. C'est à ce moment qu'on découvre les mines d'or de la province de Minas-Geraes, et quelques années plus tard les mines de diamants.

Jusque-là l'Amérique portugaise n'avait été qu'un immense littoral parsemé de rares habitations, de faibles villes maritimes ; mais la voici qui s'enrichit de nouvelles provinces : l'appât de l'or fraie un passage dans l'intérieur et y crée des villes. *Pernambuco* et *Bahia* se relèvent des désastres de la guerre, et *Rio-Janeiro*, qui avait supporté une désolation de trente ans sans trop souffrir, prend un rapide développement et devient en 1773 la capitale du Brésil.

Depuis le commencement du dix-neuvième siècle Napoléon ébranlait les trônes de l'Europe ; les héritiers des Césars sentaient leur couronne vaciller sur leur tête. En 1808, un capitaine du grand empereur poussa violemment la famille de Bragance sur les côtes brésiliennes, où elle vint se consoler de son royaume perdu ; mais là encore la tranquillité fuyait le roi Jean, la mode des *constitutions* était dans l'air et les flots l'avaient portée par delà l'Atlantique. Don Pedro devient empereur du Brésil pour laisser à sa fille dona Maria le turbulent Portugal. En 1831, il est lui-même forcé d'abdiquer en faveur de son fils don Pedro II, âgé de sept ans, qui fut à son tour proclamé empereur.

Si j'avais sous les yeux le naïf conteur Jean de Léry, je pourrais longuement parler de ces infortunés *Peaux-rouges*, basanés, tatoués, que je plains de tout mon cœur. Le lecteur qui consultera cet auteur s'initiera parfaitement aux mœurs de ces hommes sauvages ; il assistera à leurs festins de cannibales sans éprouver le moindre désir de les partager, nous assure notre voyageur. Il les verra dormir du sommeil du juste après avoir dépecé un de leurs semblables, et ne pas se montrer après trop mauvais pères ou intraitables époux.

Je dois à la vérité de mon récit de déclarer que je n'ai pas eu le plaisir de rencontrer dans mon voyage un seul de ces habitants primitifs. A mesure que la civilisation avance, ils reculent, laissant à leurs frères blancs les cendres chaudes de leur foyer, et ne s'inquiétant pas de l'empereur qui trône à *Rio*. On n'en voit guère sans doute venir grossir les rangs de la milice citoyenne ou les bataillons des régiments ; ils sont probablement tout aussi indociles à payer les impôts ou à satisfaire aux autres exigences du régime constitutionnel. Je sais pourtant que quelques tribus ont embrassé le christianisme et adopté certaines habitudes de la civilisation ; le reste vit dans l'état sauvage au milieu des forêts.

Je pourrais, tout comme un autre, me livrer à des discussions plus ou moins profondes au sujet de ces peuples autochthones, que les premiers navigateurs découvrirent dans l'Amérique sans avoir obtenu le secret de la route qui les y avait amenés. Car enfin la question, souvent débattue, n'est pas encore résolue, que je sache. D'où venaient ces peuples américains ? quelle fut l'origine de ces races diverses ? on s'est perdu en recherches pour le découvrir, mais leur berceau reste encore caché dans la poussière des siècles. La science en défaut, s'efforçant en vain de soulever le voile qui le couvre, est réduite à glaner dans le champ stérile des conjectures. On a bien supposé que le naufrage de quelques jonques japonaises ou chinoises avait formé les premiers éléments de cette population ; mais les observations anatomiques, appliquées aux caractères nombreux que présente l'espèce humaine, ont démontré qu'il existait une différence très-grande entre les Américains et les races mongoles. Ainsi s'est écroulée la conjecture qui offrait le plus de probabilité. Résignons-nous : il y a dans le monde physique et dans le monde moral bien d'autres mystères qui confondent la raison humaine.

Tout dans l'Amérique, dit un voyageur [1], porte la trace d'une antique civilisation éteinte dont l'âge est inconnu. Des races civilisées, sans nom pour nous, ont disparu de la face du monde peut-être par quelque cataclysme, par quelque phénomène de la nature ou les ravages de la conquête. Qu'est devenu le peuple qui sut élever ces villes, ces canaux, ces édifices, ces camps, ces lignes immenses fortifiées et construites en maçonnerie, ces statues colossales que le voyageur rencontre au sein des solitudes les plus reculées, sur les bords du Missouri, de la Colombie, de l'Ohio, au Mexique, au Pérou, au Chili ? Où sont les habitants de ces grandes cités dont on retrouve les vestiges au désert ? Qui a construit ces gigantesques monuments tumulaires, érigés à la gloire de héros dont les noms ont disparu dans l'éternité ?

Dieu s'est réservé jusqu'ici la solution de ces questions et d'un grand nombre d'autres tout aussi mystérieuses ; mais pourquoi ces peuples américains, qui, sur plusieurs points du vaste continent, avaient dû atteindre à une civilisation très-avancée, étaient-ils sur quelques autres dans un état de barbarie voisin de la brute ? A l'époque de la découverte des Portugais, le Brésil était partagé entre plusieurs nations ou peuplades différentes : les unes cachées dans les forêts, d'autres établies dans les plaines, sur les bords des rivières ou sur les côtes de la mer ; quelques-unes sédentaires et plusieurs autres nomades : celles-ci trouvant dans la chasse ou la pêche leur principale subsistance, celles-là vivant surtout des productions de la terre plus ou moins cultivée ; la plupart sans communication entre elles ou divisées par des haines héréditaires et toujours armées.

La race qui paraissait alors dominer au Brésil était celle des *Tupis*. Au rapport des voyageurs, ils étaient des hommes par la conformation physique et des brutes par les instincts. L'anthropophagie était dans leurs mœurs : « Ils dévo- » raient en cérémonie et avec une horrible joie leurs prisonniers de guerre et » souvent leurs amis, » nous dit Jean de Léry. Tous les Brésiliens n'étaient cependant pas cannibales.

[1] Le capitaine Safired, *Voyage autour du monde*.

Peau-rouge.

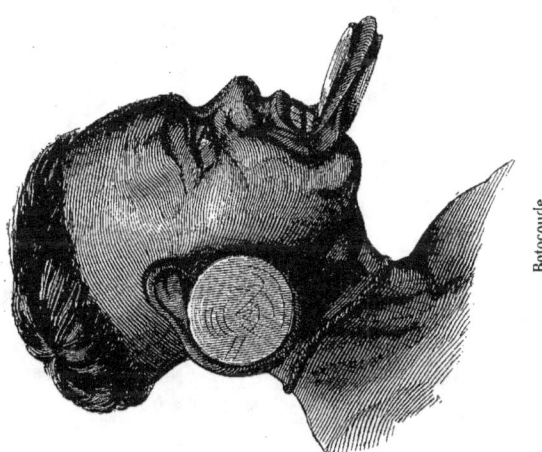

Botocoude.

En contemplant de pareils êtres humains, le philosophe se demandera où remonte le naufrage de la civilisation américaine qui a peuplé ces solitudes de sauvages errants? quelle puissance mystérieuse a opéré cette dépression de l'intelligence, d'où est sortie l'altération de tout l'être pensant? La raison fait silence, et les sauvages ne nous apprennent rien. Je doute cependant que les terres du Brésil aient jamais été la demeure de nations civilisées comme celles

Négresses esclaves.

du Mexique; aucun voyageur n'a signalé dans l'empire brésilien les restes de monuments antiques, de villes ruinées ou les murs croulants de hautes pyramides. Il est peut-être permis de croire que les Brésiliens, en montagnards obstinés, se seront gardés volontairement des raffinements de la civilisation du royaume des *Incas;* seulement, lorsque la nuit se sera faite sur cette race d'hommes, en punition, qui sait? de quelque monstrueuse transgression de la loi naturelle et divine, les ténèbres seront devenues plus épaisses chez nos sauvages, qui auront eu moins de chemin à faire pour arriver à l'état de la brute : je ne trouve pas de meilleure raison pour expliquer l'excès de barbarie stupide, immonde, dans lequel les premiers voyageurs les trouvèrent.

Quant à la population actuelle, elle se compose 1° des Européens; 2° des Brésiliens blancs nés au Brésil; 3° des mulâtres, c'est-à-dire de la race mêlée des blancs et des nègres; 4° des *Mamalucos,* ou la race mêlée des blancs et des Indiens dans toutes ses variétés; 5° des Indiens civilisés qu'on appelle *Caboclos;* 6° de ceux qui mènent encore une vie sauvage et qu'on appelle *Tapayas;* 7° des nègres nés au Brésil et d'Africains affranchis; 8° enfin des *Mestizoz,* ou la race mêlée des Indiens et des nègres. Les esclaves sont africains, nègres, créoles, mulâtres ou *mestizoz.*

On compte aujourd'hui au Brésil plus de cinq millions d'habitants, sans comprendre dans ce nombre les peuplades indiennes, qui occupent une partie considérable du pays. Les nègres esclaves composent à peu près la moitié de cette population.

Il est peu de pays hors d'Europe qui offrent autant de ressources que le Brésil, et qui soient appelés à jouer dans la politique du monde un rôle aussi brillant. Ses montagnes recèlent dans leur sein des métaux précieux, ses rivières couvrent de leurs eaux des diamants et des pierres fines; le sucre et le froment, la vigne et le café, les arbres fruitiers de l'Europe et de l'Inde sont cultivés à la fois dans ses terres fertiles; ses immenses solitudes ne demandent qu'à recevoir d'innombrables colons, et ses ports assurent de faciles débouchés aux produits du sol et de l'industrie. Le Brésil se mettra-t-il en voie de progrès, s'élèvera-t-il dans un temps donné à la hauteur des États-Unis? c'est ce qu'il est impossible de prévoir. Il a sur cette puissance l'avantage d'un climat plus doux, d'un sol plus fertile en productions utiles ou de grand prix; et par sa position géographique, qui domine le chemin des deux Indes et de toutes les grandes mers du globe, il forme comme le nœud des communications commerciales de toutes les parties du monde civilisé. C'est en vain que des flottes nombreuses tenteraient de l'envahir : des armées formidables ne sauraient lui inspirer de crainte; la nature a su le mettre à l'abri de l'ambition ou de la mauvaise foi étrangère.

Pendant tout le temps que le Brésil fut soumis au régime colonial, il fut

fermé aux étrangers avec un si grand soin, qu'on ne connaissait rien de son
intérieur et de son administration. On demandait encore, dans un livre imprimé
au commencement du siècle, si la baie de *Rio-Janeiro* n'était pas l'embouchure
d'une grande rivière. Si le pays a fait relativement peu de progrès dans les arts
les plus nécessaires, il serait injuste d'en accuser exclusivement les Brésiliens.
Personne n'ignore que le système colonial tendait à retarder le développement
de l'instruction.

L'événement qui conduisit à Rio-Janeiro la famille de Bragance a changé la
face du pays. Ce n'est plus une colonie obéissant avec répugnance à une métropole exigeante, c'est un vaste empire avec toutes les chances de parvenir au
plus haut degré de prospérité.

Les institutions démocratiques qui ont fait du Brésil une monarchie fédérative
avaient été regardées par beaucoup comme autant de degrés menant à une
république. L'exemple des turbulents voisins de la Colombie, du Chili, de
Buenos-Ayres devait être contagieux; voilà pourtant que son jeune empereur
de vingt ans ne se trouve pas trop mal assis sur son trône. Grâce à la prudence
de son gouvernement, grâce aux alliances contractées par ses sœurs, dont l'une
a épousé un prince napolitain et l'autre un vaillant fils de Louis-Philippe, sa
puissance est assez solidement assurée au milieu de ces institutions constitutionnelles.

La capitale de l'empire, *Rio-Janeiro,* passe à juste titre pour la plus importante ville de l'Amérique du Sud; elle est située sur une langue de terre haute
et baignée par une vaste baie dont l'entrée, resserrée entre les rochers et pro-
tégée par des forts, est éloignée de trois quarts de lieue de la ville. On distingue
la vieille ville et la ville nouvelle, qui ne date que de 1808. Le port, vaste et
profond, est défendu par un château. La ville se prolonge sur tout un côté de
la baie, abritée malheureusement des vents de terre par les montagnes; on y
éprouve une chaleur étouffante; elle ne reçoit de fraîcheur que de la brise de
mer, qui ne se fait sentir que dans le milieu du jour. Quelques maisons et
des chantiers sont établis sur des îles voisines du port. Les rues sont bien alignées, généralement étroites, assez mal pavées, mais garnies de trottoirs : on
remarque tout d'abord la rue d'Ovidor, entièrement française. De belles maisons
bâties en granit, plusieurs places publiques, quelques monuments importants
donnent de la physionomie à cette ville. Le palais impérial est un bâtiment fort
simple, dont rien à l'extérieur ne révèle le séjour de ses hôtes illustres; les briques rouges qui ont servi à sa construction lui donnent un pauvre aspect.

Les environs de Rio sont renommés par les admirables tableaux qu'y offre
la nature. « C'est la beauté de la situation, dit M. Balbi, la bonté du climat et
» les richesses végétales plus que l'œuvre des hommes qui attirent l'attention
» des voyageurs. » On ne rencontrerait nulle part au monde de plus belles pro-

mènades. Les principales, celles où si souvent j'ai porté mes pas et mes rêveries, en donnant un souvenir à la patrie absente, sont celles de *Botafogo, Larangerias,* le jardin public, *la Gloria,* l'Aqueduc, *Rio Compredo, Engenho Velho,* Saint-Christovâo, *Corcovado,* etc. Le plus brillant coloris du peintre paysagiste n'en donnerait qu'une idée incomplète : et pourtant ces lieux ravissants sont déserts. Les habitants de *Rio* préfèrent l'intérieur de leurs sombres demeures aux promenades merveilleuses, où l'on est si bien.

L'eau est amenée dans la ville par un aqueduc d'un bel effet, qui traverse une vallée profonde. Les églises sont en grand nombre, comme dans toutes les anciennes colonies espagnoles ou portugaises. Si elles ne se distinguent pas par une architecture bien caractérisée, l'intérieur est splendidement orné : aussi les fêtes religieuses s'y célèbrent-elles avec une pompe inusitée ailleurs. Dans les grandes solennités, on tire dans les rues et devant les portes des églises des feux d'artifice dont le bruit, ajouté au fracas de toutes les cloches en mouvement, surprend et étourdit outre mesure l'étranger.

Je croyais trouver une ville originale, ayant son caractère propre, et le génie moderne m'avait gâté *Rio-Janeiro :* je trouvai, comme en Europe, un amas de maisons élevées, des places et des rues : il eût mieux valu pour les Brésiliens bâtir d'une autre façon que nous : au lieu d'écraser leurs maisons sous des étages répétés, j'aurais voulu de vastes maisons à un seul étage, avec des galeries, des cours, des jardins, où l'air puisse circuler ; tout comme à la Havane, qui se trouve à la même latitude nord que Rio. Si ce n'était une prodigieuse quantité de nègres, de négresses, que l'on rencontre à chaque pas dans les rues, occupés à divers travaux, et criant à vous rendre sourd, on se croirait dans une ville d'Europe. Il y a des habitudes de mauvaise tenue, de malpropreté qui choquent et incommodent l'étranger. La police des rues est mal faite, tout s'y dépose et s'y entasse. Il en résulte des exhalaisons d'autant plus nuisibles à la santé que le climat est plus chaud.

Rio a plusieurs établissements scientifiques d'instruction publique, des journaux et des revues. On trouve à Rio les partisans du gouvernement et les *farrapilhas* ou sans-culottes : ces républicains ne sont pas d'accord, les uns veulent la forme unitaire, et les autres la forme fédérative : en attendant, la république est ajournée, et sa théorie ne se discute point officiellement. Mais les partis *juste milieu,* pour parler comme en France, ou républicain, ne prouvent pas que l'éducation politique des Brésiliens soit bien avancée.

Le musée de Rio mérite d'être vu : ce qui en fait tout le prix, selon moi, c'est qu'il est exclusivement formé d'animaux et de curiosités du pays. Je conseille aux voyageurs de ne pas oublier la salle des oiseaux, où ils remarqueront une collection des plus rares, la magnificence du plumage et la grande quantité des individus. Celle des minéraux ne pouvait manquer d'être curieuse et riche, avec les nombreux produits minéralogiques du Brésil. Il y a des momies indiennes bien conservées, divers ustensiles, des armes, des vêtements de sauvages.

Le théâtre ou *alcala* est un des plus beaux monuments à visiter, la salle est vaste, bien éclairée et bien aérée; on la dit aussi grande que celle de l'Opéra de Paris. Il existe aussi un théâtre français à la mode et où la cour se rend tous les jours.

Le *passo publico,* jardin public, est remarquable par la diversité des plantes qu'on y cultive, et la belle vue dont on jouit. Combien de fois ne suis-je pas allé dans ce charmant jardin promener mes rêveries, endormir mes soucis, ou chasser les accès du spleen! La mer m'envoyait des brises rafraîchissantes; et Dieu, les pensées qui fortifient et consolent. Ce que j'éprouvais au milieu de ces ombrages, parmi tous ces parfums, en regard de magiques tableaux, je ne saurais l'exprimer. C'était le calme, une jouissance doucement pénétrante, le bonheur pour quelques heures.

Un de mes amis m'écrivait d'Europe : « Si tu te promènes, un matin ou un » soir, sur la terrasse du jardin public, par un soleil brûlant qui ne saurait t'at- » teindre, l'immense baie de Rio devant toi, à gauche les *Orgues,* à droite l'en- » trée de la baie, en face *Praia Grande,* et si dans une religieuse admiration » tu te demandes, si quelqu'un comme toi éprouva les émotions touchantes » auxquelles tu te laisses aller; écoute : il y a dix ans, j'étais là, moi aussi, » mollement bercé de rêveries, heureux de trouver tant de charmes à la vie. » J'admirais en silence : personne ne venait troubler mes joies intimes. Mais » je regardais la mer, et la pensée de tout ce qui m'était cher, de tout ce que » j'avais quitté, me faisait aspirer vers les climats brumeux de la patrie. »

C'est bien ainsi que se traduisaient mes sentiments. Je jouissais avec délices de toutes les merveilleuses choses que je voyais : mais une pensée se détachait, pour aller saluer, par delà les mers, les êtres chéris qui me manquaient. Et je revenais de ma promenade un peu ému, triste souvent, mais cette tristesse était pleine de charmes.

Rio se trouve naturellement par sa position le grand marché du Brésil, et spécialement celui des provinces de *Minas-Geraes,* de Saint-Paul, de Goyas, etc. Les districts des mines étant les plus peuplés ont aussi le plus besoin de marchandises, et envoient en retour les objets les plus précieux du commerce.

L'Anglais *Mawe* dit que le port d'aucune colonie n'est aussi bien situé que celui de Rio pour le commerce de toutes les parties du monde : il semble creusé par la nature pour former le lien qui doit unir entre elles les grandes divisions du globe. Les relations de cette capitale tendent à l'agrandir tous les jours. On importe au Brésil les produits de tous les pays. Les objets d'exportation sont le coton, le sucre, le rhum, le bois de construction, de marqueterie, les cuirs et le suif; les plus précieux sont l'or, les diamants, les topazes de différentes couleurs, les améthystes, les tourmalines, les aigues-marines, etc.

Dans un temps donné, Rio deviendra un centre de relations commerciales avec l'Europe, la Chine, les Indes orientales et les îles du Grand-Océan. Il suffit que le gouvernement entende assez bien ses vrais intérêts, pour donner à cette ville tout le degré de prospérité qu'elle comporte. On évalue sa population à plus de deux cent mille habitants, dont les esclaves composent la majeure partie.

En descendant dans la partie la plus méridionale du Brésil, nous trouvons le climat tempéré. La capitainerie de *Rio-Grande-do-Sul* qui touche à l'Uraguay est une de celles que la nature a le plus favorisée. Son territoire produit dans la partie septentrionale du sucre, et dans la partie méridionale du froment, et tous les fruits de l'Europe. Ses habitants jouissent d'une santé robuste : ils ont le teint frais et coloré, les mouvements vifs, les manières aisées.

Sur une presqu'île formée par une colline qui s'avance dans le lac *Dos Pathos* s'élève la jolie petite ville de Porto-Alegre, capitale de la Province. Ses toits rouges, un peu élevés et saillants, se détachent admirablement, en couronnant des maisons blanches ou jaunes et d'une architecture simple et gracieuse. Les maisons de nouvelle construction sont élégantes, celles plus anciennes sont basses et mal disposées.

Cinq rivières, apportant le tribut de leurs eaux et se réunissant pour former le *Rio-Grande-do-Sul,* présentent en face de la ville un vaste bassin parsemé d'îles nombreuses très-boisées et peuplées d'habitations champêtres. Cette position est charmante. « Ce n'est plus la zone torride, dit M. Saint-Hilaire, ses » sites majestueux et encore moins la monotonie de ses déserts, c'est le midi de » l'Europe et tout ce qu'il y a de plus enchanteur. » Ce voyageur était à *Porto-Alegre* au mois de juin : l'eau gela souvent.

Porto-Alegre, situé par 30" 2′ sud, doit être considéré comme la véritable limite du manioc et du sucre dans la partie est de l'Amérique méridionale.

Au delà de *Rio-Grande* vers le sud, l'influence du climat devient plus sensible. Ainsi à un degré au nord de Porto-Alegre, les arbres dans la saison la plus froide sont encore tout chargés de feuilles. A *San-Francisco-de-Paulo,* à peu près le tiers des végétaux ligneux perd les siennes; et enfin à deux degrés plus au sud, un dixième des arbres seulement conserve son feuillage, et ce ne sont guère que les espèces les moins élevées.

Si nous remontons au nord jusqu'au 27° 19′ de latitude australe, nous touchons à l'île Sainte-Catherine, séparée du continent par un détroit qui n'a pas une demi-lieue de largeur. Rien n'est plus gracieux que la ville et ses environs. Le canal est bordé de collines, de petites montagnes très-variées par la forme, et qui, disposées sur différents plans, offrent un mélange charmant de teintes brillantes et vaporeuses ; l'azur du ciel n'est point aussi éclatant qu'à Rio, mais il est aussi pur et se nuance, dans le lointain, avec la couleur grisâtre des mornes qui bornent l'horizon. L'humidité naturelle du sol entretient dans l'intérieur de l'île une brillante végétation, qui ressemble en grande partie à celle de Rio. La prodigieuse quantité de fleurs, les plus belles, annonce la qualité fécondante du climat. Les roses et les jasmins y sont en fleurs toute l'année. A treize lieues plus au sud on commence à trouver des changements plus notables dans la végétation ; et la différence de l'été et de l'hiver est déjà sensible.

L'entrée du port de Sainte-Catherine est commandée par deux forts. La ville, peuplée de six mille habitants, est un séjour particulièrement affectionné par les négociants et les marins retirés. Vis-à-vis de la ville, sur le continent, de hautes montagnes couvertes d'arbres forment une barrière impénétrable.

En longeant la côte vers le nord-est, nous arrivons à *Santos*. Cette ville, dont les environs sont souvent submergés, est un des plus anciens établissements européens du Brésil. La ville dut son origine au premier navire qui fit naufrage sur l'île de Saint-Vincent. *Santos* est le magasin général de la province de Saint-Paul : le lieu où abordent beaucoup de navires qui font la navigation du *Rio-de-la-Plata*. On récolte dans les environs le meilleur riz du Brésil. Sa population est de huit mille habitants.

Si de *Santos* nous voulons aller visiter Saint-Paul, il nous faut abandonner le rivage de la mer et nous aventurer dans des montagnes d'une hauteur presque inaccessible : mais nous rencontrons là une route merveilleuse, creusée dans le roc à travers la *Serra-de-Perrannagua*. L'Europe ne peut pas montrer beaucoup d'ouvrages qui l'emportent sur ce chemin, nous dit le voyageur anglais Mawe. Napoléon, qui a percé le Simplon, aurait peut-être lui seul pu en concevoir l'idée et en exécuter le plan. On arrive par des pentes ménagées sur une hauteur qui s'élève à trois mille mètres au-dessus du niveau de la mer

La ville de Saint-Paul ou *San-Paulo*, chef-lieu de la province de ce nom, est bâtie sur une éminence, entourée de tous côtés par des prairies basses, et arrosée par plusieurs ruisseaux. Elle fut fondée par les jésuites, séduits sans doute autant par les mines d'or des environs que par la salubrité de sa position. Sous ce rapport elle ne le cède à aucun autre lieu de l'Amérique méridionale. Sa population s'élève au-dessus de quinze mille âmes.

Les Paulistes se sont constamment signalés par leur esprit entreprenant, et par cette ardeur pour les découvertes qui distingua autrefois les Portugais. Ce fut d'abord un mélange de la race brésilienne et d'aventuriers des différents pays de l'Europe. On les désignait sous le nom de *Mamelucs*, peut-être à cause de leur ressemblance avec ce qu'on appelait les brigands de l'Égypte. Ils s'enrichissaient par le commerce des esclaves, ils bravaient les édits de la cour, les brefs du Saint-Siège, chassaient les jésuites et s'organisaient militairement. Ils ont parcouru tout le Brésil, se sont frayé de nouvelles routes à travers des forêts impénétrables, et ont trouvé un grand nombre de mines riches, et entre autres la mine d'or de *Juragua,* la plus ancienne du pays.

Il y a un siècle passé, ce cánton était en or. C'était comme le paradis terrestre du Brésil, dont il fut pendant deux siècles le véritable *Pérou.* Ce n'est qu'après avoir épuisé les mines par le lavage que les habitants se sont adonnés à l'agriculture, dont ils se trouvent mieux malgré leurs mauvais procédés dans cet art encore dans l'enfance chez eux.

Au sud de Saint-Paul on voit successivement s'arrêter la culture des diverses productions coloniales, dont les limites sont ici le résultat combiné de la nature de chaque plante, de l'élévation du sol et de l'éloignement de l'équateur. À dix lieues de Saint-Paul on trouve la ligne des cafiers; douze lieues plus loin, celle de la canne à sucre : à quinze lieues de là, plus de bananiers; enfin à quarante lieues plus avant s'arrêtent les cotonniers, ainsi que les ananas.

En se dirigeant à l'ouest, on trouve *Los Campos-Geraes,* qui forment un des plus beaux cantons du Brésil. Les mouvements du terrain n'y sont pas assez sensibles pour mettre des obstacles à la vue. Aussi loin qu'elle peut s'étendre, on découvre d'immenses pâturages : des bouquets de bois où domine l'utile et majestueux *araucaria* sont épars dans les vallées profondes. Quelquefois des rochers à fleur de terre se montrent sur le penchant des collines, et laissent échapper des masses d'eau qui se précipitent en cascades. De nombreux troupeaux de juments et de bêtes à cornes paissent dans la campagne, où les maisons sont rares mais bien entretenues.

Les habitants des *Campos-Geraes* tirent peu de parti de leur terrain fertile : ils se livrent généralement au commerce des mulets, qu'ils vont chercher en bravant mille dangers dans *Rio-Grande.* Respirant un air pur, sans cesse occupés à monter à cheval, à jeter le lazo ou à rassembler les bestiaux dans les pâturages, ils jouissent d'une santé robuste, et sont en général grands et bien faits.

Au nord des provinces de *Saint-Paul* et de *Rio-Janeiro* nous entrons dans l'*El Dorado,* ce pays fabuleux, on le croyait, qui produit l'or et les diamants.

Tenons-nous sur nos gardes, car on n'entre pas ici sans précaution, et on n'en sort pas surtout sans être fouillé. Des postes nombreux sont échelonnés sur divers points, surveillant les touristes savants ou curieux, les arrêtant, pour s'assurer s'ils n'ont pas glissé dans leurs poches quelques-unes de ces pierres précieuses dont la belle moitié du genre humain est si avide.

La province de *Minas-Geraes* est une des plus mal cultivées. Les bras qui manient l'or pourraient-ils, avons-nous déjà dit, s'abaisser à travailler la terre? Aussi les environs de *Villa-Rica,* la ville principale, attristent-ils les regards par leur aspect âpre et sauvage. On ne découvre de tous côtés que des gorges profondes, des montagnes arides. Partout des terrains sillonnés, déchirés, bouleversés, attestent les travaux des mineurs. Les forêts vierges qui de *Rio* se prolongent dans une étendue de cinquante lieues ont été incendiées dans tout le district. La verdure des gazons a fait place à des amas de cailloux, et les rivières, salies par l'opération du lavage, roulent des eaux fangeuses et rougeâtres.

Villa-Rica pourrait être plus justement appelée de nos jours la *Ville-Pauvre*. Rien ne répond plus à la magnificence de son nom; il n'en était pas de même vingt ans après sa fondation. Alors, elle passait pour le lieu le plus riche du globe. Vers 1713, la quantité d'or produite par le district de *Villa-Rica* était si considérable, que le cinquième du roi s'élevait annuellement à 12 millions.

De 1730 à 1750, les mines atteignirent à leur plus haut degré de prospérité : il y eut dans cette période des années où le cinquième du roi donna 24 millions.

Peu à peu les mines s'épuisèrent, et la ville riche devint la cité des misères. Aujourd'hui les habitants désœuvrés, rêvant peut-être un passé qui ne saurait revenir, négligent la culture de leur beau pays, qui les récompenserait pourtant amplement des richesses que leurs ancêtres arrachaient de son sein.

Villa-Rica, sous un climat qui rappelle celui de Naples, renferme vingt mille habitants. Ses rues sont irrégulières, mal pavées, mais variées par des jardins en terrasse et décorées de jolies fontaines qui conduisent l'eau dans toutes les maisons.

Saluons cette grandeur tombée, pour laquelle l'or n'est, hélas! trop réellement, plus *qu'une chimère,* et soyons encore davantage sur nos gardes; nous voici à *Villa-do-Principe,* où nous pourrions bien être emprisonnés comme suspects : c'est la frontière du district des diamants, le *Cerro-do-Frio :* à mesure que nous avançons dans ces lieux de trésors enfouis, la contrée, montagneuse et stérile, est peu habitée; la misère y est à son comble. Singulière destinée que celle des hommes occupés aux plus productives industries, ils enrichissent le monde et vivent de privations.

Dans le Cerro-do-Frio, l'aspect du paysage a changé : la surface du sol, recouverte de graviers et de quartz, dépourvue d'herbes et de bois, présente des couches de grès micacé. Dans plusieurs endroits, sur les bords des rivières, il y a de grandes masses de cailloux roulés, agglutinés par de l'oxyde de fer et qui enveloppent l'or et les diamants.

Nous arrivons à *Tejuco,* résidence de l'intendant général des mines. Les environs de cette ville ne ressemblent en rien à ceux de *Villa-Rica.* Ici tout est aride et âpre, mais plus qu'ailleurs la misère est générale : les habitants meurent de faim, et ils ont sous les yeux l'or et les diamants qui s'entassent chaque mois dans le trésor de l'intendance.

Ce qu'on appelle le district des diamants peut avoir seize lieues du nord au
sud et huit de l'est à l'ouest sur le point le plus élevé du *Cerro-do-Frio*. Ce
furent des mineurs entreprenants de *Villa-do-Principe* qui le découvrirent au
commencement du dix-huitième siècle : ils cherchaient de l'or et ils trouvèrent
des diamants.

Depuis 1772 les mines de diamants s'exploitent au profit du gouvernement,
qui punit avec rigueur les fraudeurs maladroits. Malheur au nègre soupçonné
d'avoir avalé une de ces pierres précieuses : si on ne lui ouvre pas le ventre,
comme on rapporte que le faisait faire un chef d'exploitation de je ne sais quel
district des Cordilières, on prend les plus minutieuses précautions pour la retrouver; car elles ne peuvent se dissoudre et n'ont point été avalées pour donner
l'exemple d'un repas plus somptueux que celui de Cléopâtre.

On rapporte que la quantité de diamants envoyés en Europe pendant les
vingt premières années de la découverte est presque incroyable, elle dépassa
1,000 onces.

La principale exploitation a lieu dans le lit du *Jiquitonhonha,* qui coule
au nord-ouest, et porte ses eaux au *Rio-Grande-de-Tocayes.* Les substances
qui accompagnent les diamants [1] et que l'on regarde comme de bons indi-
cateurs de leur présence, sont un minerai de fer brillant et pisiforme, un
minerai schisteux, siliceux, de l'oxyde de fer noir en grande quantité, des
morceaux roulés de quartz bleu, du cristal de roche jaunâtre, et toutes sortes
de matières entièrement différentes de celles qu'on sait être contenues dans
les montagnes voisines. Les diamants trouvés dans ce district sont regardés
comme étant de la plus belle qualité. Les connaisseurs les préfèrent à ceux de
l'Inde.

Trois malfaiteurs condamnés pour crimes trouvèrent dans un ruisseau le
plus gros diamant que possède le Portugal. Il pèse une once. Les heureux brigands reçurent avec leur grâce une forte récompense. Leur trouvaille en avait
fait d'honnêtes gens.

L'exploitation des diamants, qui rapportait il y a quelques années 200,000 ca-
rats au gouvernement, est, comme celle de l'or, beaucoup moins abondante. La
nature est lente à former l'or et le diamant. Nos Pyrénées, où les Romains trouvaient l'or à la surface de la terre, n'en produisent plus que quelques parcelles
roulées par les torrents, et l'Espagne ne retire plus d'émeraudes ou d'améthystes de ses opulentes montagnes. Il arrive un temps où les frais d'exploitation dévorent les produits. Les sucs végétaux sont les seuls qui ne s'épuisent
pas, et la charrue est plus précieuse que le râteau du mineur : c'est ce que de-
vraient comprendre les habitants du district des mines au Brésil.

[1] M. Mawe.

Nous n'avons rien de suspect ; nos poches sont vides de tout diamant impérial, tant mieux : nous pouvons partir pour aller visiter d'autres lieux.

La province de Goyaz à l'ouest de Minas-Geraes donne naissance au fleuve des Tocantins et au *Rio-San-Francisco*. A l'ouest de Goyaz s'étend le vaste pays de *Mato-Grosso*, qui touche au Paraguay et à la rivière des Amazones ; c'est le boulevard du Brésil, qu'elle couvre et à qui elle donne la facilité de pénétrer au Pérou. Ces deux provinces ont également des mines d'or d'un faible produit.

Nous avons une longue route à faire, pour revenir de l'extrémité occidentale de l'empire, des frontières de la Bolivie, à la côte orientale où nous trouvons *Bahia*. Nous négligeons des pays qui attendent une plus grande prospérité pour intéresser le voyageur d'Europe. Sur cette côte orientale, toutes les villes jusqu'à *San-Salvador* sont situées à l'embouchure des fleuves. Les environs sont couverts de forêts vierges qu'on a respectées jusqu'ici. Ces asiles impénétrables expliquent pourquoi les Portugais ne se sont étendus qu'à huit ou dix lieues du rivage, sur ces côtes, tandis que du côté de *Mato-Grosso* la domination brésilienne touche aux anciennes provinces espagnoles.

La province de *Bahia* est située au nord de celle des Minas-Geraes : elle occupe une longue étendue de côtes. *San-Salvador-de-Bahia-de-Todos-santos*, généralement connue sous le nom de Bahia, fut pendant deux cents ans la capitale du Brésil. Cette ville a successivement été détruite, relevée, prise et reprise pendant les trente années de la guerre de l'insurrection. Elle est encore aujourd'hui, par son étendue, ses fortifications, ses édifices, sa vaste baie, l'une des villes les plus importantes du Nouveau-Monde. Des rochers dentelés, des coteaux verdoyants, des forêts épaisses, une baie profonde, mais tranquille, où peuvent s'abriter deux mille vaisseaux, tel est l'aspect qu'elle présente. Un Portugais, *Diego-Alvarez Correa-de-Viana*, allant aux Indes orientales vers 1510, fit naufrage sur cette côte, et, frappé de la beauté du site, lui donna le nom de *San-Salvador*, parce qu'il y avait trouvé son salut. Améric-Vespuce n'avait fait qu'y toucher.

Ici, de même qu'à Rio, la mer semble s'être enfoncée dans les terres ; on peut même conjecturer qu'un grand lac, brisant sa barrière, s'y est tracé un chemin jusqu'à l'Océan. Six grandes rivières navigables s'écoulent dans ce golfe ou plutôt dans ce lac paisible et cristallin, qui se divise en plusieurs anses, pénètre ainsi dans les terres sous toutes les directions. Une centaine d'îles vivifient cette petite Méditerranée.

La ville est encore située sur le penchant d'une colline et le long de la baie. La partie la plus considérable est sur la hauteur, c'est le séjour des riches désœuvrés. Les marchands se sont construit une ville sur les bords de la mer. Les maisons sont entremêlées de jardins plantés d'arbres toujours verts et notamment d'orangers. Les églises, plusieurs couvents et le palais du gouverneur sont d'assez beaux monuments. Il y a un collège et une belle bibliothèque publique. Le commerce très-actif sert d'entrepôt aux productions de la province. On voit flotter dans le port, qui est bien défendu, le pavillon de toutes les nations. *Bahia* est restée la métropole ecclésiastique, puisqu'elle est la résidence de l'archevêque, de qui relèvent tous les évêques de l'empire.

De nombreuses baleines viennent annuellement avec leurs petits se réfugier dans la baie de Bahia, pour se mettre à l'abri des vents et des tempêtes; mais là elles rencontrent, dans les habitants de la ville basse qui les harponnent et en tirent un bon produit, des ennemis plus dangereux. Les nègres choisissent certaines parties de ces géants des mers pour se nourrir, quoique la chair de ces cétacés soit aussi dure que repoussante; c'est, je crois, le seul lieu du monde où l'on peut assister de sa fenêtre à une véritable pêche de la baleine.

Au nord de *Bahia* est la province de *Pernambuco* et sa capitale du même nom. Trois villes ont formé ce chef-lieu : *San-Antonio-de-Recife* sur le bord de la mer, *Olinda* sur une hauteur, et *Bona-Vista*. La pente de la colline d'*Olinda* est très-escarpée. L'aspect en est si ravissant quand on arrive par mer, qu'il a fait donner à la ville son nom : en portugais *Olinda* signifie *O belle*. Mais l'intérieur ne répond pas à l'extérieur : *Pernambuco* est sous le rapport de l'importance commerciale la troisième ville du Brésil. Seulement sa situation, à la hauteur du ras de marée, rend l'ancrage souvent dangereux.

Je termine ici cette course au clocher à travers l'empire du Brésil, et mon voyage sera clos par quelques mots sur les mœurs, l'industrie et le commerce du pays.

Pour apprécier sainement les habitudes de la vie du Brésilien, il serait mal de se placer à notre point de vue européen et d'établir une comparaison avec la France ou l'Angleterre. Au Brésil et surtout dans les grandes villes maritimes, l'affluence des étrangers de tous les pays du globe masque au premier aspect le caractère national. Voyez les principales villes maritimes du monde et vous aurez une idée de ces grands caravansérails des peuples dont la physionomie et l'originalité sont insaisissables au milieu de tant d'individualités différentes. Mais au Brésil, si vous pénétrez au cœur de la nation, si vous surprenez le Brésilien dans sa vie intime et dans son déshabillé, vous trouverez qu'en fait de manières élégantes et de civilisation, il s'est arrêté au règne du roi Jean; c'est le Portugais de 1808. Comme l'habitant de la métropole, il a de lui-même une haute opinion : il est fier et point orgueilleux. L'orgueil annonce toujours un profond égoïsme et un grand mépris pour autrui : la fierté, c'est le sentiment élevé de la dignité humaine qui inspire les actions honorables et généreuses. Combien je préfère ces grands airs qui s'allient parfaitement avec la politesse et la bienveillance à cette morgue insultante, à ce

froid mépris que tant de gens de peu ne parviennent jamais à dissimuler sur
leur figure pour qui n'est pas comme eux aussi richement doté par la fortune!

Un Français habitué au luxe d'une grande existence, un Anglais qui aura
vécu dans le confortable que donne la richesse, prendront en pitié ce fier Brésilien qui se croit heureux dans de tristes maisons pauvrement décorées, où les
meubles les plus essentiels manquent, et où rien ne cache la nudité des murs :
un sourire dédaigneux arrivera sur les lèvres de nos Européens élégants, s'ils
voient une famille dans sa demeure. C'est le sans-façon du chez-soi; mais un
sans-façon tant soit peu décolleté. On désirerait que le déshabillé fût plus
décent et plus souvent renouvelé. Chez l'homme comme chez la femme l'habillement de la maison accuserait les mains africaines d'avoir déteint sur les
étoffes. Ce défaut, dont il ne faut pas exagérer l'étendue, finira aussi par disparaître : les étrangers riches dont les maisons sont bien ordonnées serviront
de modèles aux Brésiliens *bornes :* ils donneront plus de soins aux diverses
pratiques hygiéniques impérieusement réclamées par les lois de la propreté et
du respect pour soi. Ils feront de leurs maisons, non plus le sanctuaire inabor-
dable d'un intérieur repoussant, mais de gracieuses demeures en harmonie
avec leur beau climat.

Si j'entrais dans des détails qu'un assez long séjour au Brésil m'a fait connaître, je manquerais au respect dû à la vie domestique du citoyen de tous les
pays. La maison doit être murée et les jugements s'arrêtent au seuil. J'aime
mieux vous montrer l'habitant d'une grande ville du Brésil sortant de chez lui
pour assister à une fête religieuse. La transformation est complète : au lieu de
l'habillement négligé, la famille que les cloches appellent est devenue merveilleusement superbe, dirait La Fontaine; les hommes élégamment habillés de noir
portent à la chemise de riches diamants et souvent sur l'habit des décorations
de grand prix; les dames en robes de satin noir, leurs beaux cheveux ornés

de fleurs, étalent des rivières de diamants et de pierreries; les enfants sont aussi parés : jetez sur tout cet éclat, sur toute cette parure un peu roide, la gravité qui n'abandonne jamais le Brésilien en habits de fête; voyez-le marcher en avant de sa famille, la tête haute, le regard fier et la démarche assurée : pour escorte il a ses nègres et ses négresses, qui se sont, eux aussi, endimanchés; ils portent, avec toute la dignité dont ils sont capables, les ombrelles, les parasols, les livres de prières et les coussins pour les genoux.

J'ai été frappé, comme le sont tous les étrangers, de la pompe des fêtes religieuses, de la magnificence trop fastueuse des processions. On se ferait difficilement une idée des dépenses qui s'engloutissent dans les diverses cérémonies du culte. Le philosophe se prend à regretter l'emploi de sommes énormes qui pourraient être mieux utilisées à faciliter l'industrie, à améliorer le sort des classes pauvres : mais on excusera ces populations méridionales qui ont besoin de spectacles éclatants; qui recherchent avec avidité tout ce qui charme les yeux et caresse l'imagination. Le temps et l'instruction, en conservant à la religion toute sa dignité, viendront mettre le culte en rapport avec toutes choses.

On reproche aux Brésiliens l'espèce de tyrannie qu'ils exercent sur leurs femmes. Ils les confinent en effet dans une espèce de gynécée impénétrable qui les dérobe aux yeux de tous. Ils n'admettent que rarement dans leur intérieur les personnes étrangères, encore n'est-ce qu'après avoir longuement étudié la moralité et les habitudes de leurs connaissances. Ce caractère ombrageux et jaloux explique, sans le justifier, l'isolement des Brésiliennes, qui ne fréquentent pas les maisons étrangères. Une pareille vie ne contribue pas médiocrement à les entretenir dans l'ignorance des mœurs sociales : elles ne comprennent pas la vie du monde qu'on leur interdit; voilà la cause de l'espèce de timidité, de malaise qu'on rencontre chez ces femmes et qui ferait douter de leur aptitude intellectuelle. La plupart ont de ravissantes figures, des yeux expressifs qui annoncent clairement combien elles désireraient, comme leurs heureuses sœurs d'Europe, s'essayer au doux langage. La société qu'elles embelliraient, si elles y étaient appelées, en aurait plus de charmes, et elles y acquerraient ce sentiment de noble dignité, de gracieuse aisance qui leur manque. *La société dépend des femmes : tous les peuples qui ont le malheur de les enfermer sont insociables,* dit Voltaire.

Avec toutes ces précautions les lois de l'hyménée sont-elles plus fidèlement observées au Brésil que sur les bords de la Seine, nous demandera-t-on, et les maris dorment-ils paisibles à l'abri de toute infortune? Le respect que je porte à la femme me fait un devoir de ne pas répondre à cette question, dont l'examen, de quelque nature qu'il fût, dénoterait d'injurieux soupçons. Je me bornerai à former des vœux pour que les voyageurs qui visiteront après moi la terre du

Brésil n'aperçoivent plus seulement à travers les vitrages grillés ou les tentes des balcons, ces grands yeux noirs qu'on aimerait tant à admirer sur les belles promenades, dans de gracieux salons, au milieu de réunions choisies, où le plaisir viendrait alors les animer.

Dans les colonies portugaises on ne remarque pas comme ailleurs les distinctions établies par la couleur. Il en est résulté que les castes mêlées sont devenues très-nombreuses. Ce mélange des castes date de la guerre avec les Hollandais, dans laquelle les Indiens et les noirs se distinguèrent. Les mulâtres peuvent entrer dans les ordres sacrés ou dans la magistrature, si leurs papiers portent qu'ils sont blancs, quand même leur teint prouverait le contraire.

Les *Mamalucos* ou descendants des blancs et des Indiens se rencontrent plus fréquemment dans l'intérieur que sur les côtes ; ils sont en général mieux que les mulâtres, et leurs femmes sont les plus belles du pays.

Les nègres libres sont bien faits, braves, vigoureux, soumis : ils obéissent aux blancs et cherchent à leur plaire. C'est parmi eux qu'on voit le plus d'artisans.

Les mineurs, suivant M. de Saint-Hilaire, sont portés aux idées contemplatives par leur tempérament un peu hypocondriaque et leur vie inactive. Ils montrent une rare intelligence et une facilité extraordinaire.

Les hommes du *Rio-Grande* mènent une vie tout extérieure ; leurs femmes se montrent dehors : les unions légitimes sont plus communes et les mœurs plus pures. Dans cette province, les habitants se distinguent par une grande intrépidité. Ils exercent l'hospitalité avec empressement ; il en est de même chez tous les peuples de l'intérieur ; mais cette vertu a disparu sur les côtes, où les habitants se sont lassés de bien recevoir tant d'hommes tarés et corrompus que l'Europe vomit sans cesse de son sein.

Les nègres esclaves, qui sont très-nombreux, sont traités avec humanité : les affranchissements y sont rendus faciles ; et le Brésil, sans entrer dans le concert des grandes puissances pour interdire la traite des noirs, leur accorde peut-être de plus grandes facilités pour arriver plus promptement et plus directement à l'émancipation en se rachetant. A quelques lieues de *Porto-Alegre* une colonie suisse a fondé un établissement, qui prospère depuis plusieurs années : cet essai ne peut avoir qu'une heureuse influence sur les progrès agricoles et sur toute l'économie des habitudes brésiliennes.

Quant aux relations commerciales que les nations étrangères entretiennent avec cet empire, il est pénible d'avouer que le commerce français dans toute l'Amérique du Sud est infiniment inférieur à celui des autres nations. On dit que cela tient à la mauvaise foi ou à l'avidité de spéculateurs trop pressés de s'enrichir.

« On ne compte pas de maisons comparables à celles des Anglais parmi le
» commerce français dans toute l'Amérique du Sud, tandis qu'on en cite un
» grand nombre des autres pays. » C'est un Français qui parle ainsi[1]. Tous les
officiers de marine, tous les voyageurs qui étudient cette question ont signalé
la déconsidération dans laquelle était tombé notre commerce maritime, et j'ai
observé moi-même, la rougeur au front, la vérité de leurs paroles. Pour l'honneur de mon pays, je désire ardemment que notre commerce avec les nations
lointaines soit loyal et honnête ; il n'a pas d'autre moyen de se relever.

J'ai déjà dit que pendant mon séjour à Rio des affaires m'appelèrent aux
États-Unis, que je visitai en courant ; j'ajoute en courant, car la rapidité avec
laquelle on voyage en chemin de fer ne laisse guère le temps d'examiner les
contrées par lesquelles on passe. Je débarquai à Baltimore et je me rendis de

Loriot de Baltimore.

[1] M. Arsène Isabelle.

Tétras du Canada.

là à Washington, à Philadelphie, à New-York, où je fis un séjour de plusieurs mois. New-York est absolument une ville anglaise, aussi le voyageur qui aura d'abord vu l'Angleterre reconnaîtra la même disposition des rues, la même architecture, le langage et les habitudes de la vie ordinaire. La facilité des moyens de transport me permit de faire de nombreuses excursions dans le pays et de le parcourir dans tous les sens. Je n'entrerai dans aucun détail sur les États-Unis, bien connus par des descriptions auxquelles je ne trouverais rien à ajouter. Je serais seulement tenté de parler de ce qui frappa le plus mon imagination pendant ce voyage : la chute du Niagara ; mais la vue imposante de cette merveille du monde, en m'absorbant tout entier, ne m'a pas permis de trouver des mots pour rendre les sentiments divers que j'éprouvai. Maintes fois j'essayai d'en faire la description et toutes mes tentatives ne me donnèrent que des résultats si fort au-dessous de mes impressions et de mes souvenirs que j'ai dû y renoncer. Ce que j'en ai lu ne m'a pas satisfait et je demeure convaincu qu'il est impossible d'en donner une idée exacte. J'étais arrivé à Goat-Island qui sépare les chutes, déjà émerveillé à la vue des *rapides* qu'il fallut traverser sur un pont de bois assez solide et appuyé sur quelques arches et quelques roches. J'avais devant moi l'immense nappe du lac supérieur et j'entendais sans les voir le bruit sourd et tumultueux des eaux.

Faucon à tête blanche.

J'arrivai enfin à la tourelle de la grande cataracte désignée sous le nom de *Fer-à-cheval*. Je restai immobile et muet, les yeux fixés sur cette mer d'écume ;

Perdrix de la Virginie attaquées par un oiseau de proie.

à ma droite la limite des États-Unis et devant moi celles du Canada, séparées par les eaux du torrent qui fascine et attire toute l'attention. C'est de la galerie de cette petite tour audacieusement placée que, plongeant sur le gouffre et entouré d'un immense torrent furieux prêt à vous entraîner avec tout ce qui lui résiste, on voit, sans pouvoir les suivre des yeux et sur une surface de six cents pieds d'un bord à l'autre, les eaux du lac se précipiter écumantes d'une hauteur de plus de cent soixante pieds. Ces avalanches d'eau roulent d'immenses flots d'écume qui se brisent les uns contre les autres, tourbillonnent, mugissent et font remonter sans interruption vers le ciel d'énormes nuages qui bientôt retombent blancs et majestueux au fond de l'abîme en formant un brouillard irisé de tous les feux de l'arc-en-ciel. La forme triangulaire ou plutôt en croissant de la chute principale permet d'en voir les deux extrémités qui semblent vouloir bondir l'une contre l'autre, et laissent paraître à travers mille gerbes d'eau et un voile de pluie le vaste entonnoir où les eaux s'engloutissent avec fracas.

Martin-pêcheur.

Après les États-Unis, c'est le Brésil qui entre en première ligne commerciale
avec la France; plus de trente navires trouvent annuellement à établir une
navigation suivie. Il se présente surtout un grand nombre de passagers; ce qui
a donné l'idée de former une société pour l'exploitation d'une ligne de bâteaux
à vapeur qui, dit-on, partiront prochainement de Nantes et multiplieront et
accéléreront encore les rapports.

Dindon sauvage.

DEUXIÈME PARTIE.

VOYAGE A LA NOUVELLE-HOLLANDE.

Je quittai pour la seconde fois le Havre vers la fin du mois d'août 1844, pour aller m'embarquer à Londres, muni de lettres de recommandation que voulurent bien me donner messieurs les ministres de la marine et des affaires étrangères pour nos consuls et représentants à l'étranger.

Vue du Havre.

Un ami de ma famille, M. le docteur Douglas, directeur de l'hôpital des
Étrangers au Havre, et qui longtemps a habité la Nouvelle-Hollande, m'avait
inspiré le désir d'explorer ce pays si riche et si peu connu encore; je pris la réso-
lution de me rendre à Sidney, dans la Nouvelle-Galles du Sud. J'avais en conséquence retenu une cabine à bord d'un des meilleurs navires en partance pour
cette destination, *le Persian*, capitaine Ch. Mallard (R. N.). C'est ce bâtiment
que j'allai rejoindre avec mes parents, qui voulurent bien m'accompagner en
Angleterre. Une fois arrivé à Londres, je m'occupai de mes préparatifs de départ, et je fus bientôt prêt. Après avoir vu ce que cette grande ville, que je
connaissais déjà parfaitement, offre de plus curieux, mon père proposa d'employer les quelques jours qui me restaient à visiter l'île de Wight; j'acceptai
cette proposition avec d'autant plus de plaisir, que *le Persian* devait toucher
à Portsmouth. Nous allâmes donc passer deux jours dans cette île, qu'on a
surnommée le *Jardin de l'Angleterre,* et ce fut pour nous une charmante promenade comme au milieu d'un véritable paradis. En effet, rien de plus beau,
de plus frais que cette île pittoresque, ornée de riches pâturages et de petites
villes aussi propres que coquettes.

Nous nous rendîmes ensuite à Portsmouth; *le Persian* n'y était point encore
arrivé. Les affaires de mon père réclamant sa présence au Havre, je fus obligé
de me séparer de lui et de ma mère, qui le suivit.

Là j'attendis mon navire pendant plusieurs jours. Il arriva enfin; mais il
venait d'essuyer, en sortant de la Tamise, une forte tempête, qui avait brisé
son mât de misaine, et cet accident allait nécessairement retarder notre départ
de quelques jours encore, ce qui me contraria beaucoup.

Le Persian était ancré en rade à deux milles de Portsmouth; je me rendis
aussitôt à bord pour mettre ma cabine en ordre, occupation importante que ne
doit pas négliger un voyageur.

A cette occasion, j'ai cru devoir placer à la fin de ce volume quelques notes minutieuses, il est vrai, mais qui pourront être consultées par les voyageurs, et que je considère comme des conseils précieux.

Les travaux de réparation du navire éprouvèrent quelque lenteur; et, comme je m'étais aperçu que le bateau à vapeur du Havre passait près de notre bord soir et matin, je résolus d'utiliser le temps que je perdais et de faire une surprise à ma famille. Je pris donc un soir le steamer, et le lendemain matin je déjeunais au Havre au milieu de mes parents et de mes amis, qui tous me croyaient déjà bien éloigné d'eux. Mais ce bonheur ne fut point de longue durée; le soir de ce même jour, je repartais accompagné du docteur Douglas, qu'une affaire appelait en Angleterre. *Le Persian* devait lever l'ancre le lendemain; en effet, quelques heures après mon retour, les chaines commencèrent à tinter, le cabestan vira, les voiles se gonflèrent, et nous nous préparions à une belle sortie, lorsque le vent changea tout à coup et nous força de rester pendant deux jours ancrés au bas de la rivière, à neuf milles de Portsmouth. Enfin, le mardi 17 septembre, il nous fut possible de mettre sérieusement à la voile, et le vent nous resta constamment favorable.

Le trente-deuxième jour après notre départ, nous traversions la ligne sans que le moindre calme nous arrêtât; c'était la cinquième fois que je passais l'équateur. Quelques scènes comiques vinrent égayer le bord. Le baptème fut donné aux novices; on connaît trop cet ancien usage pour que j'en parle. Jusque-là aucun fait remarquable ne vint troubler la continuelle uniformité de notre marche; seulement, quelques jours auparavant, un joli navire hambourgeois s'étant approché de nous, je le reconnus aussitôt pour le brick *la Victoria* qui, pendant mon séjour à Rio-de-Janeiro, était venu souvent à la consignation de la maison de commerce avec laquelle j'avais fait des affaires. Je profitai de l'occasion, et fis passer au capitaine une planche noire sur laquelle j'avais tracé quelques mots avec de la craie. Je lui adressais mes compliments, et le priais de vouloir bien me rappeler au souvenir de mes amis de Rio, son port de destination. Il me renvoya ses salutations de la même manière, et chacun de nos navires prit ensuite un cours différent.

Après avoir passé la ligne, nous cinglâmes rapidement vers le cap de Bonne-Espérance; notre séjour y fut de courte durée. Là, nous fûmes assaillis par des tempêtes successives. Notre navire, beaucoup trop léger, n'ayant qu'un faible lest, était le jouet des vagues énormes qui en submergeaient continuellement le pont, et nous faisaient une existence des plus misérables. Pour ajouter à nos tourments, une maladie se déclara à bord. Aucun des passagers n'échappa à la contagion, et je fus un des premiers atteints. La température, qui, plusieurs jours auparavant, était à 28 et 30°, tomba à 11; ce qui ne contribua pas peu à aggraver notre position, et cette brusque transition nous fut très-désagréable.

Le repos absolu du dimanche est une de ces coutumes que n'abandonnent point les Anglais partout où ils se trouvent. Le respect pour ce saint jour est strictement observé à bord ; il se manifeste, si le temps est mauvais, par le recueillement, le calme et le silence ; s'il fait beau, une véritable chapelle est établie sur la poupe ; des bancs y sont rangés convenablement. Une table placée au milieu, et recouverte du drapeau rouge national, donne une sorte de solennité à la cérémonie. La cloche du bord résonne lentement et appelle les fidèles au service. Tous arrivent en silence, depuis le plus jeune jusqu'au plus âgé, depuis le mousse jusqu'au capitaine. L'homme à la barre reste seul à son poste, et encore, la tête nue, assiste-t-il, autant qu'il le peut, à la cérémonie.

D'anciens marins, vieux loups de mer, aux cheveux blancs, parés de leurs plus beaux habits, admirables de propreté, se rendaient avec les autres au service divin. Je ne pouvais les regarder sans éprouver un certain sentiment d'intérêt en leur faveur. Ils tenaient tous à la main leur Bible, et je remarquai que quelques-uns d'entre eux en possédaient de fort belles éditions, reliées et dorées sur tranche. Les nombreuses marques qui garnissaient la plupart de ces Bibles indiquaient assez qu'elles étaient l'objet de lectures fréquentes, tandis qu'une double et triple enveloppe, destinée à préserver la couverture du livre, témoignait du soin qu'en prenait le possesseur. L'édition la plus répandue était celle de la société biblique de Londres. On sait que cette société accorde à chaque marin, moyennant 6 pence (60 centimes), une Bible complète, reliée en basane, et la donne même gratis à ceux qui lui en font la demande.

La dernière fois que j'assistai au service, qui depuis fut interrompu par le mauvais temps, la mer semblait vouloir ajouter au recueillement qu'inspirait la cérémonie. Sa surface était unie et tranquille, et notre navire en silence filait à peine quelques nœuds sans la moindre oscillation. Aussi, lorsque le capitaine, qui remplissait l'office de pasteur, eut commencé, au milieu de ce calme profond, la prière : *Our Father* (Notre Père), qui fut répétée à voix basse par tout l'auditoire, je ne pus me défendre d'une vive émotion ; mes yeux se tournèrent involontairement vers la France ; mais je n'aperçus que la mer et un ciel bleu à l'horizon !!! et je continuai à prier.

Dans ces parages, la pêche et la chasse aux oiseaux apportèrent quelque diversion à la monotonie ennuyeuse de la vie de bord. Nous prîmes des bonites et plusieurs poissons volants. Je parvins à m'emparer d'un grand requin bleu dont je ne pus conserver que l'épine dorsale, avec laquelle je me propose de faire monter une canne. Quant aux oiseaux, nous pouvions les chasser sans nous déranger beaucoup. Plusieurs espèces différentes suivaient notre navire et semblaient nous escorter. L'alcyon, le damier du Cap, le paille-en-queue, le pétrel, l'albatros, se disputaient les morceaux de pain ou de viande que nous nous plaisions à leur jeter. Malgré les fortes dimensions de l'albatros (quelques-uns de ces oiseaux ont jusqu'à quatorze et quinze pieds d'envergure), rien n'est plus gracieux que son vol, soit qu'il s'élève dans les airs, soit qu'il descende et effleure avec légèreté la surface des eaux sans imprimer le moindre mouvement à ses longues ailes. La rapidité de sa course est telle, qu'il peut, en quelques heures, franchir d'énormes distances. Le fait que je vais citer en est un exemple frappant.

Albatros, vulgairement appelé mouton du Cap.

Le capitaine du navire *le Layton,* chargé de transporter des prisonniers à la terre de Van-Diémen, connue aujourd'hui sous le nom propre de Tasmanie, prit un jour un albatros, et s'aperçut qu'il portait autour du cou un collier en fer-blanc sur lequel on avait gravé, avec le nom du navire *Symmetry,* capitaine Stevens, des indications de longitude, de latitude et une date par heure et minute, etc. Cette date était précisément celle du jour où l'oiseau s'était laissé prendre; l'on put alors calculer, à bord du *Layton,* que le navire *Symmetry* devait être éloigné de plus de cent quatre-vingts milles. Ainsi, et sans tenir compte des déviations produites par l'incertitude probable de sa course, l'animal avait dû parcourir cette distance, prise en droite ligne, à raison de quatre-vingt-dix milles à l'heure.

Aussitôt que ces oiseaux se montrèrent, j'essayai d'en attraper quelques-uns en faisant usage de mes lignes. Les hameçons en accrochaient quelquefois; mais je ne pouvais que difficilement les prendre, soit qu'ils parvinssent à se décrocher, soit que mes lignes se trouvassent cassées par la marche rapide de notre navire et la résistance qu'opposait l'oiseau. Le meilleur appât pour attirer ces gros oiseaux est un morceau de gras de porc sur lequel ils se jettent avec voracité. Dès qu'ils se sentent accrochés, ils font avec leurs ailes et leurs pattes une résistance telle, que l'effort d'un seul homme ne suffit pas pour les amener à bord. Cependant, un beau matin j'eus la satisfaction d'en prendre un qui était magnifique et qui, à ma grande surprise, mesurait douze pieds et pesait trente-huit livres. J'employai ma journée à le mettre en peau, opération qui réussit parfaitement, l'oiseau n'ayant reçu aucune blessure.

Les albatros, couverts d'un épais plumage, sont presque à l'épreuve du plomb, et ce n'est qu'en les tirant à balle qu'on peut les tuer. J'en tuai plusieurs qui vinrent tomber sur le pont; et je transformai leurs larges pattes membraneuses en blagues à tabac pour mes amis. Un jour je tirai sur un de ces vieux audacieux qui souvent s'amusent à planer au-dessus des navires, prêts à se précipiter sur le moindre objet qu'on jette à la mer. Ma balle le toucha, j'en avais la certitude; quelques plumes tombèrent, mais il n'en continua pas moins son vol majestueux, effleurant les vagues ou planant à perte de vue. Plus d'une demi-heure s'écoula (car j'avais pu dans cet intervalle tirer d'autres oiseaux); puis il revint; cette fois, je lui logeai une balle dans la tête et il tomba sur le pont. Quel ne fut pas notre étonnement de voir que ma première balle lui avait traversé le corps, et que, malgré cette blessure, il avait pu nous suivre et continuer à prendre ses ébats! La chasse ou la pêche étant les seules distractions que nous pussions prendre, nous trouvions le temps bien long; enfin nous arrivâmes en vue du cap de Bonne-Espérance, et bientôt après

Vue de la ville du Cap.

au mouillage dans la baie de la Table : quelques réparations urgentes à faire au navire nous permirent de visiter le Cap. De la rade on voit la ville bâtie en amphithéâtre et dominée par la montagne de la Table au centre, par celle du Diable à droite, et à gauche par celles de la tête et de la croupe du Lion. C'est sur ce dernier point que se trouvent le phare et les signaux.

La ville est très-propre, régulièrement bâtie et d'une teinte générale blanche ; le jardin du gouvernement et le Champ-de-Mars, où se trouvent réunies la bourse et la bibliothèque publique, méritent d'être cités.

Une rue du Cap.

A quelque distance en mer, presque vis-à-vis de la ville, est Robben-Island, lieu de déportation de la colonie. La disposition de la presqu'île du Cap est telle qu'il existe deux rades, séparées par un isthme assez étroit : *Table-Bay*, mouillage d'été ; et *Fals-Bay*, mouillage d'hiver. Nous voulûmes visiter les environs de la ville, et l'on nous conseilla de nous rendre à Simon's-Bay, où se trouve un arsenal assez important. La route qui conduit à cette petite ville, station anglaise, est admirablement entretenue. Nous passâmes par Threecop, où l'on voit encore trois potences, par Round-Buch et Vingberg, lieux de plaisance des négociants de la ville. Nous vîmes ce fameux vignoble de Constance

Il est situé au revers sud des montagnes du Diable et de la Table. Il y a le Grand-Constance, le Petit-Constance et un troisième vignoble nommé Haut-Constance, dont les produits sont d'une qualité inférieure. Après avoir traversé Steenberg et Musenberg, la route devient difficile et ensablée; il faut, avant d'arriver à Simon's-Bay, passer à gué un ruisseau très-dangereux à cause de la mobilité

Simon's-Bay.

du sable; en somme, notre promenade nous fit le plus grand bien et nous parut très-agréable. Nos yeux trouvaient au moins à se reposer sur mille objets auxquels nous trouvions peut-être bien gratuitement les formes les plus gracieuses, car il est facile de comprendre combien on est heureux de prendre terre après une longue traversée, et combien surtout on est disposé à voir en beau tout ce qu'on a sous les yeux. Les naturels n'échappèrent même pas à notre admiration. Il y eut unanimité pour les déclarer aussi laids que possible : est-ce prévention, mauvais goût, jalousie même, je n'ose le croire; mais, pour que mon jugement ne reste pas incertain, je fais un appel au jugement de ceux qui me liront. Les types qui figurent ici ont été dessinés d'après nature par M. J. Verreaux, savant naturaliste dont j'aurai l'occasion de parler encore, et qui a longtemps séjourné au Cap.

Quant aux descriptions qui accompagnent ces vignettes, si elles sont peu flattées, on ne m'accusera pas du moins d'exagération, car je les emprunte à MM. Eyriès et Bory de Saint-Vincent. Ces deux auteurs parlent des Cafres et des Hottentots en général, que je n'ai vus qu'au Cap seulement : je ne peux donc les suivre dans tous les détails curieux qu'ils en donnent et que je trouve d'une

Portefaix de la ville du Cap

grande vérité pour ceux de ces Africains qu'on rencontre en assez grand nombre dans les rues de la ville, où ils sont employés aux gros travaux comme porte-faix, et où ils trouvent à vivoter misérablement.

TOME I.   8

« Les Cafres diffèrent également des Nègres, des Hottentots et des Arabes avec lesquels ils confinent. Le crâne des Cafres présente comme celui des Européens une voûte élevée; leur nez, bien loin d'être déprimé, s'approche de la forme arquée; ils ont la lèvre épaisse du Nègre, et les pommettes saillantes du Hottentot; leur chevelure crépue est moins laineuse que celle du Nègre, et leur barbe plus forte que celle du Hottentot. Ils sont, en général, grands et bien faits; la couleur de leur peau est d'un gris noirâtre qu'on pourrait comparer à celle du fer, quand il vient d'être forgé; mais le Cafre ne se contente pas de sa couleur naturelle, il se peint le visage et tout le corps d'ocrhe rouge réduite en poudre et délayée dans l'eau : quelquefois les hommes, et le plus souvent les femmes, y ajoutent le suc de quelques plantes odoriférantes. Les femmes diffèrent beaucoup des hommes par la taille; elles arrivent rarement à celle d'une

Betjouana.

Européenne bien faite; d'ailleurs, elles sont aussi bien conformées que les hommes. Tous les membres d'une jeune Cafre offrent ce contour arrondi et gracieux que nous admirons dans les antiques; leur physionomie annonce la douceur et la gaieté. Les habits des Cafres sont faits avec les peaux des animaux qu'ils tuent à la chasse ou de ceux qu'ils élèvent. Ils ont pour ornements des anneaux d'ivoire ou de cuivre qu'ils portent au bras gauche et aux oreilles. Le bétail fait leur principale richesse ; la culture des terres leur fournit une partie de leur subsistance ; les femmes sont chargées de ce travail. De nombreux troupeaux de vaches fournissent aux Cafres le laitage qui fait leur principale nourriture ; ils le mangent toujours caillé, et le conservent dans des outres ou dans des paniers de jonc d'un travail admirable, où il ne tarde pas

Mozambiques pêcheurs.

à s'aigrir. Ils font rôtir ou bouillir la viande, ils broient les grains de millet et en humectent la farine avec du lait frais, ou bien font renfler ces grains dans l'eau chaude et s'en nourrissent sans y mêler aucun assaisonnement. Tous sont passionnés pour le tabac. Les Betjouanas mangent avec plaisir la chair des bêtes sauvages et des gros oiseaux qu'ils tuent à la chasse. Les Coussas ont une horreur invincible pour la chair des porcs, des lièvres, des oies, des ca-

nards et des poissons. Les Betjouanas partagent leur aversion pour ce dernier
mets. Ils ignorent l'art que possèdent les Coussas d'extraire des grains fermentés
une boisson enivrante; mais ils ont bu avec plaisir le vin et l'eau-de-vie que
les Européens leur ont présentés. La boisson ordinaire de tous ces peuples
est l'eau pure. Tous les Cafres sont très-actifs; ils ont un goût décidé pour les
longues courses; ils poursuivent pendant plusieurs jours de suite les éléphants
auxquels ils font la chasse. Cependant ils ne mangent pas la chair de ces animaux dont les dents sont la propriété du chef de la horde. Les Coussas ont un
penchant décidé pour la vie pastorale et pour la tranquillité : néanmoins ils ne
balancent pas à prendre les armes pour défendre leur patrie; ils ont même
tenu tête à des troupes européennes. Un traité conclu avec le gouvernement du
Cap leur assure la possession de leur pays, borné par des limites convenues du
côté de cette colonie. Les Cafres sont soumis à des chefs particuliers qui se
font souvent la guerre; ils observent des formes avant de s'attaquer. Ce n'est
qu'aux Boshismens qu'ils font une guerre à outrance; ils les traitent comme des
bêtes féroces. Tous les voyageurs s'accordent à dire qu'avant d'être corrompus
par leurs communications avec les Européens, qui les ont rendus querelleurs
et cruels, les Cafres étaient un peuple hospitalier, bon et affable, qui accueillait amicalement les malheureux jetés par le naufrage sur les côtes de leur
pays, et leur donnait des guides pour les conduire à plusieurs centaines de
milles aux comptoirs des blancs. Quelques naufragés n'ont pas éprouvé une
réception aussi bienveillante; cependant on a vu des exemples récents, qui
prouvent que l'humanité n'est pas bannie du cœur des Cafres qui habitent sur
les bords de la mer. Dans les guerres avec les colons du Cap, guerres désastreuses causées par les instigations de quelques mauvais sujets, par l'arro-
gance des blancs, par leur abus de la force, par leurs fraudes dans le trafic,
les Coussas ont montré un ressentiment profond des injures qu'ils avaient reçues; mais rien n'a été plus facile que de traiter avec eux, en invoquant leur
équité naturelle. Le droit du plus fort ne règne pas chez eux; il n'est permis à
personne d'être son propre juge, excepté le cas où un homme surprend sa
femme en adultère.

» Beaucoup plus éloignés de l'état de nature que les Coussas, les Betjouanas
connaissent l'art de la dissimulation, et savent ménager avec adresse leurs intérêts personnels. Lichteinstein a observé que souvent l'expression de leurs
yeux et le mouvement de leur bouche annoncent l'homme dont la sensibilité
est déjà active sans être encore raffinée. Avides d'instruction, ils accablent les
étrangers de questions. La facilité de leur mémoire se manifeste par la promptitude avec laquelle ils retiennent les mots hollandais, et même des phrases
entières qu'ils prononcent beaucoup mieux que les Hottentots dans la colonie
du Cap. La langue des Cafres est sonore, riche en voyelles et en aspirations,

bien accentuée et très-douce ; elle a moins fréquemment que celles des Hottentots et des Boshismens, ces claquements de la voix qui font paraître ces dernières si étranges ; on ne les a pas remarqués chez les Betjouanas. Ils croient
à une intelligence suprême et invisible ; ils ne l'adorent pas, ne la représentent point par des figures et ne la placent pas dans les corps célestes. Ils ont
des devins qui, chez les Betjouanas, président à des sortes de cérémonies religieuses ; leur chef est le premier personnage après le roi. Ces cérémonies sont
principalement la circoncision des enfants mâles, la consécration des bestiaux
et la prédiction de l'avenir. Ils ne connaissent pas l'écriture ; leur arithmétique
se borne à l'addition : ils comptent sur leurs doigts et manquent de signes
pour les dizaines.

» La construction de leurs maisons et de leurs enclos les distingue avantageu-
sement des autres peuples de l'Afrique méridionale. Ces maisons sont généralement circulaires ; la distribution en est bien entendue ; l'intérieur en est frais
et aéré ; elles sont entourées d'un espace formé par une espèce de treillage. On
a trouvé chez les Betjouanas des réunions de maisons formant des villes considérables. Les Maroutzès et les Makinis fournissent aux autres Betjouanas les
couteaux, les aiguilles, les boucles d'oreilles et les bracelets de fer et de cuivre
que les voyageurs ont été si surpris de rencontrer chez ces peuples ; conséquemment plus avancés vers la civilisation que les Éthiopiens, probablement
parce que la traite ne fut point introduite chez eux, les Cafres ont encore
d'autres arts ; ils savent faire d'assez bonne poterie, composent de la ficelle et
diverses étoffes avec des fibres végétales tirées de diverses écorces, sculptent
avec une certaine perfection différentes figures sur la poignée et la gaîne de
leurs couteaux qu'ils portent au cou, sur le manche de leurs javelines, arme
bien plus perfectionnée que la zagaye, ainsi que sur les ustensiles de bois dont se
compose leur ménage. Ils aiment la musique comme les autres Africains ; et ce
sont eux et non les Hottentots qui se réunissent pour chanter en chœur en
dansant au bruit des instruments durant les nuits de pleine lune. Ils sont régulièrement polygames.

» Aussitôt qu'un jeune homme pense à s'établir, il emploie une partie de son
bien à l'acquisition d'une femme ; elle lui coûte ordinairement une douzaine de
bœufs. La première occupation d'une nouvelle mariée est de bâtir une maison
avec ses dépendances ; elle doit abattre elle-même les bois qui entreront dans
sa construction, quelquefois sa mère et ses sœurs l'aident dans ce travail.
Quand le Betjouana voit son troupeau de bétail s'accroître, il pense à augmenter
sa famille en prenant une seconde femme qui, de même que la première, est
obligée de bâtir sa maison et d'y joindre une étable et un jardin. Ainsi le
nombre des femmes d'un Cafre donne la mesure de sa richesse. C'est en vain
qu'on a tenté d'introduire le christianisme chez les Cafres ; les missionnaires

les plus zélés ont dû renoncer à l'espoir de les convertir. Mais l'islamisme altéré paraît en avoir séduit plusieurs, du moins en voit-on qui sont circoncis.

» Les Hottentots font le passage du genre homme au genre orang et aux singes. Comme dans certains de ces animaux, les os du nez sont réunis en une seule lame écailleuse, aplatie et beaucoup plus large que dans toute autre tête d'homme; l'extrémité inférieure de l'humérus demeure aussi percée d'un trou;

Hottentots des environs du Cap.

les os des mâchoires et les dents y sont presque tout à fait obliques. La couleur de la peau est lavée de bistre et plus ou moins jaunâtre, mais jamais noire. Quoique l'angle facial ait au plus 75° d'ouverture, et qu'il soit conséquemment plus aigu que chez les autres Africains, le front du Hottentot ne laisse pas que d'être proéminent; mais le vertex est singulièrement aplati, et quelquefois même comme enfoncé. La ligne d'implantation des cheveux décrit une

courbe, dont aucun angle rentrant ou saillant n'altère la régularité. Ces cheveux noirs ou seulement brunâtres sont excessivement courts, laineux et par
petits paquets assez semblables à ceux dont les fourrures dites d'Astracan tirent
leur singularité. Les sourcils très-marqués, quoique minces et non saillants,
sont légèrement crépus; les yeux couverts et ne s'ouvrant qu'en longueur sont,
ainsi que chez les Chinois, brunâtres et relevés vers les tempes. En face, la

Pitt, Hottentot, bon chasseur et assez intelligent.

figure du Hottentot rappelle assez exactement celle des Botocudos du Brésil;
mais vue de profil, elle est bien différente et hideuse d'animalité; les lèvres,
lividement colorées, s'y avancent en un véritable groin contre lequel s'aplatis-
sent, se confondent pour ainsi dire de vrais naseaux ou narines qui s'ouvrent
presque longitudinalement et de la façon la plus étrange. Il n'existe que très-
peu de barbe à la moustache ou sous le menton et jamais on n'en voit en

avant des oreilles, dont la conque est plutôt inclinée d'avant en arrière que d'arrière en avant. Le pied prend déjà une forme si différente de celle du nôtre et de celui des Nègres, qu'on reconnaît au premier coup d'œil la trace du Hottentot imprimée sur le sol.

Femme griquoise, pays des petits Namaquois.

» Les femmes, plus hideuses encore que les hommes, sont aussi beaucoup plus petites, proportions gardées; elles ont leurs mamelles pendantes comme des besaces et peuvent les jeter par-dessus l'épaule pour donner à teter à leurs enfants ; il s'en trouve dont la tête, aplatie en dessus, en avant et par derrière, semble être presque carrée ; à ces difformités beaucoup d'entre elles en joignent de plus étranges encore et qui les rendent en quelque sorte l'horreur des étrangers, qu'on voit bien rarement s'unir à elles.

» L'espèce hottentote se partage avec l'espèce cafre la pointe méridionale de l'Afrique, mais seulement en dehors du tropique ; elle en occupe la moitié occidentale, où, sous le nom de Namaquois, de Koranas, de Boshismens, de Gonaquois et Houzonanas, elle est répandue dans le bassin de la rivière d'Orange. Elle peuplait exclusivement les environs du cap de Bonne-Espérance et la côte sud, avant que les Européens, qui s'y sont établis, n'en eussent repoussé la plus grande partie dans l'intérieur des terres : mais on se trompe considérablement lorsqu'on avance que les Hottentots s'étendent dans l'Afrique méridionale, depuis le cap Nègre jusque sur la côte de Natal. Cette dernière côte est exclusivement occupée par l'espèce cafre ; les rivages, qui se prolongent du cap Nègre jusqu'à la rivière des Poissons, présentent une étendue totalement déserte de dix degrés à peu près de latitude.

» De toutes les espèces humaines, la plus voisine du second genre de bimanes par les formes, l'espèce hottentote, en est encore la plus rapprochée par l'infériorité de ses facultés intellectuelles ; et les Hottentots sont, pour leur bonheur, tellement bruts, paresseux et stupides, qu'on a renoncé à les réduire en esclavage ; à peine peuvent-ils former un raisonnement, et leur langage, aussi stérile que leurs idées, se réduit à une sorte de gloussement qui n'a presque plus rien de semblable à notre voix. D'une malpropreté révoltante, qui les rend infects ; toujours frottés de suif ou arrosés de leur urine, se faisant des ornements de boyaux d'animaux qu'ils laissent se dessécher en bracelets ou en bandelettes sur leur peau huileuse, se remplissant les cheveux de graisse et de terre, vêtus de peaux de bête sans préparation, se nourrissant de racines sauvages ou de panses d'animaux et d'entrailles qu'ils ne lavent même pas, passant leur vie assoupis ou accroupis et fumant, parfois ils errent avec quelques troupeaux qui leur fournissent du lait. Isolés, taciturnes, se retirant dans les cavernes ou dans les bois, à peine font-ils usage du feu ; si ce n'est pour allumer leur pipe, qu'ils ne quittent point. Le foyer domestique leur est à peu près inconnu ; et ils ne bâtissent point de villages ainsi que les Cafres, leurs voisins, qui regardent ces misérables comme une sorte de gibier, leur donnent la chasse et exterminent tous ceux qu'ils rencontrent. On les a dit bons parce qu'ils sont apathiques, tranquilles parce qu'ils sont paresseux, et doux parce qu'ils se montrent lâches dans toute occasion. Quelques-uns n'ont pas fui à l'approche des Européens, et, vivant parmi eux, ils viennent dans les marchés du Cap porter diverses denrées ; mais l'exemple des Hollandais, qui les pre-

miers fertilisèrent leur pays, ne les a point déterminés à s'adonner à l'agriculture.

Femme matabélée (matrone d'un Kraal du pays des Zoulos).

« Les Hottentots n'ont ni lois, ni religion ; mais ils ont des sorciers, sortes de
prêtres qui les ont asservis à des pratiques ridicules où des voyageurs superfi-
ciels ont cru reconnaître l'existence d'un culte.

» Dévorés de vermine, les Hottentots se plaisent, comme les singes, à manger cette vermine; et, de même que les mélaniens et la plupart des animaux, c'est sur place qu'ils vaquent aux besoins naturels, sans s'inquiéter qu'on les regarde ou non. Leur vie est plus courte que celle des autres hommes, ils sont vieux à quarante ans et passent rarement la cinquantaine. On croit remarquer qu'ils ont, comme le reste des Africains, du penchant pour l'islamisme, parce que cette religion, assez habilement appropriée au climat des tropiques, permet la possession de plusieurs femmes, et qu'elle n'offre point de mystères incompréhensibles. »

Il y a loin, comme on le voit, des femmes hottentotes aux négresses du nord-ouest de l'Afrique, qui n'ont point ces formes repoussantes et dont quelques-unes peuvent même, dit-on, passer pour être jolies.

Mais laissons ces détails : je m'y arrêterais avec plus d'intérêt si j'avais fait un long séjour au Cap, et s'il m'avait été possible de faire quelques excursions lointaines et d'étudier à mon aise les Cafres et les Hottentots. Il en fut autrement, et les avaries de notre navire réparées, il nous fallut reprendre la mer.

Poshismens, ou plutôt Bosch-man (hommes des bois).

Trois semaines environ après notre départ du Cap, nous passâmes devant les iles d'Amsterdam et de Saint-Paul. Ces deux iles arides, séparées par un canal navigable, ne sont habitées que pendant la saison d'été, et il y a quelques années seulement par des pêcheurs de l'ile Maurice qui viennent y saler

Ile Saint-Paul.

le produit de leurs pêches. C'est le refuge de quelques animaux et particulièrement des phoques et des albatros. Cependant les rochers escarpés qui les forment, l'épaisse fumée d'un volcan qui s'élève en tourbillons dans les nues,

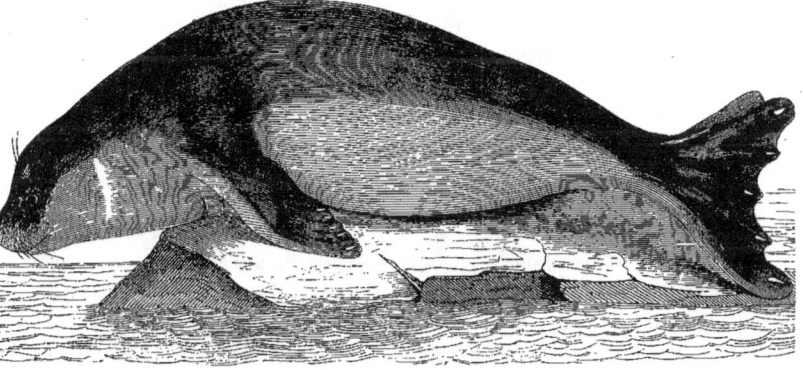

Phoque, ou veau marin.

donnent à ces ilots perdus un aspect assez pittoresque, surtout aux yeux de pauvres passagers qui depuis longtemps n'ont vu que la mer et un horizon sans bornes.

Le 20 décembre nous aperçûmes une terre : c'étaient les rochers de Van-
Diémen. Au cri de Terre! Terre! le cœur éprouve une sensation imprévue, un
sentiment de bonheur dont on ne saurait se faire une idée, si déjà l'on n'a
parcouru pendant de longs mois ces mers sans fond comme sans limites. A ce
cri, chacun se presse sur le pont et dévore des yeux l'espace immense, car la
terre est encore loin, bien loin de tous les regards; elle n'apparaît à l'horizon
que comme une teinte bleuâtre, que l'œil exercé du marin peut seul découvrir.
Mais qu'importe! le mot magique a opéré son effet : le malade se ranime ou
supporte ses douleurs avec patience; ceux que des querelles avaient tenus jusqu'alors éloignés les uns des autres oublient le passé et se cherchent pour se
serrer la main. Il n'est pas jusqu'au capitaine qui ne s'humanise un peu et
n'adoucisse parfois, en faveur des passagers, la rigueur de l'austère discipline
du bord.

Le vent contraire nous força de faire le tour de l'île de Van-Diémen, au lieu
de passer par une voie plus directe, c'est-à-dire par le détroit de Bass. Nous
côtoyâmes la terre pendant trois ou quatre jours. De nombreux rochers escarpés se montraient au milieu de la mer, et, à quelques milles plus loin, les hautes
montagnes de la Nouvelle-Galles du Sud se distinguaient parfaitement à l'horizon. Obligés ainsi de louvoyer, nous approchions cependant assez près de la
terre, à chaque bordée, pour juger de son aspect. Nous vîmes successivement le
Pigeonnier (Pigeon's House), montagne haute et escarpée, Five-Island, Wollongong, etc. Une certaine activité se faisait remarquer depuis ce moment
parmi les passagers : les promenades pendant lesquelles le cigare était la seule
distraction possible se trouvaient interrompues; on ne voyait plus d'oisifs ap-
puyés sur les bastingages et cherchant à découvrir une voile à l'horizon; une
seule pensée occupait tous les esprits, celle du débarquement prochain, et les
dames, qui n'avaient point perdu leur instinct de coquetterie, revenaient à des
idées de toilette et songeaient à se parer des robes faites à la dernière mode.

Nous avions à bord, outre vingt-huit passagers, onze enfants qui, depuis le
lever jusqu'au coucher du soleil, n'avaient cessé, pendant la traversée, de se
livrer aux jeux les plus bruyants et les plus insupportables. Dans leur désœu-
vrement, ils s'accrochaient à qui ils pouvaient; ils touchaient à tout, par-
laient, criaient ou se battaient tous à la fois. Leur présence m'avait empêché
d'employer mon temps d'une manière aussi studieuse que je l'aurais désiré;
mais lorsqu'ils apprirent qu'on s'approchait de Sydney, leurs jeux et leurs cris
furent tout à coup suspendus; postés à bâbord ou à tribord, ils s'évertuaient
à chercher la terre en jetant leurs regards dans toutes les directions possibles.
C'était un spectacle amusant que de les voir ainsi occupés, les uns prenant un
nuage pour la terre, les autres se figurant déjà qu'ils apercevaient les signaux
et les phares de Port-Jackson.

Chaque matin, on se levait de bonne heure, on s'habillait comme pour débarquer, avec l'idée qu'on arriverait enfin dans la journée au terme du voyage. Malheureusement nous restâmes pendant trois jours à l'entrée de la baie sans pouvoir avancer, faute de vent, et ces trois jours de repos nous semblèrent aussi longs que trois semaines. Pendant une des dernières nuits, un des enfants, Fred, qui ne pouvait contenir son impatience, importuna tellement de ses questions un de nos matelots, que celui-ci, pour s'en débarrasser, lui montra une étoile à l'horizon, et lui dit que c'était là le phare de Sydney. Aussitôt l'enfant, transporté de joie, s'empressa de réveiller tout le monde, en s'écriant qu'on entrait dans la baie. Il s'ensuivit un branle-bas général, et presque tous les passagers se trouvèrent en un clin d'œil réunis sur le pont, vêtus plus ou moins à la légère, suivant qu'ils avaient mis plus ou moins de précipitation pour se lever. On comprend quel fut le désappointement général et ce qui aurait pu en résulter pour l'enfant, s'il n'était allé prudemment se cacher dans je ne sais quel coin du navire.

Le 27 décembre, à six heures du matin, nous reconnûmes sur la hauteur les phares, puis les signaux; enfin, nous fûmes assez en vue pour être signalés, et nous entrâmes vers midi dans la baie de Sydney, appelée Port-Jackson. Le pilote, qui portait justement le nom de Jackson, était à notre

Entrée du Port-Jackson.

bord depuis dix heures du matin. Jackson est un jeune homme charmant, bien élevé, reçu dans la société, ayant toutes les manières d'un *gentleman*, ce qui le distingue de nos pilotes d'Europe, qui n'en sont pas moins des hommes bons et courageux.

A peine étions-nous entrés dans la baie, que déjà nos yeux ne savaient sur quel point se reposer, tant étaient nombreux les sites pittoresques qui s'offraient aux regards, et qui nous auraient fait croire que nous étions au milieu d'un de ces parcs anglais si grands et si majestueux dans leur ensemble.

Plus de vingt petits canots étaient à notre remorque; dans les uns, une foule d'habitants de Sydney venaient au-devant de leurs parents ou de leurs amis;

les autres transportaient des journalistes empressés de connaître les nouvelles de l'Europe. Ces derniers avaient eu la complaisance de se munir des diverses gazettes de la colonie pour les communiquer aux passagers, qui, en arrivant, se trouvaient ainsi au courant des choses les plus récentes. J'étais tout yeux, tout oreilles; chacun, dans ce moment, voulait être mon cicerone, l'un me tirant d'un côté pour me faire voir un site, une montagne, l'autre pour m'indiquer sa maison, etc.

Une distance de six ou sept milles nous séparait encore de Sydney; nous filions doucement, poussés par un vent léger, éclairés par le plus beau soleil possible, et au travers d'un labyrinthe d'eaux, de petites baies, d'îles, de rochers et de coteaux chargés de fleurs dont le parfum arrivait jusqu'à nous. Là, nous apercevions Rose-Bay, Watson's-Bay, Double-Bay, entourées de riches et délicieuses maisons de campagne et couvertes d'embarcations de toute espèce. Plus loin nous apparaissaient Garden-Island, Woolloomooloo avec ses maisons variées; et enfin, après avoir tourné Bradley'-Head, Sydney, qui, élevée sur des monticules, se montre gracieusement et laisse voir, entre autres habitations, la maison du gouverneur, une des plus belles et des mieux situées du pays.

Vue du palais du gouverneur.

Nous avions à bord, parmi nos passagers, une famille composée de six enfants revenant de pension et qui allaient retrouver leurs parents à Sydney; le jeune Fred, l'auteur de l'escapade innocente dont j'ai parlé, faisait partie de cette petite caravane. Jamais expression de bonheur n'a été mieux rendue que par ces charmantes figures toutes rosées et joufflues. Ces enfants se voyaient enfin à Sydney, et leurs yeux se tenaient constamment fixés sur le quai, espérant à chaque instant apercevoir leur mère. Bientôt un bateau arriva tout doucement; il amenait cette fois la personne tant désirée. Ce fut alors un élan de joie inexprimable; les cris de *mother, mother, dear mother!* etc., se trouvèrent répétés d'une façon si vive et si bruyante, que le commandement du capitaine pouvait à peine arriver jusqu'aux hommes de l'équipage.

On comptait alors plus de cent personnes à bord, et il était difficile de se mouvoir au milieu de l'encombrement que tout ce monde occasionnait. C'était un spectacle tout nouveau pour moi. A deux heures, nous arrivions entre Government-House et Pinchut, et l'ancre glissait, au milieu d'un hourra général, en face du fort Macquarie.

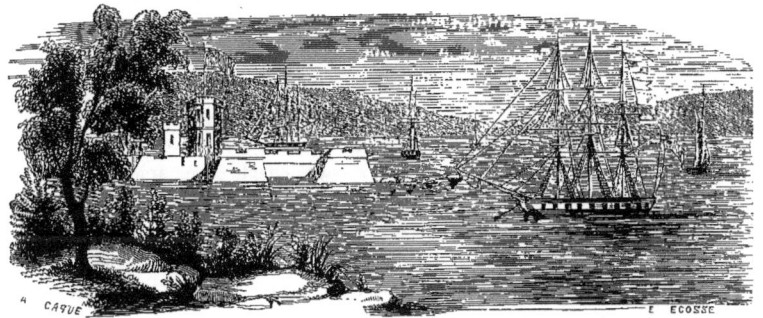

Fort Macquarie.

Nous avions effectué notre traversée en quatre-vingt-dix-sept jours, et nous avions mis dix à quinze jours de moins que les derniers bâtiments arrivés.

J'ai déjà dit qu'un de nos amis, le Dr Douglas, m'avait fortement engagé à visiter la Nouvelle-Hollande, et particulièrement la Nouvelle-Galles du Sud. Nous avions causé ensemble de Sydney, et, malgré tout ce que je savais sur cette ville, je m'attendais à descendre, en arrivant, dans quelque hutte grossière et misérable, qu'on voudrait faire passer à mes yeux pour une auberge; je croyais ne rencontrer dans les rues que des prisonniers (*convicts*) ou des sauvages; les livres que j'avais lus, quoique publiés récemment, ne jetaient qu'une faible lumière sur ce sujet dans mon esprit, car ils s'occupaient plus, en général, de l'histoire naturelle du pays que de l'aspect et des mœurs de la ville.

Quelquefois en mer je cherchais, dans mes heures de rêveries, à construire un Sydney à ma façon. En reportant mes souvenirs vers le Brésil, et surtout vers certaines régions de ce pays, peuplées depuis longtemps et qui laissent encore à désirer sous le rapport de la civilisation et du bien-être de leurs habitants, je me figurais que la ville de Sydney, éloignée de la métropole d'environ cinq mille lieues, et fondée à une époque rapprochée de nous, ne pouvait être encore, sans préjuger de l'avenir, qu'un chétif et misérable village; il me semblait qu'à une aussi grande distance les habitudes et les jouissances de la vie ordinaire devaient être totalement inconnues et négligées. C'est avec cette impression que je quittai le navire *le Persian*. Un des passagers, M. le capitaine Wright, ex-chef des milices à Sydney et à Paramatta, voulut bien diriger mes premiers pas. Nous prîmes un canot qui nous débarqua au bas de Georges-Street; je me trouvai à terre, sans apercevoir même l'ombre d'un douanier, et sans qu'aucun gendarme se présentât pour réclamer l'exhibition de mon passeport, ainsi qu'il est d'usage dans les États européens, perfectionnement dont les colons ont eu jusqu'à présent le bon esprit de se passer!!!

J'eus lieu de m'assurer tout d'abord combien étaient fausses les idées que je m'étais faites sur Sydney. Nous arrivâmes, en causant, vers le haut de Church-Hill, près de la caserne, à l'hôtel tenu par M. Petty. Ce n'est pas sans surprise que je vis cet établissement, le plus remarquable de Sydney, et qui ne serait pas déplacé auprès des grands hôtels de Londres. On y rencontre, en effet, tout le confortable et toute la propreté qui distinguent ces derniers. Les pieds foulent de moelleux tapis, et le service de table est en argenterie et en magnifique porcelaine de Chine, etc.

Après le dîner, qui fut excellent, le capitaine Wright eut la bonté de me faire les honneurs de la ville. La chaleur était devenue plus supportable; il faisait une belle soirée, et j'avais été privé pendant si longtemps d'une promenade, que je me serais bien gardé de refuser une si bonne occasion. Nous descendîmes Georges-Street, et notre course au milieu des divers quartiers de Sydney ne dura pas moins de deux heures. Mon attention se portait naturellement de tous côtés, et ce qui me frappa davantage au premier abord, ce fut de voir toutes les rues et les boutiques parfaitement éclairées au gaz. Avant de revenir à l'hôtel, nous passâmes devant le club, dont le capitaine fait partie. J'y entrai avec lui; il y avait peu de monde, et là encore je demeurai surpris de l'admirable tenue de l'établissement. Tous les journaux d'Angleterre, des Indes, de l'Océanie, etc., arrivent à ce club par les voies les plus promptes; les salons sont vastes, bien aérés et éclairés au gaz. On y trouve un excellent billard et un cuisinier renommé. Le second étage de la maison est composé d'un grand nombre de chambres à coucher, qui sont mises à la disposition des sociétaires attardés ou qui demeurent à la campagne. Aux termes du règlement, un membre du club qui a pris possession d'une de ces chambres a le droit de l'occuper pendant quinze jours, à la condition de la céder après ce temps à un autre membre qui la demanderait. A défaut de réclamation, le premier occupant en jouit paisiblement. Ces logements sont d'ailleurs accordés sans aucune rétribution. Le club offre de grandes ressources aux gentlemen fermiers (*settlers*) que leurs affaires amènent à Sydney, et qui sont assurés d'y trouver, avec l'agrément d'une société choisie, toutes les choses qui peuvent être à leur convenance.

Rentré à l'hôtel après cette excursion, je montai à ma chambre; un lit énorme, de six pieds carrés au moins, m'y attendait, et je m'endormis, émerveillé de ce que j'avais déjà vu.

Le lendemain, ma première visite fut pour le consul de France, M. Faramond, qui me reçut avec de vives démonstrations d'amitié. Il me conseilla de quitter l'hôtel où j'étais descendu, et m'indiqua une pension (*Boarding-House*) où il avait lui-même longtemps demeuré. Après avoir débarqué mon bagage du *Persian*, sans éprouver le moindre embarras et même sans passer en douane, je m'installai chez madame Johnson, Albion-House, Miller's Point.

C'était le moment de faire usage des lettres de recommandation dont j'étais porteur. Je commençai donc mes visites, et je dois dire que je reçus partout l'accueil le plus franc et le plus amical. M. Faramond ayant obtenu pour moi une audience du gouverneur, il me présenta à ce fonctionnaire, qui le soir même eut la bonté de nous faire parvenir une invitation à dîner pour le samedi suivant. Au jour fixé, nous fûmes reçus dans l'ancien hôtel du Gouvernement, habitation fort commode, où je remarquai de vastes appartements, mais très-simplement ornés. Plusieurs personnages revêtus d'uniformes rouges, galonnés sur toutes les coutures, nous avaient déjà précédés; M. Faramond voulut bien aussi me présenter à quelques-unes de ces notabilités, et entre autres à sir Maurice O'Connell, commandant en chef des troupes, et à l'honorable Ed. Deas Thomson, esquire, secrétaire colonial, etc., première puissance après le gouverneur. Je comptai environ trente personnes à table; c'était un dîner de cérémonie, et aucune dame, par conséquent, n'y assistait. Le service était tout à fait dans le style anglais, et sans de magnifiques bouquets de fleurs tropicales qui ornaient le milieu de la table, nous aurions pu aisément nous croire en Europe.

Sir Georges Gipps me fit l'honneur, suivant l'usage anglais, de boire un verre de vin avec moi. A ce dîner, je goûtai pour la première fois du vin fait dans la colonie; il me parut de bonne qualité.

Désireux de connaître le pays, j'employai les premières semaines qui suivirent mon arrivée à visiter Sydney dans tous les sens, puis à parcourir quelques points de ses environs, tels que Woolloomooloo, le Domaine, New-

Town, etc., etc., sans oublier le magnifique labyrinthe aquatique la Baie.
Chaque soir je rentrais plus enchanté que jamais de mes promenades.

Le 1er janvier 1845, le consul m'invita à partager un dîner de famille en
société de quatre ou cinq autres compatriotes. Au dessert, nous bûmes à la
santé du roi des Français et à celle de nos parents et de nos amis. Dans ces
solennités, qui viennent à certaines époques resserrer les liens si doux de la
famille, combien semble plus grande encore à un étranger la distance qui
le sépare de la patrie, de ceux qu'il aime et dont il a emporté l'affection!

Le 26 janvier arriva; c'est le jour anniversaire de la fondation de la colonie.
Ce jour-là, mille petits bateaux de tous genres, de toutes grandeurs, de toutes
couleurs, parcouraient la baie comme autant de papillons sur une pelouse
fleurie. Les maisons de campagne qui bordent la baie, les navires, tous ancrés
et pavoisés de divers drapeaux, les bateaux à vapeur, surchargés de monde,
offraient un coup d'œil des plus agréables. La foule se pressait, attirée par
l'attrait des courses nautiques qui allaient avoir lieu, à l'instar des régates du
Havre. Le fort Macquarie était désigné comme le point de départ des embarcations appelées à figurer dans la lutte.

Il y a cinquante-sept ans qu'à cette même place, où se trouvaient réunis
quatre à cinq cents dames plus élégantes les unes que les autres et de nombreux et brillants uniformes, débarquaient les premiers fondateurs de la colonie. Et ce lieu si animé aujourd'hui, où retentissaient tant de cris de joie,
n'était alors qu'une épaisse forêt. Quelle fut la cause de ce changement?

Les maisons d'arrêt d'Angleterre, encombrées de prisonniers, pouvaient à
peine suffire à renfermer les individus qui avaient encouru la peine du bannissement, et pour lesquels il n'existait aucun lieu de déportation, lorsque le
gouvernement se décida à prescrire la formation d'un établissement pénal
(penal settlement) où seraient transportés les criminels condamnés à un exil
perpétuel ou temporaire. Il choisit à cet effet la côte est de la Nouvelle-Hollande, découverte par le capitaine Cook, et appelée New-South-Wales (Nouvelle-Galles du Sud). Plusieurs raisons disposèrent le gouvernement anglais à
prendre cette détermination. Il avait en vue principalement :

1º De débarrasser la Grande-Bretagne des condamnés qui surchargeaient
ses prisons;

2º De fournir un lieu convenable et sûr, éloigné de la mère-patrie et propre
à l'accomplissement des peines ordonnées par jugement;

3º De fonder une colonie par le moyen des condamnés auxquels le gouvernement viendrait en aide, au besoin, et avec le concours des émigrés libres
qui, par la suite, pourraient être tentés de s'expatrier.

Pour l'exécution de ce projet, une flottille de onze voiles se trouvait ras-
semblée à Portsmouth dans le mois de mars 1787, sous le commandement en

chef du capitaine Phillips. On embarqua huit cent cinquante condamnés (*convicts*), dont deux cent cinquante femmes. Un commandant, trois capitaines, douze officiers subalternes et cent soixante-huit soldats formaient l'ensemble de l'équipage. Des enfants, au nombre de quarante, se trouvaient en outre à bord. La flottille mit à la voile le 13 mai 1787, toucha à Ténériffe, à Rio-de-Janeiro, au cap de Bonne-Espérance, et, après huit mois d'une traversée heureuse, elle arriva à Botany-Bay, lieu de destination, les 18, 19 et 20 janvier 1788.

Le capitaine Phillips, une fois débarqué, reconnut bientôt que Botany-Bay, quoique offrant un ancrage profond, était ouvert à toutes les bourrasques des vents d'est qui soulevaient les vagues avec force et les jetaient contre les rochers et les bords de la baie. Les navires ne pouvaient donc trouver là un asile assez sûr. D'un autre côté, les environs décrits par sir Joseph Banks comme présentant de magnifiques prairies, d'abondants pâturages, ne se composaient, en réalité, que de marais et de sables stériles.

Ainsi trompé dans les espérances qu'avait fait concevoir la station de Botany-Bay pour l'établissement d'une colonie, le capitaine Phillips crut devoir tenter la recherche d'un endroit plus favorable, et il se mit en route avant même que tous les condamnés eussent été descendus à terre. Il prit avec lui trois bateaux et emmena plusieurs officiers. Son intention était de visiter Broken-Bay, qui, d'après le capitaine Cook, devait être à vingt-cinq milles vers le nord. Une ouverture entre deux hautes falaises avait bien été aperçue à quelques milles de Botany-Bay par un matelot de l'équipage de Cook, appelé Jackson, mais on avait pensé que ce ne devait être qu'une baie de peu d'importance, à laquelle cependant on donna le nom de Port-Jackson. Le capitaine Phillips examina cette ouverture, qui, au premier aspect, ne paraissait avoir aucune étendue, et s'aperçut bientôt qu'il venait de découvrir un des plus beaux ports naturels qui existât, aussi remarquable par sa grandeur et sa sûreté que par la profondeur de son ancrage. Il revint dans la matinée à Botany-Bay, satisfait de ses recherches et ne mettant pas en doute la supériorité de cette nouvelle station sur l'autre. Il fut décidé que l'on commencerait dès le lendemain matin à évacuer Botany-Bay.

A en croire plusieurs vieillards habitants de Sydney, avec lesquels j'eus occasion de m'entretenir de la colonie, la baie aurait été aperçue par un matelot du capitaine Phillips, qui vint lui dire que, dans une de ses promenades à quelques milles de Botany-Bay, il avait découvert un grand lac dont l'entrée cachée et tortueuse ne lui avait pas permis de s'assurer quel rapport pouvait avoir la mer avec une telle masse d'eau. C'est d'après cette indication que le capitaine Phillips aurait été explorer les alentours de la baie. Ce récit est d'autant plus vraisemblable, que, à moitié chemin de Botany-Bay et de Port-

Jackson, sur les hauteurs de Woolloomooloo, on domine parfaitement ces deux baies.

Le capitaine Phillips, suivi d'un détachement de la marine, quitta Botany-Bay le 25 janvier 1788, et fit voile pour le Port-Jackson, où il arriva le soir même. Le lendemain, un espace de terrain suffisamment grand fut éclairci, et permit d'établir un campement pour les officiers, les gardes et les condamnés, dont le débarquement s'était effectué dans la matinée. La place que l'on avait choisie se trouvait au bord d'une petite crique, près d'un ruisseau qui coulait doucement sous l'ombrage d'un bois épais, et pour la première fois le bruit de la hache et du marteau vint interrompre le silence et la tranquillité de ces épaisses solitudes.

Vers le soir du même jour, tout le monde fut rassemblé sur le point de débarquement, où un grand drapeau avait été hissé. Les troupes, en grande tenue, firent plusieurs salves de réjouissance; le capitaine et les officiers burent à la santé du roi et au succès de la colonie naissante.

La journée avait été magnifique. Vers le soir arrivèrent les derniers bâtiments qui étaient restés à Botany-Bay, et la prise de possession de ce point de la Nouvelle-Hollande se trouva complétement opérée.

Ce même jour, 26 janvier 1788, la colonie était fondée à Port-Jackson.

Une tente apportée d'Europe pour le capitaine Phillips fut dressée sur le côté est de la crique. On fit bivouaquer dans d'autres tentes plus petites une portion des condamnés Ce lieu reçut définitivement le nom de Sydney, en l'honneur de lord Sydney, alors ministre et premier secrétaire d'État d'Angleterre.

Les marins et les soldats furent campés à la tête de la crique, sur les bords de la baie, à l'ouest, avec le principal détachement de condamnés. Quant aux femmes, elles ne débarquèrent que le 6 février. Lorsque tout le monde fut à terre, on se compta : mille trente individus composaient le personnel de la colonie. C'est alors que le capitaine Phillips fit donner publiquement lecture de la commission ministérielle qui le nommait capitaine général et gouverneur en chef de la Nouvelle-Galles du Sud, et des lettres patentes qui établissaient une cour civile et une cour criminelle pour toute l'étendue de ce territoire.

On disposa à l'ouest des tentes pour les malades. Le scorbut s'était déclaré d'une manière sérieuse; on fut assez heureux pour trouver du persil, du céleri, des épinards, qui croissaient en abondance dans les environs, et qui, ajoutés aux médicaments qu'on avait apportés, offrirent aux malades un soulagement inattendu.

Un taureau, quatre vaches, un veau, un étalon, trois cavales et trois poulains furent mis à terre dans un enclos destiné à l'établissement d'une ferme. On planta près de la maison du gouverneur divers arbres à fruits, tels que des poiriers, pommiers, figuiers, orangers, de la vigne, etc., apportés de Rio-de-Janeiro, du Cap et d'Europe, et l'on eut la satisfaction de les voir en quelques jours prendre parfaitement racine.

La première pensée du gouverneur fut d'aviser aux moyens d'entretenir la colonie sans l'assistance de l'Angleterre; mais la réalisation de ce projet présentait de grandes difficultés. Tous les condamnés étaient étrangers à l'agriculture, et bien peu, parmi les émigrés libres, se trouvaient en état de leur en donner les premières notions. Quelques hommes avaient été, il est vrai, commissionnés par le gouvernement et chargés de diriger la partie agricole du nouvel établissement; mais on ne tarda pas à reconnaître leur inexpérience et leur incapacité aussitôt qu'ils se mirent à l'œuvre. On ne rencontra qu'un seul individu qui s'y entendît un peu : c'était un domestique du gouverneur; malheureusement il mourut trop tôt.

Tant d'embarras et d'obstacles auraient pu jeter quelque découragement dans les esprits; cependant on se livra avec ardeur et sur plusieurs points à la culture des terres. La première ferme du gouvernement, mesurant mille acres, fut établie à Farm-Cove, un peu à l'est de Sydney; mais la récolte souffrit beaucoup de la stérilité du sol dans cette localité.

On crut bientôt avoir rencontré un lieu plus convenable vers l'extrémité ouest de la baie, sur les bords d'une petite rivière d'eau douce, à quinze milles de Sydney. Cet endroit parut assez favorablement situé pour que l'on y commençât immédiatement des travaux agricoles. Le gouverneur avait voulu d'abord nommer ce point Rose-Hill; mais, ayant appris ensuite que les noirs l'appelaient Paramatta, il lui conserva ce dernier nom. Plus de sept cents acres de terre s'y trouvaient en pleine culture en 1791; mais là encore la fécondité du terrain ne répondit pas tout à fait aux espérances qu'on en avait conçues.

Pendant toute la durée de son administration, le capitaine Phillips chercha à se concilier l'amitié des indigènes. Il ne pouvait que difficilement empêcher cette population blanche, composée en partie d'êtres plus dépravés les uns que les autres, de se livrer à de mauvais traitements envers les noirs. Il punissait très-souvent les coupables qui lui étaient dénoncés, lorsque ceux-ci n'avaient pas été déjà l'objet de la vengeance des noirs. Un jour, voulant calmer un grand nombre d'indigènes rassemblés à l'entrée de la baie, il s'avança au milieu d'eux, seul et sans armes. Un noir, dont le camp était à quelque distance de la colonie, et qui probablement n'avait jamais vu de blancs, lança une flèche avec force; elle atteignit le capitaine, mais sa blessure n'eut heureusement aucune gravité. On apprit plus tard que l'agression dont l'officier anglais avait manqué d'être victime provenait d'un malentendu, et le capitaine défendit qu'on exerçât aucun acte de vengeance à l'occasion de cet événement.

Le nombre des indigènes établis et campés sur les bords de la baie, en 1788, était très-considérable; mais une maladie qui avait quelque analogie avec la petite-vérole fit de grands ravages parmi cette population. Les colons trouvaient de temps en temps, aux environs de la baie et dans toutes les directions, des cadavres abandonnés par les tribus chez lesquelles la maladie avait laissé comme une impression de terreur.

Aussitôt que la confusion inséparable d'un premier établissement fut un peu dissipée et que chaque chose commença à prendre un cours régulier, le capitaine Phillips s'occupa de la répartition des terrains. Il écrivit aussi en Angleterre et demanda qu'on voulût bien encourager l'expatriation d'émigrés volontaires qui viendraient s'établir comme fermiers dans la colonie. Il exposa le besoin qu'il avait d'ouvriers de tous états; car, dans le nombre des personnes libres ou des prisonniers réunis autour de lui, à peine s'en trouvait-il quelques-uns qui eussent appris un métier. Par un manque de prévoyance impardonnable de la part des autorités de la métropole, l'expédition avait mis à la voile sans emmener un seul ouvrier capable. Le capitaine Phillips eut beaucoup à souffrir de cette négligence, et il y remédia tant bien que mal dans les premiers moments, en confiant des travaux de toutes sortes à de simples manœuvres, plus ou moins habiles et intelligents.

« La colonie pourra très-prochainement se suffire à elle-même, écrivait-il en 1790, si l'on m'envoie des settlers (émigrants volontaires fermiers), entre lesquels les condamnés pourront être répartis. Comme je pense que les premiers settlers qui sont arrivés ici méritent plus d'encouragements que ceux qui viendront par la suite, je propose de mettre à leur disposition, pendant deux ans, un certain nombre de condamnés et de les entretenir aux frais de la couronne. On doit beaucoup espérer des premiers succès des settlers, qui, je le crois, seront d'excellents fermiers. Les secours qu'ils recevront les mettront tout de suite à leur aise, et, en définitive, ils ne coûteront pas grand'chose au gouvernement. »

Par suite de ces observations, diverses familles d'émigrants libres, expédiées d'Angleterre aux frais du gouvernement, arrivèrent à Sydney en 1796, et formèrent la première petite colonie libre qui s'établit à Hawkesbury en 1802. Ils furent mis en possession de vastes terrains, et on leur délivra des rations de vivres pour dix-huit mois.

Afin d'amener les condamnés à une vie laborieuse et honnête, le gouverneur avait décidé qu'on accorderait trente acres de terre à chacun de ceux qui, à l'expiration de leur temps, demanderaient à rester dans la colonie. On ajoutait vingt acres de plus à chaque homme marié, et dix par enfant. Ils devaient recevoir en même temps des habits et des rations pour dix-huit mois, ainsi qu'une grande quantité de graines de toute espèce pour ensemencer leurs terres. On leur donnait encore quelques poules et deux truies, car on voulait encourager la propagation de ces animaux utiles.

Le premier émigrant libre qui obtint une concession de terres fut un nommé Schæfer. Il avait fait partie de la première expédition, et dirigeait les plantations de tabac. Il reçut primitivement cent quarante acres de terre, et on lui en accorda plus tard cinquante autres. Cet homme, adonné à l'ivrognerie, revendit le tout par la suite moyennant vingt gallons de rhum, représentant une somme de 1,500 francs environ. (Chaque gallon valait alors 3 livres sterling ou 75 francs.) Ce terrain, admirablement situé, se trouve aujourd'hui au milieu de la ville. On peut estimer actuellement sa valeur à 200,000 livres sterling, ce qui, au taux ordinaire de l'argent dans la colonie, ne représente pas moins de 4 à 500,000 francs de rente.

En février 1790, l'établissement se trouva menacé d'une famine par le retard des envois ordinaires de l'Angleterre. Ce retard, qu'on ne pouvait expliquer, amena une grande anxiété parmi les colons. A cette époque, il y avait à peine dans les magasins pour quatre mois de vivres. On avait épuisé les provisions de farine reçues de la métropole, et il ne restait que celles qu'on avait retirées du cap de Bonne-Espérance.

La colonie se trouvait dans l'état le plus pénible ; cependant on eut soin de mettre en réserve trois cents boisseaux de blé pour servir à ensemencer les champs. Le gouverneur, renonçant à toute exception personnelle, se dessaisit d'abord, dans l'intérêt commun, d'environ trois cents livres de farine qui étaient sa propriété particulière, et ne voulut ensuite recevoir que la même quantité de vivres accordée aux soldats ou aux déportés.

Dans ces circonstances, le gouverneur jugea nécessaire de diviser la colonie. A cet effet, il envoya le major Ross, avec une partie des prisonniers et des gardes, à l'île Norfolk, qui, entre autres points, lui avait semblé devoir offrir le plus de ressources. De là date la fondation de cette colonie, où on envoie aujourd'hui les plus mauvais sujets.

Enfin, après avoir été réduits à de très-minimes rations, c'est-à-dire les uns à trois livres de farine et une livre de bœuf par semaine, d'autres à un épi ou tête de maïs par jour, les colons virent à leur grande joie arriver trois bâtiments chargés de vivres. On était en juin 1790. Ces bâtiments avaient opéré le sauvetage du navire le *Guardian*, qui, expédié comme de coutume par l'Angleterre, avait péri dans une tempête au cap de Bonne-Espérance. Le retard, seule cause de la famine, se trouva ainsi justifié. On comptait à bord des trois navires seize cent quatre-vingt-quatorze hommes et soixante-huit femmes, tous condamnés.

Les vivres une fois distribués, chacun se remit bientôt des privations qu'il avait souffertes ; on utilisa les nouveaux arrivés, et les choses reprirent dans la colonie leur cours ordinaire.

Il est à remarquer que les colons supportèrent avec résignation les tourments qu'entraînèrent ces longs mois de disette, et qu'on n'eut à déplorer aucun suicide dans cet intervalle de temps. Ce n'est qu'en 1803 qu'eut lieu le premier acte de ce genre, alors que le pain était fort abondant, et que tout, dans la colonie, respirait l'aisance et le bien-être ; mais alors aussi les hommes étaient livrés, plus généralement que dans l'origine, à une vie de dissipation, de désordre et d'extravagance.

En arrivant à Sydney par la baie, on ne peut guère juger de l'étendue et de l'aspect général de la ville. En effet, bâtie sur une langue de terre assez élevée et qui s'avance dans la baie, Sydney n'offre à la première vue que les maisons qui bordent ses quais. Ce n'est que de l'intérieur et des hauteurs de Woolloomoolloo ou sur la montagne des Signaux qu'on peut avoir une idée de son importance et de sa situation admirable. L'observateur ainsi placé découvre à l'horizon, vers la partie ouest, les hautes montagnes Bleues, ainsi nommées à cause de l'apparence qu'elles présentent ; se tournant vers le sud, il plane sur Botany-Bay, entouré d'épaisses forêts, et aperçoit au nord les falaises escarpées de l'entrée de la baie, qui, à l'est, vient en serpentant arroser les bords de la ville.

La baie ; vue prise du Flag-Starf.

Il y a soixante ans, comme je viens de le dire, que la place occupée par Sydney n'était qu'une forêt vierge où jamais n'avait pénétré un seul blanc. Aujourd'hui cette ville présente aux regards surpris quelque chose d'éblouissant et de magique. Sydney, c'est déjà Londres, mais Londres en miniature, Londres par un beau soleil, Londres avec tout son confort, avec ses belles boutiques, son luxe, son sport, son activité, et aussi Londres sans ses fripons. Ce dernier trait semblera exagéré, si l'on songe que l'origine de Sydney est due à des criminels, rebut de la population de la grande ville ; mais j'affirme qu'un étranger court moins de risques d'être trompé dans le centre de cette colonie lointaine que dans la capitale même de la Grande-Bretagne.

A Londres, dans ce gouffre immense où s'accomplissent tant de mystères inconnus, où, comme dans toutes les villes populeuses, chacun va et vient sans s'inquiéter de qui que ce soit, un marchand peut impunément tromper un étranger : sa réputation commerciale n'en sera nullement atteinte ; mais dans la société très-circonscrite de Sydney, où tout individu est connu, les plaintes d'un étranger dupé ne manqueraient pas de circuler de bouche en bouche, et le crédit du marchand en serait infailliblement altéré. Une chose qui paraîtra singulière, c'est qu'on peut à Sydney mettre une confiance aussi entière dans le marchand condamné émancipé que dans celui qui a émigré volontairement ; et cela se conçoit, parce que le premier sait que l'on connaît ses antécédents, et que sa conduite peut être l'objet d'une surveillance qui s'exerce avec plus d'activité sur lui que sur le colon dont la vie a été jusque-là exempte de reproches.

Sydney est actuellement une ville de trente-cinq à quarante mille habitants, renfermée dans un espace de trois milles et demi à quatre milles de long sur trois de large. Georges-Street, sa plus longue rue, compte plus de mille maisons. Quelle métamorphose pour celui qui vit sur ce même terrain tomber le premier arbre destiné à construire une misérable cabane, et qui contemple aujourd'hui ces magnifiques habitations en granit, élevées comme par enchantement ! Pendant mon séjour à Sydney, j'ai connu plusieurs settlers libres qui ont vu naître la colonie. Un d'eux se rappelait parfaitement qu'il s'était égaré dans une partie des forêts vierges, précisément à l'endroit où sa maison est construite aujourd'hui ; d'autres se souvenaient qu'ils allaient à la chasse et tuaient des perroquets sur divers points maintenant convertis en larges et superbes rues. L'espace occupé par la ville est formé par les terrains concédés gratuitement dès l'origine. Ces propriétés ont acquis depuis ce temps une valeur énorme, et j'en donnerai pour exemple un terrain vis-à-vis du Trésor, dans Georges-Street, qui, le 31 mai dernier, a été vendu, en adjudication publique, à raison de 94 livres sterling par pied de devanture, payable comptant, soit 2,406 francs 40 centimes le pied (onze pouces français.)

·Là où on ne trouvait pas un seul des animaux domestiques, on en compte actuellement par milliers. Le recensement fait le 1er janvier 1845 prouve qu'il. existait alors dans la colonie, savoir :

		Et le 1er janvier 1847 :
Chevaux.	71,169	82,300
Bêtes à cornes.	1,159,500	1,548,000
Porcs	56,269	67,240
Moutons.	5,604,650	6,800,000

Sydney, bâti primitivement sur plusieurs monticules séparés par un ravin où coule un ruisseau de quelques pieds de largeur, presque toujours à sec en été, terrain neuf, inégal et formé presque entièrement de roches, offre néanmoins de belles et larges rues éclairées au gaz et ornées de trottoirs parfaitement disposés.

Les travaux d'alignement ont été et sont encore, car on y travaille sans cesse, de vrais tours de force. Des maisons bâties depuis quelques années seulement se trouvent, dans certains endroits, élevées à dix-huit et vingt pieds au-dessus du niveau actuel de la rue. On communique dans leur intérieur par des escaliers et quelquefois même par des échelles. Dans d'autres endroits, le second étage des maisons est de plain-pied avec le trottoir. La nature et la dureté du sol, qui n'est autre chose que le roc vif, ajoutent beaucoup à la difficulté des travaux d'alignement; mais, en revanche, on a pu économiser dans plusieurs rues, surtout du côté de Miller's-Point, les frais de pavage et de macadamisation en nivelant la surface du roc, ce qui a procuré des chaussées·solides et qui n'exigent aucun entretien.

La ville est coupée dans toute sa longueur par cinq principales voies de communication, Georges-Street, Pitt-Street, Castlereagh-Street, Kent-Street et Macquarie-Street, lesquelles sont traversées par de nombreuses rues qui, grâce aux nivellements opérés, présentent une surface entièrement unie. Les maisons sont en général assez basses, et, à l'exception de celles qui forment les rues principales et commerçantes, on en voit rarement qui soient composées de deux étages. C'est autant de charmantes habitations, avec cour· et petit jardin de rigueur sur le devant; elles sont aussi très-bien distribuées et proprement tenues. A Sydney, comme presque partout en Angleterre, chaque maison est occupée par une famille seulement. Beaucoup de jeunes gens trouvent à louer de petites maisons de trois ou quatre chambres, où ils vivent plus confortablement que dans des appartements garnis.

Pendant longtemps on se contenta de maisons bâties avec de la terre et recouvertes en plâtre; la main-d'œuvre était alors fort chère, quoique les matériaux fussent au plus bas prix; mais depuis la révolution survenue dans la valeur de chaque chose, révolution causée par les faillites des banques dont je parlerai plus tard, on emploie pour la construction des maisons la pierre de taille, qui ne coûte guère que la peine de l'extraire et de la tailler. Les briques, qu'on retirait autrefois d'Angleterre, sont faites actuellement dans la colonie; elles sont mieux fabriquées et peuvent se livrer à des prix inférieurs. La construction d'une maison commodément disposée ne revient pas aujourd'hui à plus de 200 ou 250 livres sterling (5 à 6,000 francs.)

On se servait d'abord, pour couvrir les maisons, d'ardoises en bois (*shingles*) qui coûtent fort peu de chose; mais la chaleur du soleil, en les resserrant et en faisant jouer ces lames de bois, amenait des vides et des interstices par lesquels l'eau de la pluie pénétrait dans l'intérieur des habitations. C'est ce qui arriva dans un orage terrible qui eut lieu quelques semaines avant mon arrivée, et où toutes les maisons couvertes de cette manière furent en partie inondées. Maintenant beaucoup de navires apportent ici, comme lest, des ardoises qui se vendent fort bien. On s'en sert pour la toiture des maisons nouvelles et des habitations d'une certaine importance, quoiqu'elles aient l'inconvénient, exposées comme elles le sont à l'action des rayons solaires, de communiquer aux appartements une grande chaleur. Les maisons sont entourées, à la campagne surtout, de varandas qui les mettent à l'abri de l'ardeur du soleil. Dans l'intérieur, les murs, peints à l'eau ou à l'huile, sont dépourvus de boiseries, ce qui donne un peu plus de fraîcheur dans l'été. Les portes et les fenêtres, en bois de cèdre et parfaitement entretenues, contribuent d'un autre côté à la richesse et à l'ornement des habitations.

Parmi les principaux édifices de Sydney, il faut mettre au premier rang l'hôtel du gouverneur. Cette habitation, qui, par sa situation admirable, domine d'un côté la baie, a été récemment construite. Elle est en pierres de taille et bâtie dans le style du moyen âge. Ses murailles hautes et crénelées font un effet charmant, et plus encore lorsque, à bord d'un navire, on vient à les apercevoir tout d'un coup en tournant la pointe Bradley's-Head.

La chambre du conseil est un immense bâtiment construit en briques et qui n'offre rien que l'on puisse signaler. Beaucoup d'autres édifices, tels que les hôpitaux, les bibliothèques, le trésor, le collége, le théâtre (qui est une propriété particulière), les prisons, les casernes, etc., ont quelque analogie avec ceux que nous voyons en Europe; mais le fait de leur construction dans une colonie qui ne remonte qu'à peu d'années n'en est pas moins très-remarquable.

Le palais de justice, situé à Woolloomoolloo, auprès de la prison, est un assez grand bâtiment en pierres de taille, avec un portique supporté par six hautes colonnes.

Les temples sont en grand nombre à Sydney; à peine ferait-on mille pas

sans rencontrer une église ou tout au moins une chapelle quelconque, car ici
toutes les croyances sont tolérées, et je ne saurais vraiment dire quelle est la

Palais et jardin du gouverneur.

religion dominante. On y trouve un archevêque catholique aussi bien qu'un
évêque protestant; ce dernier cependant est à la tête du clergé et fait partie du
conseil exécutif. Il existe en outre plusieurs synagogues pour les juifs, qui sont
en grand nombre, et une quantité de chapelles consacrées aux presbytériens,
aux scotches et à diverses autres sectes. La principale église, regardée actuellement comme la cathédrale, est celle de Saint-James, dont le clocher élevé
s'aperçoit à une grande distance. L'église catholique est un beau monument en
pierres de taille; l'intérieur est décoré de boiseries dans le style gothique qui
sont d'un assez bel effet, mais dont l'ensemble a peut-être quelque chose de
trop sévère et de trop sombre.

Plusieurs autres églises, dont la construction est commencée depuis quelques
années, sont restées inachevées faute d'argent. Lorsqu'elles seront terminées,

elles enrichiront encore la ville de magnifiques édifices, si on en juge par les
parties qui sont debout actuellement.

Race course. (Vue de Saint-James.)

Les premiers cimetières, qui autrefois étaient éloignés de Sydney, se trouvent
maintenant, par suite de son agrandissement inattendu, tout à fait au milieu de
la ville. Ces terrains auraient aujourd'hui une valeur considérable. Il est probable que dans plusieurs années, c'est-à-dire après qu'il se sera écoulé un
espace de temps convenable, ces terrains recevront une autre destination. Le
nouveau cimetière est situé à un mille de la ville; il est couvert de nombreux
monuments funéraires, mais qui n'offrent rien de bien remarquable.

Quatre grands bâtiments longs et placés à côté l'un de l'autre forment le
marché de Sydney. Ils renferment des boutiques spacieuses, où les marchands
et les acheteurs sont à l'abri du soleil pendant l'été et garantis pendant l'hiver
du froid et de la pluie. Chaque marchand y est établi avec sa spécialité, celui-
ci vendant des fruits, celui-là de la volaille, un autre des légumes, etc. C'est
surtout le samedi soir que le marché est très-fréquenté et devient comme un
lieu de réunion et de promenade. On y rencontre toute espèce de monde, et de
nombreux équipages attendent aux portes les dames ménagères qui vont y faire
leurs emplettes suivant l'usage anglais. On s'y donne rendez-vous comme on
ferait à Paris au passage des Panoramas; et il est quelquefois difficile d'y pénétrer, tant la foule est grande. Les boutiques sont très-proprement disposées

dans ce bazar, et plus d'une jolie femme y tient le comptoir. Tout ce mouvement, toutes ces allées et venues au milieu de galeries éclairées par le gaz,
forment un tableau aussi animé que varié et pittoresque.

Certaines boutiques étalent aux regards des corbeilles de fruits les plus
beaux; tous supporteraient la comparaison avec ce que les premières maisons
en ce genre exposent à la vue des gourmets parisiens, et l'emporteraient même
encore par leur extrême bon marché, ce qui est un mérite de plus.

Les fruits sont tellement abondants ici pendant l'été, c'est-à-dire en janvier
et février, qu'ils dépassent les besoins de la consommation. Il arrive même un
moment où cette abondance est plutôt un embarras qu'un avantage. Si les fruits
mis en vente par les marchands sont en général aussi remarquables, c'est qu'ils
proviennent presque toujours de choix faits parmi des quantités considérables.
J'ai souvent accompagné au marché des dames de ma connaissance qui allaient
y faire leurs emplettes, et j'ai eu plusieurs fois la fantaisie de marchander quelques-uns des nombreux objets qu'on y expose. Des pêches, des abricots fort
beaux et même d'une grosseur extraordinaire se vendent 2, 3 et 4 pences (20,
30 et 40 centimes) la douzaine; d'autres, un peu inférieurs, mais de bonne
qualité et bien mûrs, se vendent à raison de 1 à 1 schelling et demi le panier de
quatre à cinq cents. Au reste, on pourra se faire une idée de l'énorme abondance
des fruits à Sydney, quand on saura que non-seulement on les emploie partout
à la nourriture des cochons et de quelques autres animaux domestiques, mais encore qu'on les laisse pourrir pour en faire du fumier et engraisser les terres. Les
raisins, les pommes, les oranges y sont aussi en grande quantité; mais ce qui
plaît surtout aux étrangers, c'est de voir ce mélange de fruits européens et de
fruits des régions tropicales; car là se trouvent réunis nos prunes, nos pêches,
nos raisins, avec les bananes, les goyaviers, les ananas, les grenades, etc.

Je ne pouvais m'expliquer pourquoi personne ne cherchait à utiliser cet excé-
dant de fruits d'une manière autre que sa conversion en engrais; quelqu'un à
qui je fis part de cette observation me dit qu'à la vérité il serait facile de retirer
de ces fruits quelque boisson, telle que de l'eau-de-vie ou du cidre, mais toute
distillation à un certain degré de force est expressément interdite ici et expose à
de sévères punitions. Chacun pourtant a le droit de distiller autant qu'il le veut
pour son usage particulier et celui de sa famille, mais il ne lui est pas permis
de mettre ses produits en vente.

Il existe encore d'autres marchés pour la viande de boucherie, la volaille,
les légumes, etc.

La viande est excellente dans toute la colonie, et tellement répandue, qu'elle
ne vaut que 1 penny (10 centimes) la livre (bœuf ou mouton), excepté le filet,
qui coûte un peu plus, de même que le veau. Dans un pays où l'on tue des
animaux pour en avoir la peau et la graisse, on conçoit que la viande destinée

à la boucherie doit nécessairement être du premier choix. Les animaux, au
reste, se vendent à très-bon marché ; ainsi on peut avoir actuellement un mouton gras pour 5 à 7 schellings (6 fr. 25 c. à 8 fr. 75 c.). Un bœuf gras ne
coûte pas plus de 25 à 40 schellings (31 fr. 25 c. à 50 fr.). Ces prix, déjà
incroyables, ont été plus bas encore il y a trois ans, à la suite d'une crise
commerciale qui entraîna une sorte de panique. On vendit publiquement des
troupeaux considérables et à des prix tels, que chaque mouton revenait à
1 schelling (1 fr. 25 c.), et même à 9 d. (90 c.), et chaque bœuf à 10 et 15
schellings (12 fr. 50 c. à 18 fr.).

En jetant les yeux sur le tableau qui suit, où se trouve indiquée la valeur
moyenne de différents articles en 1839 et 1847, on voit que la comparaison
est toute à l'avantage de cette dernière époque. Les prix de certains objets ont
en effet subi une grande baisse depuis plusieurs années, et ils paraissent
devoir être fixés pour longtemps, par suite de la concurrence qui s'est établie,
et qui doit les maintenir à un taux raisonnable.

NATURE DES OBJETS.	PRIX MOYEN EN 1847.		PRIX MOYEN EN 1839.	
	fr.	c.	fr.	c.
Bœuf	60	»	687	50
Mouton	8	»	62	50
Cheval ordinaire.	300	»	1,875	»
Porc, suivant le poids. . . .	17	50	68	75
Volaille	»	60	6	85
Dinde.	4	35	34	35
Pommes de terre, par 112 liv.	2	10	65	60
Un chou.	»	15	2	50
Beurre.	1	25	2	50
Farine (100 livres).	16	85	35	60
Pain (4 livres).	»	60	2	»
Bœuf (par livre).	»	10	1	60
Mouton (par livre).	»	10	1	50
Canard	»	60	9	65
Pigeon	»	75	3	40

Il vient de me tomber sous la main un livre écrit, en 1839, par M. James
sur la Nouvelle-Galles du Sud. J'ai remarqué les prix de quelques animaux et
de diverses denrées à cette époque, c'est-à-dire il y a huit ans seulement. Il m'a
paru curieux de les transcrire en regard des prix actuels ; mais, après avoir

donné ce tableau, je crois devoir faire connaître ici les prix de quelques articles, tels qu'ils étaient fixés dans la colonie à une époque bien antérieure.
Vers la fin de l'année 1796, on vendait généralement à Sydney :

Une vache.	2,000 fr.	»
Un cheval.	2,250	»
Un mouton.	187	50
Le porc frais (la livre).	1	55
Le mouton (la livre).	2	50

Il existe à Sydney un système d'encouragement qui, appliqué de différentes
manières, contribue à l'amélioration et à l'abondance des produits que l'on
recueille dans la colonie. Ainsi les sociétés d'horticulture ont institué, comme
en France et en Angleterre, des expositions de fleurs et de fruits, qui ont lieu
trois ou quatre fois par année. Des prix sont accordés à la suite de chaque
exposition, et il en résulte une émulation et une sorte de rivalité honorable,
qui tournent au profit des consommateurs et concourent en même temps au
perfectionnement des méthodes de culture.

J'ai assisté à deux de ces expositions, qui ont lieu dans un des marchés de
la ville, transformé pour la circonstance en véritable bosquet. De l'intérieur
des feuillages s'échappaient pendant toute la journée les sons d'une musique
harmonieuse. Les fruits, les fleurs, les légumes exposés étaient bien supérieurs à ceux qu'on apporte au marché quotidien. Je remarquai, entre autres,
une grappe de raisin qui, seule, pesait quatorze livres, et avait plus de deux
pieds et demi de longueur.

Plusieurs poires étaient d'une telle grosseur, qu'à peine auraient-elles pu
entrer dans mon chapeau. Il s'y trouvait aussi des choux d'une dimension surprenante. Si le chou colossal dont on a tant parlé dans les journaux de Paris
fût provenu de ce pays, il aurait fallu s'attendre à voir des choux atteignant
six pieds de hauteur et autant de circonférence. Pendant que j'examinais
ces beaux produits, à une des dernières expositions, un des commissaires
(*stewards*), qui me connaissait, s'approcha de moi et me demanda ce que je
pensais de ces résultats. « On ne saurait disconvenir, me dit-il après avoir
reçu avec plaisir mes éloges, que ces fruits ne pussent tenir la première place
à une exposition quelconque en Europe; mais ce qu'il y a de plus surprenant, c'est que les arbres qui les ont produits sont de jeunes plants de deux
ou trois ans. Il y a cinq ans, ajouta-t-il, la colonie roulait sur l'or; le fermier, tout en gagnant d'énormes revenus, qui lui étaient donnés par l'accroissement annuel de ses moutons et par la vente des laines, passait son temps à
fumer sa pipe et à boire du vin de Champagne, qui alors était aussi commun

que la bière et le porter. Tandis qu'il vivait ainsi dans une trompeuse sécurité, cet état prospère est soudain interrompu par la faillite des banques; les moutons ne sont plus recherchés, et de nombreux troupeaux restent tout à coup sans valeur. Obligé de tourner ses vues d'un autre côté, le fermier chercha dans les plantations de nouvelles sources de richesses. Elles devaient bientôt jaillir de cette terre féconde, si docile à produire ce qu'on lui demande; on eut le bonheur de voir réussir de jeunes arbustes importés d'Europe et d'autres parties du monde, et qui donnèrent en peu de temps des fruits magnifiques, comme ceux que vous voyez tous les jours exposés dans nos marchés. »

Le consul, chez qui je remarquais un jour des légumes superbes servis à table, me dit que, lors de son arrivée dans la colonie, les légumes étaient si peu connus, qu'il ne pouvait s'en procurer d'aucune espèce. Quant au raisin, il était alors tellement rare, qu'un de ses amis lui en envoya un jour une grappe qui fut reçue comme un véritable cadeau. Aujourd'hui, le vin provenant des vignes de la colonie est très-abondant à Sydney.

Outre ces variétés de fruits et de légumes, j'ai vu aux expositions de beaux échantillons de produits, qui, un jour ou l'autre, deviendront certainement l'objet d'un commerce d'exportation très-étendu. Il y avait, entre autres, du miel de bonne qualité, que l'on récolte ici, et qui est vendu à fort bon marché; du tabac, des figues, des confitures, des conserves de fruits, de la cire, de l'huile d'olive, du vin, des fruits secs, etc., etc.

La société d'horticulture a institué des médailles et des prix de 1 livre sterling à 10 livres (25 à 250 francs), qu'elle accorde comme récompense aux meilleurs producteurs de ces divers articles. D'autres prix sont fondés et distribués, soit au jardinier reconnu le plus habile dans sa profession, soit à celui qui fournit les meilleurs certificats et qui peut justifier qu'il est resté le plus longtemps au service du même maître. Les fabricants les plus distingués en outils et en ustensiles d'horticulture ont droit également à des récompenses spéciales.

Je dois dire ici quelques mots sur la société d'agriculture de Penrith et Hawkesbury, créée dans un but d'amélioration et de progrès. Elle a fondé également des prix de diverses valeurs; elle en accorde, entre autres, à celui qui fait le meilleur labourage seul avec une charrue attelée de bœufs ou de chevaux, aux domestiques dont les maîtres rendent le témoignage le plus satisfaisant, etc. Elle a des prix particuliers pour les jeunes garçons au-dessous de dix-huit ans. C'est encore de la même manière que cette société encourage la production des meilleurs étalons, des taureaux, des bœufs les plus gras, des moutons, etc., ainsi que les inventions nouvelles, ou même les simples perfectionnements de charrues et d'autres instruments propres à l'agriculture.

Les réunions auxquelles donnent lieu les distributions de prix dans ces diverses sociétés présentent beaucoup d'intérêt au public et sont très-suivies; on les regarde comme des jours de fête, et souvent on y tient des paris pour ou contre les concurrents qui doivent entrer en lice.

Quoique les prix ainsi accordés soient en grand nombre et donnés avec facilité, ils n'atteignent pas moins le but pour lequel ils ont été institués, l'intention de la société étant de récompenser le travail et d'inspirer de bonne heure, surtout aux jeunes gens, du goût pour l'agriculture. C'est à ces réunions philanthropiques, établies seulement depuis quelques années et que le gouvernement encourage de toute manière, que la colonie doit aujourd'hui une bonne partie de sa prospérité.

Au mouvement qui règne dans les rues de Sydney, on peut juger de l'activité et de l'industrie de ses habitants. Ici, l'attention est attirée par l'éclat de boutiques élégantes, garnies de glaces et d'ornements en cuivre soigneusement polis, et où se trouvent rassemblées et livrées à des prix raisonnables les plus riches étoffes des fabriques de Lyon et de Manchester. Là, c'est un immense magasin de quincaillerie et d'approvisionnements pour les navires, et dans l'intérieur duquel une charrette peut tourner aisément sans déranger l'ordre parfait qui y existe; plus bas, une pharmacie laisse voir ses fenêtres ornées d'échantillons de drogues et d'autres produits de couleurs variées. Cette belle maison, à plusieurs étages, qui fait le coin de Charlotte-Place et Georges-Street, bâtie en pierres de taille, qui occupe un immense terrain, et qu'on prendrait pour l'habitation d'un lord, n'est autre que celle de Sam Lyons, le crieur public (*auctioneer*), qui a gagné plusieurs millions dans ses ventes à l'encan. Cet individu est encore propriétaire de cinq ou six autres maisons, les plus belles actuellement que l'on puisse voir à Sydney. Elles sont situées sur le *Race-course* et connues sous le nom de Lyon's-Terrace. Ces maisons ont quelque rapport, quant à leur construction, avec celles de Regent-Square à Londres.

On connaît de suite le fameux Aldis, marchand de tabac, que la nature de son commerce met en relation avec les étrangers, aussitôt qu'ils arrivent, et qui a su, par ses prévenances et son accueil, attirer chez lui le public et faire lui-même sa fortune. Il passe pour amateur de tableaux; il en possède en effet plusieurs qu'il m'a montrés, et qui sont de bons maîtres et fort bien choisis.

L'établissement de MM. Birnstingl frères, bijoutiers et horlogers, quoique installé depuis peu, est en grande faveur à Sydney. Il est visité presque continuellement par un grand nombre de personnes dont les équipages stationnent à la porte. La maison qu'occupent ces messieurs fait face à la citadelle, qui sera prochainement transportée à Woolloomoolloo; on construit en ce moment dans cet endroit tous les bâtiments que nécessite une pareille destination. La citadelle actuelle comprend un large terrain sur lequel sont élevées les casernes, et où les troupes font journellement l'exercice. Ce terrain, une fois la translation opérée, sera mis en vente, et de nouveaux édifices viendront encore orner Georges-Street.

Une des choses qui frappent le plus l'observateur, c'est la quantité de marchands de vin (*licenced*) établis à Sydney. On est sûr d'en trouver au moins un à chaque coin de rue, et quelquefois trois et quatre à côté les uns des autres. Leurs boutiques, sans être ornées de glaces, sont proprement et richement décorées : elles tiennent le milieu entre ce que nous appelons le cabaret et le café ; car on ne voit pas ici de café proprement dit, comme en France. La bière, le porter, l'eau-de-vie, le rhum, le gin, etc., conservés dans les caves, correspondent par des tuyaux à une espèce de fontaine ou pompe garnie de robinets et placée dans la boutique, ce qui fait que la personne qui tient le comptoir peut, sans se déranger, servir les buveurs, quel que soit l'objet qu'ils demandent. Cette disposition rappelle les *public-house* d'Angleterre.

Les rues sont macadamisées et assez bien entretenues. Comme un cheval coûte fort peu de chose, presque tout le monde a le sien ; aussi n'existe-t-il pas de ville, sans en excepter même Londres, qui ait proportionnellement autant de chevaux et d'équipages. Au reste, la position de Sydney nécessite ces moyens de transport, l'été à cause de la chaleur, l'hiver à cause des pluies ; ensuite les maisons sont éloignées les unes des autres, ce qui augmente l'étendue de la ville et rend les distances plus grandes d'un point à l'autre. Georges-Street seule a plus d'une lieue de longueur.

Depuis quelques mois, des fiacres en grand nombre stationnent sur les points les plus fréquentés, et on peut se faire voiturer moyennant 2 schellings par heure. Beaucoup de ces voitures ont été faites dans la colonie, car il y a des ateliers où l'on en fabrique avec autant de soin qu'à Londres ; quelques-unes provenant de cette dernière ville, et que l'on voit circuler dans les rues, ont été achetées à des négociants que la crise commerciale survenue, il y a deux ans, a forcés de se débarrasser de ces objets de luxe.

Un nommé Roach, qui a une grande réputation comme empailleur, et qui est chargé de commandes nombreuses pour l'Europe, tient dans Hunter-Street un magasin de curiosités digne d'attirer l'attention des étrangers, de ceux principalement qui, ne devant faire qu'un court séjour à Sydney, n'ont pas le temps d'aller parcourir les forêts des environs. On peut, chez Roach, se procurer le plaisir de voir en quelques instants une partie des animaux qui se trouvent dans la Nouvelle-Galles du Sud. Je citerai particulièrement les oiseaux renfermés, au nombre de plusieurs centaines, dans une immense volière ornée d'arbustes, au milieu desquels on les voit voltiger sans cesse. Je me plaisais souvent à regarder cet assemblage d'oiseaux parés des plus vives couleurs ; j'admirais ces plumages dorés ou revêtus des teintes diverses de l'arc-en-ciel.

Les perroquets, très-nombreux ici en espèces (on en compte près de cinquante, propres à l'Australie), sont surtout remarquables par leur beauté et par leur éclat. J'indiquerai, entre autres, le kakatoës blanc, bien connu en Europe; le kakatoës rosé, aux ailes cendrées, à la crête d'un rose tendre, très-rare, parlant avec facilité; le kakatoës noir, à crête noire et à queue rouge-pourpre; le king-parrat, au corps rouge-feu, aux ailes d'un vert foncé; le rosella, bariolé de couleurs magnifiques. Mais le perroquet le plus mignon, le plus rare, et par conséquent un des plus chers, est celui appelé budgerry (*melopsitta undulata*). Il est de la grosseur d'un serin, de couleur vert-feuille clair, et zébré de noir sur le dos. Rien n'est plus amusant que de l'entendre jaser et demander un morceau de pain. C'est un oiseau qu'on parvient à instruire sans beaucoup de peine.

Les pigeons ne le cèdent pas aux perroquets pour la vivacité des couleurs. Les plus rares sont ceux à crête rose et ceux que l'on désigne sous le nom de topknot, puis le wangawanga et le bronze-wing aux ailes brillantes, etc.

Un oiseau également remarquable par ses deux couleurs bien tranchées, de noir de velours et de jaune d'or, et surtout par les plumes veloutées de la tête, connu sous le nom de regent-bird (*sericulus chrysocephalus*) se trouve aussi en assez grand nombre chez les marchands.

Les rues de la ville sont garnies de fontaines, placées de distance en distance. L'eau qui les alimente est prise dans un étang ou réservoir situé à trois ou quatre milles entre Sydney et Botany; un moulin à vapeur fait remonter l'eau, et elle est amenée dans des tuyaux en fonte jusqu'à la ville même.

Le voyageur qui s'attendrait à trouver dans Sydney une ville d'une physionomie toute particulière et en rapport avec le caractère étrange du pays serait grandement désappointé. A voir ces équipages, ces fiacres qui circulent, ces trottoirs couverts de monde, ces chevaux qui galopent sans cesse dans les rues, on se croirait dans une des grandes villes d'Europe. C'est en vain que l'on chercherait quelques habitations plus ou moins sauvages, quelques costumes singuliers ou bizarres; on n'a devant les yeux que des maisons bâties comme à Londres ou à Paris; on ne rencontre que des gens revêtus de l'universel paletot ou de la veste blanche. Rien ne pourrait faire soupçonner à un étranger qu'il est dans une autre partie du monde, que des milliers de lieues, que des mers sans fin le séparent du pays qu'il a quitté, si ce n'est la vue de quelques naturels, race la plus stupide et la plus abrutie de l'espèce humaine, qui se montrent quelquefois dans un état de nudité presque complète aux coins des rues ou aux portes des bouchers, chez lesquels ils vont demander l'aumône d'un peu de viande. Il est rare qu'on leur en refuse, la viande étant à bon marché; ils la mangent tantôt crue, tantôt à peine grillée.

S'il existe des pauvres à Sydney, au moins n'y voit-on pas de mendiants autres que des aborigènes. Tous ceux qui peuvent travailler ne manquent pas d'occupation assez bien rétribuée. Quant aux infirmes, ils sont l'objet de la sollicitude du gouvernement ou de quelques sociétés philanthropiques. Les aborigènes sont les seuls qui arrêtent les passants dans les rues, pour leur demander quelque monnaie, et encore ne le font-ils que quand ils s'aperçoivent qu'on les regarde avec quelque attention.

A côté de l'Hôtel royal (*Royal-Hotel*), qui est le plus grand de Sydney, se trouve l'établissement de bains chauds de M. Robinson, tenu avec soin et propreté.

Les environs de Sydney offrent aux habitants de nombreuses promenades. Un chemin qui longe la baie conduit aux phares, d'où l'on jouit d'une belle vue sur la mer; puis, en déviant un peu et en entrant dans les bois, on parvient à Bondy-Bay, entre deux rochers escarpés; la vue, de ce point, s'étend encore sur l'immensité de l'Océan. Si on suit toujours Georges-Street, on arrive à la route de Paramatta, la seule qui aboutisse à Sydney : elle se divise plus loin en diverses branches, qui mènent à Liverpool, à Camden, à Windsor, etc. La route de New-Town est une des plus agréables; elle est bordée, de chaque côté, de riches maisons de campagne. En la suivant à peu près pendant cinq à six milles, on arrive à une sorte de pont, au delà duquel on se trouve tout à coup dans une contrée sauvage, couverte de grands bois, et dont l'aspect pourrait faire croire qu'on est à cent lieues de toute habitation.

L'endroit désigné sous le nom de *Domain*, ou de Jardin botanique, est la promenade favorite des habitants de Sydney. Ce jardin, qui longe la baie et qui tient au palais du gouverneur, est appelé, d'un côté, Farm Cove, et de l'autre, Woolloomoolloo. Tracé en 1812 par les soins de lady Macquarie, femme du gouverneur de ce nom, il fut continué sous la direction de M. A. Frasier, botaniste. Il est divisé en deux parties, dont l'une, située près du bord de l'eau, est le vrai jardin botanique. L'autre partie, sur la hauteur de laquelle on a placé un monument élevé à la mémoire de sir Richard Bourke, gouverneur de la colonie en 1837, fait le tour par Woolloomoolloo. Ce n'est autre chose qu'un parc étendu qui sert de point de réunion à un grand nombre de personnes qui viennent s'y faire voir en équipages. Deux fois par semaine, de trois à cinq heures, une musique militaire s'installe sur la pelouse et se fait entendre, à la grande satisfaction des promeneurs. Les allées macadamisées sont pourvues, de chaque côté, de petites rigoles en briques qui permettent aux eaux de s'écouler sans dégrader les plates-bandes, et les pieds des promeneurs peuvent être en tout temps à l'abri, sinon de l'humidité, au moins de la boue. Chaque point de vue, dont on peut jouir sur des bancs en bois ou taillés dans le roc, a été ménagé dans ce jardin avec un goût exquis. D'énormes

rochers ont été enlevés à grands frais dans certains endroits, tandis qu'on en
rencontre ailleurs qui ont été respectés et qui forment des masses larges et
imposantes.

Monument de sir R. Bourke.

Dans la semaine, où chacun est occupé de ses affaires, cette promenade est
très-peu fréquentée; mais la solitude, le calme qui résultent de cette absence
de mouvement donnent un charme nouveau à ce jardin et permettent de jouir
à l'aise de toutes ses beautés. Il n'en est pas ainsi le dimanche, où, après
l'heure des offices, toutes les classes de la société semblent s'y être donné
rendez-vous. Il est à remarquer que, malgré la liberté qui est laissée aux promeneurs, personne ne touche à aucun des objets qui se trouvent sous la main :
les plus belles fleurs, les fruits les plus séduisants, sont aussi respectés que
s'ils étaient protégés par des grilles en fer.

A la pointe se trouve le banc où lady Macquarie aimait à se reposer (*Lady
Macquarie's seat*). Là, du haut d'un rocher, on embrasse toute la baie d'un
coup d'œil; on plane sur Garden-Island; en même temps, Sydney se découvre
à gauche, Sydney admirablement situé, et qui offre sans cesse aux regards,
comme son plus bel ornement, le palais du gouverneur. Cette partie du *domain*
est très-recherchée, et j'ai été souvent jouir de ces beaux points de vue en
attendant l'heure de la musique.

Une partie du jardin est aussi consacrée à des pépinières, où la vigne tient la première place. On y a rassemblé des échantillons de tous les premiers crus qui existent, et les planteurs du pays peuvent aisément en obtenir des boutures pour leurs propres exploitations.

J'ai remarqué, parmi les plantes cultivées, un pin de l'île Norfolk qui est d'une grande beauté, et une riche collection de plantes grasses. Celle des orchidées est également très-remarquable.

Dans un lieu retiré, à l'ombre de grands saules pleureurs, se trouve un monument érigé à la mémoire du célèbre botaniste Allan Cunningham, auquel le jardin doit une partie de ses améliorations. On sait que cet infortuné botaniste a péri, assassiné par les naturels, en 1835, lors d'une excursion qu'il fit dans l'intérieur du pays avec le major Mitchell.

Le côté opposé de la baie est appelé North-Shore. On n'y voit que quelques rares maisons de campagne qui se sont emparées des points les plus pittoresques et les plus rapprochés de la ville. En traversant la baie, soit en canot, soit dans un des petits bateaux à vapeur qui, de cinq en cinq minutes, partent d'un côté pour l'autre, on est étonné de se trouver au milieu d'une nature vierge et sauvage. Si l'on veut pousser jusqu'à deux ou trois milles du côté de Middle-Harbour, on arrive à une cascade appelée Willoughby, formée par d'énormes rochers et située dans une vallée sombre, silencieuse et des plus pittoresques.

Lorsque, au milieu de ces bois élevés, on parvient à trouver une éclaircie, la ville, le jardin botanique et les environs de Sydney offrent tout à coup une vue animée et fort agréable. Il serait dangereux de s'aventurer au delà d'une certaine distance, dans ces bois touffus, que les rayons du soleil ne percent que rarement. L'on ne sait où poser le pied, tant les herbes, les ronces et les broussailles se sont répandues et accumulées sur le terrain. Des rochers sans nombre, crevassés par le temps, présentent autant de précipices, qui ajoutent singulièrement aux périls d'une excursion hasardeuse dans ces profondes solitudes.

Un jour j'allais voir le baleinier du Havre *le Faune,* qui était à caréner dans Mosman's-Bay, je m'égarai au milieu de ces bois immenses. Ce ne fut qu'après cinq heures d'une marche qu'accélérait la crainte d'être obligé de passer la nuit à la belle étoile, que je parvins à retrouver mon chemin. Je rejoignis enfin le navire, exténué de fatigue, ayant déchiré ma chaussure en gravissant les rochers les plus escarpés. J'avais, en revanche, gagné un appétit dévorant, contre lequel le docteur du *Faune* me prescrivit d'abord une copieuse soupe aux choux, dont les effets me furent très-salutaires!!

J'ai déjà dit quelques mots de la baie; j'y reviens encore, car sa vue procure aux voyageurs le plus beau spectacle. En effet, qui n'éprouverait un sentiment de surprise et d'admiration, au moment où, doublant, par un beau soleil, Bradley's-Head, le rideau de rochers qui masquait la vue disparaît tout à coup, et laisse apercevoir un des plus magnifiques tableaux qu'on puisse imaginer.

La baie, en général, connue sous le nom de Port-Jackson, se compose d'une multitude de petites criques sur les bords desquelles se sont élevées de nombreuses maisons de campagne de styles variés et entourées de superbes jardins. Ces habitations, qui rivalisent d'élégance, ont envahi déjà tous les points pittoresques de la côte sud, c'est-à-dire les environs de Sydney. La partie nord, au contraire, a conservé ce caractère de rudesse qu'on retrouve encore dans toutes les petites baies que l'on visite. Cette nature vierge et sauvage semble avoir quelque charme pour les habitants de Sydney, car on y rencontre assez souvent des sociétés qui se réunissent pour des parties de plaisir auxquelles ces lieux escarpés et romantiques prêtent encore un nouvel agrément.

Les huîtres sont si abondantes dans le pays qu'elles s'attachent partout et que les rochers en sont couverts souvent de plusieurs couches superposées. Une chose assez curieuse, c'est qu'il n'est pas rare d'en trouver sur les arbres plantés au bord de la mer, et qui sont baignés par l'eau à la marée haute ; leurs branches inférieures reçoivent alors une quantité d'huîtres qui s'y attachent et qui restent à la place où elles se sont fixées, ne s'ouvrant que lorsque la mer les couvre, et conservant l'eau nécessaire à leur entretien pendant la marée basse. La même observation a été faite dans beaucoup d'autres pays et notamment sur les côtes d'Afrique.

Les amateurs de conchyliologie recueilleraient ici de nombreuses espèces de coquilles parmi lesquelles il paraît qu'il en existe de très-rares. Je pris souvent plaisir à me livrer à ce genre de recherches, faisant tous mes efforts pour rapporter à mon cousin monsieur Benjamin Delessert quelque espèce qui fût nouvelle pour son riche musée.

La baie est extrêmement poissonneuse, et l'on peut, dans certaines saisons, prendre autant de poissons qu'on en désire. Il suffit de jeter une ligne à l'eau pour qu'elle rapporte immédiatement quelque chose. Je me souviens que, dans une partie de pêche que je fis un jour avec quatre ou cinq personnes, nous primes, en moins d'une heure et avec nos lignes seules, cent quarante-cinq poissons d'espèces et de grandeurs différentes. Quant aux langoustes, on les rencontre par myriades, marchant toujours ensemble et en ligne. Il y en a qui sont marquées de raies longitudinales d'un bleu clair. Au moindre bruit, elles s'enfoncent précipitamment dans le sable mouillé. La première fois que je les aperçus, j'eus peine à me rendre compte de ce que je voyais. J'étais seul dans un petit bateau, à quelques brasses du rivage ; je distinguais parfaitement au fond de l'eau des masses bleuâtres et changeantes qui allaient et venaient lentement. Je me penchai pour examiner plus attentivement, et je distinguai, à ma grande surprise, une quantité considérable de langoustes qui disparurent comme par enchantement à un mouvement un peu brusque que je fis. Je ne saurais dire si elles sont bonnes à manger, n'en ayant jamais vu servir sur aucune table. Les langoustes de la plus grande espèce sont abondantes ici et se pêchent avec facilité.

Il est dangereux de se baigner en certains endroits de la baie à cause des requins, qui vivent en grand nombre dans ces parages : plus d'un nageur, dédaignant le péril, a payé de la vie son imprudence. Si à la pêche on n'a pas soin de retirer promptement sa ligne dès qu'on la sent touchée, on peut être presque sûr que le poisson qui s'est laissé prendre sera dévoré par les requins. Un jour que je pêchais à bord du *Persian*, j'avais jeté une ligne munie de cinq hameçons ; obligé de descendre dans ma cabine pour y chercher quelque chose, ce qui fut l'affaire de moins d'une minute, je remontai précipitamment et retirai ma ligne. Le poisson avait disparu et il n'en restait qu'une tête à l'un de mes hameçons. Quelques instants après, j'aperçus deux ou trois petits requins s'agitant auprès du rivage et cherchant encore à droite et à gauche quelque proie nouvelle et facile.

Il ne se présente pas une seule voile à l'horizon qu'elle ne soit aussitôt annoncée par des signaux situés sur la falaise sud de l'entrée, à côté d'un très-beau phare construit en pierres de taille, cerclé en fer, et dont le feu tournant s'aperçoit à trente milles (dix lieues) au large.

Phare de Sydney.

Dès qu'un navire est signalé, un pilote se dirige immédiatement vers lui ; mais la baie est tellement sûre qu'un capitaine peut sans crainte en hasarder l'entrée. Il n'existe qu'un seul roc, entouré de deux ou trois petits rochers, la Truie et ses Petits (*Sow and Pigs*); encore se trouvent-ils hors de la route que doivent suivre les bâtiments pour remonter la baie. Un ponton ancré sur ces rochers et éclairé la nuit en indique d'ailleurs la position et permet d'éviter le danger qu'ils présentent.

La baie est assez profonde pour qu'à deux ou trois brasses de terre un navire trouve assez de fond, c'est-à-dire de sept à dix brasses d'eau, pour ancrer; de même qu'un grand espace est laissé aux bâtiments du plus fort tonnage, qui peuvent aisément virer de bord et lutter au besoin contre le vent et la marée.

Les quais actuels de Sydney; où les navires opèrent leur déchargement, appartiennent à des particuliers qui n'ont eu d'autre peine que de jeter quelques pierres dans les cavités des rochers pour former d'excellents emplacements où les navires de toute dimension peuvent débarquer en sûreté leurs marchandises. Presque partout, dans cette baie magnifique, la nature semble être venue en aide à la civilisation. Le gouvernement a eu l'idée de joindre tous ces quais l'un à l'autre, et d'en construire un qui fera, dit-on, le tour de la partie de la ville située sur la baie.

De fort jolis bateaux à vapeur, dont quelques-uns sont si petits et si légers qu'ils ne jaugent que vingt à vingt-cinq tonneaux et n'ont qu'une force de cinq à six chevaux, traversent la baie en tous sens et à chaque instant. Au moyen d'un chaland qu'ils prennent à la remorque, il leur est facile de transporter d'un bord à l'autre des passagers à cheval ou en voiture. Indépendamment de ces petits bateaux à vapeur, de grands steamers, de la force de trois et quatre cents chevaux, font les traversées de Van-Diémen, Port-Phillips et Maitland.

Il existe à Sydney des chantiers où j'ai vu de fort beaux navires en construction. On y a aussi établi un slip pour le carénage des vaisseaux : les bâtiments sont hissés hors de l'eau, ce qui permet de les inspecter à l'aise et de faire les travaux nécessaires à chaque bord. Quelques capitaines de navires, pour éviter les frais qu'entraîne cette manœuvre, vont simplement se poster dans le fond de quelque baie, sur une plage de sable, et là ils attendent que la marée, qui est de six à sept pieds, mette à sec en se retirant la partie du bâtiment qu'ils veulent faire examiner ou réparer. Un baleinier du Havre, *le Faune*, qui, par suite d'une avarie, fut obligé de renouveler entièrement sa carène, s'y prit de la même manière pour cette opération. Mais cette économie est souvent une fausse spéculation, à cause de la perte de temps et des risques que l'on court. Un armateur du Havre vint dernièrement me trouver pour avoir, pour un de ses amis, des renseignements sur Sydney, désireux d'y établir un dry-dock. Je ne sais s'il réussira; toujours est-il que les deux moyens déjà en usage lui feront une sérieuse concurrence.

Sydney possède déjà trente à quarante baleiniers qui s'équipent à aussi bon compte qu'en Europe, et qui ont en outre le grand avantage de pouvoir arriver en peu de jours dans les parages de la pêche. Ces navires, à leur retour, trouvent aisément les moyens de se défaire de leur chargement avec bénéfice ; ce qui fait une grande concurrence aux baleiniers européens, qui jouissent cependant d'immenses avantages. S'ils s'occupent exclusivement de pêche, ils n'ont point de droits de navigation à payer, et ils sont autorisés à vendre sur place une quantité de leurs produits suffisante pour acquitter leurs dépenses.

Ces facilités se rencontrent également à Hobart-Town et à Adélaïde ; mais, outre l'existence du consulat à Sydney, ce dernier port offre, par l'abondance et le bon marché des vivres et des ressources pour la réparation complète des navires, un avantage marqué sur tous les autres points.

Sur les représentations que M. Faramond, consul de France, a adressées aux autorités locales, de concert avec le consul des États-Unis, une loi a été adoptée dans le but d'empêcher les désertions des équipages, malheureusement assez fréquentes à Sydney.

Les vents du sud et du sud-ouest, surnommés Brickfield, sont ceux qui apportent le mauvais temps. Ils soufflent avec une telle force que les maisons en tremblent et qu'il est impossible de sortir. Malheur à la barque légère qui se trouverait exposée à leur furie ! Ces vents ne durent ordinairement qu'un jour et bien rarement deux. Ils arrivent prompts comme la foudre, et, semblables à ces vents des déserts de l'Afrique, ils soulèvent dans les airs des tourbillons de poussière et de sable. En quelques secondes la lumière du soleil est obscurcie comme par un brouillard rougeâtre ; il arrive souvent qu'on ne se voit pas d'un côté de la rue à l'autre. Les malheureux passants, surpris par la tourmente, sont alors obligés de se couvrir la figure d'un mouchoir pour respirer. Chacun s'empresse de fermer ses fenêtres ; les boutiques même ne restent point ouvertes, car le sable, en pénétrant par toutes les issues, abîmerait certaines marchandises. C'est en été principalement que ces vents règnent, et une matinée chaude et lourde est ordinairement regardée comme le présage de leur arrivée.

Les beaux temps, et quelquefois la sécheresse, sont amenés par les vents du nord. Quand les soirées sont calmes et sereines, la rosée est très-abondante, et elle tombe comme une pluie fine dans les nuits chaudes de l'été.

Quelque forte que paraisse la chaleur en été, elle ne produit pas sur la constitution cette action délétère qui rend le séjour de l'Inde, de l'Égypte, etc., si souvent pénible et dangereux. Ici les matinées et les soirées sont très-supportables, et l'on peut au milieu du jour se coucher à l'ombre d'un arbre et se reposer tranquillement, sans craindre ni la fraîcheur ni les insectes, si gênants sous le ciel des tropiques.

Les hivers sont très-doux à Sydney ; il fait juste assez de froid pour que l'on porte du drap et que l'on fasse du feu le matin et le soir seulement ; encore le

feu est-il un luxe que bien des gens ne se donnent pas, car il est rare qu'on
éprouve véritablement le besoin de se chauffer.

La salubrité du climat ne saurait être mise en doute; les fièvres, la petite
vérole, la rougeole, etc., sont inconnues ici. Les fruits mangés avec excès peuvent occasionner la dyssenterie, mais la terminaison de cette maladie est rarement funeste. C'est à l'influence de ce climat délicieux et à une nourriture bonne
et abondante qu'il faut attribuer la force et la santé des colons, qui tous sont
en général grands et bien conformés. Les enfants arrivent de bonne heure à
l'âge de puberté; aussi voit-on beaucoup de mariages entre des jeunes filles de
quatorze et quinze ans et des jeunes gens qui souvent n'ont pas atteint leur
vingtième année. Les femmes se conservent en bonne santé, mais leur fraîcheur
passe vite, et, sauf quelques exceptions, elles décroissent à vue d'œil après
vingt-cinq ans.

Il n'est pas rare de rencontrer des familles dans lesquelles on compte jusqu'à
dix et quinze enfants.

La population de la colonie tend donc à prendre un accroissement rapide.
C'est ce que démontrent en effet les recensements opérés depuis quelques années,
et desquels il résulte

> Qu'en 1835 on comptait. . . . . 71,592 habitants.
> En 1840. 129,463
> En 1845. 173,377
> Et en 1847. 210,000

Sydney est compris dans ce chiffre pour 40,000.

J'étais installé à Sydney depuis quelques jours seulement, et déjà je me plaisais dans ma nouvelle demeure, grâce aux petits soins et aux prévenances de
notre excellente hôtesse. De ma chambre, la vue, qui dominait Belmain, était
magnifique : j'avais en face, au sud, le fond de la baie, et à l'est la rivière de
Parramatta. A chaque instant des navires, des bateaux à vapeur, de petites barques passaient sous mes fenêtres, et ajoutaient à la beauté du paysage par
l'animation pittoresque qu'ils lui communiquaient.

Tous les soirs la société se réunissait au salon; une large et belle varanda
permettait aux fumeurs de satisfaire leur goût en toute liberté. Quant à la
journée, elle était divisée en quatre parties égales, par autant de repas auxquels
pouvaient prendre part ceux que n'effrayait point une alimentation aussi abondante. Le prix de la pension pour la table et le logement était fixé à 200 francs
(8 livres sterling) par mois, auxquels il fallait ajouter environ 50 francs tant
pour le blanchissage, qui se payait à la douzaine à raison de 3 francs 75 centimes, quelle que fût la nature des objets, que pour diverses menues dépenses.

Miller's Point. (Vue prise de la Montagne des Signaux.)

M. Faramond, consul de France, demeurait à quelques pas de notre habitation dans une des plus jolies cottages de Sydney; sa maison se reconnaît au mât qui la domine et auquel flotte le pavillon tricolore ; elle se compose de plusieurs pièces principales, grandes, hautes, entourées d'une varanda et meublées avec goût et beaucoup de simplicité. M. Faramond, nommé à Sydney depuis quatre ans, a su, dans ce court espace de temps, se concilier l'amitié du gouverneur, sir George Gipps, et des principales autorités de la colonie. Il doit la bienveillance qui l'environne autant à son titre de représentant d'une grande nation qu'à ses qualités personnelles : aussi obtient-il avec empressement ce qu'il demande. Aucune réunion n'a lieu dans la ville sans que le consul y soit un des premiers invité.

On compte fort peu de Français à Sydney; je ne pense pas qu'il s'en trouve plus de quinze à vingt. De temps en temps quelque matelot déserteur vient demander des secours au consul. Il a pour chancelier un fort aimable garçon, Jules Joubert, dont je me suis fait un ami. J'ai passé avec ces deux messieurs de bien agréables soirées, dans lesquelles nous cherchions à nous faire oublier mutuellement la distance qui nous séparait de notre chère patrie.

Sydney, pour ne pas rester en arrière des principales villes d'Europe, possède, entre autres lieux d'amusement, une salle de spectacle assez grande pour contenir cinq à six cents personnes. Cette salle est fort jolie et pourrait rivaliser avec beaucoup de théâtres de province en France ou en Angleterre. Je l'ai visitée deux ou trois fois; la troupe, qui était aussi bonne que possible, jouait l'opéra et le vaudeville. Des danseurs italiens y étaient même venus d'Europe : je me souviens de les avoir vus, dans un de leurs ballets, danser la polka. Décidément cette danse tient aussi à faire le tour du monde.

Comme il est d'habitude dans tous les théâtres anglais et allemands, le prix d'entrée au spectacle est ici diminué de moitié à partir de neuf heures ou neuf heures et demie du soir. C'est un usage assez commode pour ceux qui ne veulent donner qu'une partie de leur soirée à cette distraction, et qui n'a pas été essayé sérieusement en France. Cet usage, au lieu d'encourager la vente des contremarques aux portes des théâtres, ferait immédiatement tomber cette déplorable industrie.

Les amateurs de chevaux, de chasse, de pêche, n'éprouvent ici aucune entrave pour se livrer à leurs goûts favoris. Ces contributions prélevées dans notre pays sous les noms de port d'armes, droit de pêche, etc., sont inconnues à Sydney. Indépendamment des rendez-vous de chevaux et d'équipages dont j'ai déjà parlé, et qui ont lieu au *Domain* les jours où l'on y fait entendre de la musique militaire, il y a encore différents centres de réunion ou clubs désignés sous des noms différents. L'un d'eux, le *shooting-club,* reçoit surtout les chasseurs qui s'y rassemblent souvent, s'exercent au tir, et font entre eux des paris plus ou moins considérables.

Les chaleurs de janvier et de février étant assez fortes, j'employai mes premières journées à parcourir la baie. Seul dans mon petit bateau, je voguais d'une île à l'autre; tantôt je m'amusais à pêcher, tantôt je faisais quelques croquis ou bien je ramassais des coquillages.

Parmi les personnes dont j'avais fait connaissance à mon arrivée se trouvait M. Richard Underwood, avec lequel je ne tardai pas à être uni par les liens d'une vive amitié. M. Underwood était le frère d'un passager du *Persian;* je le connaissais déjà, sinon de vue, du moins pour avoir entendu parler de ses excellentes qualités. Dès le premier instant de notre liaison il me mit chez lui tout à fait à mon aise, et me reçut plutôt comme un parent que comme un étranger. Il me présenta à sa femme, à son enfant, et je dirai même à son fusil, car cette arme a une grande part dans ses affections. M. Underwood, en chasseur déterminé, ne se coucherait pas sans s'être assuré que son fameux Menton, le plus beau fusil de la colonie, est à l'abri de l'humidité. Cette arme, qui lui a coûté 80 livres sterling (2,000 francs), lui a fait gagner des prix en grand nombre au club des chasseurs. Il possède en outre des chiens de pure race et bien dressés, des chevaux, des pigeons d'espèces rares, etc. Sa propriété est tenue dans ses diverses parties avec un ordre admirable.

Nous avions depuis quelque temps, M. Underwood et moi, formé le projet d'une partie de chasse, et j'attendais ce moment avec impatience. Un jour donc, il fit atteler les chevaux à son tandem et nous nous mîmes en marche pour Liverpool.

Quelques orages récents avaient défoncé la route, ce qui retarda un peu notre arrivée à la ville. Nous descendîmes dans un grand hôtel vraiment remarquable pour un endroit qui contient à peine six à huit cents habitants. Le lendemain de bonne heure, accompagnés de M. Jamisson, et après deux heures de marche au travers de bois immenses, nous arrivions à une place où se trou-vaient en grand nombre une espèce de caille plus grosse que celle de notre pays (*Coturnix-australis*), et de superbes pigeons au plumage doré et aux ailes bronzées et changeantes, ce qui leur a valu le nom de *Bronze-wings*. Je n'avais point encore fait d'excursion dans les bois; bien des objets nouveaux, bien des animaux curieux devaient frapper mon attention. En effet, la première chose que je remarquai fut une quantité prodigieuse de perroquets et de perruches de diverses espèces et de couleurs variées. Tous ces oiseaux, que nous voyons en Europe et qui se vendent à des prix élevés, viennent de la Nouvelle-Galles du Sud, où on les prend aisément au moyen de trébuchets. Peu farouches, ils se laissent approcher d'assez près. Ils se réunissent en grand nombre, et on en voit souvent plusieurs centaines perchés tranquillement sur les arbres. Leur chair est bonne à manger, surtout celle des perruches, qui se nourrissent de miel. On en trouve quelquefois au marché de Sydney, où on ne les paye qu'un schelling la douzaine. J'ai vu vendre deux de ces oiseaux au Havre à raison de 80 francs la pièce. D'un seul coup de fusil je fis tomber cinq perroquets; sur ce nombre, j'en ramassai deux qui n'étaient que légèrement atteints à l'aile et je les conservai en vie. Notre chasse fut très-heureuse : nous tirâmes, entre autres, plusieurs douzaines de cailles et de pigeons.

De temps en temps je tirais quelques coups de fusil sur des oiseaux dédaignés par les colons, mais que je voulais voir de près, afin de juger s'ils valaient la peine d'être empaillés. C'est ainsi que je tuai un *Laughing-jackas,* oiseau qui ressemble par son plumage à un hibou, et à un corbeau par la forme de la tête et du bec. Cet oiseau est fort utile, et on le ménage parce qu'il tue les serpents. Quand il en rencontre un, il se précipite sur lui, l'enlève dans les airs et le laisse tomber d'une hauteur considérable; puis il le reprend de nou-veau, et continue son manége jusqu'à ce que le reptile ne donne plus signe de vie. Souvent, lorsque le serpent est d'une grosseur plus qu'ordinaire, deux ou trois de ces oiseaux se réunissent pour le saisir, et l'animal est mis à mort par le même procédé. Les *Laughing-jackas* adoptent certains arbres où ils viennent se poser régulièrement et de préférence, chaque jour et à la même heure : aussi servent-ils souvent d'horloge aux gens de la campagne. Ils font un vacarme effroyable; leurs cris ressemblent à des rires exagérés, d'où leur est venu leur nom vulgaire de Rieur (*Laughing*).

En revenant à Sydney et pendant que nous cheminions en voiture, Richard tira, sans descendre du tilbury, sur un grand lézard, espèce d'iguane, d'environ quatre pieds et demi de long, qui dépeçait à son aise un cheval mort sur la route.

J'avais le plus grand désir d'aller faire une petite excursion à Parramatta. Le lendemain de mon retour, comme je me dirigeais vers le bateau à vapeur qui mène à cette ville, j'aperçus une foule de monde qui se pressait silencieusement dans les rues de Sydney. On allait assister à l'enterrement de M. Charles Smith. Je vis passer le convoi, qui était disposé avec simplicité, et qu'escortaient un nombre considérable de personnes; car Charles Smith s'était fait beaucoup d'amis par son caractère et par les bienfaits sans nombre qu'il répandait. Deux cent dix-sept voitures suivaient à la file. Un pareil cortège ne pourrait circuler dans la plupart de nos grandes villes d'Europe sans occasionner quelque embarras; celui-ci occupait alors une étendue de plus de deux milles.

J'avais manqué le premier départ des bateaux à vapeur, et je me mis en route par celui de onze heures. Le bâtiment qui nous portait était un peu plus grand que ceux qui se bornent à la traversée de la baie et d'au moins trente à trente-cinq tonneaux. Il était de la force de dix à douze chevaux; élégant et léger comme une baleinière, il filait sur l'eau avec la plus grande rapidité. Trop petit pour contenir des chambres, un banc garni de coussins faisait simplement le tour de son arrière, où, en cas de pluie, une tente en toile cirée recouvrait les passagers. Il nous fallut deux heures pour remonter la rivière, qui, en cet endroit, est tortueuse et bordée tantôt d'épaisses forêts ou de rochers escarpés, tantôt de buissons touffus chargés de fleurs et de plantes aromatiques. Nous passâmes devant notre maison, fort connue à Sydney, et surnommée le Jeu de cartes (*Pack of cards*), à cause de sa construction bizarre, qui la fait ressembler à une maison chinoise. Nous laissâmes à notre droite Goat-Island, où se trouve la poudrière nouvellement bâtie; plus loin, on nous fit voir Cacatoïe-Island où sont détenus les condamnés les plus incorrigibles. On les occupe en ce moment aux travaux de construction d'une prison qu'on élève dans l'île. En avançant on s'aperçoit que la rivière devient plus étroite, et l'on se trouve bientôt au milieu de sites cultivés, de jolies fermes et de maisons de campagne entourées d'orangers. C'est là Kissing, et c'est de ce lieu que Sydney tire ses approvisionnements de fruits et de légumes. Vient ensuite le vaste établissement de M. Blaxlands, dans lequel on extrait de l'eau de la rivière, au moyen de la distillation, un sel très-blanc et cristallisé. A une heure nous étions à Parramatta, petite ville de huit à dix mille âmes. J'y ai remarqué la maison de campagne affectée au gouverneur, un beau pont en pierres de taille qui traverse un ruisseau d'eau douce dont le courant fait marcher un moulin, un observatoire et une maison de détention pour les femmes condamnées (*convicts*), que l'on fait travailler à différents ouvrages.

Je rencontrai à Parramatta deux des passagers qui avaient fait avec moi la traversée de Londres à Sydney. Ils me firent les honneurs de leur ville et

m'emmenèrent à l'hôtel de la veuve Walker, hôtel renommé dans toute la colonie. En effet, je fus frappé de la propreté sévère qui régnait partout et de la
tenue générale de cette auberge. On ne saurait s'en faire une idée en Europe, et
surtout en France, où les bons hôtels sont si rares.

Après avoir vu en peu d'heures ce que Parramatta pouvait m'offrir de curieux,

Pont à Parramatta.

je repartis, à la fin de la journée, par le même petit steamer qui m'avait
amené et qui s'appelait *le Native*. Comme la marée avait baissé, nous pûmes
apercevoir sur les bancs de sable de nombreux oiseaux aquatiques, espèces de
grues ou de hérons à long cou et montés sur de hautes pattes; les uns d'une
couleur cendrée, et d'autres d'une blancheur parfaite. Ces derniers sont connus
sous le nom d'aigrettes. Ces gracieux oiseaux, accoutumés au passage des bateaux à vapeur, n'en paraissaient nullement effrayés. Outre les deux ou trois
steamers qui font, à certaines heures, la traversée de Sydney à Parramatta, on
trouve encore deux ou trois voitures qui partent le matin et le soir pour la
même destination.

Vers la fin de mars, quelques jours avant le départ du navire *le Général
Hewett*, d'environ mille tonneaux, le capitaine, M. Hart, et M. Sims, capitaine
de *la Palestine*, organisèrent un banquet où fut invitée presque toute la société
de Sydney, au nombre de trois cents personnes. Les deux amphitryons avaient
mis douze ou quinze canots à la disposition des convives, et beaucoup d'armateurs, qui possédaient des embarcations, s'étaient chargés d'emmener leurs

amis avec eux. A neuf heures du matin la petite flottille se mit en marche, et fit voile pour un point de la baie renommé à cause de sa situation pittoresque. Des arbres épais et touffus offraient un ombrage assuré contre l'ardeur du soleil, et le dîner devait être servi sur une magnifique pelouse verte. C'est à *Vaucluse* que le rendez-vous était donné. Vaucluse, charmante position qui serait digne d'être chantée par un nouveau Pétrarque, est situé près de Rose-Bay, sous les phares, et l'on peut de ce point embrasser toute la baie d'un seul coup d'œil. La vue de tous les invités mettant pied à terre, et sortant de leurs barques pavoisées de diverses couleurs, présentait un tableau charmant, dont je pus jouir à mon aise, étant arrivé un des premiers. Des drapeaux, artistement arrangés en faisceaux sur un rocher escarpé, indiquaient de loin le point de réunion, et une musique cachée dans des bosquets, et dont les échos répétaient les sons mélodieux, appelait les retardataires et les engageait à faire force de voiles.

Les hommes de l'équipage des capitaines, MM. Hart et Sims, au nombre d'environ soixante et en grande tenue, arrivèrent avec les provisions-monstres : ils apportaient de quoi nourrir au moins cinq cents personnes pendant plusieurs jours. Je ne saurais énumérer les quantités de volailles, de pâtés, de gâteaux et le nombre des bouteilles de vin, de bière, de limonade, etc., qui avaient été préparés pour cette circonstance. Les soixante marins furent occupés pendant plusieurs heures à débarquer et à disposer tous ces objets, ainsi que les assiettes, et la provision d'eau qu'il avait fallu apporter en même temps et par la même occasion.

C'était la première fois que je me trouvais en contact avec la société de Sydney ; car j'étais arrivé dans la saison d'été, et il n'y avait eu jusqu'alors ni bal ni réunion dans la ville. M. Faramond me présenta à diverses personnes, et, entre autres, à la famille Boyd, une des plus influentes de Sydney. M. Benjamin Boyd, l'aîné, était arrivé dans la colonie, il y a deux où trois ans, à bord du *Wanderer*, yacht magnifique armé en guerre, et qui lui appartenait. J'avais eu le plaisir de visiter quelques jours avant son départ le navire de M. Boyd, et je n'étais pas resté sans admiration devant la richesse et le luxe presque extravagant qui avaient présidé à l'ameublement de sa cabine.

Le temps le plus beau favorisait notre partie de plaisir. Pendant qu'on servait le dîner, chacun s'amusait à sa fantaisie : les uns jouaient à divers jeux ou fumaient ; d'autres se promenaient ou faisaient la conversation avec les dames. De quelque côté que l'on se tournât, l'œil s'arrêtait satisfait sur cette charmante réunion où l'étiquette n'enlevait rien à la gaieté franche qui animait l'assemblée.

A deux heures on se mit à table, si on peut appeler table la pelouse gazonnée sur laquelle était disposé le couvert. On avait façonné, tant bien que mal, quelques bancs pour les dames; quant aux hommes, ils s'assirent chacun de la façon qui lui parut la plus convenable. Cent trente à cent cinquante personnes se placèrent de chaque côté d'une longue nappe étendue sur le gazon. Le repas fut coupé par plusieurs *speechs* d'usage en pareille circonstance. Rien ne manquait à la cérémonie, et les mets avaient été servis avec une telle profusion qu'après le repas où tant d'appétits s'étaient rassasiés, et malgré le gaspillage inévitable dans toute grande réunion, il en restait assez sur la table pour qu'on pût croire que le dîner était encore intact. Les ordonnateurs de la fête y avaient ajouté un complément : elle devait se terminer par un bal et un souper à bord du *Général Hewett*. Le dîner achevé, chacun songea au départ; on s'embarqua, et l'escadre joyeuse cingla vers Sydney. Le navire était ancré à quelques brasses de terre; son pont, aussi grand que celui d'une frégate, avait été, par les soins du capitaine Hart, entouré de voiles et formait ainsi une salle de bal sur laquelle des torches allumées reflétaient une lumière éblouissante. Les mâts, les cordages du bâtiment contribuaient à donner à tout cet ensemble l'aspect le plus singulier et le plus original.

Un souper, qui ne le cédait en rien au dîner champêtre du jour, fut offert aux invités après le bal, et la compagnie se retira à la lueur d'un clair de lune magnifique. Aucun accident n'est venu troubler la joie et les plaisirs de cette belle journée.

Le clair de lune m'amène naturellement à parler d'une partie que je projetais depuis quelque temps. Je voulais profiter d'une nuit claire pour faire une chasse aux opossums. L'occasion était favorable; aussi, le lendemain de la fête, je me rendis chez le beau-frère de mon ami R. Underwood, M. D. Benham, adroit et intrépide chasseur, et je lui communiquai mon projet. Nous faisons nos préparatifs et nous allons souper chez Underwood, qui demeure à moitié chemin de notre route; un de nos amis, M. D. Roberts, se joint à nous, et vers les neuf heures nous montons tous les quatre en tandem pour nous rendre à moitié route de Parramatta. Arrivés à l'hôtel de Spear's, nous mettons les chevaux à l'écurie, et, après avoir pris un verre de grog, nous partons accompagnés de deux bûcherons qui connaissaient parfaitement la localité; ils amenaient avec eux d'excellents chiens dressés pour ce genre de chasse, et sans l'aide desquels il eût été inutile d'espérer la moindre chance. Ces chiens sont ordinairement de petits griffons pas plus gros qu'un chat, mais dont l'odorat est tellement exercé qu'ils sentent, en flairant le pied d'un arbre, si un opossum a passé par là et si l'animal ne s'est pas réfugié dans l'arbre même. Dès qu'ils ont le vent, ils se mettent à aboyer; et quand on les voit gratter et sauter autour d'un arbre, on peut être assuré qu'il s'y trouve quelque proie. Le chasseur est averti, et c'est à lui d'agir. Si l'arbre est peu touffu, il est aisé, en se mettant entre lui et la lune, d'apercevoir l'opossum qui se détache comme une ombre dans le globe lunaire; autrement, si l'arbre est chargé de feuilles, l'animal échappe aisément aux regards; car il se tient tapi dans les branchages, et y reste sans bouger jusqu'à ce que le chasseur soit parti.

A peine avions-nous fait vingt pas, que les petits chiens se mirent à aboyer, et nous distinguâmes parfaitement un objet qui faisait quelques mouvements, et qui était placé sur une branche élevée. Je lâchai un coup de fusil, et un animal tomba à terre : c'était un gros chat sauvage, espèce de dasyure, appelé ici vulgairement Native-cat. Il y en a de diverses couleurs; mais les noirs tachetés de blanc et de brun clair, et à mouchetures rougeâtres, sont les plus communs. Leur fourrure a une certaine valeur; malheureusement, l'animal que j'avais abattu était tellement criblé de plomb, que je ne jugeai pas qu'il valût la peine d'être conservé. Une demi-heure après, les chiens donnè-

Opossums.

rent de la voix; et cette fois nous aperçûmes distinctement un opossum sur une haute branche d'arbre. Un seul coup de fusil suffit pour le faire tomber à mes pieds.

La rosée était alors extrêmement abondante. On aurait dit qu'une pluie fine avait longtemps mouillé la terre. Il ne faisait pas chaud, et nous le remarquions d'autant plus vivement, que nous étions vêtus à la légère. Il nous prit fantaisie de nous chauffer, mais nous n'avions, pour faire du feu, ni briquet

ni amadou; nous y suppléâmes aisément, en bourrant notre fusil avec quelques
morceaux d'un vieux mouchoir, qui brûlèrent comme de l'amadou, et nous
permirent d'allumer des feuilles sèches. En quelques minutes nous avions
obtenu une grande flamme, et un feu gigantesque pétillait devant nous avec
fracas.

Je me mis à examiner de près le produit de notre chasse. L'opossum me
paraît ressembler beaucoup au renard, par la tête surtout, dont le museau
pointu est cependant moins proéminent. Sa fourrure est douce et épaisse, de
couleur grise ou fauve, plus ou moins foncée; le ventre est jaunâtre, et quelquefois presque blanc. On sait que ces animaux, comme la plupart de ceux
qu'on trouve à la Nouvelle-Hollande, sont pourvus d'une poche, où ils conservent leurs petits jusqu'au moment où ceux-ci peuvent se suffire à eux-mêmes.
Leurs pieds sont disposés en forme de mains, et ils se soutiennent très-bien sur
les arbres au moyen de leur queue, qui s'enroule fortement autour des branches. Lorsque l'opossum veut s'élancer d'une branche à l'autre, il se balance
avec cette queue; et j'en ai vu franchir de cette manière plus de cent pieds,
mais toujours d'une manière verticale. Aussi peut-on dire qu'on en tue quelquefois au vol.

Pendant que j'examinais mon opossum, le feu que nous avions allumé prenait des dimensions énormes et simulait presque un incendie. Une vingtaine
d'arbres plus ou moins grands lui avaient déjà servi d'aliment. Nous n'étions
nullement inquiets des résultats de cette consommation; car c'est presque un
service à rendre au pays que de mettre le feu dans certaines parties de ces
immenses et interminables forêts. Du reste c'est à cette opération que sont
ordinairement employés les bûcherons, et nous en avions justement deux avec
nous. Aussi nous continuâmes notre chemin, armés chacun d'une branche
enflammée. Lorsque les cris des chiens nous annonçaient qu'un animal se
trouvait caché dans un arbre, nous faisions du feu à côté; et à la clarté qu'il
nous procurait, nous apercevions plus aisément l'animal.

C'était vraiment un spectacle bien singulier que ces feux ambulants paraissant et disparaissant au milieu des broussailles, pour se rassembler tout d'un
coup et n'en faire plus qu'un seul. Une flamme immense, excitée par des amas
de feuilles et de branches sèches, jetait une lueur éclatante sur ces sombres
forêts. Bientôt des étincelles gagnèrent le sommet des arbres; quelques
branches mortes s'enflammèrent, et laissèrent tomber une grêle de feu. Je
m'éloignai de quelques pas, et me mis un peu à distance, pour mieux jouir
de l'effet de cette scène diabolique.

La lune était en ce moment à son plus haut point; elle éclairait de ses
couleurs pâles les cimes des arbres, qui alors semblaient couvertes de neige,
tandis que, plus bas, par un étrange contraste, les hommes et les chiens se

dessinaient comme des ombres au milieu de l'effrayante clarté de l'incendie et des larges tourbillons de fumée.

Le silence morne qui régnait dans ces bois sauvages était de temps en temps interrompu par les aboiements des chiens, que l'écho répétait, ou par la chute des arbres qui, minés à leur base par le feu, tombaient avec fracas, et entretenaient sans relâche l'ardeur de ce foyer dévorant.

Nous avions tué, dans notre chasse, six opossums, et, chargés de ce butin, nous retournâmes à l'hôtel, où nous attendait, je ne dirai pas un souper, mais un déjeuner; car il était près de quatre heures du matin, lorsque nous arrivâmes. De retour à Sydney, je préparai les peaux de plusieurs de mes opossums. On fait avec ces peaux des manteaux excellents, dont se servent avec avantage les bergers qui vivent continuellement exposés à l'air.

Quelques jours s'étaient écoulés depuis que j'avais assisté aux courses de Petersham, lorsque M. Faramond reçut une invitation pour aller passer le temps des vendanges chez MM. Mac Arthur, à Camden. Toujours rempli d'attentions pour moi, le consul me demanda si je voulais l'accompagner dans cette nouvelle excursion. La grande réputation des cultures de ces messieurs, et le désir que j'avais depuis longtemps de visiter une des grandes fermes ou plantations du pays, me firent accepter avec empressement l'offre obligeante de M. Faramond. Nous partîmes donc dans son tilbury, emportant des effets pour une huitaine de jours, et le soir même nous couchâmes à Liverpool, distant de Sydney d'environ vingt-cinq milles. Cette manie de choisir des noms de villes européennes pour les donner à des villages souvent à peine formés semble bizarre et sans aucune utilité réelle. Combien de quiproquos cela n'occasionne-t-il pas, comme il arriva à ce navire appelé *I don't know* (Je ne sais pas), capitaine Tompson, appartenant au port de Sydney, et qui, rencontré en mer par un autre navire qui lui demande son nom, répond tout simplement: *I don't know* (Je ne sais pas)! Il y a ici plusieurs villes dont les noms, employés déjà dans d'autres parties du monde, tels que New-Castle, Windsor, Bathurst, Liverpool, Maitland, etc., ne valent certes pas ceux donnés par les natifs, Illawarra, Coulingatta, Wollongong, Parramatta, etc., noms qui se prononcent facilement, sont assez doux à l'oreille et ont quelque rapport avec la localité.

La route de Liverpool est large et bien dessinée, mais elle a besoin d'un macadamisage assez solide pour résister à l'action de la pluie et aux lourdes charrettes qui creusent ses ornières. Elle est tout au long bordée de bois; ce qui ne l'empêche pas de présenter souvent de jolis points de vue. A trois milles à peu près avant d'arriver à la ville, on traverse un pont en pierre, d'une seule arche et d'une belle construction. Liverpool, qui peut compter mille à douze cents habitants, possède déjà plusieurs monuments dignes d'une grande ville : l'église, le tribunal, la prison, une caserne, une école, etc. Les rues sont tracées aussi largement que pour une ville de cinquante à soixante mille âmes. Sur la rivière Georges, qui coule tout près de la ville, on a construit une écluse ou digue en pierre, destinée à retenir l'eau et qui empêche la marée de se faire sentir plus loin et de venir mêler ses eaux salées à l'eau douce de la rivière.

Deux étrangers qui arrivent en voiture à Liverpool sont un événement pour le pays (bien entendu que je veux parler du Liverpool de la Nouvelle-Galles du Sud). Aussi, Jamisson, le même dont j'avais fait connaissance lors de ma première visite dans ce pays, apprit bientôt notre arrivée, et vint passer la soirée avec nous. Comme il avait fait une chasse très-heureuse quelques jours auparavant, il voulut essayer s'il aurait encore le même bonheur, et m'engagea à l'accompagner le lendemain. J'avais eu la précaution d'emporter mon fusil, et je me laissai tenter d'autant plus aisément que nous ne devions pas, le consul et moi, quitter ce jour-là Liverpool avant midi. A quatre heures et demie du matin, je partais avec Jamisson; nous étions à cheval, portant nos fusils en bandoulière. Nos recherches furent d'abord infructueuses, et nous commencions à nous désespérer, lorsque nous tombâmes sur une volée de pigeons *Bronze-wings,* dont j'ai eu déjà l'occasion de parler. Nous en tuâmes en grande quantité, et je les envoyai à Sydney, à plusieurs personnes auxquelles je savais que ce cadeau ferait plaisir. La chair de ces oiseaux est fort bonne et aussi délicate que celle des perdrix.

Quelques instants après mon retour de cette petite chasse, j'étais avec M. Faramond sur la route de Camden. Cette route, comme celle de Liverpool, est fort bien tracée, mais elle aurait besoin de grandes réparations, surtout aux abords des ponts dont l'approche est dangereuse, à cause des excavations qu'on y rencontre, et dans lesquelles on risque de tomber lorsque la nuit est sombre.

MM. Mac Arthur avaient eu la bonté d'envoyer à notre rencontre un domestique à cheval chargé de nous indiquer le chemin. La tenue de l'homme, et le cheval, qui était de bonne race anglaise, n'annonçaient pas que nous eussions affaire à des fermiers gênés, mais bien à de riches propriétaires. Après avoir trotté pendant environ une demi-heure sur leurs terres, nous arrivâmes à la maison ou plutôt au château de MM. Mac Arthur. Cette habitation est construite en granit magnifique, veiné comme du marbre. On le trouve aux environs de Camden, et il est renommé dans toute la colonie de la Nouvelle-Galles du Sud. Le péristyle du château est supporté par quatre hautes colonnes chacune d'un seul morceau. M. James Mac Arthur nous attendait, et nous conduisit, à travers de longs et larges corridors, à nos chambres, que nous trouvâmes meublées avec un luxe extraordinaire. Ce que nous

venions d'entrevoir nous frappait d'autant plus, M. Faramond et moi, que
nous étions loin de croire à un tel luxe dans un pays si éloigné des centres
de la civilisation.

Descendus au salon, nous trouvâmes les albums les plus nouveaux publiés à
Londres et à Paris; un excellent piano, une bibliothèque composée des plus
riches ouvrages, et sur la cheminée en marbre précieux du pays, une belle
pendule de Paris, genre Renaissance, et une foule de petits objets d'ornements disposés avec goût par madame James Mac Arthur. Quand on pense que
tout ceci existe dans une partie du monde aussi éloignée de l'Europe, dans
l'intérieur d'un pays sauvage, où les communications sont on ne peut plus
difficiles, on s'étonne davantage encore de tout ce superflu et de ce confortable, résultats du travail, de l'intelligence et de l'ordre le mieux entendu.

A table, où, par une rare attention, ces messieurs avaient ordonné un dîner
aussi français qu'anglais, on nous servit d'excellents vins de toute espèce; et
comme M. Faramond complimentait madame James sur la bonté de l'huile
avec laquelle on avait assaisonné une salade, et lui demandait où elle se l'était
procurée, cette dame lui répondit : « Tout ce que vous voyez sur cette table
provient uniquement de notre maison. Nous n'achetons à Sydney que le sucre,
le thé et quelques épiceries. Le vin que vous avez bu est le produit de notre
récolte; l'huile nous est fournie par des oliviers que nous avons importés du
midi de la France. Le pain, les légumes, les fruits, le fromage, la viande, etc.,
sont tirés de notre propre fonds, et nous n'achetons rien de tout cela au
dehors. »

Le lendemain, quoique je me fusse levé de bonne heure, je rencontrai au
jardin M. James, qui m'y avait déjà précédé. Nous allâmes ensemble à la
laiterie, et nous arrivâmes au moment où l'on était occupé à traire les vaches.

Étable à Camden.

Il n'y en avait pas moins de cent cinquante, ayant chacune un nom par lequel les vachers ont l'habitude de les appeler. Elles sont réparties dans des étables ouvertes, surmontées d'un toit de chaume, et où elles trouvent d'elles-mêmes leurs places respectives. On passe leur tête entre deux bâtons qui, une fois refermés, forcent les vaches à se tenir en repos. Un de leurs pieds de derrière est attaché, par une corde à nœud coulant, à un poteau peu éloigné, ce qui les empêche de donner des coups de pied. Au moyen de ces arrangements, très-simples dans leur disposition, le lait est recueilli d'une manière facile, et sans qu'il puisse en résulter aucune perte. Une demi-douzaine de vachers suffisent ordinairement pour traire toutes les vaches, et ils n'emploient guère plus d'une heure à ce travail. Lorsqu'il est achevé, les vaches sont mises en liberté et remplacées, le soir, par une nouvelle troupe composée de cent cinquante autres de ces animaux. MM. Mac Arthur possèdent un nombre considérable de vaches, et comme elles ont presque toutes des veaux, il devenait inutile de les traire plusieurs fois par jour. Le lait, reçu dans de grands baquets, est porté immédiatement à la laiterie, où se façonnent le beurre et le fromage. Cette laiterie, établie sur une grande échelle, est en quelque sorte une maison double, c'est-à-dire que les murs et les toits sont construits de manière à former de doubles cloisons qui empêchent le soleil et la chaleur de pénétrer dans les salles intérieures. En hiver, un calorifère y entretient une température constamment égale. De grandes tables de marbre reçoivent des monceaux de beurre partagés en petits pains d'une livre, proprement estampés, et qui, au nombre de cinq à six cents, sont expédiés chaque semaine à Sydney.

Grâce à toutes les précautions que l'on prend dans cette laiterie, le beurre est d'une bonne qualité en toute saison, et cette qualité est excellente et très-renommée. Comment n'en serait-il pas ainsi? Là, rien n'est épargné pour arriver à la perfection : les vaches, qui appartiennent aux meilleures races, sont bien soignées et proprement tenues; on les établit sur de gras pâturages toujours verts et où croissent des plantes aromatiques; et, pour compléter le tableau, les femmes chargées de la fabrication du beurre sont des laitières choisies parmi les meilleures de l'Allemagne et de la Suisse.

A côté de la laiterie se trouve la basse-cour, non moins curieuse à connaître. Qu'on se figure un espace de terrain de plusieurs acres d'étendue, divisé en plusieurs cours ou enclos, entourés de palissades en bois de trois à quatre pieds de hauteur, et contenant toutes les espèces d'animaux domestiques, sans exception, et au nombre de plusieurs centaines par chaque espèce. J'admirai surtout une demi-douzaine de chiens dogues de la plus grande race (*blood-hounds,* qu'il ne faut pas confondre avec les *bull-dogs* beaucoup plus petits), et qui, enchaînés de distance en distance, étaient placés là comme les fidèles gardiens de cette riche basse-cour.

Malheur à ceux que de mauvaises intentions attireraient dans les cours; mais aussi que d'accidents possibles et dont on a malheureusement de trop nombreux exemples.

Après un déjeuner simple, mais excellent, M. William Mac Arthur, qui s'occupe plus spécialement de la partie agricole de la ferme, voulut nous montrer le pressoir dont il a la direction particulière. MM. Mac Arthur n'ont entrepris la fabrication du vin que depuis ces dernières années. Ce sont eux qui ont introduit la vigne dans la colonie, en y plantant, il y a dix à douze ans, les premiers ceps qui y aient été cultivés. Aujourd'hui leur établissement renferme un vignoble d'une étendue de plusieurs hectares. Dans le but d'étudier à fond la culture de la vigne et de se perfectionner dans l'art de faire le vin, M. William a visité les vignobles les plus renommés de la France, du Portugal et de quelques autres pays, et a rapporté des plants de toutes les vignes renommées; aussi trouve-t-on sur la propriété de ces messieurs, le champagne, le bordeaux, le muscat, le bourgogne, aussi bien que le raisin du Cap, le madère, le portugal, etc., etc.

Il suffit d'un coup d'œil jeté dans le pressoir pour juger qu'une haute intelligence préside aux mouvements de cette vaste machine. La grande fortune des propriétaires leur permet, d'ailleurs, d'appliquer successivement aux diverses parties de leur maison les perfectionnements indiqués par les progrès de la science. Lors de la vendange, et quand le raisin a été récolté, les voitures qui en sont chargées arrivent, par un chemin tournant, au second étage du pressoir; puis, au moyen d'une soupape, elles vident leur charge au milieu d'un grand entonnoir en bois, lequel remplit les pressoirs à engrenages. Le jus, au lieu de tomber dans des tonnes, comme d'ordinaire, se répand dans des citernes énormes, construites d'après un système nouveau qui donne lieu à une fermentation plus soignée et plus prompte. Lorsqu'il en est temps, les barriques reçoivent le vin qui leur est amené par des conduits élastiques munis de robinets; ces barriques sont ensuite rangées dans une grande et belle cave souterraine. Tout ce travail, qui, ailleurs, ne s'opère pas sans que la vue en soit plus ou moins offusquée, se fait ici avec la plus grande propreté et n'exige que le secours d'un petit nombre de bras.

Pendant que nous étions occupés à visiter le pressoir, M. James arriva avec une demi-douzaine de chevaux qu'il mit à notre disposition, et nous partîmes pour faire une tournée dans la propriété de ces messieurs; propriété d'une immense étendue, puisque l'on compte qu'elle se compose de trente-quatre mille acres de terre, dont une bonne partie est cultivée. Nous nous dirigeâmes vers les vignes, où un grand nombre d'hommes et de femmes étaient occupés à la vendange. Ces vignes se trouvent plantées dans le lieu le plus convenable. Un espace assez grand a été ménagé entre chaque pied pour qu'il ait la quantité de terrain que demande une végétation parfaite. Leur entretien est laissé aux soins du vigneron en chef, un Allemand que MM. Mac Arthur ont fait venir tout exprès des bords du Rhin pour lui confier cette direction importante.

Nous remarquâmes près du vignoble une quantité d'oliviers en plein rapport. De là, nous nous rendîmes au galop du côté des bois, dans lesquels des éclaircies à perte de vue ont été plantées en maïs. Ce qu'il y avait de curieux, c'était de rencontrer sur notre chemin des maisons d'habitation et des constructions de diverses sortes. Ici, une jolie cottage, entourée d'un petit jardin, est occupée par le vigneron en chef; plus loin, d'autres maisons sont affectées à des employés de la ferme; un bâtiment sert d'école; des forges, des scieries, etc., ont aussi leur emplacement spécial. Le tout compose, dans son ensemble, un joli village auquel ne manque pas même l'église; car il en existe une qui est bâtie en pierres de taille sur une colline, d'où elle domine le pays, et qui peut contenir cinq à six cents personnes.

Partout, sur notre route, nous étions témoins des marques de respect que reçoivent MM. Mac Arthur de la part de leurs ouvriers. Ces messieurs, au reste, méritent bien tous ces témoignages de vénération par leur bonté, par la douceur de leurs manières et même par leur simplicité. Mais ce qui leur fait encore plus d'honneur, c'est qu'une grande partie des gens qu'ils emploient ne sont autres que des condamnés (*convicts*) qu'ils ont su maîtriser au point que tous ces hommes sont devenus de bons et honnêtes ouvriers qui élèvent leur famille dans la crainte de Dieu et dans la pratique de toutes les vertus.

Nous étions au galop depuis une demi-heure, lorsqu'au tournant d'une colline peu élevée, nous nous trouvâmes en face d'un petit lac, sur les bords duquel cinq à six cents canards sauvages se reposaient tranquillement au soleil. Effrayés par notre approche, ils prirent aussitôt leur volée et s'échappèrent tous à la fois. C'était une belle occasion pour un chasseur, et déjà je regrettais d'avoir laissé mon fusil à la ferme : mais ces messieurs m'assurèrent que j'aurais un autre jour tout le temps de les surprendre et de les poursuivre. En effet, les hôtes du lac ne quittent jamais ces parages, et s'ils s'en éloignent quand par hasard ils sont inquiétés, ils y reviennent immanquablement quelques heures après. Au reste, il est rare qu'on vienne les troubler dans leur retraite; car MM. Mac Arthur ne permettent qu'à leurs amis seulement la chasse de ces oiseaux. Nous continuâmes donc notre chemin sans nous arrêter. De temps en temps nous faisions fuir, par notre présence, des troupeaux de vaches ou de juments avec leurs poulains qui erraient en liberté au milieu de la campagne.

Dans l'épaisseur du bois on avait éclairci, au moyen du feu, des portions de terrain destinées à des fermiers nouveaux et qui étaient fraîchement encloses.

MM. Mac Arthur donnent à loyer de certaines quantités de terre aux conditions suivantes. Les première et deuxième années, le locataire ne paye aucun fermage ; on l'oblige seulement à clore la partie qui lui est réservée et à l'entourer d'une barrière en bois, construite d'après le système en usage dans la colonie. Après ce temps, et jusqu'à la sixième année, le fermage est de 1 schelling (1 fr. 25 c.) par acre ; il s'augmente de 4 schellings depuis la sixième année jusqu'à la dixième, et il est enfin porté, pour les dernières années, à 7 schellings 6 deniers, payables en argent ou en maïs, à la convenance du locataire, qui est tenu de faire connaître, quelques mois avant l'échéance du terme, le mode de payement qu'il a choisi. De cette manière le nouveau fermier a le temps d'amender et de faire travailler sa terre, et il la voit déjà en plein rapport au moment précis où il doit acquitter le premier terme de sa location. De leur côté, les propriétaires trouvent avec plus de facilité l'emploi de leurs terrains, qui vont successivement en s'améliorant, et dont le produit s'accroît en même temps d'année en année.

Aux pieds de nos chevaux se levaient sur notre route de nombreux vols de wanga-wanga. Après avoir traversé une montagne si rapide, que je craignais à chaque pas que mon cheval tombât à la renverse, nous arrivâmes dans une partie réservée principalement aux moutons. C'était là que se trouvaient les troupeaux de mérinos pure race, base de la fortune de MM. Mac Arthur. L'introduction de ces animaux dans la colonie est due à M. John Mac Arthur, père de ces messieurs. J'ai recueilli à ce sujet quelques détails que je crois devoir donner ici, et qui ne me semblent pas dépourvus d'intérêt.

En 1793, quelques moutons, importés par hasard d'Irlande, arrivèrent en bon état à la Nouvelle-Galles du Sud. M. John Mac Arthur était alors capitaine de comptabilité des troupes. Ayant eu l'occasion d'observer les effets produits par le croisement de cette race avec celles du Cap de Bonne-Espérance et du Bengale, dont la toison est une laine longue et fine, il porta son attention sur les perfectionnements dont la race était susceptible et sur les produits que la laine pourrait par la suite procurer à la colonie. A cette époque, la misère y était extrême et la famine arrivait à grands pas. Le major Grose, alors gouverneur de la colonie, voulut encourager les travaux de culture et fit une répartition de terres aux officiers, parmi lesquels se trouvait M. John Mac Arthur, et aux habitants qui s'engagèrent à les cultiver. M. John se dévoua entièrement à l'amélioration des terrains qui lui furent concédés et à l'éclaircissement des parties des forêts vierges, sur lesquelles il s'attacha à propager les diverses races d'animaux domestiques.

Le capitaine Waterhouse, de la marine royale, ayant reçu l'ordre de partir pour le Cap de Bonne-Espérance, M. Mac Arthur l'engagea vivement à rapporter de ce pays des moutons de la meilleure race, et lui offrit de le mettre de moitié dans les résultats de l'opération. Le capitaine ne put effectuer son retour, mais il chargea le capitaine Kent de remplir cette commission, qui fut exécutée ponctuellement. En 1796, ce dernier ramenait avec lui quelques moutons pure race mérinos qu'il avait achetés au Cap à la vente publique des biens du colonel Gordon, mort au service de la Hollande. A leur arrivée dans la colonie, ces moutons furent divisés également entre plusieurs personnes. M. Mac Arthur eut pour sa part cinq brebis et un bélier. Quoique souvent critiqué et même tourné en ridicule par ses compatriotes, il parvint, à force de zèle et d'ardeur, à former un troupeau qui reçut une augmentation considérable par suite de l'achat qu'il fit, dans l'année 1803, des troupeaux ayant appartenu au colonel Foveaux.

C'est à cette époque que, pour des motifs restés inconnus, le colonel Paterson provoqua en duel M. Mac Arthur. Celui-ci, ayant blessé son adversaire, fut mis en état d'arrestation par le gouverneur King, qui, au lieu de le traduire devant la cour martiale, l'envoya comme prisonnier en Angleterre. Par un hasard des plus singuliers, cet acte arbitraire, qui devait entraîner la ruine de M. Mac Arthur, contribua à l'établissement de sa fortune. Il avait emporté, en quittant la colonie, quelques échantillons de la laine de ses troupeaux ; ces échantillons tombèrent entre les mains de plusieurs des principaux manufacturiers d'Angleterre, qui les trouvèrent d'une qualité si belle qu'ils signalèrent cette circonstance au gouvernement. M. Mac Arthur reçut, par suite de cette communication, l'ordre d'assister à un conseil privé. Il donna devant le ministère tous les détails désirables sur ses troupeaux, et exposa tous les avantages que la colonie devait retirer un jour de son entreprise.

Le conseil parut si satisfait de ses explications, qu'il résolut d'encourager M. Mac Arthur de tout son pouvoir.

En conséquence, lord Camden, alors secrétaire d'État, fit un don de cinq mille acres de terre à M. Mac Arthur, le laissant libre d'en choisir lui-même la situation. Il ordonna en outre au gouverneur de la colonie de lui fournir toute l'assistance nécessaire, et de mettre à sa disposition un certain nombre d'hommes pris parmi les condamnés, qui rempliraient l'office de bergers et qui seraient vêtus et nourris aux frais du gouvernement.

Le capitaine Bligh, devenu gouverneur de la colonie, était loin de partager les idées et les espérances de M. Mac Arthur. Il ne croyait pas possible que la laine pût jamais devenir le principal produit du pays ; aussi trouvait-il que le don de cinq mille acres de terre fait à M. Mac Arthur et l'assistance des convicts, qu'il pouvait requérir au besoin, étaient une faute et n'amèneraient aucun résultat.

M. Mac Arthur eut donc à lutter, pendant plusieurs années, contre des résistances qui surgissaient de tous côtés, et qui n'auraient pas tardé à amener un complet découragement chez un homme d'une trempe moins énergique ; mais les difficultés de son entreprise ne l'arrêtèrent point, et la colonie recueille amplement aujourd'hui le fruit des travaux de M. Mac Arthur et de son active et longue persévérance.

Pendant les dix années qui suivirent l'arrivée du gouverneur Macquarie, c'est-à-dire de 1810 à 1820, le nombre des moutons élevés dans la colonie s'accrut de plus de 73,000, leur quantité, qui était d'abord de 25,888, s'étant trouvée portée, dans le cours de cette période, à 99,428. MM. Mac Arthur en possédaient 2,100, dont 300 mérinos purs. Le recensement du mois de janvier dernier a constaté qu'il en existait 5,600,000. Ces messieurs s'y trouvaient compris pour plus de 40,000, ce qui est un petit nombre en comparaison de quelques autres propriétaires, qui, ne s'occupant pas d'industries aussi variées que MM. Mac Arthur, en possèdent jusqu'à 150 ou 170,000. Une telle quantité, calculée à raison de 5 schellings (6 francs 25 centimes) par tête, représente un capital de 1,062,500 francs, produit d'une première mise qui, en peu d'années et sans beaucoup de peine, s'est accrue successivement pour arriver à ce résultat énorme.

En général, on estime qu'un troupeau de moutons se trouve doublé en quatre années et quelquefois même au bout de trois ans. Avec un accroissement aussi rapide et qui ne peut s'arrêter, car il existe des pâturages d'une grande étendue dans les parties sud et ouest, la quantité de laine que la colonie est destinée à produire ne peut manquer, d'ici à quelques années, d'atteindre un chiffre considérable.

Les moutons sont gardés à Sydney de la même manière qu'en Europe. Dans les localités boisées on confie ordinairement à un seul berger environ trois cent cinquante moutons, mais on lui en laisse un millier et plus si les moutons doivent habiter une plaine. Chaque soir on les renferme dans des parcs portatifs, et le berger se met à l'abri du mauvais temps et couche dans une petite cabane roulante. Les chiens sont là qui veillent pour s'opposer aux attaques des chiens sauvages, qui remplacent ici les loups et qui font quelquefois de grands ravages dans les troupeaux, car ces chiens sont très-nombreux dans certaines localités.

Les moutons sont sujets à diverses maladies, parmi lesquelles la gale (*scab*) est la plus fréquente et la plus contagieuse. Un simple rapprochement de quelques heures avec un troupeau malsain peut infecter le mouton le mieux portant. Lorsqu'un berger, et ordinairement c'est un convict qui remplit cet office, veut nuire à son maître, il lui est facile d'inoculer la maladie au troupeau qu'il est chargé de garder; il lui suffit de le conduire à quelques milles de son pâturage accoutumé, et de le mettre secrètement en contact avec des animaux malades.

Les brebis agnèlent ordinairement à la fin de l'automne, quelquefois cependant au commencement de l'été. C'est à cette époque que se fait la coupe des laines. Chaque toison de mouton de bonne race pèse communément deux livres et demie. La laine, emballée dans des toiles, est transportée à Sydney sur des chariots traînés par des bœufs. On voit quelquefois jusqu'à douze et quatorze bœufs employés à ce service, et qui sont attelés à la fois à une même voiture.

C'était avec un intérêt toujours croissant que je pénétrais dans les détails de la grande exploitation de MM. Mac Arthur. Quatre heures venaient de sonner. Nous étions à cheval depuis dix heures du matin, et nous n'avions fait jusqu'alors aucune halte. Nos chevaux, accoutumés aux inégalités de terrain que nous rencontrions, galopaient à travers les hautes herbes et les ronces, en véritable steeple-chase. Après avoir traversé de nombreux pâturages entourés de fortes barrières et où des milliers de bestiaux se trouvaient renfermés, nous arrivâmes à une fort belle pelouse verte, et qui s'étendait à perte de vue. Autant que je puis me le rappeler, elle pouvait avoir le double de la surface du Champ-de-Mars, à Paris. Là se trouvaient réunis environ trois cents chevaux de bonne race, la plupart demi-sang; car si MM. Mac Arthur sont connus pour avoir la meilleure race de moutons, leurs chevaux ont une réputation aussi bien établie, non-seulement à Sydney, mais encore aux Indes-Orientales, et j'en avais souvent entendu parler avant d'avoir l'honneur de connaître ces messieurs. M. James me fit voir une vieille jument usée par les années, et qui autrefois avait été, à cause de ses belles proportions, l'objet de la convoitise du duc de Wellington. Ce sont les nombreux rejetons de cette jument (vendus souvent avant même d'être nés) qui ont commencé la réputation du haras de MM. Mac Arthur. Ainsi qu'il est d'usage, assez généralement, chaque cheval porte sous la crinière une marque de feu et un numéro d'ordre correspondant à un registre sur lequel on a eu soin d'inscrire le nom de l'animal, son âge et les noms de son père et de sa mère.

MM. Mac Arthur ont renoncé, depuis plusieurs années, à mettre leurs chevaux en vente à Sydney; ils trouvent de plus grands avantages à les expédier, pour leur propre compte et directement, à Calcutta, où ils font de considérables envois soit pour les particuliers, soit pour la remonte de la cavalerie.

En quittant le haras, nous nous dirigeâmes vers les écuries. L'édifice affecté à cette destination est formé par un bâtiment à deux ailes, avec cour au milieu, et disposé de telle manière, que les chevaux que l'on dresse ne peuvent s'échapper par aucune ouverture. Ces écuries pouvaient contenir soixante à soixante-dix chevaux. De même qu'en Angleterre, les étalons sont isolés dans des écuries séparées et libres. On les entoure des soins les plus minutieux. Ainsi la litière ne leur est pas ménagée, et la précaution est poussée jusqu'à ce point, que les murailles sont garnies de paillassons, pour empêcher qu'ils se blessent dans leurs mouvements, etc.

A notre arrivée, un piqueur dressait un jeune cheval entier, pur sang, et dont le père avait été importé d'Angleterre à grands frais. M. Mac Arthur

eut la bonté d'ordonner qu'on sortît les étalons. J'en remarquai deux de pur
sang, et un troisième, gros cheval de trait, de race normande. Ces trois chevaux étaient magnifiques et parfaitement entretenus. Les écuries contenaient,
en outre, une trentaine de jeunes chevaux qui étaient là, en attendant que l'on
commençât à les dresser, et qui, avant de passer en d'autres mains, recevaient
des soins tout particuliers.

La nuit arrivait; nous rentrâmes à la maison, où un bon dîner nous attendait. J'étais accablé de fatigue, et j'aurais préféré mon lit au meilleur repas.

Le lendemain, à la pointe du jour, chargé de mon fusil, je m'acheminai
du côté du lac, où j'espérais trouver encore endormis sur le bord les canards
que nous avions rencontrés la veille. Il y avait de grandes précautions à prendre
pour ne pas les effrayer. C'est ainsi que, tantôt me cachant derrière des troncs
d'arbres et retenant pour ainsi dire ma respiration, tantôt me glissant à plat
ventre, et poussant mon arme petit à petit devant moi, j'arrivai à peu près à
une portée de fusil sans que le moindre bruit eût jusqu'alors trahi ma présence.

Canard à capuchon.

A la première inspection, il me parut que le nombre de ces animaux devait
bien approcher de cinq à six cents. Ils ne formaient presque qu'une seule
rangée, et se tenaient aussi serrés que possible. Les uns dormaient la tête sous
l'aile, tandis que d'autres se nettoyaient tranquillement les plumes, se reposant.

sans doute sur la vigilance de quelques-uns de leurs camarades qui, postés à
l'avant-garde, allaient et venaient comme des sentinelles sur le sable. A l'affût
derrière un gros arbre, me gardant bien de faire le moindre mouvement, je
calculais d'avance le résultat de ma chasse, et, oubliant la morale du bon
La Fontaine, je me voyais déjà rentrant à la maison avec une vingtaine de
canards. Je me disposais donc à faire feu, lorsque je reconnus que la position
que j'avais prise ne m'était pas favorable, et qu'en employant toute l'adresse
dont j'étais capable, je ne pourrais guère en tuer qu'un ou deux tout au plus à
la fois. Cela m'arrangeait peu, car je tenais à me distinguer par un coup célèbre digne d'être mentionné même dans le traité sur la chasse de mon ami
M. d'Houdetot. Que faire? La chose était d'autant plus embarrassante que je
ne pouvais guère bouger de ma place sans être aperçu. Tandis que je cherchais
les moyens d'arriver le plus vite et le plus sûrement à mon but, je ne sais ce
qui donna l'alerte à mes canards, mais je les vis tout d'un coup prendre leur
volée et s'échapper par un mouvement rapide. Avec eux s'enfuirent mes beaux
projets, et je me trouvai encore heureux de pouvoir en abattre deux, les seuls
qui se trouvèrent à ma portée. Dans ma journée je tuai aussi divers autres
oiseaux échassiers ou palmipèdes.

Grèbe huppé.

On m'avait dit que dans un étang des environs je trouverais des ornitho-
rhynques; je ne comptais guère sur le succès, car il faut nécessairement, pour
tirer sur ces animaux, dont les poils sont épais et lisses, employer le gros
plomb ou la balle, et je n'avais, dans ce moment, ni l'un ni l'autre à ma
disposition. J'eus cependant la patience de les guetter pendant deux heures, et
j'allais me retirer lorsque j'aperçus distinctement un ornithorhynque, alors

qu'il venait respirer à fleur d'eau ; je m'empressai de saisir l'occasion et de faire feu, mais l'animal plongea tout à coup, et je ne le vis plus reparaître.

C'est à mon retour de cette expédition que je rencontrai sur mon chemin quelque chose de fort curieux : c'étaient des chenilles voyageuses. Elles marchaient à la suite l'une de l'autre, la seconde tenant la première par la queue et ainsi des autres, formant de cette manière un long cordon non interrompu. Je suppose qu'elles avaient un guide qui leur traçait le chemin qu'elles devaient suivre au travers des pierres et des hautes herbes. Ce cordon de chenilles pouvait avoir, avec tous ses contours, de trente à trente-cinq pieds de longueur. Le nombre des animaux qui le composaient était donc encore assez considérable. Ces chenilles étaient toutes de la même espèce. Pour voir l'effet que produirait la rupture du cordon, je m'amusai à le briser en plusieurs endroits en détachant une chenille de l'autre. Aussitôt que la première de chaque coupure se sentit séparée de celle qui la précédait, elle se mit à hâter ses mouvements, entraînant après elle toutes les autres chenilles, qui, de leur côté, redoublèrent également d'agilité dans leur marche. Enfin, après bien des recherches à droite et à gauche, chaque chenille en tête des coupures parvint à se rapprocher et à prendre la queue de celle dont je l'avais séparée, et la caravane continua sa course comme précédemment.

Nous étions depuis plusieurs jours à Camden, ainsi nommé en l'honneur de lord Camden, secrétaire d'État en Angleterre. M. Faramond ne pouvait y faire un plus long séjour, et nous nous disposâmes à retourner à Sydney. Je quittais avec regret cette habitation où j'avais été accueilli avec la plus franche cordialité et qui m'offrait chaque jour des distractions à la fois agréables et instructives. Après avoir sincèrement remercié M. et madame James Arthur et M. William Mac Arthur de leur aimable et affectueuse réception, nous partîmes, prenant, pour changer, la route de Campbell-Town. Avant de quitter la propriété de MM. Mac Arthur, nous passâmes devant la porte d'un souterrain dans lequel ces messieurs conservent de grandes provisions de grains. Les récoltes de quatre années étaient renfermées dans ces silos, et n'attendaient que le moment favorable pour être envoyées sur les marchés et livrées à la consommation.

Le souvenir de Camden nous occupa, M. Faramond et moi, pendant que nous suivions tranquillement la route qui nous menait à Campbell-Town. Nous venions de visiter le plus bel établissement rural de la colonie, et peut-être du monde entier, et qu'on croirait n'avoir pas son égal ; il existe cependant un grand nombre d'autres fermes qui approchent plus ou moins de celle de Camden, et qui font la base de la richesse du pays. Dans les unes, on élève des chevaux ou des bestiaux ; dans les autres, on se borne aux travaux purement agricoles. Il faut dire aussi que tous ces établissements se ressentent du patronage influent de l'Angleterre. Habile à étendre sa puissance sur les points du globe où peut se porter le commerce anglais, avec cette justesse mathématique que possèdent la nation et le ministère, et qu'ils joignent souvent à une rare élévation d'idée, et toujours à une noble persévérance, le gouvernement ne refuse jamais sa protection à ceux des sujets anglais dont les plans lui paraissent avoir un but quelconque d'utilité publique. C'est ainsi qu'il n'a pas balancé à faire de grandes concessions de terres dans la Nouvelle-Galles du Sud, et qu'il a eu le bon esprit d'accorder gratuitement des bras pour leur culture, assuré qu'un jour il trouverait dans les ressources du commerce et dans le revenu des impôts une compensation plus que suffisante à ses premiers sacrifices.

Nous arrivâmes, tout en causant, à Campbell-Town, petite ville de six à huit cents habitants, et qui, du reste, ne présente rien de bien remarquable. On y voit déjà de belles maisons et de grands hôtels où s'arrêtent les voitures (coachs). La ville est placée dans une situation éminemment champêtre : de toutes parts l'œil n'aperçoit que des plaines labourées, que des prairies où paissent tranquillement de nombreux bestiaux, et l'horizon, qui semble encadrer ce tableau, est borné par de belles et vertes forêts. La terre y est d'un bon rapport ; on la regarde comme une des meilleures et des plus productives de toute la colonie.

Après Campbell-Town, Liverpool se trouvait sur notre route. A deux heures, nous faisions notre entrée dans cette dernière ville, et nous restions le temps nécessaire pour le repos de notre cheval, fatigué plutôt par la chaleur que par le chemin qu'il avait fait. Enfin, vers les neuf heures du soir, nous arrivâmes à Sydney, le même cheval ayant fait dans la journée une course qu'on ne peut évaluer à moins de dix-sept à dix-huit lieues. Les chevaux, dans ce pays, sont endurcis à la fatigue ; ils font ordinairement de longues marches, rendues d'autant plus pénibles, qu'elles ont lieu souvent par des routes de sable où les pieds s'enfoncent à des profondeurs de six à huit pouces.

Je ne connais rien de plus hideux et de plus repoussant que la race des aborigènes de la Nouvelle-Hollande. Ces sauvages vont entièrement nus et sont toujours sales et couverts de vermine ; leur alimentation, à l'instar de celle des animaux, se compose de chair crue ou à peine grillée, de coquillages, de vers et d'insectes, de racines, etc. Ils se désaltèrent avec de l'eau plus ou moins corrompue, l'eau étant rare dans l'intérieur. C'est à cette nourriture abominable qu'il faut peut-être attribuer la faiblesse de leur constitution. Généralement grands, le cou renfermé entre deux épaules saillantes, ils ont de longs bras et des jambes grêles ; l'abdomen est protubérant chez la plupart des individus. Leur front, qui fuit en arrière, est entièrement caché sous une épaisse et sale chevelure ; ils ont de petits yeux enfoncés dans la tête, un nez gros et épaté, dont la large cloison est percée pour y introduire un *korrimma* ou morceau de roseau, ce qui a lieu lorsqu'ils sont dans l'appréhension de quelque danger ou pour y suspendre simplement une plume ou une sorte de cure-dent ; enfin, une bouche d'une grandeur démesurée, et d'énormes lèvres souvent plus proéminentes que le nez.

Naturels de la Nouvelle-Galles du Sud.

Dans certaines tribus, les hommes ont l'habitude de couvrir leur front d'un bandage blanc ou rouge. Cette coutume, qu'on ne peut expliquer pour les individus surtout qui ont les cheveux courts, se rattache sans doute à quelque idée superstitieuse. Ordinairement ils laissent croître leurs cheveux très-longs et les nouent souvent ensemble sur la tête : du reste, ils ne portent aucune autre coiffure. Des oreilles trouées complètent le portrait des aborigènes de l'Australie, dont la couleur est moins noire que celle des nègres d'Afrique.

Les femmes vont, ainsi que les hommes, entièrement nues. Peut-être, parmi les plus jeunes filles, ne serait-il pas impossible d'en rencontrer qui fussent pourvues de quelques attraits ; mais la vermine qui les ronge et la crasse qui recouvre leur corps en feront constamment un objet de dégoût. Quant aux vieilles femmes, leur aspect est des plus horribles, et je renonce à dépeindre ces membres décharnés ayant presque perdu la forme humaine, et ces chairs ridées exposées à d'affreuses maladies que les naturels ne savent ni éviter ni guérir!... J'ai pris mon crayon plus d'une fois dans l'intention de dessiner quelques-unes de ces femmes, mais il m'a toujours été impossible de rester en face d'elles, tant l'odeur de leur haleine est forte et repoussante.

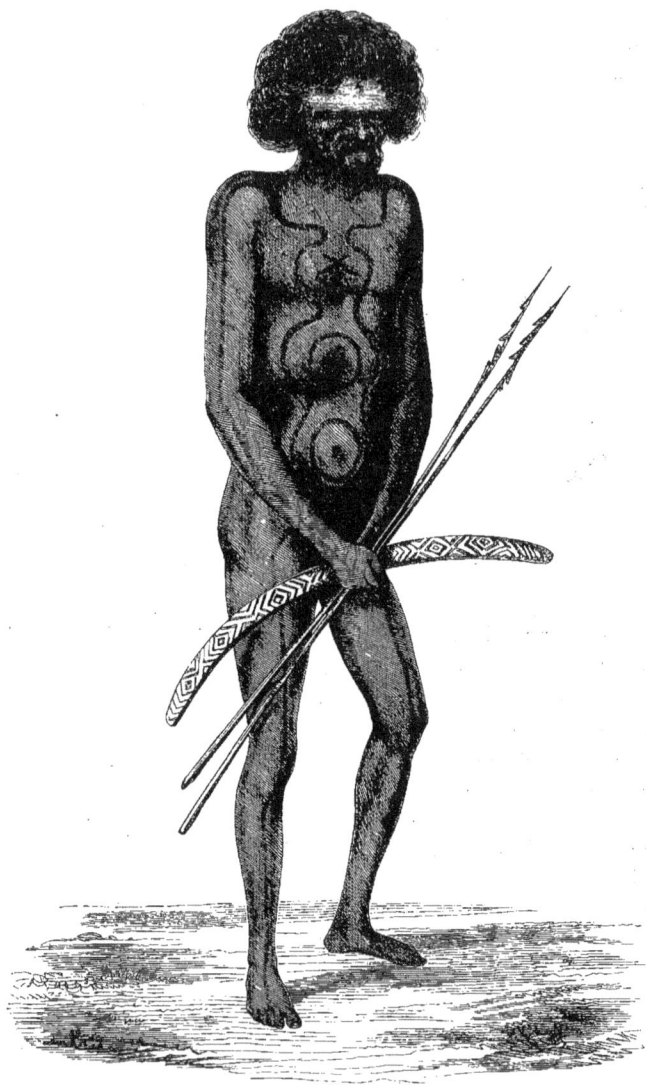

Aborigène de la Nouvelle-Hollande.

Le vêtement des femmes consiste en une simple peau de kanguroo, qu'elles appellent dans leur langue *wo-ro-wan*. A l'approche des villes ou en cas de mauvais temps, elles étalent sur leur corps cette espèce de manteau, qui leur descend jusqu'aux genoux. Un sac pendu à leur épaule, et auquel on donne le nom de *kin nun,* leur sert à mettre les aliments qu'elles ramassent en chemin. Celles qui ont un enfant ajoutent quelquefois à cet accoutrement une natte qui sert à le couvrir et à le préserver du froid. Elles ne portent aucun ornement, mais les jeunes filles, par exception, entremêlent quelquefois des fleurs dans leurs cheveux crépus. Elles aussi ont leur coquetterie, et l'on peut dire qu'elles font usage de fard; mais quel fard! un morceau de charbon de bois réduit en poudre et dont elles se barbouillent grossièrement le front et les joues! Les hommes et les femmes se frottent également le corps avec une espèce de terre rouge mêlée de graisse, ce qui leur fait répandre l'odeur la plus désagréable. Ils emploient ce procédé afin d'entretenir la *propreté* du corps et se garantir des effets de la pluie et du soleil. En signe de deuil, les hommes se peignent en travers du front une bande de couleur blanche qui descend jusque sur les pommettes des joues; chez les femmes, cette bande blanche est remplacée par de larges plaques de la même couleur. Si c'est un parent qu'ils ont perdu, leur chagrin se manifeste par de profondes incisions qu'ils se font sur le corps et qu'ils laissent béantes. J'ai vu de vieilles femmes dont le sang coulait ainsi le long des tempes par suite d'une démonstration de la même nature et faite dans les mêmes circonstances.

Ce n'est pas en signe de guerre que les naturels se peignent ici le corps, comme dans d'autres parties de la Nouvelle-Galles du Sud; ils réservent un pareil ornement pour leurs réunions de danse. C'est alors qu'ils se montrent rayés de bandes rouges ou blanches qui partent du cou et vont jusqu'aux pieds; ils y ajoutent des lignes transversales qu'ils se tracent sur la poitrine et sur le ventre, ce qui leur donne une apparence tout à fait diabolique. Ils ont l'habitude de se tatouer, mais d'une manière grossière. Cette opération, telle qu'ils l'entendent, consiste à se faire, principalement sur la poitrine et sur les épaules, des entailles profondes et à y maintenir une cicatrice en saillie. Les empreintes qui en résultent sont considérées à la fois comme des marques de distinction personnelle et comme des moyens de reconnaissance pour chaque tribu.

Quoique l'horrible coutume qui fait de ces naturels des anthropophages soit abolie aux environs des pays habités, il est probable qu'elle existe encore parmi les naturels qui vivent dans l'intérieur. Je me souviens qu'un vieux naturel que j'eus occasion d'interroger à ce sujet, homme extrêmement doux et qui n'avait aucunement l'air féroce, me dit avoir mangé dans son enfance de la chair humaine; il ajoutait aussi qu'il ne pourrait se résoudre à recommencer aujourd'hui. Il est vrai qu'il habitait les environs de Sydney, où il s'était un tant soit peu civilisé. Le voyageur Cunningham se trouvait un jour à la ferme d'un de ses amis, à quarante milles de Sydney, lorsqu'une des tribus de l'Argyle s'y arrêta ; elle venait de combattre des tribus de Bathurst, qui avaient fait une irruption sur son territoire. Cunningham demanda à l'un des guerriers à combien de personnes il avait donné la mort ; celui-ci leva les cinq doigts, lui désignant ainsi la quantité d'ennemis qu'il avait tués. Une femme était de ce nombre, et le guerrier lui en fit voir quelques débris qu'il se promettait de dévorer comme il avait fait du reste. Il est curieux de remarquer que cette coutume barbare n'existe que chez les peuples qui n'ont point de chef élu ou héréditaire, ou qui ne reconnaissent d'autre supériorité que celle de la force et de la bravoure individuelles.

Les naturels vivent entièrement dans les bois, mais ils ne s'y construisent aucune cabane ; un abri quelconque leur suffit. Avec quelques branches fichées

Hutte d'aborigènes près de Sydney, femme surnommée *Queen gooseberry*.

en terre, accotées à un tronc d'arbre ou à un rocher, ils forment une espèce de berceau où ils ont tout juste assez de place pour s'y tenir accroupis. Dans la saison des pluies ils le recouvrent d'écorces d'arbres et placent des pierres sur ce toit fragile, afin que le vent ne puisse l'emporter. Ils ont soin généralement de choisir, pour l'emplacement de ces huttes grossières, les lieux les plus abrités près des eaux, et de les établir dans des situations opposées aux vents régnants. Ils y entretiennent jour et nuit des feux dont la fumée chasse, disent-ils, les moustiques.

Lorsqu'ils voyagent ou qu'ils se rendent seulement à une certaine distance de leur campement, ils ont l'habitude de se munir d'un bâton enflammé par un bout, afin de pouvoir au besoin se procurer du feu. Tous en portent dans l'hiver, sous leurs peaux de kanguroo, pour mieux se préserver du froid. Ce bâton doit en outre, selon leur croyance, les protéger contre l'Esprit des ténèbres, dont ils ont une grande peur.

On reconnaît aisément, dans les bois, la place où des nègres ont couché, par la coutume qu'ils ont conservée d'allumer deux petits feux au milieu desquels ils dorment avec confiance, protégés, comme ils se croient, par le démon de la nuit, désigné chez eux sous le nom de *Potoyan*.

La vie nomade des aborigènes de la Nouvelle-Hollande est probablement une des causes de la stupidité de leur nature. C'est peut-être aussi la raison pour laquelle ils ne cherchent pas à se fabriquer des ustensiles qu'ils ne pourraient emporter avec le léger bagage qu'exige leur passage fréquent d'un lieu dans un autre. M. Cunningham met en regard de ces peuplades sauvages les Nouveaux-Zélandais qui, eux, sont obligés de se faire une résidence fixe au milieu de leurs ignames, de leurs patates douces et des animaux qu'ils élèvent, parce que les bois ne fournissent pas assez de gibier pour leur nourriture. Ils ornent leurs cabanes de coupes sculptées et d'autres objets qu'ils préparent dans des heures de loisir et qu'ils ont du plaisir à montrer; mais les tribus australiennes n'éprouvent point les mêmes embarras pour se procurer leur nourriture, et elles trouvent dans le changement continuel des lieux la seule distraction qu'elles désirent. Les guerres perpétuelles, la destruction des enfants, etc., sont d'ailleurs des obstacles à l'accroissement de la population. La nécessité ne les porte jamais à se réunir et à subvenir à leurs besoins par des moyens artificiels, comme la plupart des naturels des îles méridionales de la Polynésie. Les Australiens qui vivent sous les toits sont en général ceux qui habitent certaines portions de la côte, où les coquillages et le poisson leur assurent une alimentation suffisante pendant une grande partie de l'année.

Chez un peuple peu industrieux et qui se passe aisément des objets qui semblent des plus nécessaires à la vie, on ne doit pas s'attendre à trouver des armes bien remarquables par leur élégance ou leurs ornements. Aussi les armes des naturels de la Nouvelle-Hollande ne peuvent-elles supporter la comparaison avec ces chefs-d'œuvre de patience qu'on voit entre les mains des aborigènes de la Nouvelle-Zélande, des Fidgis, de Tahiti, etc., etc. Ce n'est pas sans peine et sans sacrifices que je parvins à me procurer la plupart des

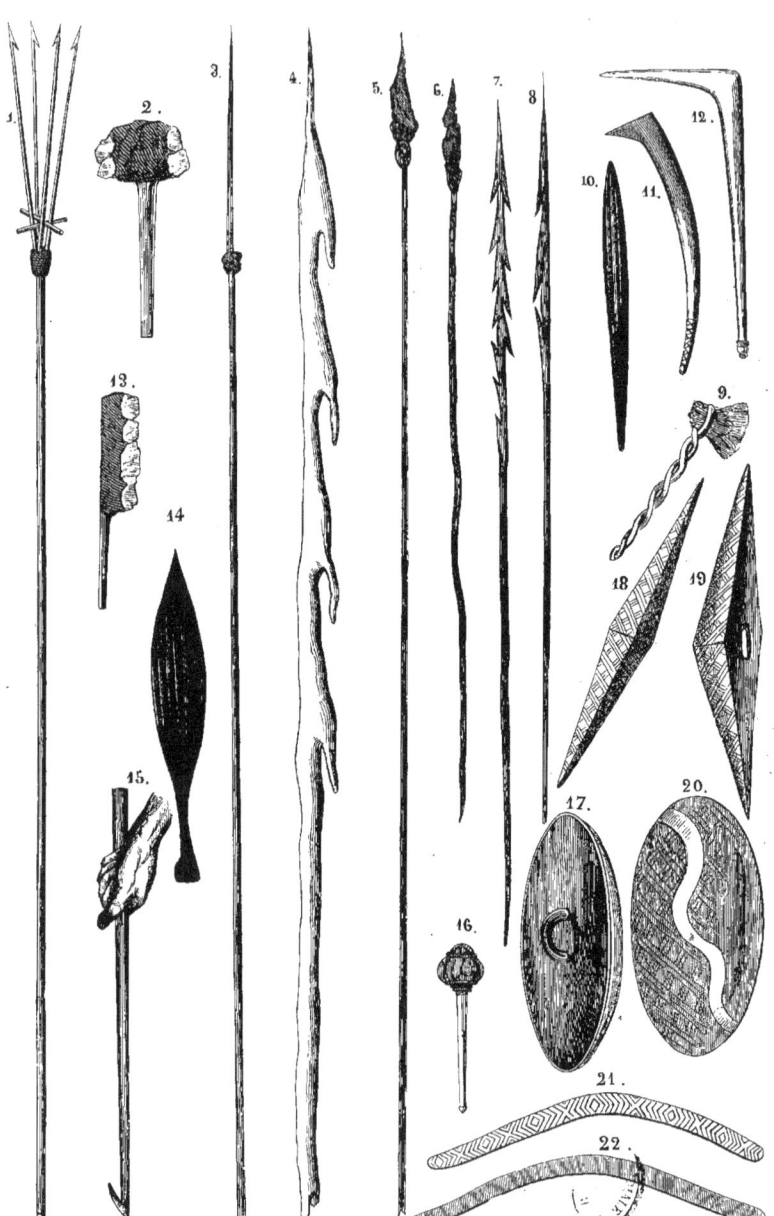

Armes de la Nouvelle-Hollande.

armes en usage parmi les sauvages de l'intérieur de la Nouvelle-Hollande; ils ne veulent s'en défaire ni à prix d'argent, ni en échange d'aucun objet. Aussitôt que j'avais obtenu une de ces armes, je cherchais à connaître son nom et l'emploi auquel elle était destinée. La planche que j'ai fait graver peut donner une idée exacte de la forme des diverses armes connues dans le pays; on comprendra facilement que, n'étant pas faites d'après un modèle adopté comme en Europe, chacune de ces armes présente des différences qui dépendent du caprice de celui qui les façonne, de la nature des bois qui sont à sa disposition et de la forme des pièces accessoires qu'il emploie.

La lance n° 1, à laquelle on donne le nom de *mo-ting*, est ordinairement employée pour la pêche; elle est terminée d'un côté par quatre branches dont les extrémités sont armées d'os taillés de kanguroos. Ces branches se rapprochent ou s'écartent à volonté au moyen de petites traverses serrées contre la corde qui lie les branches au corps de la lance, dont la longueur est de huit pieds environ. L'autre extrémité présente une échancrure pour recevoir le crochet d'un bâton, n° 15, nommé *wom-mur-rur*, qui sert à lancer au loin le *mo-ting*.

J'ai souvent été témoin de l'adresse avec laquelle ils harponnent sous plusieurs pieds d'eau des poissons que je pouvais à peine distinguer.

Le *ta-win*, n° 2, est une masse en bois très-dur, d'une longueur d'un pied et demi environ. De chaque côté, des fragments aigus de grosses pierres siliceuses sont disposés de manière à former un double tranchant et à remplacer le fer, dont l'usage n'est connu qu'à peu de distance des bords de la mer. Les fragments de silex sont fixés à l'aide d'une résine dure et résistante. Cette arme toute primitive est aujourd'hui seulement employée par les tribus de l'intérieur des terres.

Le *wa-rai*, n° 3 et 5, est une lance en bois léger, terminée par un morceau de bois de fer ou par un fragment de silex. On donne aussi le même nom à une arme faite de bois de fer et présentant des nœuds et des crochets ou des dents n° 4.

Les *tolos*, n° 6, 7, 8, ou javelots, sont de plusieurs formes; ils sont en bois de fer, armés de dents de kanguroos, de fragments de silex ou de crochets. Ces javelots, que les naturels lancent à de grandes distances sans se servir du wom-mur-rur, ont cinq à six pieds de longueur.

Le *mogo*, ou *bai-bai*, n° 9, est une pierre aiguisée soutenue par un manche de jonc tressé et qui forme une espèce de hache. C'est encore un de ces instruments primitifs qu'on ne voit plus près des lieux occupés par les Européens.

Le *waddy*, n° 10 et 14, et le *nulla-nulla*, n° 16, sont les armes les plus communes. Ce sont de petites massues. Le waddy est assez allongé; le nulla-nulla est en bois d'ébène et se termine par une masse arrondie et sculptée. Les indigènes marchent rarement sans porter l'une ou l'autre de ces armes. Ils s'en servent pour vider leurs querelles particulières. Dans ce cas, chacun des combattants baisse la tête à son tour pour recevoir le coup de son adversaire jusqu'à ce que l'un des deux soit renversé ; éviter le coup est une lâcheté. On voit encore d'autres armes de formes diverses, elles sont toujours en bois plus ou moins grossièrement sculptées. Celles que les naturels nomment *mal-ga*, n°s 11 et 12, sont des casse-têtes ; l'une présente une longue pointe taillée à angle droit avec le manche qui est droit ; l'autre, dont le manche est un peu courbé, forme deux angles aigus. Ce sont des armes terribles dans les mains des naturels, et il est d'autant plus difficile de se garantir de leur atteinte qu'on ne peut voir si le coup sera porté par la pointe ou par le dos de l'instrument.

Le *muri-muri*, n° 13, remplace le couteau, il est, comme le ta-win, fait avec des lames de silex enchâssées dans une résine dure et peu friable.

Il paraîtrait que les arcs et les flèches sont inconnus dans la Nouvelle-Hollande, du moins je n'en ai jamais vu, et je ne pense pas qu'il soit fait mention de ces armes dans aucune relation de voyage.

Les aborigènes ont deux sortes de boucliers ou *koreïls*, n°s 17 à 20, l'un est étroit, long de deux pieds et quelques pouces, épais et triangulaire. Ils s'en servent très-adroitement en lui faisant faire le moulinet. L'autre est de forme ovale et protège celui qui le porte contre les coups de lance ou les javelots. Ces boucliers sont ordinairement très-soignés comme sculpture et bariolés de couleurs rouge et blanche.

Mais l'arme la plus remarquable sans contredit, et dont l'origine est inconnue, est le bommereng, appelé *tur-ra-ma*, n°s 21, 22, par les aborigènes. C'est une arme de trait formée d'un morceau de bois très-dur, d'une longueur de deux pieds deux pouces, et légèrement recourbé. Son poids est d'environ neuf onces à neuf onces et demie. Un des côtés est tant soit peu convexe et revêtu d'incrustations ; l'autre est plat et uni. Le bommereng, prêt à être jeté, est tenu non comme un sabre, mais horizontalement, à plat ; et comme un mouvement de rotation lui est imprimé quand on le lance, l'air présente tant de résistance au côté plat, et si peu au côté convexe et tranchant, pendant qu'il fend l'espace, que son long parcours ne semble pas soumis à l'effet ordinaire de la gravitation. Cette arme, si simple et si curieuse, offrirait des problèmes compliqués aux savants qui voudraient expliquer pourquoi, lancée à droite, elle revient frapper à deux ou trois cents pas à gauche, et pourquoi, après avoir été lancée à perte de vue et aussi loin que la portée d'un fusil, elle revient, après avoir parcouru les airs pendant plusieurs minutes, tomber aux pieds de celui qui l'a jetée.

L'emploi du bommereng demande beaucoup d'exercice et d'habitude. J'ai souvent essayé de le lancer, mais jamais je n'ai pu parvenir à l'envoyer plus

loin que je n'aurais fait avec un bâton quelconque. Les aborigènes exécutent
des choses surprenantes avec cette arme, dont ils semblent être entièrement les
maîtres. S'ils veulent tuer un ennemi à deux ou trois cents pas, ils jettent successivement un ou deux bommerengs, l'un faisant ses évolutions à droite,
l'autre à gauche, et le malheureux qui sert de but échappe rarement au terrible projectile; car dans ses différents circuits, si l'arme le manque la première fois, il en est frappé inévitablement la seconde; il ne peut s'en garantir
qu'en lui opposant une grande adresse et l'usage d'un bouclier tout spécial.

Il existe deux espèces de bommerengs : l'un, moins long et plus recourbé,
revient tomber aux pieds de celui qui le jette, n° 21; l'autre n'y revient pas,
n° 22, mais il franchit une plus grande distance. Dans son ouvrage sur la
Nouvelle-Galles du Sud, le major Mitchell dit qu'on peut, avec cette arme
incroyable, faire des tours de force surprenants, comme, par exemple, l'envoyer passer par-dessus un arbre et frapper un objet qui se trouverait derrière.
Un aborigène adroit le lancerait par-dessus le grand mât d'un navire, et de
telle sorte qu'il reviendrait, après avoir atteint une hauteur considérable, frapper le bout du beaupré.

Le bommereng, jeté au milieu d'une volée de canards sauvages, en fait un
carnage effroyable. C'est principalement à cet usage qu'on l'emploie. Cette
arme n'est point tranchante; elle est plate et légèrement aiguisée sur les côtés :
c'est à la force extrême avec laquelle l'air le fait voyager qu'il faut attribuer le
pouvoir qu'a le bommereng de couper si aisément ce qu'il rencontre. Il rase la
terre ou s'élève à de grandes hauteurs, selon la volonté de celui qui le lance.

Avec la première lance que j'ai décrite, les aborigènes prennent adroitement
le poisson qu'ils recherchent pour leur nourriture et qu'ils mangent souvent
cru au sortir de l'eau. Le bout du *wom-mur-rur,* qui est plat et un peu aiguisé,
leur sert à creuser la terre pour en retirer les différentes racines, ainsi que les
larves des nids de fourmis, dont ils sont très-friands. Ils mangent aussi toute
espèce de lézards et de serpents, même ceux qui sont reconnus pour les plus
venimeux; ils ont soin cependant de les vider et d'en couper les têtes. Quoique
les serpents soient très-nombreux dans la Nouvelle-Hollande, je n'en ai jamais
rencontré qu'un seul pendant les huit mois qu'a duré mon séjour à Sydney, et
cependant je faisais dans les bois des excursions longues et fréquentes. Lorsque
ce serpent m'apparut, je le tuai d'un coup de fusil et je m'apprêtais à le mutiler
davantage, mais le naturel qui m'accompagnait s'écria : *Tan-to-a! tan-to-a!
Vano-a uwa yi-kora!* Arrêtez! arrêtez! ne faites pas cela! Alors il le prit, et,
après lui avoir coupé la tête pour plus de sûreté, il s'en servit comme d'une
cravate en attendant qu'il le mangeât à son souper. De même que des chiens
affamés, les naturels se nourrissent, lorsque la faim les presse, de tout ce qui
leur tombe sous la main; aussi n'est-il pas rare de les voir dans les rues cher-

chant au milieu des ordures, et s'emparant de morceaux de viande crue déjà
en putréfaction. Le major Mitchell raconte qu'un soir, après avoir établi son
camp où lui et ses compagnons étaient tranquillement endormis, il fut attaqué
par des indigènes qui voulaient s'emparer des bagages. Ces derniers ayant été
repoussés, les voyageurs ramassèrent, le lendemain matin, un sac (*kin-nun*)
qu'un individu, dans la précipitation de sa fuite, avait laissé derrière un arbre;
ils y trouvèrent, comme échantillon de la nourriture quotidienne de ces sauvages, trois serpents (*mot-tos*), trois rats d'eau (*pur-ra-mai-ban*), deux livres
à peu près de petits poissons (*bir-ra-ba*), une quantité de racines, etc. Le
même sac contenait en outre quelques pierres tranchantes (*puk-kor*) et deux
hachettes (*mo-go*) pareilles à celle que j'ai décrite plus haut.

Il est curieux de voir un aborigène poursuivre un opossum (*wil-lai*) lorsque
cet animal s'est réfugié dans le creux d'un arbre. Aussitôt que le chasseur a
reconnu, sur le tronc que son chien lui a indiqué, les traces des griffes de l'o-
possum, il y grimpe lui-même au moyen d'un procédé assez ingénieux et qui
consiste à faire sur le bois, au fur et à mesure qu'il monte à l'arbre, des coches
ou entailles avec une hache. Chaque entaille, assez profonde, lui aide successivement à poser le pouce du pied et à se cramponner jusqu'au haut de l'arbre.
Pendant les moments où le chasseur fait une entaillure, son corps reste donc
tout entier supporté par le pouce. Ces hommes se servent, au reste, de leurs
pieds avec autant de dextérité que de leurs mains; ainsi c'est avec les pieds
qu'ils retirent de l'eau une espèce de coquillage (*unio*) dont ils se nourrissent.
S'ils dérobent quelque chose c'est presque toujours avec leurs pieds, et ils tirent
parti de leur épaisse chevelure en y cachant assez souvent l'objet qu'ils ont volé.
Ils lancent aussi avec les pieds de la poussière et même des pierres à leurs
ennemis.

Par suite de l'habitude qu'ils contractent, dès leur jeunesse, de monter aux
arbres, les pouces de leurs pieds, sur lesquels porte, dans cet exercice, tout le
poids du corps, acquièrent avec le temps une force extraordinaire. C'est un
spectacle effrayant que de les voir, lorsqu'ils cherchent à parvenir au sommet
d'un arbre, se tenir d'une seule main, tailler de l'autre avec la hache, et arriver ainsi à des hauteurs de plus de cent pieds, sur des arbres très-gros,
droits et à écorce lisse, et comme le dit bien leur chanson :

> *Morruda yerraba tundy kin arra*
> *Morruda yerraba min yin guiny wite mala.*

« Sur les chemins l'homme blanc marche avec des souliers qui craquent, mais il ne peut
monter sur les arbres, ni faire usage de ses doigts. »

Quand le chasseur est parvenu près de la cavité dans laquelle il suppose que
l'opossum s'est réfugié, il y plonge un long bâton, et s'assure par ce moyen de

la présence de l'animal. S'il ne lui est pas possible de prendre celui-ci avec la main, de manière à ce qu'il ne puisse faire de résistance, le chasseur pratique une ouverture un peu au-dessous du trou qui renferme l'opossum, sonde de nouveau pour le forcer à y cacher sa tête, et, plongeant alors la main en toute sûreté, il saisit l'animal par la queue, l'arrache de sa retraite, et le tue en le frappant fortement et à plusieurs reprises contre le tronc de l'arbre.

Les naturels de la Nouvelle-Hollande ont les sens aussi fins et aussi développés que le chien. Le moindre bruit éveille leur attention, et ils peuvent suivre la trace des pas d'un homme sur toutes sortes de terrains, pourvu qu'elle soit assez récente et que le sol n'ait pas été mouillé par la pluie. Ils devinent aussi très-exactement quel espace de temps s'est écoulé depuis que l'individu a passé, et reconnaissent même si l'empreinte des pas provient du pied d'un noir ou d'un blanc. La police se sert des naturels pour aller à la recherche des Busbs-rangers (convicts en fuite), et il est rare qu'ils ne les découvrent pas.

La couleur sombre de leur peau leur permet plus qu'à un blanc de se dérober aisément à la vue ; ils ont ainsi plus de facilité à tuer le kanguroo, qu'ils appellent *mo-a-ne*. Ils parviennent avec beaucoup d'habileté à découvrir les nids de perroquets, dont ils mangent les œufs. Quant aux petits de ces oiseaux, ils les élèvent pour les vendre dans les villes, et c'est, à ce qu'il paraît, la seule industrie à laquelle ils se livrent. Il arrive souvent qu'un aborigène fera vingt lieues pour aller vendre un perroquet moyennant quelque faible somme d'argent, bientôt dissipée en boissons et en liqueurs fortes.

Ils emploient pour chasser l'émeu ou casoar de la Nouvelle-Hollande, une

Naturels chassant le casoar ou émeu.

ruse assez curieuse. Cet oiseau, dont la forme rappelle celle de l'autruche, est
très-farouche et court avec une grande vitesse. Pour ne point l'effrayer, les
chasseurs ont soin de se couvrir le corps de branches d'arbre, et, masqués en
outre par leur bouclier garni également de feuillages, ils parviennent assez
près de l'émeu pour être à même de lui lancer un long javelot. Ils se servent

Casoar de la Nouvelle-Hollande.

ordinairement pour la chasse d'une lance faite d'un bois léger et terminée par
une baguette faite avec une espèce de jonc très-dur. Ils emploient parfois les
tiges du Xanthorea.

Lorsqu'ils veulent préparer pour leur nourriture la chair du kanguroo, ils
commencent par creuser dans la terre un trou assez profond; ils y allument
un grand feu, puis ils jettent dans ce feu une quantité de pierres ramassées
aux alentours et qu'ils y laissent jusqu'à ce qu'elles soient fortement échauf-
fées. Ils vident ensuite le trou, le nettoient, et y placent, sans l'avoir même
écorché, le kanguroo qu'ils ont l'intention de faire rôtir et qu'ils recouvrent
de ces pierres brûlantes. Cette opération leur suffit, car ils n'attendent pas,
pour manger l'animal, qu'il soit arrivé à un degré de cuisson bien avancé.

Quelques-unes de leurs idées superstitieuses se rattachent à l'alimentation des individus. Selon eux, chaque âge, chaque sexe, doit avoir son genre de nourriture à part. Ainsi, après onze ou douze ans, les jeunes filles ne mangent plus d'une espèce d'animal qu'ils appellent *bandicouts*, de la famille des *Péramèles*, ce mets pouvant nuire à leur fécondité prochaine; les jeunes garçons qui se nourriraient d'aigle noir ne verraient point leur figure ornée d'une belle barbe. Ce n'est qu'après trente ans qu'on peut faire usage de la chair du kanguroo; ils ne veulent pas non plus, avant cet âge, goûter de l'émeu, parce qu'alors, disent-ils, leur peau se couvrirait de boutons.

Il arrive souvent, dans certaines parties de la Nouvelle-Galles du Sud, que les sources se tarissent, et qu'à la suite des chaleurs et d'une longue séche-resse, l'eau vient à manquer entièrement. Combien alors sont à plaindre les malheureux aborigènes, obligés, quand tous les petits ruisseaux se trouvent à sec, de faire plusieurs lieues au hasard, et sans savoir où diriger leurs pas, pour étancher la soif qui les dévore! Cette circonstance ajoute encore aux diffi-cultés d'un voyage dans l'intérieur. Le major Mitchell et le docteur Cunnin-gham furent plus d'une fois, au milieu de leurs excursions, forcés de se passer d'eau pendant plusieurs jours. Il n'est pas rare d'entendre dire à des settlers qu'ils ne peuvent s'en procurer à moins d'aller la chercher à des distances de quatre et cinq milles dans le pays. Les journaux de Sydney, du mois d'août 1847, annoncent que le docteur Leichardt, ce voyageur intrépide qui a découvert le chemin par terre entre Botany-bay et port Essington, a échoué dans sa nou-velle entreprise de traverser la Nouvelle-Hollande, de l'est à l'ouest, dans sa plus grande largeur, et que c'est le défaut d'eau qui l'a forcé de revenir sur ses pas après un mois de voyage, au grand désappointement de toute la colo-nie, où les esprits sont vivement travaillés par l'idée de coloniser l'intérieur du pays.

J'ai quelquefois souffert moi-même de cette privation d'eau, que rendait plus pénible encore l'exercice de la chasse pendant une journée entière à la grande chaleur. J'étais obligé, ne trouvant pas le moindre ruisseau, de me contenter du liquide bourbeux qui séjournait dans des fossés, sous d'épais ombrages. Cette disette d'eau se fit tellement sentir en 1827, où pendant plus de six mois il ne tomba pas une goutte de pluie, que la police crut devoir s'emparer des puits et des citernes qui appartenaient aux habitants pour ré-gler elle-même les rations d'eau qu'elle se réservait de distribuer journelle-ment. Maintenant, par suite des mesures prises par l'administration, et qui ont nécessité de longs travaux, l'eau arrive à Sydney de différents endroits. A la campagne, quelques fermiers creusent dans la terre de larges fossés, ou réservoirs, destinés à recueillir l'eau de pluie, qu'ils ont soin de clarifier au moyen d'un filtre.

Les aborigènes paraissent n'avoir aucune idée de religion, et je n'ai pas
connaissance qu'on ait trouvé quelque part, dans le pays, rien qui ressemblât
à une idole. En revanche, ils ne sont pas étrangers à toutes sortes de superstitions; ainsi ils croient à l'influence des songes, aux charmes, aux sortiléges;
ils attribuent presque toutes leurs maladies ou les malheurs qui leur arrivent à
de mauvais esprits auxquels ils donnent différents noms. Ils croient que ceux
qui meurent vont dans un autre pays, y sont transformés en hommes blancs,
et reviennent plus tard habiter leur patrie. Quelque peu développée qu'elle
puisse être chez eux, cette doctrine, qui rappelle la métempsycose, est gravée
si profondément dans leur imagination, que toutes les fois qu'ils croient remarquer une sorte de ressemblance entre un homme blanc et un de leurs amis
qu'ils ont perdu, ils sont absolument persuadés de l'identité des deux personnes.

Quelques-unes de leurs coutumes les plus singulières, et je dirai même les
plus barbares, ne sauraient guère être interprétées autrement que comme des
sacrifices qu'ils auraient l'intention d'offrir à leurs mauvais Esprits. Lorsqu'un
jeune homme, par exemple, est arrivé à l'âge de puberté, il faut selon eux,

Sacrifice des dents.

pour qu'il devienne tout à fait un homme, qu'il se laisse arracher la seconde
dent incisive du côté gauche de la mâchoire supérieure; dans d'autres parties
de l'Australie, l'opération n'est complète qu'après qu'on a fait disparaître
deux dents au lieu d'une. Quelques jours avant la cérémonie, la victime se
retire dans l'intérieur des bois; là elle s'impose une espèce de diète, évitant
de se montrer devant aucun être humain. Après quelques préparatifs plus ou

moins bizarres, on procède au sacrifice de la dent. Celle-ci n'est pas positivement arrachée, mais un homme, qu'ils appellent *Coradji* ou *Karakul*, la fait
sauter au moyen d'un poinçon en bois qu'il applique sur la dent et d'une pierre
qui lui sert de marteau; ce qui s'exécute en trois coups frappés avec force et
en mesure. Dès lors, le jeune homme, désigné jusqu'alors sous le nom de *Ko-
ro-mun*, devient un *Viraba*. Quant à la cérémonie, ils l'appellent *Kua-lung*,
ou plutôt *Kumun-billi-kotira*, ce qui veut dire textuellement : enlever la dent.
Une fois qu'un jeune garçon s'est soumis à cette épreuve, il a le droit de
prendre une femme, de s'armer d'une lance et d'un bouclier, et de participer
aux combats de sa tribu, en même temps qu'il ne doit plus craindre la rencontre de *Put-ti-kan;* c'est ainsi qu'ils nomment l'Esprit malfaisant qui fait
mourir tous ceux qui n'ont pas subi l'opération de la dent.

Il est assez difficile d'expliquer une autre coutume extraordinaire, et qui
consiste à couper aux femmes le petit doigt de la main gauche, ou plutôt ses
deux dernières phalanges. Quelques voyageurs, pour trouver un motif à cet
usage, avaient pensé d'abord que c'était un droit particulier que certaines
femmes acquéraient par ce moyen; mais on a remarqué que des femmes mariées et des jeunes filles avaient été ainsi mutilées, ce qui rend l'explication
fort douteuse. D'autres se sont imaginé que les femmes obtenaient, par une
telle amputation, plus de facilité à peloter autour de la main leurs lignes de
pêche; dernière supposition qui, à mon avis, ne donne pas une raison plus
satisfaisante de cette étrange coutume.

Lorsqu'un des leurs a été tué, la tribu à laquelle il appartenait se réunit
sur-le-champ, et jure, en présence du cadavre, de venger sa mort; mais il
leur est indifférent de tuer le principal coupable ou un autre homme d'une
tribu adverse. La peine du talion s'étend cependant assez loin chez eux, et
reçoit même une interprétation un peu forcée; car si un homme périt par accident, soit en tombant du haut d'un arbre, soit en plongeant dans la mer, ou
de toute autre manière, les amis du défunt imputent sa mort à quelque malé-
fice d'une tribu ennemie, et ils tuent, pour le venger, un homme de cette
même tribu. Lorsqu'un individu est sérieusement indisposé et qu'il craint de
succomber à la maladie, il ne trouve d'autre moyen, pour échapper au danger
qui le menace, que de mettre à mort, s'il lui est possible, un individu quelconque.

J'ai déjà parlé du sentiment qui les porte, après la mort d'un parent et pour
témoigner de leur profonde affliction, à se faire des blessures avec des instruments tranchants, et même des brûlures assez fortes pour gêner leur marche.
On ne sait à quelle cause attribuer cette coutume, si ce n'est à leur croyance
aux démons. J'ai souvent demandé à quelques-uns d'eux pourquoi ils s'étaient
laissé ainsi mutiler, arracher des dents, brûler, tatouer, etc. ; ils me répon-

daient simplement : « Mon père l'a fait, mon grand-père aussi, et mes enfants le feront également, j'espère. »

La polygamie est généralement admise chez ces peuples, chaque homme pouvant posséder un certain nombre de femmes de tout âge. Il existe parmi eux une autre coutume assez singulière, et par suite de laquelle il est permis à un homme de faire la cour à une femme du vivant de son mari, pourvu que les deux époux y donnent leur assentiment, et à la charge, par le sigisbée, de contracter mariage avec la femme après la mort du mari; celui-ci reçoit alors quelques présents ainsi que sa compagne. Lorsqu'un homme meurt, l'usage veut que ses femmes se retirent dans la tribu de leurs pères pendant la période du deuil. Là, elles vivent presque dédaignées par ceux mêmes auxquels elles doivent appartenir, et elles encourraient une punition exemplaire si elles allaient immédiatement les rejoindre.

Lorsqu'une femme accouche de deux jumeaux, l'un des enfants est mis à mort; et s'ils sont de sexe différent, c'est le mâle qui est alors sacrifié. La raison que ces sauvages donnent d'une telle barbarie, c'est qu'une femme ne peut avoir assez de lait pour nourrir deux enfants à la fois, et qu'elle ne saurait non plus aller à la recherche d'aliments en suffisante quantité pour eux et pour elle en même temps. Les mères allaitent leurs enfants jusqu'à ce qu'ils aient atteint l'âge de quatre ou cinq ans; mais bien avant le moment du sevrage, on leur enseigne à se procurer déjà une portion de leur nourriture.

Comme il est d'usage chez les Australiens de prendre leurs femmes dans des tribus étrangères, celui qui veut avoir une compagne, ou plutôt une esclave, part secrètement de nuit avec quelques-uns de ses camarades, et, leur massue ou *waddy* à la main, ils tombent tous sur les parents de la jeune fille qu'ils surprennent au milieu de leur sommeil. De son côté, l'amant s'empare de celle qui a été l'objet de ses préférences et l'emmène avec lui dans sa tribu, non sans l'avoir, au préalable, accablée de coups et de mauvais traitements et presque toujours sans connaissance.

Ce dernier trait, qu'on aurait peine à croire puisque rien ne l'explique, est rapporté par quelques voyageurs, et entre autres par Georges Barrington, dans son Voyage à la Nouvelle-Galles du Sud. « Dès qu'un de ces naturels, dit-il, a surpris et enlevé la femme qu'il a choisie et qu'il va chercher dans une tribu ennemie, il la renverse, la frappe à coups de massue sur la tête, sur le dos, etc.; et la saisissant ensuite par un bras, il la traîne, tout ensanglantée, au travers des bois, des rochers, des montagnes, avec toute la violence et la fureur d'un barbare jusqu'à ce qu'il arrive enfin au milieu de ses compagnons. La tribu à laquelle appartenait la femme venge ordinairement cet outrage par la loi du talion, mais l'épousée n'en garde pas rancune et abandonne rarement son mari et sa nouvelle tribu. »

Le fait de ces enlèvements nocturnes m'a été confirmé par un naturel qui avait assisté, étant jeune, à une de ces expéditions.

Les femmes, dans ce pays, ne sont pas mieux traitées que des bêtes de somme, et leur vie n'est qu'une série de misère et d'esclavage. On les voit, portant leurs enfants sur les épaules ou sur les hanches, chargées en outre d'un sac pesant qui renferme des provisions et des instruments de pêche, traversant les bois et les marais, et souvent obligées de gravir les dunes de sable, à côté de leur maître, libre de tout fardeau, et qui n'a que la peine de tenir dans ses mains ses armes légères. Ce sont encore les femmes qui vont à la recherche de la nourriture commune, tantôt plongeant au fond des rivières pour en retirer des crustacés qu'elles font cuire sous les charbons, tantôt poursuivant les opossums jusqu'au sommet des arbres les plus élevés.

Dans nos contrées où la civilisation s'est montrée justement prodigue envers la femme, celle-ci, jeune et belle, s'empresse de jouir d'un pouvoir que les années ne viendront que trop tôt affaiblir. En Australie, au contraire, les rides fatales, la décrépitude même deviennent des titres à l'empire que les vieilles femmes exercent sur leurs compatriotes. En effet, elles composent la moitié de l'aréopage qui, dans chaque tribu, délibère sur les affaires publiques et punit les méfaits qui lui sont signalés; aréopage extrêmement jaloux de ses attributions, et qui conserve avec un soin intéressé toutes les traditions et les coutumes les plus superstitieuses.

Au reste, à la guerre même, les chefs les plus intrépides courbent la tête devant ces vieilles matrones, et reçoivent de leur main, sans murmurer, des coups de casse-tête, espérant, par une telle abjection, se concilier leur faveur et leur bienveillance, et obtenir qu'elles prennent soin de fumer leur peau, s'ils viennent à périr dans la mêlée.

Chez les peuplades australiennes, que leur éloignement de la mer et des rivières expose plus souvent que celles du littoral à manquer de vivres, ces femmes ont encore à remplir un autre genre de fonction. Quand la famine désole le pays, elles indiquent les victimes qui, dévouées au mauvais génie, devront être sacrifiées pendant leur sommeil et servir de pâture à leurs compagnons affamés. Ces horribles sacrifices paraissent être en usage dans presque toutes les îles de la Polynésie.

Les vieillards ont aussi quelques prérogatives qui leur sont personnelles : ainsi les œufs de l'émeu, sa chair et celle du kanguroo, leur sont exclusivement réservés, et les jeunes gens s'abstiennent de toucher à ces mets délicats. Ce sont encore les vieillards qui, dans les guerres, donnent les ordres et le signal pour jeter les bommerengs ou les autres armes de trait.

Les danses auxquelles se livrent les naturels ont conservé, pour la plupart, une énergie et une vivacité tout à fait sauvages. Elles ont lieu ordinairement à

la lueur des torches et au son d'une sorte de tambour de basque fait avec une
peau ou une vessie d'opossum, tendue sur un cercle en bois. Les chants qui
l'accompagnent marquent une cadence remarquable, tantôt lente et piano,
tantôt forte et animée, et ayant quelque ressemblance avec le bourdonnement
de l'abeille et les hurlements de nombreux animaux féroces. Les figures de
leurs danses sont très-variées, mais ils ont surtout un divertissement fort
bizarre, et dont je ne saurais donner ici qu'une idée imparfaite. Deux des
figurants les plus habiles, et que l'assemblée reconnaît pour tels, ouvrent la
danse, qui, d'abord légère et modérée, prend, petit à petit, un caractère plus
vif, les autres acteurs se présentant successivement pour figurer à leur tour.
Au bout d'un certain temps, il ne reste plus un seul individu en arrière, et
c'est alors que commence un ballet général, dans lequel chacun, obéissant à
une certaine mesure, s'abandonne aux contorsions et aux mouvements les plus
désordonnés. Les jambes font simultanément le grand écart, les têtes se tour-

Danse. — Corroborry.

nent à droite et à gauche avec rapidité; les regards sont ardents; les mains
brandissent des armes de toute espèce, simulant ainsi la chasse et la mise à
mort de certains animaux; puis, au moment où cet exercice est arrivé à son
plus haut point d'animation, voilà que tout devient immobile et s'arrête à la
fois comme par enchantement. Quelque chose ajoute encore à l'originalité du
tableau : c'est l'aspect de tous ces hommes nus et dont le corps est marqué
d'un certain nombre de raies blanches et rouges, qui produisent, à la lumière,

l'effet le plus étrange. La matière employée pour peindre ces ornements, que les sauvages ont l'art de varier de telle manière, que pas un ne ressemble à l'autre, est fabriquée par les naturels eux-mêmes. C'est une espèce de terre qu'ils appellent *ko-pur-ra*, qu'ils imbibent d'eau et qu'ils mêlent, après lui avoir fait subir une cuisson, avec de la graisse de kanguroo.

La danse que je viens de décrire, et qui a reçu particulièrement le nom de *corrobory*, produit, à ce qu'il paraît, sur ceux qui l'exécutent une surexcitation extraordinaire. Quelque indifférent ou amolli que soit un de ces sauvages, serait-il même endormi à moitié, s'il se décide à danser une *corrobory*, il ne tarde pas à en éprouver l'influence et à développer, dans le cours de cet exercice, une énergie et une vigueur surnaturelles : ses muscles se gonflent et se roidissent, son ardeur ne connaît plus de bornes ; mais, le divertissement terminé, il reprend son allure ordinaire, et retombe dans cet état d'inertie et de paresse dont la danse n'a pu le tirer que pour un instant. J'en ai vu quelques-uns se livrer, pendant plusieurs heures, à ces jeux horriblement pénibles, et je ne pouvais comprendre qu'ils pussent en supporter aussi longtemps la fatigue.

Un camp se compose rarement de plus de six à huit huttes, renfermant

Une famille de naturels.

vingt à vingt-cinq individus, hommes, femmes et enfants, que suivent toujours un grand nombre de chiens de toute espèce. Ces animaux, réduits à chercher eux-mêmes leur nourriture, sont d'une maigreur extrême, et couverts souvent

de lèpres dégoûtantes, qu'ils peuvent transmettre aux individus avec lesquels
ils vivent. Leurs petits sont confiés aux soins des femmes, qui ne dédaignent
pas quelquefois de les allaiter elles-mêmes. Ces chiens, auxquels on laisse
prendre les meilleures places dans l'intérieur des huttes, et qui servent volontiers d'oreillers aux noirs, sont doués de l'odorat le plus fin et qui surpasse de
beaucoup celui de nos chiens d'Europe. Ils rendent, sous ce rapport, de grands
services à leurs maîtres, par leur promptitude à découvrir la trace de certains
animaux

Dendrolague oursin.

Les naturels allument ordinairement un feu au-devant de chaque hutte. Pendant la journée, ils se réunissent souvent en commun, restent à moitié couchés, et passent leur temps à causer ou à écouter les discours et les préceptes
superstitieux de quelqu'un des leurs, versé dans ces sortes de matières, espèce
de prêtre qui, chez eux, porte le nom de *coradji*.

Il nous paraîtrait tout simple que des individus appartenant, sinon à la même
famille, du moins à la même tribu, se fissent un plaisir de partager leurs provisions et de prendre leur nourriture en commun ; mais il en est autrement

parmi ces populations, qui éprouvent souvent de la difficulté à se procurer des vivres, et que la crainte d'en manquer rend ombrageuses et égoïstes. Aussi les hommes se montrent-ils très-jaloux de leurs aliments, qu'ils mangent en secret. Cependant, s'ils se trouvent en présence d'autres individus, ils leur en offrent ordinairement une faible portion.

Myrmécobe à bandes.

Le major Mitchell, que j'ai eu occasion de voir à Sydney, a publié le récit de ses explorations dans l'intérieur de l'Australie. Son ouvrage renferme des détails fort intéressants sur les rapports qu'il eut avec les naturels. Ceux-ci étaient encore peu familiarisés avec le commerce des blancs; ils témoignaient une grande frayeur à la vue des moutons, et la présence d'un cheval leur imposait assez pour qu'ils n'osassent pas attaquer les étrangers. Malheur cependant à celui qui se serait aventuré seul au milieu de ces peuplades sauvages! Regardant les blancs comme de véritables sorciers, habiles à dompter des animaux féroces et portant le tonnerre avec eux, car nos armes de guerre leur faisaient l'effet de la foudre, les indigènes les auraient tués, rien que pour s'assurer s'ils étaient vraiment susceptibles de mourir. Tout cela se passait en 1836. Aujourd'hui un Européen pourrait faire cinq cents lieues dans l'intérieur sans craindre d'être attaqué par les indigènes, car ceux-ci ne sont point méchants envers les blancs qui savent les prendre par la douceur. Malheureusement il arrive de temps à autre que des rixes, qui surviennent dans l'intérieur du pays, entraînent la mort de quelques individus, cela généralement à l'occasion de vols de moutons (que les naturels ne craignent plus), dont ils se rendent coupables. On conçoit, du reste, que des hommes réduits à un état aussi abject et forcés de se procurer des aliments par tous les moyens possibles, éprouvent une certaine tentation à la vue d'un troupeau considérable de moutons, et que l'envie leur prenne de s'emparer de quelques-uns de ces animaux. Mais cette action est souvent punie par un coup de fusil, car les blancs ne font aucun cas de la vie de ces êtres misérables. Je suis loin d'approuver une telle brutalité envers des créatures qui, après tout, sont des hommes, et je n'approuve pas davantage que les blancs tuent sans nécessité, lorsqu'ils les rencontrent, des kangoroos uniquement pour en avoir la peau, lorsqu'ils savent très-bien que les animaux de cette famille, propre à la Nouvelle-Hollande, entrent pour une grande partie dans la nourriture des aborigènes. Un naturel disait à ce sujet il y a déjà quelques années :

Wite fellaw come come, kangaroo all gone.

« Une fois les blancs arrivés, plus de kangoroos. »

Péramèle à grandes oreilles.

Les lois nouvelles sont excessivement sévères à cet égard, et punissent de mort le blanc qui a tué un noir avec intention.

On aurait pu penser que les indigènes appartenant aux tribus de la Nouvelle-Galles du Sud, entraînés un jour par la cupidité et par le besoin, se répandraient en grand nombre, au milieu des villes et des habitations, pour y commettre des vols ou pour se livrer à la mendicité. Rien, jusqu'à présent ne serait

venu justifier cette prévision; car il est rare de rencontrer à Sydney plus de vingt ou trente aborigènes à la fois, à moins que ce ne soit au commencement de l'année, où le gouvernement leur fait des distributions de couvertures. Il arrive aussi que, lorsqu'ils veulent faire de longs voyages sur la côte, ils viennent s'embarquer sur le bateau à vapeur, où ils trouvent un passage qui leur est accordé gratuitement.

Un voyageur a dépeint ces hommes comme des mendiants tenaces et même insolents, mais je n'ai jamais rencontré un seul noir qui répondît à ce portrait. Ils n'ont pas l'habitude d'importuner qui que ce soit, à moins qu'on ne semble prendre plaisir à les examiner, et il faut dire que cela arrive bien quelquefois. Comment s'empêcher, en effet, de jeter les yeux avec une sorte d'empressement et de curiosité sur ces hommes revêtus du costume le plus grotesque, soit qu'il se compose d'un habit sans pantalon, d'un gilet sans chemise, ou simplement d'une culotte; soit qu'une seule peau de kanguroo en fasse tous les frais! C'est alors que, s'apercevant de l'attention qu'ils ont provoquée, ils

en profitent pour réclamer une aumône de quelques sous qui leur servent à se
procurer du tabac, et leur demande est toujours accompagnée de grandes salutations. On les reçoit, en général, assez bien dans les boutiques, où il est
rare qu'on les laisse partir sans leur donner quelques petites choses. Ont-ils
besoin d'un hameçon, par exemple, ils entrent dans un magasin de quincaillerie, et il arrive fort souvent qu'on leur fait cadeau de l'objet qu'ils désirent.
D'autres marchands ne leur refusent non plus ni un peu de tabac, ni un verre
d'eau-de-vie ou de rhum commun. Des familles charitables leur mettent en
réserve les restes du dîner et leur donnent un asile dans quelque dépendance
de la maison. Ces hommes ne sont pas, d'ailleurs, dépourvus de tout sentiment de gratitude : ils cherchent assez volontiers à rendre service aux personnes
dont ils reçoivent des secours. Ainsi, ils aideront les domestiques de la maison
dans laquelle ils sont admis, soit en cassant du bois, soit en se chargeant de
faire les provisions d'eau. Si on les envoie à la pêche, ils rapportent fidèlement toute leur prise à ceux qu'ils regardent comme leurs maîtres. On a peu
d'exemples qu'ils aient détourné la moindre chose appartenant à leur maison
d'adoption. On ne craint pas quelquefois de leur confier des fusils, et ils partent pour aller chercher du gibier, sans avoir même l'idée de s'enfuir avec ces
armes qui, pour eux, seraient une fortune. Les aborigènes de l'intérieur, encore tout à fait sauvages, sont cependant fort enclins au vol, si on en croit les
voyageurs qui les ont observés.

Les naturels qui habitent les environs de Sydney sont à moitié civilisés et
parlent assez bien l'anglais. Leur langue est d'autant plus difficile à apprendre,
qu'elle est fort peu généralisée, chaque tribu ayant presque son dialecte particulier, et qui diffère assez des autres pour que des tribus, placées seulement
à dix lieues de distance les unes des autres, ne puissent plus s'entendre et
communiquer ensemble. Aussi ne trouve-t-on guère de blancs qui soient en
état de dire quelques mots et de se faire comprendre des indigènes. Il existe
cependant une grammaire de la langue des naturels d'Hunter's-River et de la
rivière Macquarie. Cette grammaire, composée par M. Threlkeld, et sur laquelle j'ai eu occasion de jeter les yeux, m'a fait connaître et retenir plusieurs
mots et des phrases de cette langue, qui m'ont servi dans quelques circonstances.

Les jeunes sportsmen de Sydney recherchent les grands et beaux hommes,
qu'ils emploient à faire des battues lorsqu'ils vont à la chasse. Ces hommes
leur sont d'un grand secours, car ils connaissent mieux que les blancs les endroits où abonde plus particulièrement le gibier.

Les Anglais n'ont peut-être pas jusqu'à présent fait tout ce qui dépendait
d'eux pour relever cette race barbare des aborigènes de la Nouvelle-Galles du
Sud. On persiste à les laisser errer presque nus dans les rues des villes, quand

il serait aisé de les contraindre à se vêtir, au moins toutes les fois qu'ils auraient à se présenter dans des lieux habités par des Européens. Il est à croire
qu'ils se conformeraient bien vite à cette prescription, si elle leur était impo-
sée. Sans doute, le charme que trouvent dans une vie errante et vagabonde ces
peuples étrangers aux jouissances de la vie et de la société, opposera toujours
quelque obstacle à leur civilisation; mais peut-être pourrait-on faire plus que
ce qui a été tenté jusqu'à présent. On avait institué des écoles où les naturels
étaient reçus, et où on leur montrait à lire et à écrire, ce qu'ils apprenaient
aussi vite et aussi bien que les blancs. Ces écoles n'ont pas été maintenues, et
j'ignore ce qui a pu amener leur suppression. Un projet vient cependant d'être
présenté à la chambre législative : il a pour but l'amélioration du sort de ces
hommes, qu'on ne saurait repousser éternellement, et dont il n'est pas impossible d'adoucir les mœurs et de maîtriser les instincts sauvages.

Je continuai à parcourir les environs; quelques-unes de ces petites excursions méritent d'être mentionnées. Je partis avec M. Faramond pour visiter

Monument de Lapérouse à Botany-Bay.

le monument élevé en l'honneur de Lapérouse, et Botany-Bay, que l'on con-
fond souvent en Europe avec Sydney ou que l'on considère comme une seule

et même ville. Le chemin qui conduit de Sydney à Botany-Bay est étroit et pratiqué dans des sables qui ralentissent considérablement la marche. Cependant, malgré l'absence de grands arbres, la route est loin de paraître longue, elle est émaillée de chaque côté de ces mille fleurs rares qu'on cultive avec tant de soins en Europe et qui croissent ici incultes et avec toute leur vigueur naturelle. Deux heures nous suffirent pour arriver sur les bords de la baie qu'il nous fallut côtoyer pendant une heure, et, après avoir traversé d'abord un bois épais où notre route n'était indiquée que par quelques traces conservées çà et là sur le sol, et une vaste pelouse du plus beau vert, nous nous arrêtions devant une modeste pierre placée là par ordre de l'infortuné Lapérouse pour couvrir le corps de M. Lereceveur, chapelain de l'expédition et naturaliste distingué, qui mourut à la suite de blessures reçues des naturels des îles des Navigateurs, en même temps que le capitaine Delangle, le savant Lamanon et neuf matelots. On serait loin de s'attendre à trouver un peu plus loin, sur la plage de Botany-Bay, un monument élevé en l'honneur

Tombeau de M. Lereceveur.

de Lapérouse, victime lui-même d'un naufrage sur les côtes de Vanikoro. Pendant quarante ans, malgré les recherches de d'Entrecasteaux et de Dumont-d'Urville, l'on n'eut aucune nouvelle des deux navires qu'il commandait : l'*Astrolabe* et la *Boussole*; et, comme on le sait, le hasard seul fit découvrir au capitaine Dillon, au service de la compagnie des Indes, le lieu précis du naufrage au milieu des récifs, où l'on a trouvé, avec les débris des deux navires, les preuves certaines de leur perte.

Le monument de Lapérouse, à Botany-Bay, se compose d'une colonne en pierre de taille de vingt pieds de hauteur; au sommet se trouve une sphère en cuivre. Il est entouré, à sa base, d'un carré de maçonnerie aussi simple que possible. Il a été érigé, de 1825 à 1828, par les soins de M. Bougainville, commandant la frégate la *Thétis*, et de Ducampier, commandant la corvette l'*Espérance*.

Il n'existe aucun village sur les bords de Botany-Bay ; on voit seulement, çà et là, quelques rares habitations que nous ne pouvions visiter, car nous devions rentrer à Sydney avant la nuit.

Cependant, pour faire reposer nos chevaux, nous entrâmes dans un hôtel connu sous le nom de *sir Joseph Banks*. Nous fûmes tout d'abord étonnés d'y trouver un luxe et un confortable d'autant plus surprenant que le lieu est sauvage, les communications difficiles et les voyageurs peu nombreux. J'ai appris depuis que ces hôtelleries étaient subventionnées par le gouvernement.

Notre retour s'effectua par le même chemin qui nous avait amenés. Nous cueillîmes un grand nombre de jolies fleurs. Nous eûmes l'occasion de nous arrêter devant plusieurs pieds de doryanthe, dont la fleur est blanche et du plus bel effet. Malgré nos haltes fréquentes, il faisait encore jour lorsque nous arrivâmes à Sydney, très-contents de notre promenade.

Je cherchais à connaître tout le pays, chaque jour je dirigeais mes pas vers un nouveau but. Je désirais vivement aller à la chasse au kanguroo. Une bonne occasion, si je puis m'exprimer ainsi, se présenta, ou plutôt je déterminai plusieurs amis à m'accompagner. Cette partie de plaisir devint, par de fâcheux contre-temps, une véritable expédition à laquelle rien ne manqua. Devant traverser la baie, nous louâmes une grande chaloupe, et notre départ eut lieu par un temps magnifique. Cinq chasseurs et quatre chiens dressés au genre de chasse que nous nous proposions de faire, composaient l'équipage. Ces chiens, surnommés kanguroos, sont d'une race propre à la Nouvelle-Hollande ; ils semblent être le résultat du croisement du lévrier et du dogue : ils ont la vitesse du premier et la force du second. Du pain, du thé, de l'eau-de-vie, etc., les produits de notre chasse, telles étaient les provisions qui

Doryanthe élevé.

devaient assurer notre existence. Notre embarcation n'avait pas d'ancre et
manquait de quelques cordages indispensables; aussi nous dûmes nous diriger
sur le navire le *Faune,* qui se réparait à Mosman's-Bay. Le capitaine qui
commandait ce bâtiment voulut bien nous prêter ce qui nous manquait; et,
pour prélude de nos aventures, en quittant les eaux du navire, le courant
nous jeta sur des roches malgré la vigueur avec laquelle nous ramions. Notre
gouvernail fut brisé; heureusement le charpentier du *Faune* nous vint en aide
et répara nos avaries; mais le temps s'était écoulé, la nuit arrivait et elle ne
nous arrêta pas. Après avoir louvoyé vingt fois du nord au sud, sans pouvoir
sortir de la baie, force nous fut de jeter l'ancre à quelques brasses de terre au
côté opposé à Sydney. Un grand feu fut allumé; nous fûmes assez heureux
pour prendre quelques poissons qui firent les frais de notre modeste souper.
Notre parti était pris, nous n'avions pas à choisir, les chiens nous servirent
d'oreillers, et la nuit se passa tant bien que mal. A la pointe du jour la marée
descendante nous permit enfin de sortir de la baie, près de Shark-Island (l'île
aux requins); mais nous devions être soumis à de nouvelles épreuves : assaillis par une forte bourrasque, notre gouvernail fut encore enlevé, et bientôt
mais trop incomplétement remplacé par une rame. Nous étions à cinq milles
de Sydney, la pluie nous inondait; il nous restait encore trente-cinq milles à
faire pour arriver à Port-Aiker, où nous avions le projet de nous rendre. La
position n'était pas tenable; notre chaloupe, forte et lourde embarcation,
n'obéissait que très-imparfaitement à notre gouvernail improvisé. Le conseil
se réunit, et il fut décidé que nous devions nous diriger sur Middle-Harbour,
lieu sauvage et inhabité, où nous arrivâmes après douze mortelles heures et à
force de rames. Enfin nous voilà à terre, mais sans abri; la pluie, loin de
cesser, tombait avec une fureur peu commune. Ce ne fut pas sans peine que
nous parvînmes à faire du feu, pendant que deux de nos compagnons d'infortune démâtaient la chaloupe et dressaient une espèce de tente. Les mâts,
les voiles, les rames, tout fut employé pour nous former un abri fort incom-
plet. Le sol était trempé, et le vent chassait de temps en temps la pluie jusqu'au fond du triangle formé par la toile. Notre peu de provisions étaient
mouillées, et notre dîner fut bien mesquin. La nuit arriva, mais ce fut le
signal du repos pour d'autres que pour nous. Notre tente ouverte ne nous
mettait en partie à l'abri de la pluie qu'en nous laissant exposés à un violent
courant d'air, et l'orage qui grondait sur nos têtes, en nous éclairant de ses
feux, semblait à chaque instant vouloir abattre notre pauvre gîte, qui aurait
pu tout au plus convenir à des canards. C'est alors que je regrettai les excellents objets de campement qu'on trouve à Paris au Bazar du voyage.

Cette nuit fut longue, mes souvenirs sont encore présents; le jour que nous
désirions ardemment parut enfin, mais le temps resta le même. Sans vivres,

sans possibilité de nous en procurer, ne pouvant songer à reprendre la mer à cause du vent et des courants, nous allâmes bravement, chacun de notre côté, chercher fortune sur la plage ; quelques huîtres que nous trouvâmes firent tous les frais de notre déjeuner, et nous mirent à même de prévoir l'abstinence à laquelle nous étions condamnés. Cependant nous nous divisâmes : les uns allèrent à la pêche, les autres entrèrent dans la forêt pour tâcher de tuer quelque

Halte de chasse.

oiseau. L'un de nous (Alix, le plus jeune de la bande) s'étant écarté un peu trop en suivant un wallaby (petit kanguroo), fit la rencontre de deux hommes de fort mauvaise mine qu'il prit pour deux bushrangers (galériens évadés qui vivent dans les bois, volant tout ce qu'ils trouvent). Son fusil à deux coups les tint en respect, mais ils lui demandèrent de l'argent en termes assez peu polis. Alix, sans hésitation, leur répondit qu'il avait chargé son fusil avec des schellings, et qu'il était prêt à les leur distribuer s'ils faisaient un pas vers lui, et qu'à peu de distance se trouvaient quatre de ses amis, bien armés aussi, qui viendraient à son aide au moindre *cou-ï* (cri de ralliement employé par les indigènes).

Cette rencontre nous commandait une grande prudence, et nous y étions d'autant plus disposés que pendant la nuit nos chiens avaient donné quelques signes d'inquiétude et qu'il nous avait semblé entendre quelques voix. Ces hommes auraient pu nous surprendre, s'emparer de nos armes et s'enfuir peut-être sans nous faire de mal ; mais cette chance ne pouvait nous convenir même dans ce qu'elle avait de plus favorable. La pluie continua, mais pas toujours avec autant de fureur; j'étais resté seul à la garde de la tente, et une circonstance inattendue me permit d'assurer le dîner. Vers le milieu du jour un aborigène s'approcha de notre feu pour se chauffer; je lui fis bon accueil et lui donnai un verre d'eau-de-vie, lui en promettant un second s'il m'apportait du poisson. Il était armé d'une lance, espèce de harpon très-étroit dont j'ai déjà parlé page 132, n° 1, le mo-ting, et que les naturels savent parfaitement employer à la pêche ou à la chasse. Cette arme me faisait envie et pourtant je ne pus le décider à s'en défaire; en échange je lui proposai d'abord de l'argent, puis mon couteau et divers autres objets, qu'il refusa. Alléché cependant par l'eau-de-vie promise, il s'éloigna, et peu de temps après me rapporta un *Snapper;* ce poisson pesait environ quinze livres; j'en fis des steaks d'autant meilleurs que le temps et l'abstinence avaient singulièrement aiguisé notre appétit. Mes compagnons n'avaient pas été heureux dans leurs recherches et furent agréablement surpris. Nos pauvres chiens, qui depuis deux jours n'avaient pas mangé, durent trouver la rencontre fort heureuse. Nous fîmes donc un excellent dîner, et notre bonne étoile reparut dès ce moment. Vers la fin du jour le temps s'éclaircit et nous eûmes une belle soirée; à la clarté de la lune nous fûmes assez heureux pour tuer en peu de temps quatre opossums, un écureuil-volant et quelques autres animaux. Jamisson, l'un de nos camarades, habitué à cette vie dure des bois, proposa d'en faire rôtir un, et il réussit aussi bien que possible. Tout est bon quand on a faim; aussi notre gibier, malgré son odeur plus que désagréable, ne fut pas dédaigné.

Didelphe.

Pendant la nuit, qui fut assez belle, les aboiements de nos chiens nous éveillèrent, et leur irritation était telle qu'ils semblaient vouloir briser leurs chaînes.

Cette petite alerte était occasionnée par des chiens sauvages (loups du pays) qui s'étaient approchés de notre tente. Jamisson, étant de quart, tira sur eux un coup de fusil chargé de petit plomb et en blessa un, si nous en jugeons par la fuite précipitée de la troupe et les hurlements du blessé, qui se prolongèrent longtemps. Enfin la nuit se passa, et nous saluâmes le jour avec d'autant plus de plaisir que le temps était supportable et nous promettait une assez bonne journée. Le nègre qui nous avait procuré du poisson m'avait dit qu'à une distance d'environ trois milles se trouvait une petite ferme; Alix et Bob voulurent s'y rendre et nous rapportèrent, quelques heures après, un morceau de lard; c'était tout ce qu'ils avaient pu obtenir : il nous servit à faire rôtir les poissons que j'avais pris pendant leur absence. J'avais fait aussi une excellente découverte : en faisant sécher mes vêtements, mon attention fut attirée par un nid d'abeilles placé sur un arbre; à l'aide d'une petite hache je parvins non sans peine à l'abattre, et je fus assez heureux pour trouver du miel, qui nous fit le plus grand plaisir. Mes camarades revinrent bientôt avec quelques oiseaux et un petit kanguroo.

Kanguroo, wallahy. — Hétérope de Jourdan.

Il fallut songer au retour et profiter du beau temps; notre tente fut promptement à bas et notre embarcation gréée.

Nous descendîmes Middle-Harbour assez heureusement; mais une fois à Middle-Head, en face de l'entrée de la baie, nous fûmes encore pris par une si forte mer, qu'à chaque instant nous craignions d'être engloutis. De plus, nos camarades étaient malades, couchés au fond de la chaloupe, ils ne pouvaient nous aider. Johnson et moi étions seuls debout; mais à nous seuls, nous ne pouvions manœuvrer notre lourde embarcation. Cependant à force de crier et tempêter après les malades, ils durent, bon gré, malgré, se serrer le cœur et nous aider; les uns rejetaient l'eau, qu'à chaque minute nous embarquions, tandis que les autres, aux voiles et aux avirons, essayaient de résister au courant et au vent. Vingt fois nous nous approchâmes de Middle-Head sans pouvoir le doubler, toujours repoussés; et là, les rochers à fleur d'eau, par un aussi mauvais temps, nous laissaient entrevoir une perte certaine. Depuis plus de quatre heures nous étions à la même place, ayant peut-être fait en bordées inutiles plus de vingt milles sans pouvoir avancer d'un pas. Nous rencontrâmes bientôt deux barques plus légères que la nôtre, et qui, grâce à leurs avirons, pouvaient combattre le courant; nous venions de virer encore une fois de bord, lorsque nous entendîmes des cris qui nous firent tourner la tête. Ils partaient d'une de ces barques, qu'une vague avait submergée et qui coulait; elle était montée par deux messieurs et deux dames. Aussitôt nous changeâmes notre direction pour aller à leur secours; mais notre pesante chaloupe refusa d'obéir à notre gouvernail provisoire. Heureusement pour les malheureux, qui se débattaient contre la fureur des flots, la première embarcation les aperçut et fut rendue auprès d'eux, avant que nous eussions pu mettre le cap sur eux; nous nous approchâmes néanmoins peu de temps après, et leur donnâmes quelques gouttes d'eau-de-vie qui nous restaient. Conduits à la quarantaine, qui n'était pas éloignée, ils reçurent les soins les plus empressés; le lendemain on lisait dans les journaux l'article suivant :

« Un affreux malheur, qui aurait pu avoir des suites beaucoup plus graves,
» est arrivé hier dans l'après-midi. Messieurs et mesdames X. X., partis pour
» se rendre à leur maison de campagne, furent assaillis par un breckfuld qui
» chavira leur faible embarcation, et ils se seraient certainement noyés sans
» les secours empressés de deux embarcations qui se trouvaient près d'eux.
» Transportés de suite à la quarantaine, ils y reçurent des soins qui, il faut
» l'espérer, les rendront entièrement à la santé sous peu de jours. »

Un proverbe dit que souvent malheurs d'autrui nous profitent! Aussitôt que nos malades virent le danger qu'avaient couru les naufragés, soit peur, soit tout autre motif, ils retrouvèrent leurs forces, et armés chacun d'une rame, et aidés de la voile, nous parvînmes enfin à doubler la pointe de Middle-Head. Nous n'arrivâmes à Sydney qu'à dix heures du soir, ce qui faisait dix-huit heures d'un rude travail. Par un beau temps et avec un vent favorable, ce voyage eût été l'affaire de cinq à six heures. Aussitôt débarqués, mes compagnons jurèrent qu'on ne les y prendrait plus. Quoi qu'il en soit, le mal qu'on a souffert s'oublie promptement, et, pour ma part, cette excursion, cette vie de sauvage m'avait assez amusé, sauf le mauvais temps, et j'étais prêt à recommencer en faisant toutefois de plus amples provisions. J'appris dans cette campagne qu'un chasseur prévoyant ne doit jamais compter sur son fusil pour vivre.

Il y avait déjà huit mois que j'avais quitté la France, lorsque j'eus le bonheur de recevoir des lettres de ma famille. Quiconque a voyagé comprendra tout le plaisir qu'on éprouve en pareil cas : on brise le cachet avec précaution, dans la crainte de perdre le moindre mot; on s'enferme à triple tour, pour n'être distrait par rien; on lit et relit ses lettres, et l'on est heureux des conseils et des encouragements qu'elles contiennent.

Une de mes cousines terminait une lettre par ces mots : *Écris-moi, et dis-moi comment tu te trouves dans ces pays sauvages !* Cette phrase, toute naïve, me fit sourire; et le soir à table, au milieu d'aimables convives, je me la rappelai, et je dus convenir que, si dans tous les pays que j'allais visiter il y avait de pareils dîners de sauvages, je ne devais pas craindre de mourir de faim.

Le dîner auquel je me trouvais était donné à l'occasion des courses de chevaux d'Homebush; M. Cooper-Turner, le président, m'avait fait l'honneur de m'envoyer une invitation ainsi qu'à M. Faramond, avec lequel je m'y rendis. Tout ce que Sydney et les environs possédaient de gentlemen sportsmen y étaient réunis au nombre de trois cent cinquante; la table était servie dans la grande salle de l'hôtel royal dans George-Street, et j'avoue que le coup d'œil était magnifique. La politique resta étrangère aux conversations des convives. Au dessert on porta plusieurs toasts, l'un d'eux fut entendu avec enthousiasme; c'était au roi Louis-Philippe qu'il s'adressait : c'était un éloge cordialement exprimé. Nous fûmes très-sensibles à cette galanterie de bon goût pour nous autres Français. Les Anglais, soit dit en passant, et j'ai eu mille occasions de le remarquer, font généralement preuve d'un meilleur esprit qu'on veut bien le dire en France. Il y a sans doute des exceptions nombreuses, mais quels sont les coupables? La nation anglaise accepte-t-elle la responsabilité des paroles ou des actes de quelques malappris; il n'est ni juste, ni convenable de le penser. Comme consul de France, M. Faramond devait une réponse : il s'exprima à la satisfaction de tous les convives et avec une dignité remarquable; de chauds applaudissements le lui prouvèrent.

Pendant les trois jours qui suivirent, et malgré une pluie battante qui avait rendu les voies presque impraticables, les courses eurent lieu. Les malheureux jockeys et les chevaux pataugeant dans l'eau, arrivaient au but tellement couverts de boue, qu'on ne les reconnaissait pas, mais on n'avait pu retarder ces courses. Un vieux cheval, qui avait déjà gagné plusieurs prix, fut encore, mais probablement pour la dernière fois, le vainqueur. Jorrocks, c'était son nom, laissera une grande réputation.

Un club était depuis longtemps établi, et les premières courses avaient été entreprises en 1824, sous les auspices du gouverneur Brisbane, qui fit les fonds nécessaires pour la fondation d'un prix qui rappelle son nom. C'est à

cet encouragement qu'on doit certainement aujourd'hui la belle race de chevaux que possède la colonie ; on fait un grand nombre d'élèves, et la vente
des chevaux est devenue une des principales branches de commerce avec les
pays du Nord. Il n'y a pas un village de deux cents habitants, à quelques centaines de milles de Sydney, qui n'ait ses courses et qui n'accorde des prix. Il
en résulte que les chevaux sont mieux soignés, mieux domptés, plus beaux et
réunissent l'utile à l'agréable, tout en devenant une source de richesse pour
le pays.

Ne fût-ce qu'un plaisir, en est-il de plus convenable, de plus noble qu'une
course pour une réjouissance publique ? Par exemple, à la place de ces prix de
mâts de cocagne, de ces jeux auxquels on n'assiste qu'avec pitié à la vue de
ceux qui y prennent part, ne pourrait-on aussi, à l'occasion des fêtes publiques, trouver des plaisirs que pourraient partager ceux pour lesquels le mât de
cocagne, le sac, etc., sont sans attrait ? Les régates du Havre et les joutes ne
se distinguent-elles pas de ces jeux ignobles, qu'il conviendrait de laisser aux
barrières, pour les remplacer dans le centre de Paris par des jeux de meilleur
goût et qui attireraient une autre classe de concurrents ?

Les courses, me dira-t-on, ne profitent qu'aux riches ; eux seuls peuvent
avoir des chevaux fins et remporter les prix. Mais quel obstacle trouverait-on,
si le gouvernement en prenait l'initiative, à établir, comme à Sydney, des prix
pour toutes les espèces de chevaux, depuis le cheval de trait jusqu'au cheval de
luxe ? Un essai de ce genre, s'il était tenté, contribuerait peut-être à faire cesser
ces barbares traitements dont on est tous les jours témoin dans les rues, parce
que celui qui posséderait un bon cheval, avec lequel il croirait pouvoir remporter un prix d'une centaine de francs, prendrait toutes les précautions possibles pour éviter de le blesser et de le ruiner.

Quand on voit, à la Nouvelle-Hollande, de pauvres villages faire de grands
sacrifices pour la réussite de ces courses, il faut qu'il y ait réellement un avantage pour le pays et pour les particuliers. La foule arrive de tous les environs,
les hôtels se remplissent, les boutiquiers gagnent ; il y a un mouvement considérable, et de proche en proche le déplacement de quelques faibles sommes
profite à tous, et, de plus, ceux qui n'y gagnent rien s'amusent. Je regrette de
ne pouvoir m'étendre plus longuement à ce sujet ; je voudrais seulement fixer
l'attention de ceux qui s'intéressent à l'espèce chevaline.

Après les courses d'Homebush vint la fête de la reine Victoria (le 26 mai).
Il y eut, comme c'est l'usage, réception chez le gouverneur ; mille à douze cents
personnes des plus notables de la ville défilèrent devant sir Georges Gipps en
grand costume, entouré de son état-major. J'y fus avec mon ami Richard
Underwood. Le soir il y avait grand bal au palais, où je vis toute la société de
Sydney et même celle des villes de l'intérieur réunies à cette occasion. On y

put remarquer de fort jolies personnes. On dansa dans trois grands salons, à la suite desquels se trouvaient deux vastes salles réservées aux personnes qui ne dansaient pas. Au premier étage était un buffet richement servi et qui se renouvela souvent. Quelques parties de whist s'établirent dans les petits salons. Les toilettes étaient de fort bon goût, et je ne peux donner une idée plus exacte de cette charmante fête qu'en la comparant à un grand bal à Londres ou à Paris.

M. Faramond me présenta à lady Gipps et à l'honorable madame D. Tompson, femme du secrétaire général de la colonie ; ces dames voulurent bien me faire l'honneur de causer avec moi ; notre conversation fut longue, et, par une gracieuseté de leur part, nous ne parlâmes que français : elles savaient que la langue anglaise m'était cependant très-familière.

Je crois pouvoir affirmer sans me tromper que, de tous ceux de mes compatriotes qui ont écrit jusqu'à ce jour sur la Nouvelle-Hollande, aucun n'y a fait un séjour aussi prolongé que moi ; j'ai pu facilement remarquer les usages de toutes les classes de la société, et j'ose dire que ce que j'en écris est sans exagération comme sans préventions. Souvent les voyageurs qui n'observent qu'en passant prennent des faits isolés pour des habitudes communes, ou bien les étrangers entre les mains desquels tombent leurs livres, en tirent des conséquences qu'ils généralisent avec une facilité étrange. C'est ainsi que quelquefois un peuple a été reconnu porté à l'ivrognerie, parce que l'écrivain, qui s'est mal expliqué peut-être, parle d'ivrognes ; d'autres, pour une jeune fille trompée, croient qu'il est facile de les séduire toutes, et ainsi du reste. Je n'ai pu m'empêcher de rire aux remarques d'un auteur, probablement mal renseigné, qui écrit au sujet des habitudes de Sydney :

« Les jeunes filles sont douces, modestes et très-simples ; comme les enfants
» de la nature, elles sont crédules et très-faciles à tromper. Dans les classes
» inférieures, elles désirent ardemment entrer au service d'une maison respec-
» table pour échapper à la tutelle de leurs parents, qui sont souvent des misé-
» rables. Elles aiment à étaler leurs jolis cheveux bouclés, relevés par un peigne
» d'écaille de tortue ; elles ne mettent pas la chasteté au premier rang des
» vertus, et cette facilité de mœurs vient de ce que leurs parents ne leur ont
» jamais appris à en faire grand cas, mais surtout de ce qu'elles voient que
» jamais la violation de cette loi de pureté n'a empêché le mariage. Elles aiment
» beaucoup à folâtrer dans les rivières, et celles qui demeurent près de la mer
» savent nager et plonger comme des poules d'eau.

» Les garçons sont renommés par leur courage et par leur esprit de corps :
» si un soldat vient se prendre de querelle avec l'un d'eux, toute la ruche court
» à son aide. Ils se livrent aussi entre eux de fréquents combats dans les
» rues, » etc., etc.

D'après un pareil récit, il semblerait vraiment que les enfants colons soient
des sauvages tout aussi peu civilisés que les Fidgiens ou autres habitants de la
Papouasie. Les voyez-vous, ces jeunes sauvages qui aiment à étaler leurs beaux
cheveux et à plonger comme des canards? Voyez-vous arriver un étranger ainsi
prévenu? il préparera un morceau d'étoffe, un colifichet ou quelque verroterie
pour échanger contre ce beau peigne d'écaille de tortue, qui relève cette chevelure des jeunes filles et dont certainement elles ne connaissent pas la valeur.

Il n'en est point ainsi : les habitants de Sydney, New-Castle, Maitland, Parramatta ou de toute autre ville de l'Australie, sont tout aussi civilisés que les
habitants de Londres et de Paris. On y trouve d'aussi jolies filles qu'en France
ou en Angleterre, et à Sydney elles sont aussi vertueuses que les Européennes ;
seulement le climat avance leur âge : les femmes sont nubiles de treize à quatorze ans et les hommes à dix-sept.

La société est divisée en deux grandes classes : celle des émigrants libres
et celle des convicts (déportés) devenus libres. C'est à l'aide de ces derniers
qu'on doit la prospérité de la colonie. Ce sont eux qui, dans différentes occasions, ont fait des dons philanthropiques ou ont avancé des fonds pour les
améliorations les plus urgentes. Dès leur arrivée, ceux dont la conduite et le
caractère donnaient de l'espoir, au lieu d'être incarcérés ou forcés de travailler aux routes ou autres corvées, furent donnés aux Européens libres, pour
être employés aux travaux des champs. On leur laissa en même temps entrevoir l'espérance de leur grâce, s'ils se conduisaient bien pendant un certain
temps ; et de plus, afin de les encourager dans la bonne voie, dès qu'ils
étaient déclarés libres, on leur abandonnait des terres. Quelques-uns de ces
repentis, voyant la fortune leur sourire, devinrent, bon gré mal gré, d'honnêtes cultivateurs et même de riches propriétaires. On en cite qui ont su se
faire une grande fortune; d'autres qui, après avoir vécu entourés de la considération publique, sont morts et ont laissé des sommes importantes aux établissements de bienfaisance.

Certes, il est extrêmement curieux de remonter à l'origine de cette population courageuse, intelligente et honnête, qui fait maintenant la prospérité du
pays, et de n'y trouver que des criminels. Grâce pour eux, ils ont expié leurs
fautes.

Suivons un déporté depuis son arrivée : lorsqu'un navire de convicts arrivait, le gouvernement choisissait dans le nombre ceux dont il avait besoin
pour ses travaux, et ordinairement son choix tombait sur les ouvriers; le reste
était cédé aux habitants établis qui en avaient fait la demande, et qui, suivant
un acte du 9 mars 1835, pouvaient en obtenir, selon l'étendue de leurs terrains, sur une base de deux hommes par cent soixante acres, ne pouvant
toutefois en avoir plus de soixante-dix à leur service. Ils avaient aussi à payer

une livre sterling par tête, comme estimation approximative de la valeur du lit et des effets que le convict emportait chez son nouveau maître. Dès lors son bien-être devenait entièrement à la merci du caractère de ce dernier, qui pouvait lui rendre la vie douce ou l'existence malheureuse. Les convicts sont en général bien vêtus, bien nourris et bien traités; leurs travaux sont rendus moins pénibles qu'on pourrait le croire. Le grand secret dans le maniement des convicts est de savoir les traiter avec bonté et fermeté, de les tenir continuellement employés et de les récompenser de leur bonne conduite. Comme règle générale on peut considérer les grands établissements (semblables à celui de MM. J. et W. Mac-Arthur de Camden) comme devant servir de modèles. Là, ils ont chacun leur tâche fixée par un règlement du gouverneur; et lorsque cette tâche est achevée, le reste de la journée leur appartient. Ils peuvent l'employer en travaux qui leur sont payés d'abord en nature, et plus tard en argent. On leur donne dans ce cas double ration, du thé, du sucre, du tabac, du vin, etc., et ces petits encouragements leur sont très-agréables. Aussi je citerai, à cet appui, ce qu'un settler disait de son habitation (M. E. Potter-Macqueen): «J'ai vu, dit-il, un écossais tondre jusqu'à cent moutons par jour, en lui allouant deux schellings et six pence par vingtaine. J'ai vu des scieurs de long, des serruriers et des menuisiers travailler au clair de la lune, d'autres fabriquer des ustensiles de fer-blanc, ou des colliers pour les bœufs, et autres objets, le soir dans leurs cabanes : ils sont ordinairement quatre dans une case en bois, située à quelque distance de l'habitation des maîtres. Lorsqu'ils sont mariés, chaque ménage a sa maisonnette séparée. On leur accorde autant de terrain qu'ils peuvent en cultiver dans leurs moments de loisir; et s'ils plantent du maïs, du tabac, des légumes, des fruits, leur maître les leur achète au prix du marché, et les encourage ainsi à une vie laborieuse et nouvelle pour eux. Devenus libres, soit par l'expiration du temps de leur peine, soit par le pardon accordé à leur bonne conduite et aux services qu'ils ont rendus, ils ont déjà un petit capital et peuvent s'établir pour leur compte. Quelquefois attachés à leurs maîtres, habitués à leur maisonnette, vivant heureux et tranquilles au milieu de leurs enfants, ils préfèrent rester comme par le passé, recevant, peut-être, quelques faibles gages des patrons qui ont la satisfaction de pouvoir se glorifier du bien qu'ils ont fait, et du retour du condamné à la vie d'honnête homme!... »

Le fermier a tout à gagner en traitant bien les convicts mis à sa disposition, et il sait qu'il a tout à perdre en se montrant dur, capricieux ou injuste avec eux. Ils ont mille moyens de se venger, et on peut en citer qui, se trouvant maltraités, ont fini par ruiner leur maître en incendiant sa maison ou ses récoltes, et ont pris la fuite dans les bois pour échapper au châtiment qui les attend.

Ainsi livrés à eux-mêmes et devenus bush-rangers (batteurs de buissons), ils n'ont d'autre ressource que dans le vol et l'assassinat, et deviennent d'autant plus entreprenants qu'ils savent que la corde les attend si l'on parvient à les reprendre, ce qui n'est pas toujours facile s'ils se retirent dans les immenses forêts de l'intérieur. On a vu de ces malfaiteurs se réunir et former des bandes plus ou moins nombreuses. Ils attaquent alors les habitations isolées, rançonnent les fermiers et les tuent à la moindre résistance. D'autres ne craignent pas d'aller au loin partager la vie misérable des aborigènes, dont ils prennent les habitudes et le costume.

Un nommé George Clarke, surnommé le Barbier, parvint, il y a quelques années, à échapper à la vigilance de la police en se déguisant comme un aborigène; il s'était accoutumé à cette vie vagabonde des sauvages, il était nu, le corps teint, tatoué profondément, et s'était attaché à une tribu dans laquelle il avait pris deux femmes. Ainsi déguisé et méconnaissable, il pouvait s'approcher des maisons des colons pour les voler à son aise et défier la police. A l'aide de ses nouveaux compagnons, auxquels s'étaient joints d'autres convicts, il avait organisé un système de vol de bestiaux qui s'y faisait sur une grande échelle du côté des plaines de Liverpool. Cependant la police, après de nombreuses tentatives, parvint à s'emparer de lui.

Une fois en fuite, l'audace de ces hommes est extrême; ainsi le *Calédonian,* brick marchand appartenant à des armateurs de Sydney, était mouillé devant l'établissement pénitentiaire de Morison-Bay, lorsqu'il fut abordé par onze bush-rangers, qui, s'étant emparés de l'équipage, le débarquèrent sur la côte à l'exception du capitaine, M. Browning, estimable et intelligent jeune homme. Ils mirent à la voile, prirent le large et ordonnèrent au capitaine de les conduire à quelque île de la mer du Sud fréquentée par les navires anglais, en témoignant leur intention formelle de retourner en Angleterre. M. Browning refusa d'abord de se charger d'une pareille mission, prétextant son incapacité; mais ces nouveaux pirates lui ayant dit qu'ils avaient pris d'avance des renseignements sur son caractère et sa capacité, et qu'ils étaient décidés à le tuer s'il ne se rendait pas à leurs désirs, il prit le commandement du brick et gouverna vers le sud. Peu de temps après le départ, les six plus méchants convicts complotèrent d'égorger les cinq autres, et mirent bientôt leur projet à exécution. Quatre de ces derniers furent dépêchés en un tour de main, mais le cinquième essaya d'échapper à la mort par toutes sortes de moyens; d'abord il se fit poursuivre autour du navire, puis il monta dans les haubans; enfin, serré de près, il se réfugia sur le beaupré et demanda grâce, mais en vain. Plusieurs de ces monstres l'y suivaient en brandissant leurs coutelas. Alors ce malheureux se laissa glisser après une corde, et pendant qu'il s'y tenait suspendu par les deux mains, il implorait d'une manière lamentable la pitié de ses compagnons. Ceux-

ci coupèrent la corde en se moquant de lui et il disparut au fond de la mer!
Après un pareil exemple, M. Browning, comprenant qu'il était absolument
nécessaire pour son salut de gagner la confiance du reste de ces misérables,
s'empressa de conduire le bâtiment à une des petites îles qui se trouvaient sur
sa route et dont les habitants reçurent avec bienveillance les nouveaux arrivants. Ce fut alors qu'ayant découvert le complot formé par les convicts de
l'assassiner afin d'assurer par ce moyen leur impunité, il se mit sous la protection du chef de l'île; les coquins, se trouvant ainsi hors d'état de conduire le
brick, supplièrent M. Browning de revenir, mais celui-ci refusa positivement
de s'embarquer avec eux. Sur ces entrefaites arriva sur la côte un baleinier
anglais, dont le capitaine, prévenu de ce qui se passait, envoya une partie de
ses gens pour saisir les meurtriers; mais ceux-ci s'enfuirent dans l'intérieur
des terres. M. Browning put revenir sain et sauf à Sydney.

Il y a deux ou trois grandes maisons de détention à Sydney, néanmoins les
convicts semblent jouir d'une grande liberté; on les voit souvent dans les rues
seuls, faisant des commissions ou travaillant au macadamisage. Les sujets
jugés incorrigibles sont transportés à l'île Norfolk, d'autres à l'île Cacatoo, qui

est au milieu de la rivière de Parramatta, ceux-là portent des chaînes et un costume qui les fait reconnaître de loin. C'est une veste et un pantalon arlequinés de
jaune et de gris-foncé, tandis que ceux de Sydney ne sont reconnaissables qu'à
un numéro qu'ils ont tantôt sur le dos ou sur les cuisses. L'île Cacatoo peut avoir
un mille de tour, c'est un haut rocher sur lequel on a fait construire par les galériens eux-mêmes une prison et une caserne pour les soldats qui sont là pour

le maintien de l'ordre. Un bateau constamment en vigie leur ôte tout espoir de fuir. M. Ormsby, directeur, eut la bonté de me faire voir ce bagne en détail : les bâtiments sont bien construits en pierres de taille retirées du sol de l'île. Parmi les convicts, je remarquai des ouvriers de toute espèce, menuisiers, forgerons, peintres, ébénistes, etc., qui tous étaient au travail, dans un grand bâtiment ou hangar qui n'est pas fermé. En face se trouve la caserne pour une bien faible garnison relativement au nombre des condamnés. Il y a entre les deux bâtiments, séparés d'environ cinquante pas, une ligne de pavés blancs, et la sentinelle qui s'y promène a l'ordre de tirer sur le convict qui se permettrait de la traverser. Les cachots sont de véritables citernes creusées dans le roc, où l'on fait descendre le coupable au moyen d'une échelle et par une ouverture de deux pieds carrés. Cette entrée sépulcrale se ferme à l'aide de grosses barres de fer dont l'écartement seul fournit l'air à l'intérieur. L'alimentation des condamnés ordinaires se compose de :

Morning Herald. Sydney, 18 feb. 1845.

12	onces	Pain de froment,
14	—	— Maïs ou orge,
8	—	Farine maïs,
1	livre	Viande fraîche, bœuf ou mouton,
1	once	Sucre,
1/2	—	Sel,
1/4	—	Thé,
1	livre	Pommes de terre,
1/4	—	Savon.

De même que les hommes, les femmes, aussitôt leur arrivée, sont cédées comme servantes aux colons qui en font la demande. Celles qui ne trouvent pas de maîtres sont envoyées à la prison de Parramatta, où elles sont divisées en trois classes suivant leur conduite. Elles font divers travaux d'aiguilles, fabriquent des couvertures de laine et du drap commun. Leur ration quotidienne se compose, suivant qu'elles appartiennent à l'une des trois classes, de :

1re ET 2e CLASSE.			3e CLASSE.		
10	onces	Pain froment,	12	onces	Pain froment,
10	—	Maïs ou orge,	12	—	Farine maïs,
6	—	Farine maïs,	4	—	Viande fraîche,
12	—	Viande fraîche,	8	—	Légumes,
8	—	Légumes,	1/2	—	Sel,
1/2	—	Sel,	1/4	—	Savon,
1/2	—	Sucre,	Femmes convicts en cellules,		
1/4	—	Thé,	1 1/4 livre Pain.		
1/4	—	Savon.			

Les enfants ont des rations proportionnées à leur âge.

Combien de familles honnêtes en Europe se trouveraient au comble du bonheur si une ration pareille leur était assurée journellement!

Outre ces diverses rations, on donne à bord des navires, aux condamnés qu'on exporte d'Angleterre à Sydney, un quart de bouteille de vin, sherry ou ténériffe, par jour. Ils n'ont donc pas lieu de se plaindre, car ils sont beaucoup mieux traités que les matelots, et quelquefois mieux même que les passagers à bord de certains navires marchands.

Autrefois, lorsque les femmes étaient en petit nombre dans la colonie, un convict devenu libre se présentait à la maison de détention de Parramatta et demandait à avoir une femme qu'il choisissait parmi les nombreuses détenues; aussitôt qu'elle consentait à le suivre, il l'épousait, s'établissait, et, avec un peu de conduite, leur fortune se faisait petit à petit.

Depuis sept à huit ans, les convois de convicts ont cessé d'après des réclamations faites au gouvernement par les habitants de Sydney; depuis lors ils sont dirigés sur Van-Diémen, l'île Norfolk et autres colonies du nord et du sud de l'Australie.

Sydney est en progrès sous tous les rapports, aussi ne faut-il pas s'étonner si les détails connus il y a seulement dix ans, quoique écrits alors avec beaucoup de précision, se trouvent aujourd'hui tout à fait inexacts. J'en ai pu juger maintes fois pendant mon long séjour, et M. le capitaine Wright, qui eut la bonté de me piloter, dès mon arrivée ne pouvait croire aux changements qui s'étaient opérés pendant son absence de trois ans.

La société actuelle est entièrement changée; autrefois on comptait différentes classes opposées et rivales, comme le relate M. Laplace ainsi que plusieurs autres. « L'idée première des fondateurs de la colonie était belle; l'Australie » devait être consacrée autant à la réforme morale qu'au châtiment des crimi-» nels, mais ce projet ne sera qu'un vain mot tant que les émancipés purs » refuseront d'admettre à leur table les gens qui ont été condamnés et que les » émigrants purs se repousseront également les uns les autres. Je ne vois » aucune raison, dit Cuningham, pour qu'un homme qui a été condamné soit » exclu des emplois auxquels sont admis les gens qui n'ont point subi de juge-» ment, quand il a fini son temps de punition et que sa conduite a toujours » été bonne depuis. Ce système d'exclusion, si fatale à la réhabilitation de » l'homme à ses propres yeux, est poussé à un degré que l'on aurait peine à » concevoir en Europe; la classe émancipée (convicts devenus libres) forme, à » dire la vérité, la portion la plus industrieuse et la plus utile de la société, et » elle ne s'est jamais compromise dans les manœuvres de fraude qui ont plus » d'une fois terni la réputation de ceux qui se glorifient du beau titre d'hommes » libres. »

Aujourd'hui que Sydney compte presque deux générations, on ne regarde que la conduite des gens, sans examiner ce qu'ils ont été. De plus, le nombre de vieux convicts, enrichis par les encouragements du gouvernement primitif et une honorable conduite de plusieurs années, a considérablement diminué; presque tous sont morts. Les autres, vieux, fatigués, restent chez eux; on ne rencontre que leurs enfants déjà d'un certain âge, et mariés depuis longtemps. Dans aucune circonstance leur naissance n'est considérée comme une tache. Quelques-uns occupent de hauts emplois dans le gouvernement et sont très-considérés. Pourquoi n'en serait-il pas ainsi? Pourquoi un fils ou une fille de déportés, élevés dans de bons principes, jouissant d'une certaine aisance, seraient-ils rejetés de la société et parqués comme des parias? Souvent ce père déporté n'avait dû son malheur qu'à des circonstances qui peuvent arriver aux plus honnêtes gens : beaucoup d'entre eux l'étaient pour cause politique, d'autres à la suite d'un duel; d'autres, enfin, pour avoir eu le tort d'aimer une fille au-dessus de leur condition, et l'avoir enlevée sans pouvoir aller demander l'absolution à Gretna-Green. Combien en Europe y a-t-il de gens que la société ne repousse pas et qui auraient été condamnés à la déportation si cette peine était appliquée partout pour les délits que je cite? On doit se rappeler que l'Angleterre, décidée à la formation de ces nouvelles colonies, expatriait pour la moindre des choses; des délits qui partout ailleurs auraient été rachetés par quelques mois de prison, faisaient, en Angleterre, encourir la peine de l'exportation. Aussi y a-t-il de curieuses histoires parmi celles des convicts. Un ânon fut cause de la condamnation d'une femme qui, une fois à Sydney, se maria, devint fort riche, mourut et laissa des enfants fort bien élevés.

Pendant les premières années la justice était très-sévère : un convict, qui n'avait pas encore fini son temps, fut mis à mort pour avoir volé un fromage. La sentence fut courte et singulière :

LE JUGE.

Pourquoi avez-vous volé ce fromage?

L'ACCUSÉ.

Parce que j'avais faim et rien à manger.

LE JUGE.

En le mangeant comment vous y êtes-vous pris. L'avez-vous coupé?

L'ACCUSÉ.

J'ai commencé par retirer la croûte, et je l'ai mangé.

LE JUGE.

Attendu qu'un homme qui crève de faim se jette ordinairement avec avidité sur ce qu'il trouve, nous concluons que, puisque l'accusé s'est amusé à couper la croûte, il n'avait pas faim. En conséquence, pour ce vol de gourmandise, le condamnons, comme tout coupable déjà condamné, à la peine de mort, etc.

 ' Généralement la conduite des habitants est d'autant meilleure, qu'anciens coupables ou non, ils tiennent à n'avoir aucun démêlé avec la justice.

L'émigration volontaire a toujours amené un grand nombre de colons, et dans ces derniers temps elle a considérablement augmenté. Aujourd'hui, les fils des anciens convicts et ceux des émigrants libres sont confondus; les mariages ont contribué à faire disparaître les nuances. La société que reçoit le gouverneur est très-choisie, et il est difficile de se faire admettre chez lui.

Quelques jours après les fêtes dont j'ai parlé, mon ami Richard Underwood vint un matin me chercher pour nous rendre au club des chasseurs, dont on m'avait fait l'honneur de me nommer membre dès mon arrivée dans la colonie. Il y avait des réunions presque tous les samedis et j'y avais assisté quelquefois. Plusieurs prix devaient être gagnés : le premier consistait en une coupe d'argent d'une valeur de 800 francs, les deux autres étaient moins importants. On tira des pigeons et je gagnai le second prix.

A cette réunion je rencontrai M. John Little, membre de la chambre législative de Sydney, qui, quelques jours après, me fit l'amitié de m'inviter à une chasse au kanguroo. Je n'ai pas besoin de dire que je fus exact au rendez-vous. Nous étions quatre chasseurs suivis de douze aborigènes, de dix-huit chiens courants et de deux limiers. Cette fois nos provisions ne laissèrent rien à désirer; notre première course m'avait donné de la prévoyance. Nous arrivâmes sur la côte de Botany-Bay, où un bateau nous attendait. Nous nous y embarquâmes tous, chasseurs, nègres et chiens; mais au beau milieu de la baie un de ces derniers se jeta à l'eau et nous eûmes beaucoup de peine à le rattraper, parce qu'au lieu de revenir à nous la pauvre bête cherchait à gagner la terre. Il fallut virer de bord promptement; car il aurait pu devenir la proie des requins, qui sont nombreux dans ces parages. Mais notre bateau, malgré nos efforts, n'avançait pas : un nègre trancha la difficulté en se jetant vivement à l'eau, et il ramena bientôt notre fuyard. Nous arrivâmes de l'autre côté de la baie sans autre accident, mais il commençait à faire nuit; nous campâmes dans une petite cabane isolée et déserte, près de laquelle nos nègres allumèrent un grand feu. Nous fîmes du thé, dont les habitants de Sydney ont toujours soin de se munir. Après le souper nous nous installâmes aussi commodément que possible pour passer la nuit; une couverture de laine, que j'avais eu soin de prendre à la recommandation de ces messieurs, et une bûche de bois me firent un lit superbe. Mais au moment où nous allions dormir nous entendîmes des chants : c'étaient nos nègres qui commençaient une *corroborry* en règle, dont je suivis tous les mouvements avec le plus grand plaisir. Nous avions avec nous, pour engager ces nègres à bien chasser, un petit baril de cinq gallons (vingt-cinq bouteilles) d'eau-de-vie très-commune, et nos gaillards en avaient déjà sifflé un gallon depuis le matin; aussi étaient-ils bien en train : ce qui nous obligea à mettre le baril en lieu de sûreté.

De grand matin je me levai sans bruit, et, prenant mon fusil, je laissai mes compagnons reposer à leur aise et passai parmi les nègres couchés sur la terre dans les plus singulières positions : les uns mangeaient pour ainsi dire la poussière; les autres sur le dos les bras et les jambes écartés, d'autres accroupis le front sur les genoux. La corroborry avait fait son effet; ils n'avaient cessé de danser que pour tomber de fatigue. Je me dirigeai vers la baie, le soleil n'était pas encore levé, et le demi-jour me permit de tuer plusieurs espèces d'oiseaux d'eau, et enfin un gros oiseau de proie qui vint passer au-dessus de

Gorfou sauteur.

moi au moment où je chargeais mon fusil; ce qui me permit de glisser une balle au lieu de plomb. Il tomba sur le coup, et je m'empressai de prendre les précautions nécessaires pour empêcher le sang de tacher son plumage. Il avait beaucoup de rapports avec le faucon d'Islande.

J'étais tout à ma chasse, lorsqu'on vint m'avertir qu'on m'attendait pour déjeuner; la scène variée qui, à mon retour, se présenta à mes yeux est tellement caractéristique, que je ne puis m'empêcher d'en tenter une description.

Sur un tertre de gazon fin était allumé un grand feu, auprès duquel se trouvaient trois ou quatre nègres occupés à préparer le déjeuner. Sous les ordres d'Oatley, notre cuisinier en chef, l'un faisait rôtir une côtelette de mouton

placée à l'extrémité d'une longue baguette; un autre faisait griller des poissons,
un troisième vidait et préparait les victimes. Autour d'eux vingt chiens regardaient avec des yeux d'envie, comme le renard de la fable, non pas les nègres

Faucon d'Islande.

mais bien les côtelettes, dont ils auraient parfaitement fait leur affaire, cuites
ou non ; parfois ils voulurent flairer la cuisine de trop près, et il y eut pour eux
une distribution de taloches à discrétion.

A droite, des nègres cassaient du bois; d'autres, avec des lianes, fabriquaient
des cordes pour les chiens; ici un noir usait avec une pierre les bords d'une
bouteille cassée par le milieu et qui devait nous servir de verre à boire, à côté de
lui, d'autres installaient une table; plus loin Roberts courait après un chien qui
était parvenu à s'emparer de quelques oiseaux qu'il avait tués le matin, tandis
que Little, qui, par parenthèse, est un géant, fumait son cigare en admirant les
beaux sites de la baie et le monument de Lapérouse, justement en face de nous,
sur la rive opposée. J'arrivai pour compléter ce tableau, et, montant sur un
tronc d'arbre coupé à deux ou trois pieds de terre, j'appelai les chiens à moi
et leur distribuai ceux des oiseaux que je ne voulais pas garder; ce furent alors
des sauts, des grognements, des batailles qu'une légère correction apaisa de
suite. Quoi qu'il en soit, nous déjeunâmes fort bien; l'air vif et un bon appétit
firent tous les frais du repas. Bientôt après nous partîmes en bon ordre, c'est-
à-dire chacun avec deux chiens conduits par un nègre qui ne devait pas s'é-
carter de nous. Nous marchâmes longtemps, dirigés par l'un des aborigènes,
dans une forêt presque impénétrable; nous étions en ligne à cinquante pas les
uns des autres. On lâcha quelques chiens, et bientôt les deux hounds suivirent
une piste en donnant de la voix. Alors, au silence qui régnait succéda un vacarme épouvantable; aux voix des chiens se mêlaient les hurlements de nos
nègres, répétés par les échos de la forêt. Au bout d'une demi-heure j'entendis
deux ou trois coups de fusil, mais je ne vis rien; trois heures se passèrent et
je n'avais pas encore déchargé mon arme. Fatigué, dégoûté, je m'assis avec
mes chiens et mon fidèle Mitiman, qui était bien le plus vilain nègre que j'aie
vu, quoique assez bien fait de sa personne; mais beau ou laid, peu m'impor-
tait: je n'avais pas envie de le perdre de vue, car je ne sais comment j'aurais
retrouvé mon chemin. Il tira une pipe qu'il avait passée dans un trou de son
oreille, et, lorsqu'il l'eut allumée, je lui dis de me faire connaître les usages
de sa tribu. Sa narration était à peine commencée que tout à coup nos chiens
se dressèrent, Mitiman cria: *Etu! étu! étu!* (Là-bas! là-bas! là-bas!) et en
effet je vis!... la queue d'un kangaroo qui se dérobait en faisant des sauts de
quinze à vingt pieds. Une seconde suffit pour lâcher les chiens; bientôt ils furent
près de lui. Il y a commencement à tout, dit-on, et pour celui qui n'a jamais
vu un kangaroo, sa queue, c'est déjà beaucoup, d'autant plus qu'elle est fort
longue. Au bout de quelques minutes nous entendîmes des aboiements, nous
courûmes du côté d'où ils semblaient venir, et bientôt ils tournèrent en hurlements plaintifs; nous arrivâmes enfin pour trouver notre plus beau et plus
brave chien dangereusement blessé! Il avait deux ou trois blessures aux pattes,
mais principalement une au cou, et il perdait beaucoup de sang; on aurait dit
qu'un rasoir l'eût coupé, tant la plaie était nette. La pauvre bête semblait beaucoup souffrir. J'envoyai Mitiman chercher de l'eau, mais il n'avait rien pour la

rapporter; je défis une de mes bottes, qui servit de cruche. La pauvre bête but avec plaisir quelques gorgées; ensuite, avec mon mouchoir, dont je fis des bandes, je pansai ses blessures en y ajoutant l'écorce d'un arbre vulgairement appelé *thea trèe* (arbre à thé). Cet arbre devient très-gros, et son écorce est formée de mille couches très-fines qui se détachent aussi parfaitement les unes des autres; les aborigènes s'en servent pour envelopper leurs nouveau-nés. Ce brave chien avait attaqué le kanguroo, qui, avec ses griffes aiguës, l'avait ainsi maltraité.

Kanguroo.

« L'on compte dix à douze espèces de kanguroos, depuis le géant appelé » oldman, qui a six pieds de haut et est d'une couleur grise, jusqu'au kangu- » roo mousse, qui forment une véritable série décroissante. Le premier habite » les forêts et a une longue fourrure; vient ensuite le wallarou, qui est noi- » sette, avec un poil dur et hérissé. Le kanguroo rouge a une douce fourrure, » épaisse et d'une teinte rougeâtre, qui ressemble beaucoup, par sa finesse, à » celle de la loutre; il habite aussi les forêts. Toutes ces variétés atteignent le » poids de deux cents livres et plus dans leur plus grand développement. Le

» wallaby et le paddymalla pèsent soixante livres, et habitent les broussailles
» ou les contrées montagneuses. Le kanguroo de rocher est très-petit et vit
» dans les parties les plus rocheuses des montagnes, tandis que le kanguroo
» rat, ou potorou, présente la plus petite taille des animaux de ce genre; il
» loge dans les creux d'arbres, sautant çà et là, comme les autres kanguroos,
» avec la plus grande vélocité. Il y a encore l'élégant kanguroo musqué, ap-
» pelé aussi black-gloves, à cause de ses pattes qui sont marquées de noir.

» Les kanguroos ne font usage de leurs jambes de devant, toujours très-
» courtes, que pour paître; ils se dressent alors sur les pattes de derrière et
» sur la queue, tandis qu'ils portent en avant les membres antérieurs. Puis, à
» l'occasion, ils s'asseyent; et quand ils ont cueilli l'herbe ou la plante favo-
» rite, avec une patte de devant, ils la portent à la gueule et la mâchent len-
» tement. Les poursuit-on, ils sautent sur leurs pieds de derrière, et font des
» bonds d'une longueur étonnante, leur queue leur servant de balancier; ils
» franchissent des ravins et descendent des pentes rapides, en faisant des sauts
» de trente pieds. Il est rare que des chiens attaquent, en petit nombre, le
» grand kanguroo, qui en emporte quelquefois trois ou quatre pendus à ses
» flancs; et M. Cunningham assure avec raison, car je l'ai souvent entendu
» dire, qu'un de ces grands animaux enlève aussi un homme à quelque dis-
» tance, et l'étouffe avec ses membres antérieurs, en même temps qu'il lui
» enfonce ses griffes aiguës dans les chairs. Quand un chien serre de près un
» grand kanguroo, ce dernier se pose sur son arrière-train et sa queue, et
» combat le chien en tournant adroitement, de manière à lui faire toujours
» face, le repousse avec ses pattes ou le saisit, et l'étreint comme ferait un
» ours, pendant qu'il le déchire avec les longues griffes aiguës qui terminent
» ses puissantes pattes de derrière. Quelquefois ils s'enfoncent dans des ma-
» rais jusqu'à des profondeurs de quatre à cinq pieds, en allongeant leurs
» longues jambes. Les chiens qui les suivent sont obligés de nager. Les kan-
» guroos ont alors un grand avantage sur eux, et avec leurs pattes antérieures
» ils les blessent cruellement.

» Pour empêcher les kanguroos blessés de se servir de leurs griffes, les
» chasseurs commencent toujours par leur couper le jarret, et les noirs indi-
» gènes leur donnent sur les reins, avec leur waddy, un coup violent qui les
» paralyse.

» Il est rare que l'on puisse avoir un kanguroo s'il n'est tué sur le coup,
» aussi doit-on viser à la tête; blessé, il va mourir à quelques centaines de
» pas de vous, et il est très-difficile de le trouver, à cause de l'épaisseur des
» herbes. Lui casser une patte de derrière ne l'arrête pas non plus, car il
» saute alors sur une seule, aidé de sa queue nerveuse, et on le voit fuir à
» perte de vue, sans pour ainsi dire ralentir sa marche.

» Le kanguroo n'a qu'un petit à la fois; c'est un animal à poche comme la
» sarigue. Il est amusant de voir le petit kanguroo sortir la tête de la poche,
» quand sa mère est à paître, et brouter aussi l'herbe tendre, au-dessus de la-
» quelle il passe quand la mère est chassée et serrée de près. Elle s'arrête
» court, passe ses pattes de devant dans sa poche, et jette son petit de côté
» afin de pouvoir courir plus vite; mais il faut qu'elle soit serrée de bien près
» pour faire le sacrifice de sa progéniture. Quand le jeune a atteint une cer-
» taine taille, il se hasarde à quitter la poche de sa mère pour aller manger
» de côté et d'autre, et il y rentre dès que quelque danger le menace. Les
» aigles sont très-friands des petits kanguroos, qu'ils parviennent souvent à
» enlever.

» Autrefois on en voyait des troupeaux de trente à quarante, aujourd'hui ils
» sont encore aussi nombreux, mais il faut aller loin dans l'intérieur; près des
» villes, on ne les rencontre qu'au nombre de trois ou quatre ensemble, ils
» ont soin d'établir des sentinelles pour surveiller les environs et annoncer à
» temps l'approche de l'ennemi.

» La chair du kanguroo est excellente, elle a un goût très-prononcé de ve-
» naison. La partie la plus délicate est la queue, avec laquelle on fait de déli-
» cieuses soupes. La peau, qui offre une belle fourrure, est l'unique vêtement
» des aborigènes; lorsqu'elle est tannée, elle sert à faire des chaussures très-
» bonnes et surtout d'une souplesse extraordinaire. »

Revenons à notre chasse : peu de temps après nos autres chiens revinrent;
nous regardâmes dans leurs gueules, et aux poils gris dont elles étaient encore
remplies nous eûmes la certitude qu'ils avaient tué le kanguroo; nous nous
mimes en marche pour le chercher, mais tous nos efforts furent inutiles. Tout
à coup les aboiements des hounds semblèrent venir de notre côté, ils se rap-
prochèrent en effet, et enfin j'entendis distinctement des bruits sourds, caden-
cés : c'étaient les sauts d'un kanguroo qui venait de loin droit à moi. Je me
cachai derrière un arbre, et, l'attendant sans me presser, je le vis se débarrasser de son petit, qu'il jeta dans des feuilles où il espérait le retrouver après
le danger passé. Je le laissai approcher à bonne portée et lui envoyai une balle
qui l'étendit roide mort. Miliman chargea l'animal sur ses épaules, et nous
nous dirigeâmes vers le lieu du rendez-vous. Après une demi-heure de repos,
nous continuâmes à chasser, et je fus encore assez heureux pour tuer un second
kanguroo; pour cela j'adoptai un plan qui me réussit. Malgré mes avertissements, mes camarades faisaient toujours beaucoup trop de bruit; je voulus
alors tirer parti de cette faute, et je me tins tranquille au pied d'un arbre sans
faire le moindre mouvement. Suivant mon attente, je vis trois ou quatre kanguroos, malheureusement ils passèrent trop loin pour que je pusse tirer, mais
enfin il en vint un que je ne manquai pas. Le lendemain nous chassâmes encore

toute la journée. De retour le soir, nous trouvâmes que notre gardien, qui avait
été à la pêche pendant notre absence, avait attrapé un snapper tellement grand
que mes compagnons et nos nègres n'en avaient jamais vu de pareil. Il avait

Aigle de mer.

environ cinq pieds de long et pesait cinquante-deux livres. Je l'envoyai en
cadeau à Sydney, à mon ami le capitaine Grimes, qui avait fait avec moi le

voyage de Londres à Sydney. Notre chasse se prolongea plusieurs jours encore,
et nous tuâmes quelques kanguroos et divers autres animaux.

Quelque temps après cette chasse, il fallut songer au départ ; j'avais visité
déjà beaucoup de navires. Enfin le trois-mâts *la Minerve*, capitaine Brown,
arriva de Manille, et, s'annonçant pour Hongkong par Taïti, je ne voulus pas
manquer cette belle occasion ; je m'empressai de prendre passage à bord, et
commençai mes préparatifs de départ.

Pendant mon séjour, j'avais réussi à collecter une grande quantité d'armes
en usage chez les sauvages de l'Australie. Je me mis donc à les emballer, aidé
de mon ami le docteur R.-N. Blamey, avec lequel j'avais souvent fait des
excursions de naturaliste.

Pendant que j'étais occupé à mettre mes dernières collections en ordre, je
reçus un matin une lettre de M. Shustleworth, secrétaire du sportmen-club,
me disant qu'il était chargé, au nom du club, de m'inviter à dîner pour le
14 juillet, ce que j'acceptai avec plaisir. Mais quel fut mon étonnement lorsque j'appris qu'une superbe coupe en argent devait m'être offerte à ce dîner
comme souvenir et témoignage d'amitié de tous les membres ! Je m'étais fait
des amis de tous ces messieurs, et ce témoignage inattendu de leurs sentiments
à mon égard devait, on le comprendra, m'être des plus agréables.

Dans une réunion qui avait eu lieu avant le dîner, quelques membres dési-
rèrent que mon brave ami R. Underwood eût le plaisir de me l'offrir au nom du
club, mais la proposition ne fut point acceptée, et il fut décidé qu'il y aurait
un tir et que le vainqueur me l'offrirait.

Le jour marqué, je fus sur le terrain avec le consul, M. Faramond. C'était
à une lieue de Sydney, sur une vaste pelouse ; il faisait un temps magnifique ;

une tente avec des rafraîchissements de toute espèce nous attendaient. Ces messieurs avaient poussé la galanterie jusqu'à faire faire un grand drapeau tricolore en soie, qui ornait, avec celui de la colonie, les deux angles de la tente. J'appris plus tard que le fabricant ne voulut pas recevoir le prix de ce drapeau ; je cite ce petit trait pour donner une idée du caractère des habitants.

Au dîner, qui se composait de trente personnes, la coupe me fut présentée ;

c'était un objet d'art fait dans la colonie, ce qui lui donnait plus de valeur à mes yeux. Autour du couvercle, qui est surmonté d'un kanguroo, sont gravés, avec la date de la présentation, tous les noms des souscripteurs. Sur le vase, d'un côté, est mon nom avec une vignette représentant un chasseur prêt à tirer ; de l'autre côté, des navires sont l'emblème de mes voyages. Suivant un vieil usage en Angleterre, elle fut remplie de vin et chacun en but une gorgée ; je remerciai, de mon mieux, mes collègues de leur gracieux souvenir, et je priai M. Sthisefield de vouloir bien accepter un couteau de chasse que j'avais fait faire pour moi précédemment. Mon fidèle Jack m'attendait à la porte et accompagné de plusieurs de ces messieurs, qui m'escortèrent presque jusque chez moi ; nous nous séparâmes vers les onze heures du reste de la société.

M. Faramond, le consul, qui avait eu mille complaisances pour moi pendant mon séjour à Sydney, et dont la maison était pour ainsi dire la mienne, me donna un superbe dîner d'adieu.

Je crois devoir dire quelques mots de la maison de M. Barker de Woolloo-moolloo. Peu d'hôtels à Paris ou à Londres sont aussi grands et aussi richement meublés ; et ce qu'il a de plus remarquable dans l'organisation intérieure, c'est le goût exquis qui a su allier la simplicité à la richesse.

Enfin, le jour de mon départ arriva; c'était le 6 août! je l'employai entièrement en visites d'adieux : telle est la vie du voyageur! Il parvient avec peine à faire des connaissances, et, dès qu'il a des amis, il lui faut les quitter pour aller ailleurs se créer les mêmes regrets.

Il était dit que je ne devais cesser de recevoir quelques marques de bonté et d'attention des personnes avec lesquelles j'avais eu des relations. Un carrossier (Davis-Pettstreet), chez lequel je louais quelquefois des voitures, lorsque j'allais en soirée ou au bal, vint lui-même avec sa plus belle voiture pour avoir l'honneur de me conduire, disait-il, jusqu'au dernier moment. Cette gracieuse prévenance est sans exemple en Europe. Naturellement je voulus le payer, comme d'habitude, en partant; mais il ne voulut rien accepter, disant qu'en insistant, ce serait lui ôter tout le plaisir de sa démarche.

Un armurier, nouvellement établi et qui avait la réputation bien méritée de bon ouvrier, se crut obligé de m'exprimer toute sa reconnaissance parce que je l'avais recommandé à quelques amis; et, comme il ne put me parler, il dépensa une trentaine de francs pour faire insérer un article à ce sujet dans le journal. C'était une réclame, dira-t-on; on aurait raison, sans doute, si pareille chose se passait en France; mais à Sydney tout le monde se connaît assez pour qu'on n'ait pas besoin de ce mode de publicité.

Je tiens à faire connaître ces détails insignifiants par eux-mêmes, afin de donner une idée du caractère des colons, si sensibles aux moindres attentions qu'on a pour eux, et aussi pour détruire de fâcheuses impressions un peu trop légèrement publiées par quelques voyageurs, qui n'ont sans doute pas eu le temps d'étudier les habitudes du pays. J'arrivai, je dois le dire, à Sydney avec des préventions, croyant ne voir partout que des criminels et me promettant bien de ne sortir jamais sans être armé jusqu'aux dents. Mais je vis bientôt que cette précaution serait du dernier ridicule, et que, s'il y a des voleurs à Sydney, ils y sont certes en moins grand nombre qu'ailleurs.

Madame Johnson, mon hôtesse, toujours aux plus petits soins, voulut réunir tous mes amis. A neuf heures je me mis en route, accompagné de M. Faramond, de Joubert et du capitaine Grimes; plusieurs voitures nous suivirent jusqu'au bateau à vapeur d'Hunters-river, qui partait à dix heures. Je ne me séparai pas sans regret de ces bons amis, et je fis route vers New-Castle, où j'arrivai le lendemain et où je trouvai le navire *la Minerve,* qui devait me conduire dans de nouveaux parages, mais qui n'avait pas encore complété son chargement de charbon.

Quelques heures suffisent pour voir New-Castle, petit village qui prend chaque jour plus d'importance, à cause de ses mines de charbon et de ses fabriques de tissus de laine. New-Castle est situé à l'embouchure de la rivière Hunter, qui, à cet endroit, est large mais peu profonde, ce qui en rend l'entrée dangereuse; cependant des bateaux à vapeur et de petits bâtiments remontent jusqu'à Maitland pour recevoir les produits du pays, qui sont envoyés par eau à Sydney. Depuis plusieurs années, de nombreux convicts sont occupés à construire un long brise-lames, qui, lorsqu'il sera terminé, empêchera les sables de s'accumuler près du village. La colline sur laquelle New-Castle est bâti est élevée et fertile; l'on plane tout à la fois d'un côté sur la mer, de l'autre sur la rivière, dont les nombreuses iles boisées sont d'un effet très-pittoresque. Je voulus visiter les environs avec M. Évans, le subrécargue de *la Minerve*. Nous armâmes donc un matin la pirogue et nous partîmes, accompagnés de six aborigènes; l'un de ces derniers m'avait donné quelques jours avant une preuve bien positive de son intelligence et de son savoir-faire :

Deux jours avant mon départ de Sydney, quelques personnes me dirent que *la Minerve* était chargée et prête à partir. Il m'était impossible de quitter Sydney le même soir, et en hâte j'écrivis au capitaine. Dans la cour se trouvait ce nègre; je lui confiai ma lettre, en lui donnant l'ordre de la mettre à bord du bateau à vapeur et de la recommander au steward. Dans cette lettre je faisais savoir au capitaine que je ne pourrais partir que le surlendemain, et que, si véritablement il était prêt, je verrais à le dédommager de ce retard. Ainsi la remise de cet avis était d'une grande importance pour moi, car si j'avais manqué le navire, je ne sais où et quand je serais parvenu à retrouver mon bagage, qui était déjà dans ma cabine. Joé, c'est le nom de mon commissionnaire, ne trouva rien de mieux, pour plus de sûreté, que de partir lui-même (les aborigènes ont presque partout passage gratis), et il arriva le lendemain matin à bord de *la Minerve*. Monter sur le pont, descendre dans la cabine, pousser ceux qui voulaient s'opposer à son entrée fut l'affaire d'un instant. Il remit lui-même la lettre au capitaine.

Ce dernier, quelques jours plus tard, me raconta qu'il était endormi dans son hamac, lorsqu'il se sentit poussé et appelé : *Gabiten! gabiten!* par un grand monstre dont l'épaisse chevelure et la haute taille se faisaient sensiblement remarquer dans une petite cabine; aussi lui fallut-il se frotter les yeux trois ou quatre fois pour reconnaître que son interlocuteur n'était véritablement pas un diable.

En montant la rivière avec notre pirogue, nous vîmes un grand nombre de pélicans, des cygnes noirs au bec rouge et de jolies aigrettes blanches, cherchant leur nourriture sur les bancs de sable, ou tantôt volant autour de nous comme pour savoir qui nous étions : ce qui nous permit de leur adresser quelques coups de fusil et nous mit à même de les voir de plus près. Après trois heures de navigation nous débarquâmes à l'île Musquito, qui est très-boisée et habitée seulement par un ou deux pauvres bûcherons; là je tuai plusieurs magnifiques pigeons de la plus grosse espèce : ces jolis oiseaux sont d'un gris ardoisébleuâtre, et leur tête est surmontée d'une huppe de plumes longues et fines. Je rencontrai dans l'intérieur des bois un nègre occupé à fabriquer des lances et des boucliers ; il travaillait avec un *somahawk* (hache), dont il se servait avec beaucoup d'adresse. Je terminai la journée en tuant un *wallaby* (petit kanguroo), et nous revînmes à bord, où je mis mes divers oiseaux en peau.

Cormoran.

Je trouvai plusieurs lettres de Sydney, une de Dick, qui me marquait devoir venir me rejoindre, puisque nous n'étions pas encore partis. En effet, il arriva le dimanche matin par le bateau à vapeur, et me proposa de partir pour Maitland au lieu de rester dans le triste New-Castle. J'acceptai sa proposition avec plaisir.

Maitland, maintenant, est une ville de huit à dix mille habitants; elle est très-commerçante. Elle envoie à Sydney ses laines et autres produits, et en reçoit des articles de fabrication européenne. Il y a dans la ville de fort beaux hôtels : nous nous arrêtâmes chez Cummings pour dîner; et, après, nous allâmes à cinq milles plus loin, chez M. Thomas Underwood, qui fait valoir une magnifique propriété dans une partie des plus fertiles de la colonie. De même que MM. Mac Arthur, il avait commencé à faire du vin; et, ses essais ayant réussi, il portait tous ses soins à augmenter son vignoble. Le lendemain nous fîmes une partie de chasse; Dick et Dan Benham m'accompagnèrent. Nous tuâmes plusieurs canards sauvages et des cacatoès blancs. Tout le monde connaît ces beaux oiseaux blancs, à la crête jaune, et qui, en France, se vendent assez cher. Ici ils volent, non pas par couples, mais en troupes de plusieurs centaines, en faisant un charivari très-peu agréable. Souvent les arbres en sont tellement surchargés qu'ils sont blanchis et comme couverts de neige. Ces oiseaux sont très-sauvages; mais cependant, avec quelques précautions, on parvient à les tuer; d'un seul coup j'en tuai cinq, et je ne sais combien furent blessés. Un noir, qui, grâce à la couleur de sa peau, les approcha davantage, fit mieux, et en tua quatorze du même coup. Chargé de ces oiseaux, dont la blancheur faisait un drôle de contraste avec sa peau noire, il revint triomphant à la maison. Ces perroquets sont très-destructeurs : ils ravagent en peu de jours une plantation de maïs.

Le soir nous fûmes, par un magnifique clair de lune, à la chasse des bandicauts. Ce sont des mammifères quatre fois gros comme un rat; ils se font des

Péramèle.

terriers dans la terre molle ou dans des trous d'arbres. Je tuai plusieurs écureuils volants. Ces singuliers rongeurs ont une fourrure qu'on dit très-recherchée, et ce sont mes dernières victimes australiennes. Le lendemain il y avait des courses de chevaux, je m'y rendis avec une société connue de mon ami, qui avait acheté un fort beau cheval, qui courut et gagna un prix. Pendant la course je me perdis dans la foule. Cet incident me permet de donner un nouvel exemple du caractère hospitalier des colons.

J'étais seul, regardant de tous côtés pour retrouver ma société, lorsque je fus accosté par un monsieur que je ne connaissais pas, fort bien mis, du reste, et s'énonçant en vrai gentleman. « Monsieur, me dit-il, j'ai eu le plaisir de » vous rencontrer à Sydney dans un magasin où vous achetiez de la poudre; » j'ai pu juger que vous êtes amateur de chasse; je reste à quelques milles d'ici, » et comme vous êtes étranger, si vous voulez me faire le plaisir d'accepter un

» gîte chez moi pendant quelques jours, je me ferai fort de vous faire faire de
» bonnes chasses. » Cette proposition me sembla faite de si bon cœur et si
simplement, que je fus doublement fâché de ne pouvoir l'accepter. Je lui
répondis que j'étais à Maitland parce que *la Minerve* n'était pas encore chargée,
mais que d'un moment à l'autre elle pouvait mettre à la voile. Il insista cependant tellement, que je fus obligé de lui promettre que, si le navire ne partait
pas, j'irais le voir avant la fin de la semaine.

J'appris aussitôt qu'il m'eut quitté que c'était un des plus riches propriétaires
des environs, et Richard me dit qu'il demeurait dans une belle maison entourée
d'un vaste jardin que nous avions remarqué la veille en remontant la rivière.

Voilà donc un gentleman qui, sans me connaître, sans trop savoir qui je
suis, m'offre un gîte et des amusements! Dans quel pays civilisé trouverait-on
de semblables prévenances? Je dis pays civilisé, car sous le rapport de l'hospitalité nous sommes bien en retard sur les sauvages qui nous offrent à boire, à
manger, leur hutte, leur hamac et même souvent davantage par une extension
un peu trop large du droit d'hospitalité.

Les courses terminées, Thomas et sa famille partirent après que j'eus pris
congé d'eux, mais Dick ne voulut pas me quitter et resta pour passer avec moi
cette dernière soirée.

Le lendemain à cinq heures du matin, je le quittai avec le cœur aussi serré
que lorsqu'on se sépare pour de nombreuses années d'un frère que l'on aime;
il me donna son god bless you, et je montai sur le coach, qui me mena à bord
du steamer à Morpeth, distant de trois à quatre milles. J'arrivai vers deux
heures, et j'employai le reste de la journée à écrire quelques lettres.

Le 15 août 1845, nous levâmes l'ancre, et, poussés par une brise de nord-
est, les côtes de New-South-Wales disparurent promptement de l'horizon!

Je venais de quitter la Nouvelle-Hollande et je cherchais à réunir les souvenirs de toutes mes lectures sur ce nouveau monde dont je n'avais pu visiter
qu'une bien faible partie. La Nouvelle-Hollande est une île géographiquement
parlant, mais elle a une étendue presque égale à celle de l'Europe; et c'est
avec raison qu'on la considère comme un continent constituant une cinquième
partie du monde. Sa plus grande largeur, de l'est à l'ouest, est d'environ mille
lieues tandis que, du nord au sud, elle n'a que six cent vingt lieues dans sa
partie la plus étendue, c'est-à-dire du cap York au cap Wilson. De tous côtés
les côtes présentent des ports aussi commodes que sûrs, mais la côte orientale
est celle qui offre, sans contredit, le plus d'avantages aux émigrations européennes; aussi les Anglais en ont-ils fait la Nouvelle-Galles du Sud. Si, par
son immense étendue, la Nouvelle-Hollande mérite le nom de continent, la
singularité des végétaux qu'elle produit et celle plus remarquable encore des
animaux qu'elle nourrit devaient la faire considérer comme un nouveau monde.

« Les premiers naturalistes qui abordèrent à la Nouvelle-Galles du Sud, dit M. le docteur Lesson, furent tellement émerveillés à la vue des végétaux qui se pressaient sur un seul point, sans rappeler aucune des formes des plantes des autres climats, qu'ils donnèrent le nom de *Botany-Bay* au havre où ils mouillèrent. »

« Tous les animaux du globe ne sont pas, on le sait, façonnés sur le même type; mais les espèces vulgaires ou celles plus petites, bien que distinctes, appartiennent souvent à des genres plus ou moins analogues. A la Nouvelle-Hollande, au contraire, rien de cela n'existe; tous les animaux, qu'ils soient carnassiers, rongeurs, etc., qu'ils affectent les formes corporelles les plus opposées, se ressemblent tous par un même caractère : la *marsupialité*. Ce caractère semble même former, pour la Nouvelle-Hollande, une véritable loi zoologique. Peu de contrées ont une ornithologie aussi riche que la Nouvelle-Hollande. Les mêmes phénomènes de singularité que nous avons vus caractériser les quadrupèdes, se reproduisent pour les oiseaux. La plupart d'entre eux, ne pouvant tirer leur subsistance des fruits, dont les forêts sont privées, n'ont qu'une nourriture restreinte. Ceux qui vivent d'insectes ont la langue organisée comme les oiseaux des autres climats; mais les perroquets, les merles et beaucoup d'autres passereaux, obligés de pomper les sucs mielleux qui exsudent des corolles des fleurs, ont reçu à l'extrémité de la langue des faisceaux de papilles qui ressemblent à un pinceau, et qui leur permettent de ne rien perdre de cette matière toujours peu abondante. Les oiseaux de cette partie du monde varient sans doute dans les couleurs de leur plumage, mais la plupart sont remarquables par quelque singularité ou par des parures éclatantes; et, comme la Nouvelle-Hollande devait différer en tout des autres régions, il en est résulté que le cygne d'Europe, par exemple, dont le plumage est d'un blanc sans tache, est remplacé dans l'Australie par un cygne à plumage tout à fait noir. Si les Moluques nous avaient présenté un cacatoès blanc, qu'on retrouve aussi à la Nouvelle-Galles, la Nouvelle-Hollande, par opposition, a des cacatoès noirs. »

Malgré les prétentions des Portugais et des Espagnols, ce sont les Hollandais qui les premiers découvrirent, en 1605, les côtes du continent australien depuis explorées par des navigateurs français et anglais.

JEUNES FILLES DE BORA-BORA.

185

VOYAGE AUX ILES DE LA SOCIÉTÉ.

―――⁓⁓⁓⁓⁓⁓⁓―――

TAÏTI.

―――――

Dix jours après notre départ de Sydney, nous apercevions les côtes nord de la Nouvelle-Zélande : j'avais un grand désir de visiter cet archipel, dont les deux principales iles sont Tavaï-Pounamou, au sud-ouest, et Ika-na-mawi, au nord-est, séparées par le détroit de Cook. Après quelque temps d'hésitation, le capitaine se dirigea, à ma grande joie, car je n'osais l'espérer, sur la baie des Iles, avec l'intention d'y relâcher quelques jours; mais arrivé en vue de la côte, il fut décidé qu'on n'aborderait pas et que nous ne prendrions terre qu'à Taïti.

Pendant la courte traversée de Sydney à la pointe nord de la Nouvelle-Zélande, j'avais employé mon temps à lire le Voyage du capitaine Dumont-d'Urville sur la corvette *l'Astrolabe*. Cette relation avait d'autant plus d'intérêt pour moi qu'elle me faisait connaître, en détail, une grande partie du pays que je quittais et les iles que je devais bientôt visiter.

La Nouvelle-Zélande fut découverte, en 1642, par Tasman, et ce ne fut qu'en 1769 que le capitaine Cook y aborda, et reconnut que ce pays se composait de deux grandes iles principales, séparées l'une de l'autre par un canal étroit. A la même époque, un navigateur français, Surville, débarquait dans une autre partie de ces iles, à la baie d'*Oudou-Oudou,* et, par son injuste violence envers un chef, donnait lieu aux hostilités, si funestes plus tard aux Européens. Depuis lors plusieurs navigateurs français, anglais et hollandais, ont visité la Nouvelle-Zélande, et des missionnaires s'y établirent. On constate des intermittences de paix ou plutôt de bonne intelligence; et, à la honte des

Européens, les voyageurs se plaisent à rendre justice aux sauvages habitants de ces îles, en reconnaissant que les cruautés exercées de temps à autre sur les hommes blancs s'expliquent assez par le besoin de vengeance; car, dans bien des circonstances, les premiers torts sont attribués aux visiteurs étrangers.

Je pris note des passages qui fixèrent plus particulièrement mon attention dans le Voyage que j'avais entre les mains, et je crois devoir les reproduire, sinon complétement, du moins en partie.

Il existe parmi les habitants de la Nouvelle-Zélande deux variétés bien distinctes. En effet, les uns sont bien faits et d'une taille élevée : leur teint n'est guère plus foncé en couleur que celui d'un Sicilien ou d'un Espagnol très-brun; leurs cheveux sont longs, plats, lisses et quelquefois châtains; leurs yeux sont grands et bien fendus. Les autres, plus petits, plus trapus, et généralement plus larges de carrure, ont la peau souvent d'une couleur plus foncée que celle des mulâtres. Leurs cheveux sont crépus, leurs yeux petits, et leur corps est très-velu, à la différence des premiers.

Les Nouveaux-Zélandais sont généralement beaux, bien proportionnés et vigoureux; ils ont des dents bien faites et remarquablement blanches. Le caractère de leur figure, dit M. Quoy, est presque aussi varié que celui des Européens, et nous nous plaisions, à bord de l'*Astrolabe,* à leur trouver des ressemblances avec les grands hommes de l'antiquité. Plusieurs présentent ce type de figure qu'on remarque si communément dans la race juive; peut-être aussi leur manière de disposer la barbe contribue-t-elle à leur donner cette ressemblance. (*Sainson.*)

Les femmes sont loin d'être aussi bien que les hommes; elles sont en général proportionnellement courtes et ramassées dans leur taille. Les privations qu'elles ont à subir, et les épreuves cruelles auxquelles elles sont exposées dès qu'elles sont mariées, font bientôt disparaître le peu de fraîcheur et d'attraits qu'elles pouvaient avoir étant filles. Sous ce rapport les jeunes esclaves sont en général plus favorisées que les femmes des chefs; quelques-unes pourraient passer pour fort agréables, en dépit de leur teint foncé, si l'on tient compte de la régularité de leurs traits, de leurs longs cheveux noirs et de leurs yeux vifs et pleins d'expression.

Les premiers voyageurs, dit M. Dumont-d'Urville, nous ont représenté les Nouveaux-Zélandais sous des couleurs peu flatteuses, et l'on doit convenir que ceux-ci y ont donné souvent lieu; mais cela a tenu principalement à la conduite des Européens mêmes envers ces enfants de la nature, à leurs mauvais procédés, surtout à leur ignorance complète des coutumes et des usages de leurs hôtes. Ainsi, quand les Nouveaux-Zélandais reçoivent la visite de personnes étrangères, ils ont coutume de les accueillir par une sorte de parade militaire, qui ressemble plutôt à un défi ou à une provocation qu'à toute

autre chose. Alors il est de rigueur que les étrangers rendent cette espèce de
salut avant que d'en venir, de chaque côté, à une libre communication. Loin
de se conformer à cet usage, les Européens ne répondaient souvent à cette cérémonie, qu'ils prenaient pour une insulte, que par des boulets, ou du moins
par des balles. Si quelque naturel succombait dans la lutte, ses parents et ses
amis étaient obligés, par les lois de l'honneur et de la religion, de sacrifier à
leur tour des hommes blancs pour apaiser l'esprit du mort. Qu'on joigne à
cela toutes les occasions où les voyageurs pouvaient, sans même s'en douter,
offenser ces insulaires dans leurs opinions religieuses, et l'on se fera une idée
des suites funestes qui pouvaient en résulter. De là, sans doute, les cata-
strophes sanglantes qui signalèrent souvent l'apparition des blancs dans ces
climats; de là l'opinion de barbarie, de férocité et de perfidie, qui resta si
longtemps attachée au caractère du Nouveau-Zélandais.

Plusieurs voyageurs, Banks et Forster entre autres, rendent cependant justice à leurs bonnes qualités : ils disent qu'ils sont hospitaliers et généreux;
que les guerriers sont intrépides et hardis, et qu'en général ces insulaires,
quoique fiers, orgueilleux, jaloux, très-irritables et terribles dans leur vengeance, se montrent néanmoins sensibles, probes, sincères, amis fidèles et dévoués, et parents tendres et affectueux. Ces hommes, ajoute-t-on, montrent
beaucoup de courage dans les dangers; ils savent affronter la mort avec intrépidité, et, bien qu'ils soient convaincus que les résultats les plus ordinaires de
leurs guerres sont pour eux d'être tués et dévorés par leurs ennemis, ils savent envisager de sang-froid cet instant fatal, et ils en parlent entre eux
comme d'une chose assez naturelle. La vengeance a pour eux les plus grands
attraits, et ce sentiment est même fondé sur des idées superstitieuses de l'ordre le plus extraordinaire : cependant on les voit quelquefois se montrer généreux envers leurs ennemis vaincus. En général, ceux qui ont eu des relations
fréquentes avec les Européens sont devenus extrêmement défiants; cela provient de ce qu'ils ont été souvent trompés.

Le capitaine Cook reconnaît aux Nouveaux-Zélandais une certaine aptitude
pour les arts mécaniques; d'Urville dit qu'ils sont actifs, industrieux et susceptibles de constance et d'application. On les voit, ajoute-t-il, poursuivre leurs
projets durant des années entières, travailler pendant tout ce temps à se procurer les moyens de réussir, enfin les mettre à exécution au moment où ils
sembleraient les avoir oubliés depuis longtemps. Ainsi Doua-Tara consent à
se livrer trois ou quatre fois de suite à la discrétion des baleiniers anglais,
malgré la triste expérience qu'il avait acquise de leur mauvaise foi; il s'abaisse
aux fonctions pénibles de simple matelot, afin de réussir dans ses projets de
civilisation pour son peuple, et surtout pour se procurer les moyens d'introduire la culture du blé dans son pays. Animé par des sentiments bien diffé-

rents, Shongui poursuit durant douze ou quinze ans ses projets de vengeance
et de destruction contre Moudi-Panga et le peuple de Kaï-Para; il caresse les
baleiniers qu'il n'aime point, il accueille les missionnaires dont il méprise la
religion et dont il paralyse constamment les desseins; enfin, comme Pierre-
le-Grand, il quitte son peuple et se dépouille de sa puissance pour aller jusqu'en Angleterre, tout cela dans le seul but de se procurer de la poudre et des
fusils. Muni de ces précieux objets qu'il a recueillis au prix de tant de maux,
de fatigues et de privations, Shongui revient chez lui; il marche contre son
ennemi et consomme sa vengeance.

Les Nouveaux-Zélandais ont une si haute idée de la valeur guerrière, que
l'homme le plus illustre de toute l'Europe, aux yeux de *Touai*, le plus digne
de son respect et de son admiration, était Bonaparte, dont il avait entendu
raconter les exploits et qu'il avait eu l'honneur de voir à Sainte-Hélène. De
retour à la Nouvelle-Zélande, *Touai* donna le nom de *Panapati*, traduction
de Bonaparte, à *Hihi*, le plus fameux guerrier du pays.

Malgré cette vénération profonde que ces insulaires ont pour la valeur guerrière, et bien qu'elle soit pour eux la plus éminente des vertus, peut-être
même la seule qu'ils estiment en ce monde, le préjugé de la naissance est si
puissamment établi chez eux, qu'il est impossible à un homme de la dernière
classe de parvenir au rang de noble ou *rangatira*. Aussi les chefs faisaient-ils
observer aux missionnaires qu'il était fort inutile d'instruire les enfants du
peuple, attendu qu'ils devaient rester dans la même classe que leurs parents,
mais qu'il était fort bon de donner de l'éducation aux enfants des chefs.

La peine du talion paraît être la plus usitée parmi ces sauvages; la mort
doit être payée par la mort, le sang par le sang, et le vol par le pillage.

Les Nouveaux-Zélandais font preuve d'une patience remarquable pour
sculpter les divers objets à leur usage, et particulièrement leurs armes, et cependant ils n'ont pour tout instrument que des morceaux de pierres ou de
coquillages qu'ils rendent tranchants par le frottement.

Presque tous les insulaires de l'Océanie se font tatouer le visage et diverses
parties du corps; mais plus que tous les autres, les Nouveaux-Zélandais attachent à cet usage des idées de distinction et de dignité, car les chefs seuls
peuvent être décorés du *tatouage* ou *moko*. Les hommes du peuple n'obtien-
nent la permission de se faire tatouer qu'après une action d'éclat à la guerre,
et les femmes de haute naissance ne peuvent avoir de moko qu'aux sourcils,
aux lèvres et au menton, encore ce tatouage ne doit-il consister qu'en quelques
traits de peu d'importance. Parmi ces peuplades, dit Dumont-d'Urville, le
moko m'a paru précisément l'équivalent de ces armoiries dont tant de familles
européennes étaient si vaines dans les siècles de barbarie, et dont quelques-
unes sont encore si ridiculement infatuées aujourd'hui malgré les progrès des

lumières. Entre ces deux inventions il y a pourtant une différence remarquable, c'est que les armoiries des Européens n'attestaient que le mérite individuel de celui qui le premier avait su les obtenir sans rien prouver quant au mérite de

ses enfants; tandis que la décoration du Nouveau-Zélandais atteste d'une manière authentique que, pour avoir le droit de la porter, il a dû faire preuve d'un courage et d'une patience personnelle extraordinaires. Les jeunes gens ne subissent guère les premières opérations du moko avant l'âge de vingt ans; il est rare aussi qu'ils soient admis à cet honneur avant d'avoir assisté à quelques combats.

Les armes dont se servent les Nouveaux-Zélandais et qu'ils fabriquent eux-mêmes, sont des lances, des casse-têtes, des haches, des pagayes, etc., etc. Ces armes sont toutes en bois très-dur, les unes garnies de fragments d'os d'animaux, les autres de pierres, de jade ou de basalte taillés plus ou moins bien; mais ce qui distingue surtout ces armes de celles des autres peuples de l'Océanie et de la Polynésie, ce sont les sculptures dont elles sont le plus souvent couvertes. Les Nouveaux-Zélandais ne font point usage de l'arc, ils ne connaissent ni le bouclier ni la fronde; mais en compensation, depuis leurs

rapports avec les Européens, ils ont su apprécier la supériorité des armes à
feu, qui sont devenues le but constant et pour ainsi dire unique de leurs désirs :
cela tient à la facilité que leur donnent ces armes nouvelles pour eux de tuer
et de manger leurs ennemis. Les fusils à deux coups sont désignés sous le nom
de *poudoua-tangata* ou fusils à deux hommes, parce qu'ils peuvent leur permettre de faire deux victimes. (Voir les notes pour les noms des armes.)

De tous les animaux que produit la Nouvelle-Zélande, le plus singulier et le
plus rare est sans contredit l'aptérix, que quelques naturalistes ont longtemps
regardé comme fabuleux, que d'autres n'ont pu classer, et qui aujourd'hui est
généralement considéré comme formant en quelque sorte un passage entre les
mammifères et les oiseaux.

Aptérix austral.

L'aptérix est de la grosseur d'une poule ; son plumage, d'un brun ferrugi-
neux, a beaucoup d'analogie avec celui du casoar de la Nouvelle-Hollande. Il a
le bec allongé comme celui de la bécasse, mais légèrement recourbé et obtus à
l'extrémité ; et, à la différence de cet oiseau, il a des pattes très-robustes.
Les naturels l'appellent *kiwi,* dit M. Cunningham, et il se plaît dans les forêts
les plus sombres et les plus fourrées de l'île du Nord, où il reste blotti pendant
tout le jour. Aussitôt qu'il fait nuit, il se met en marche pour chercher sa nourriture, qui consiste en vers qu'il attrape en grattant le sol avec ses pattes. Les
naturels chassent cet oiseau, qui ne peut que courir, pour avoir sa chair qu'ils
trouvent très-bonne, ainsi que ses plumes dont ils ornent leurs nattes et leurs
vêtements, et en ont même détruit la race dans quelques districts, où ils
étaient abondants autrefois. Les plus gros de l'espèce se trouvent particulièrement près de la baie des Îles.

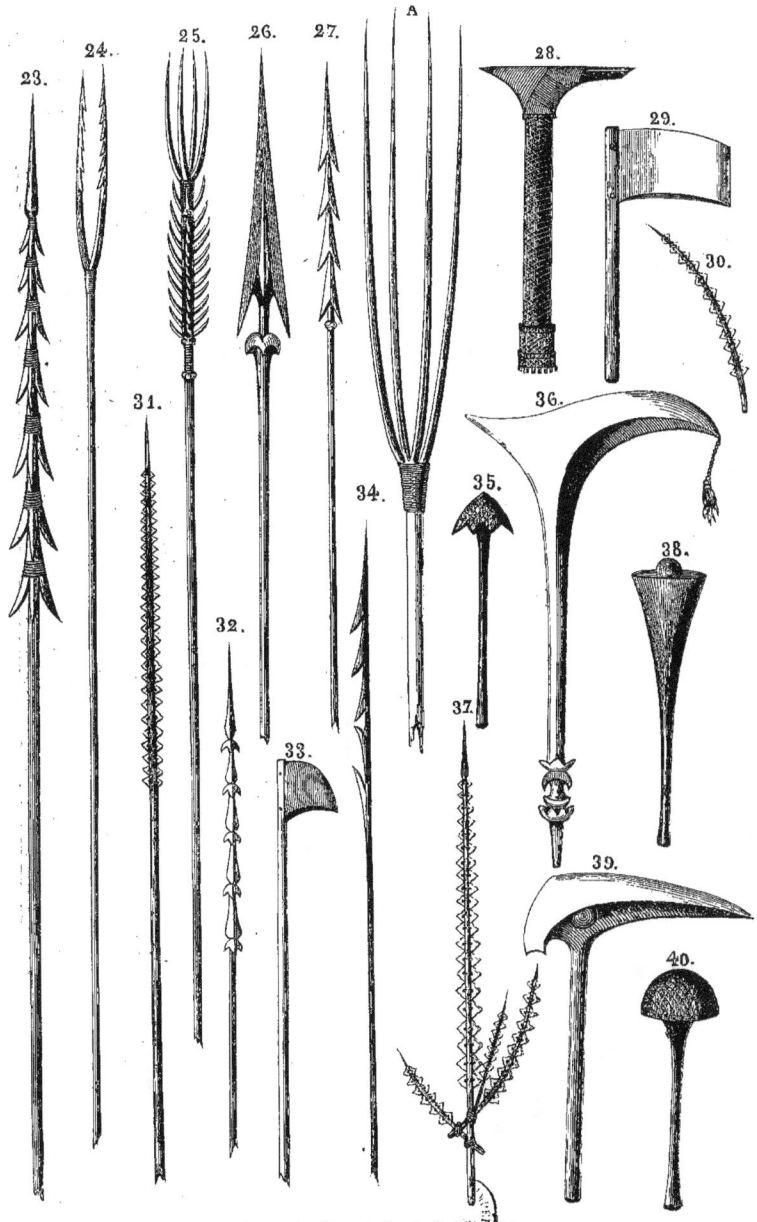

Armes des diverses îles de la Polynésie.

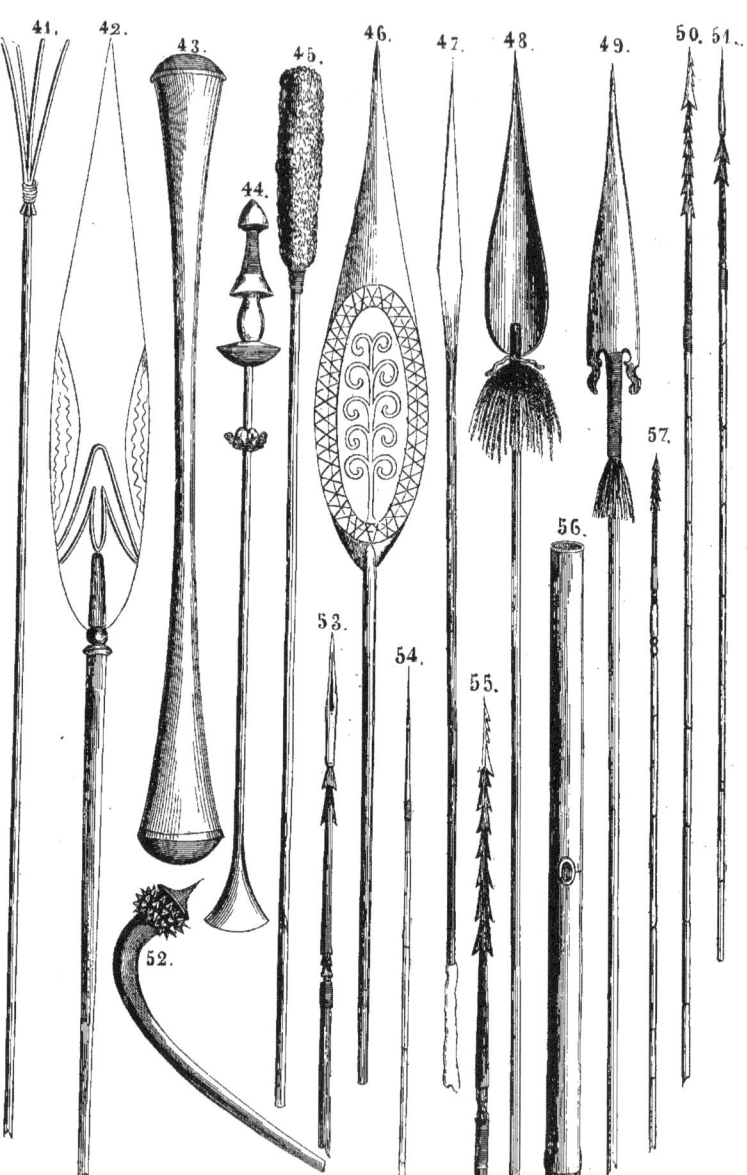

Armes de la Nouvelle-Zélande.

58. 59. 60. 61. 63. 65. 62. 64. 66. 67. 68. 69.

70. 74. 72.

Armes de la Nouvelle-Zélande.

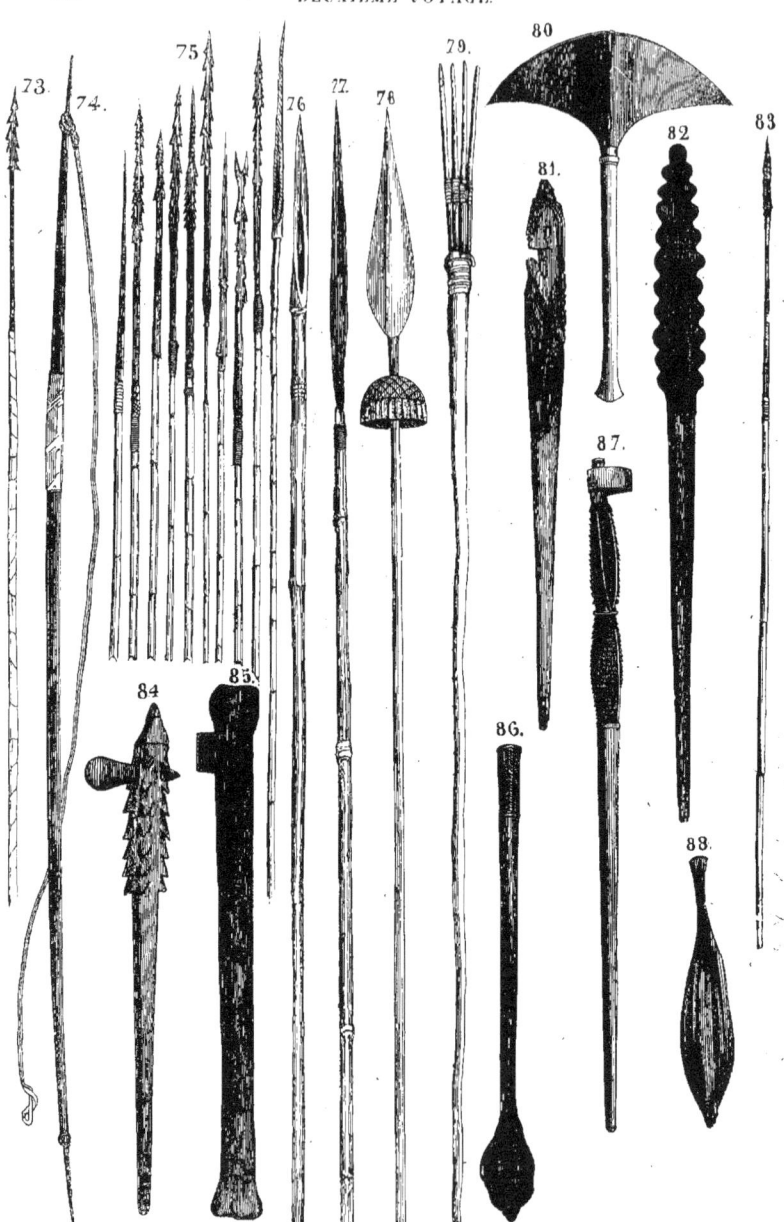

Armes des diverses îles de la Polynésie.

89. 90. 91. 92. 93. 94. 95. 96. 97. 98. 99.

104.

103.

100. 101. 102.

105.

Armes des diverses îles de la Polynésie.

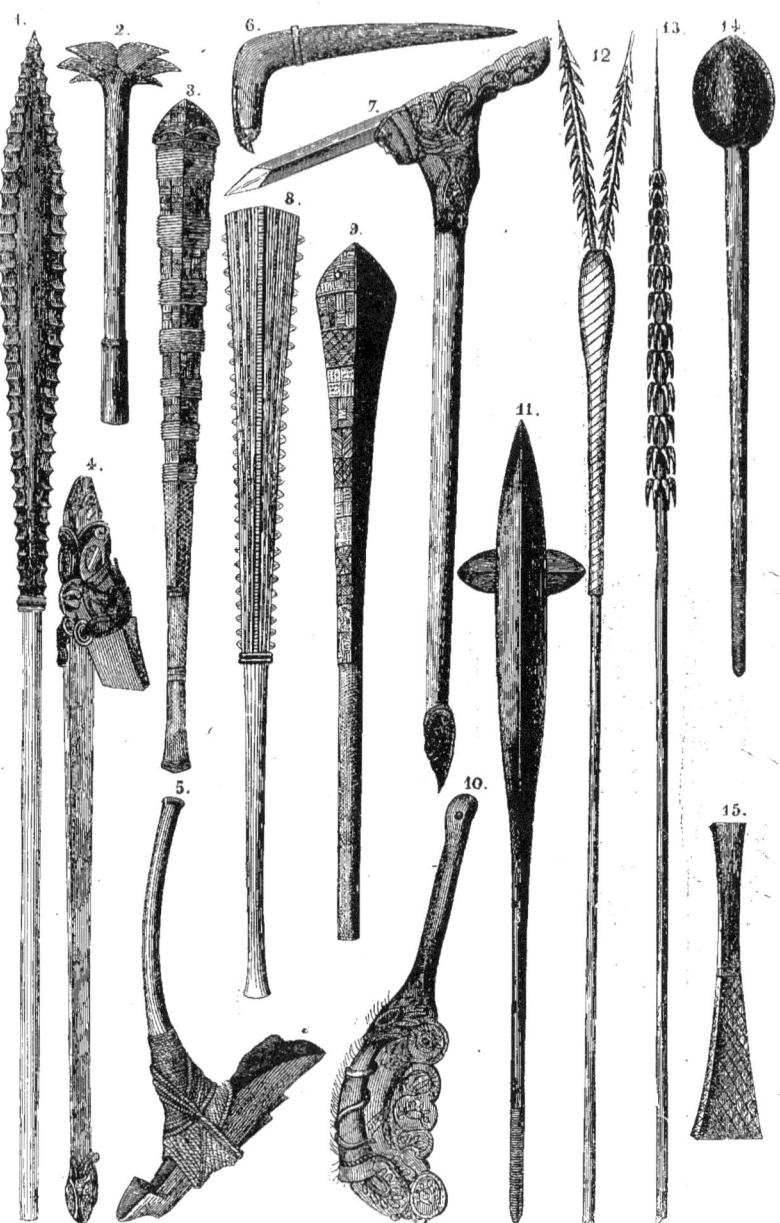

Armes des diverses îles de la Polynésie.

Toutes les notes que j'avais prises avaient excité ma curiosité bien naturelle ; mais il fallut renoncer à prendre terre à la baie des Iles, car les naturels, en guerre avec les Anglais, se battaient avec un acharnement extraordinaire, et, certes, ce n'était point une guerre à l'eau de rose. Les prisonniers européens

John Hikey et sa famille, d'après un dessin communiqué de Sydney.

n'avaient d'autre perspective que d'être mangés par leurs anthropophages ennemis. Malgré leurs fréquents rapports avec les voyageurs, malgré les prédi-
cations des missionnaires et une organisation sociale supérieure à celle de
plusieurs peuplades océaniennes, les habitants de la Nouvelle-Zélande sont
toujours mangeurs d'hommes. On dirait même qu'ils n'ont recherché, dans
leur contact avec la race blanche, que les moyens de s'entretuer avec plus de
facilité.

Les journaux ont fait connaître quelques affreux détails de cette guerre
atroce :

Le *Morning-Herald* de Sydney (juillet 1845) citait un officier anglais qui,
ayant été fait prisonnier, fut immédiatement rôti et mangé. Ses cris arrivaient
aux oreilles de ses compatriotes, sans qu'il leur fût possible de l'arracher à ces
cannibales, et cet infortuné ne fut pas la seule victime qui tomba entre leurs
mains.

Nous avons appris sur les bancs de l'école le sujet de la fameuse guerre
de Troie. C'est, hélas! encore une femme qui a fait éclater la guerre dans la
Nouvelle-Zélande : le chef maoris, *John Hikey*, avait réuni, dès le 4 juillet 1844, un grand nombre de naturels dans le but de demander à l'autorité
anglaise, établie dans la ville de *Korora-réka*, satisfaction et une indemnité
pour des insultes grossières qu'il avait reçues d'une femme *maorie* qui vivait
avec un Européen. On voulut calmer John Hikey, en lui faisant accepter
comme *uotou* (indemnité) un baril de tabac, et en lui accordant l'autorisation
de reprendre cette Hélène océanienne; mais les naturels ne s'apaisèrent pas :
les affaires s'envenimèrent; il y eut plusieurs sanglants combats où périrent
beaucoup d'Anglais, et, le 11 mars 1845, John Hikey s'emparait de *Korora-
réka*, le plus ancien établissement européen de ces parages. La ville fut
pillée et les maisons brûlées : Dieu sait le nombre de blancs qui assouvirent la
faim des *Maoris*. Les habitations des missionnaires anglais furent dévastées;
la seule église et la maison de la mission catholique sont restées intactes : pas
une balle n'y est arrivée. Ces anthropophages s'étaient vus arrêtés, comme
autrefois les terribles Huns devant saint Léon, par un évêque français. Les
Maoris ont poussé la bienveillance, à cause de ce respectable évêque, jusqu'à
ne pas mettre le feu aux maisons trop voisines de celle de la mission. Béni
sois-tu, courageux missionnaire qui représentes si dignement la France dans
ce pays sauvage! Puisses-tu trouver dans ton héroïque dévouement un peu de
cette divine récompense que Dieu réserve, dans une autre vie, au saint amour
de l'humanité! Il est probable que, si les missionnaires anglais se fussent
autant occupés de la conversion des naturels que d'achats de terrains, de
fermes, de multiplication du bétail, etc., ils eussent été mieux traités.

Cette guerre a compromis pour longtemps la colonie anglaise de la Nouvelle-Zélande : tous les émigrants sont ruinés et le commerce anéanti. Il faudra bien des années pour que la prospérité renaisse, et ce ne sera pas trop des bonnes intentions et des vues intelligentes du gouvernement britannique.

Nous nous éloignâmes de cette malheureuse contrée, où l'on s'égorgeait. La brise emporta un sympathique souvenir pour les Européens qui combattaient encore, et nos sentiments de commisération pour les infortunés qui avaient succombé sur cette terre lointaine, sans trouver à leur dernier soupir un regard ami, une main caressante qui leur adoucit l'amertume de tous leurs regrets.

Mais, comme si la guerre qui ravageait la Nouvelle-Zélande dût s'étendre même aux éléments, nous eûmes constamment du gros temps. De fréquentes rafales venaient inonder notre navire, et ne contribuaient pas médiocrement à augmenter les misères de notre traversée. L'impatience fiévreuse où j'étais d'arriver à Taïti pouvait seule me distraire. A l'aide des récits merveilleux de Cook, de Bougainville, de Wallis, etc., j'édifiais dans ma pensée un séjour si enchanteur que mes rêveries parvenaient à m'absorber quelques instants. Le 5 septembre, vers le soir, nous vîmes le soleil dorer le sommet de hautes montagnes boisées : nous étions en vue de l'île *Tobouai*. Cette île, découverte par Cook en 1777, est très-fertile. Notre subrécargue, qui l'avait visitée plusieurs fois, nous dit qu'elle produisait les beaux végétaux que nous allions trouver à Taïti, et que les habitants étaient d'une belle race, vigoureux et bien faits. J'aurais voulu donner des ailes à nos voiles afin d'arriver plus tôt à Taïti, où j'allais pouvoir comparer mes rêves à la réalité et où je me faisais un vrai plaisir de serrer la main à des Français.

Enfin, les hautes terres de cette île fortunée parurent à l'horizon, et le lendemain, de bon matin, nous étions dans la rade de Papeïti.

Vue des hautes terres de Taïti.

Le soleil se levait, et ses rayons adoucis caressaient la pointe de Vénus, qu'ils paraient des plus riantes couleurs. Les pics dentelés des montagnes revêtaient l'éclatante robe du matin; la riche végétation de ces contrées tropi-

cales apparaissait à travers un voile de vapeurs, et les eaux bleues de l'Océan
baignaient le rivage. J'étais immobile sur le pont, plongé dans une de ces
intimes émotions de l'âme que le langage humain n'a pas encore su traduire.
Je la touchais, cette île féerique qui a fourni de si délicieux tableaux aux voyageurs qui l'ont visitée avant moi : j'allais, à mon tour, parcourir ses oasis
enchantées.

Afin d'embrasser plus d'espace et d'élargir mon horizon, je montai dans les
hunes, et là, assis en travers des barres de cacatois, je continuai mon examen
commencé sur le pont du navire. Les légères vapeurs du matin disparurent
peu à peu. J'ignore quel temps s'écoula pendant ce voyage de mes yeux ; je
sais que j'étais immobile et que je songeais : quand on est absorbé par des
sensations qui plaisent, les heures sont parfaitement indifférentes.

Une baleinière qui se détacha de la baie et arriva à notre bord vint m'arracher à mes pensées ; c'était le pilote anglais, M. Henry, né à Taïti, et dont le
nom est cité dans les annales de l'île pour les services qu'il a rendus. Une heure
nous suffit pour nous diriger sans accident à travers de nombreux récifs de
coraux, et l'ancre tombait en face de la maison de cet homme, plus ridicule
que célèbre, en France du moins, par les récriminations de toute nature auxquelles a donné lieu l'indemnité *Pritchard*.

Église.　　　　　Consulat.　　Maison de Pritchard.

J'aurais été cruellement désenchanté s'il en avait fallu rabattre de l'admiration que m'avait inspirée cette île, d'après tant de gracieuses descriptions ;

aujourd'hui j'ai vu, et je ne suis plus sous le charme de mon imagination : la réalité m'a tenu toutes ses promesses.

Je craignais de ne pouvoir séjourner longtemps à Taïti, aussi je me promis bien en arrivant d'employer tous mes instants à l'étude de ce pays. Je fus bien accueilli par mes compatriotes, particulièrement par M. Moerenhout, auteur d'un voyage très-estimé sur Taïti, et par d'autres encore dont les noms reparaîtront ailleurs. Je rédigeais mes notes jour par jour et d'après les impressions du moment ; je faisais des croquis des paysages les plus remarquables, me promettant d'arranger plus tard et dans un meilleur ordre tous ces matériaux ébauchés. Ce travail à tête reposée, le voici ; je ne l'ai pas achevé avec mes seules inspirations, j'ai demandé des conseils aux auteurs qui ont écrit avant moi : au *Voyage aux îles du Grand-Océan,* par M. Moerenhout ; à l'ouvrage si rempli de faits de MM. Vincendon-Dumoulin et Degraz, intitulé *Iles de Taïti;* aux différentes relations des grands explorateurs du monde, Cook, Bougainville, l'infortuné Dumont-d'Urville, et à la *Revue coloniale,* très-remarquable publication qui paraît sous les auspices du ministre de la marine.

Après tant de travaux sérieux sur Taïti, si j'encourais le reproche de témérité pour ce très-modeste voyage, je répondrais à la critique que je n'attends pas un bruyant retentissement de mes descriptions ; j'écris d'abord pour moi et puis ensuite pour des personnes aimées dont je connais toute l'indulgence. Pour ces amis du cœur mes récits ne seront jamais trop longs et les détails jamais trop circonstanciés ; ils me suivront avec intérêt dans mes nomades pérégrinations et me tiendront compte du but que je me propose. C'est donc pour moi et les miens que j'écris ; et s'il pouvait en être autrement, si j'avais la prétentieuse ambition de faire une sérieuse relation de voyages, je mourrais à la peine, d'impuissance d'abord et ensuite d'ennui ; puis disparaîtrait le charme que j'éprouve à confier mes insignifiantes mais sincères impressions. Je serais le manœuvre impuissant qu'un travail au-dessus de ses forces aurait bientôt écrasé. Qu'on ne cherche donc dans ce livre qu'une narration simple, naïve et fidèle. Mes jugements pourront quelquefois différer de ceux des autres voyageurs, mais, en résumé, je dirai ce que j'ai senti, sans m'inquiéter que d'autres aient senti autrement que moi.

Et d'ailleurs ne saurait-il donc y avoir de place pour décrire un lieu que d'autres ont décrit déjà ? Dans un repas bien ordonné l'abondance des mets réjouit les yeux, réveille l'appétit, et chacun choisit ce qui flatte son goût. Pline a dit quelque part, à mon intention peut-être, que l'on a toujours quelque profit à tirer du plus mauvais ouvrage. Les auteurs de voyages diffèrent tous entre eux : comme les historiens, ils écrivent sous l'influence de leurs passions et de leurs préjugés. Les motifs de leurs courses aventureuses sont loin d'être les mêmes ; les uns voyagent par devoir, les autres par plaisir : celui-ci veut étudier les antiquités, cet autre est naturaliste; le peintre et le dessinateur recherchent les paysages les plus pittoresques, les expositions les plus ravissantes; le commerçant s'occupe tout d'abord des débouchés pour les produits industriels; le philosophe étudie les mœurs et les habitudes, à l'exemple des sages de la Grèce, qui s'en allèrent autrefois en Égypte et dans les Indes recueillir les traditions des peuples, interroger les souvenirs des lieux et enlever les fruits de la science pour les importer dans leur patrie. Si je suis loin de réclamer une place dans l'une de ces catégories, il me sera permis du moins de me classer modestement parmi les plus humbles voyageurs dont les récits n'ont aucune orgueilleuse prétention, et c'est avec cette confiance que je reviens à mon sujet.

A peine l'ancre était-elle tombée que nous aperçûmes une flotte de pirogues ou petits canots à balanciers qui voltigeaient autour de nous; car c'est toujours un événement pour les Taïtiens que l'arrivée d'un navire. Bientôt le pont fut assiégé par une troupe d'hommes qui vinrent nous prendre la main; c'étaient de tous côtés des *ioreana,* gracieux salut qui se traduit par *Bonjour, s'il vous plaît, Votre Excellence.* Nos visiteurs témoignaient par tous les gestes du plaisir qu'ils avaient à nous voir; ils étaient empressés et non importuns, et la

Canot à balancier de Taïti.

sincérité de leur accueil, plein de cordialité, se peignait sur leurs figures ouvertes. Quelle différence de ces insulaires aux naturels de la Nouvelle-Hollande! Là nous avions vu l'être humain placé au dernier degré dans l'échelle de l'espèce, sans instinct, mal conformé, farouche et stupide; ici point de nudité repoussante, point de ces scènes hideuses sur lesquelles l'œil du voyageur ne se repose qu'avec dégoût : une écharpe gracieuse enveloppait de beaux hommes,

grands, bien faits et d'une propreté recherchée. Je rendis avec empressement
politesse pour politesse, et je formai de suite des relations amicales.

Taïtien portant le pavillon national, rouge et blanc.

J'étais pressé d'arriver pour remettre des dépêches qui m'avaient été con-
fiées pour le gouverneur, M. Bruat, auquel j'étais recommandé. Je descendis
donc à terre doucement ému et avec d'agréables impressions : la vue des uniformes français fit bondir mon cœur. A quatre mille lieues de France, qu'on
éprouve de joie à la vue de compatriotes! Hélas! ma joie fut mêlée d'amertume : la civilisation s'est emparée de la perle polynésienne; elle a cru la
rendre très-heureuse en lui apportant ses habitudes. Le début de cette éducation, à la pointe des baïonnettes et au bruit des fusils et du canon, me semble
tout d'abord un peu trop sérieux. Les voyageurs qui ont écrit avant moi sur
Taïti se sont écriés sur tous les tons : *C'est trop beau, c'est trop riant.* Oui,
le pays est très-beau, mais les Taïtiens ne rient plus guère. Comme les enfants
à l'école, ils trouvent peu de charme aux leçons du maître, et n'obéissent qu'à
regret et par crainte aux nombreux arrêtés de police, aux ordonnances et aux
règlements, qu'ils ont la bonhomie de trouver vexatoires. C'était bien la peine
de tant s'extasier sur cette île, sur ses habitants, pour tout changer et pour en

faire un poste militaire, une caserne, une station maritime, disent les grands
politiques d'Europe! Ah! mais aussi, ma gracieuse île, on va te rendre libre
et constitutionnelle. Il faut t'y résoudre, tu seras libre malgré toi; quand je dis
libre, entendons-nous : tu commenceras par oublier tes mœurs, tes habitudes
et tes lois; ton climat, d'une température élevée, réglait sur plusieurs points ta
manière de vivre : qu'importe! tu emprisonneras tes pieds dans nos horribles
chaussures, tu t'affubleras de nos incommodes habits; et quand tu sentiras les
enivrants parfums de tes campagnes enchantées, que l'attrait ne t'attire pas au
delà des limites tracées : tu es libre, mais tu ne les dépasseras pas. La chaleur
a été lourde pendant le jour, on est si bien sur ton rivage, les tièdes bains de
tes ondes bleues répandent tant de bien-être par une soirée de fraîche brise;
tu peux certainement te baigner à l'aise, mais huit heures sonnent et le canon
de la retraite t'invite à te retirer, sans quoi tu iras en prison : tu es civilisée,
et dans le pays de tes bienfaiteurs les choses se passent ainsi.

Pauvre Taïtien, si simple, si hospitalier, si admirablement organisé pour
jouir pleinement des trésors inépuisables de la nature! tu n'échapperas pas au
sort commun. Nous avons la plus grande épée, nous sommes les plus forts; au
nom du roi, tu nous obéiras. Que de fois sans doute, en dépit du sabre auquel
ton éducation est confiée, tes pensées se reportent-elles vers un temps qui ne
reviendra plus! tu payeras bien cher le bonheur d'avoir fixé l'attention de deux
États qui se disent les plus civilisés du monde. Pour toi plus de bonheur sans
amertume; le *dolce far niente*, pour lequel Dieu t'avait choisi une terre toujours féconde, tu ne le connaîtras plus, à moins que pour vivre tu puisses te
contenter du corail de tes récifs. Tes vallées et tes montagnes, on en disposera,
et tu iras les visiter quand tu auras fait ta tâche; tu ne comprends pas! notre
langage est si peu intelligible pour toi que tu n'as pas même d'équivalent dans
ton idiome pour traduire le mot *travail*. Travailler n'a donc pas de sens pour
toi, mais attends un peu : jusqu'à l'arrivée de tes amis d'Europe tes rivages te
donnaient abondamment du poisson frais, tes arbres des fruits savoureux, et
tes campagnes les animaux qui seuls faisaient ta richesse. Tu vivais dans l'a-
bondance, c'était pour toi l'âge d'or; hélas! tu n'as pas connu de transition
pour passer à l'âge de fer. Nous sommes arrivés nombreux et affamés, nous
achèterons tes produits; chaque jour ils deviendront plus rares pour toi, mais
nous te les échangerons contre de misérables objets de nos fabriques. Nous
développerons chez toi des goûts qui t'étaient inconnus; pour les satisfaire tu
nous donneras la récolte destinée à ta famille; si tu ne veux mourir de faim,
il faudra te courber sur la terre pour obtenir d'elle tout ce qu'elle peut produire
en l'arrosant de ta sueur. Commences-tu à comprendre? Mais ce n'est pas tout :
cette île t'appartenait bien, en vertu d'une possession immémoriale qui, dans
nos Codes mêmes, a force de loi; mais nous avons d'habiles légistes qui expli-

TAÏTIENNE.

204

quent au mieux ce cas de jurisprudence. Voici comment entend la question un gouverneur anglais de la Nouvelle-Hollande :

« Deux ou trois principes généraux et incontestables comme axiomes poli-
» tiques doivent nous guider dans nos rapports avec les sauvages. Le premier
» de ces principes, c'est que les habitants non civilisés d'un pays n'ont sur ce
» pays qu'un droit de domination restreint ou plutôt qu'un droit d'occupation,
» et qu'avant d'avoir converti la terre à leur usage par la culture, ils n'en peu-
» vent concéder aucune portion, même à des individus de leur propre tribu,
» par la raison toute simple qu'ils n'ont sur ces terres aucun droit de propriété.
» Le second principe, c'est qu'une puissance civilisée acquiert, en établissant
» une colonie dans un pareil pays, un droit péremptoire sur le sol, ou, en
» d'autres termes, qu'elle acquiert la faculté d'éteindre le droit primitif. »

Ces paroles étranges et qui sont sans doute officielles, se lisent dans la *Revue coloniale* de janvier 1845, à la page 27.

Il paraît que ces principes ne sont pas seulement à l'usage de l'Angleterre et que la France a cru pouvoir les invoquer aussi. Toujours est-il que l'or qu'elle sème avec une effrayante profusion à Taïti n'a produit jusqu'ici que des malédictions à l'adresse des protecteurs : c'est là du moins le résultat le plus positif obtenu au prix de douloureux sacrifices. L'avenir sera-t-il plus beau? je ne sais vraiment sur quoi se fonderaient les espérances. Le pays est délicieux, ravissant, mais quels sont les produits qu'il peut fournir à la France? quels

Taïtien portant les produits de son île.

sont les produits que la France peut y placer? là serait toute la question pour ceux qui prétendent être les plus sages. D'autres, considérant les avantages inappréciables d'un point de refuge pour nos vaisseaux à quatre mille lieues de la métropole, pensent trouver dans l'avenir des compensations assurées aux sacrifices énormes du présent. Je le désire, mais je ne le crois pas.

Je faisais ces réflexions, qui se produisaient en un monologue tant soit peu acerbe, en me rendant chez M. le gouverneur des *possessions françaises* dans l'Océanie, M. Bruat. De tous côtés s'offraient à ma vue des canons, des fusils, des soldats, et presque pas d'habitants du pays; ils étaient accourus avec tant d'empressement à bord! les démonstrations étaient peut-être défendues à terre, c'est ce que j'ignore. Après avoir fait quelques visites à des compatriotes et perdu une journée à faire signer mon permis de séjour, je fus libre de me promener, à la condition que je ne dépasserais pas les limites de la garnison.

La Polynésie, une des quatre grandes divisions de l'Océanie, comprend un grand nombre d'îles généralement disposées en groupes, mais toutes extrêmement petites relativement aux autres terres, qui appartiennent à la Malaisie ou à l'Australie : ce sont la *Nouvelle-Zélande*, les îles *Tonga* ou des *Amis*, les îles *Hamoa*, l'archipel *Dangereux* ou îles *Pomotou*, les îles *Sandwich*, les *Marquises* ou *Nouka-Hiva*, et les îles de la *Société* ou archipel de *Taïti*. Ce dernier groupe est placé presque au centre du vaste Océan Pacifique; une distance de douze ou quatorze cents lieues le sépare du continent américain, et les quelques îles qui semblent jalonner cette route sont peu importantes. L'archipel de Taïti et des îles Pomotou forme le premier groupe de cette longue chaîne d'îles qui, semées au milieu de l'Océan Pacifique, semblent vouloir relier l'Amérique aux vastes continents de l'Australie et de l'Asie.

Je ne saurais trop dire le nombre d'îles qui composent l'archipel de Taïti; je déclare que je n'ai pas été les reconnaître, et, si je m'en tiens aux auteurs qui les ont visitées, mon embarras est très-grand, car le nombre diffère pour chacun d'eux. M. Moerenhout, qui a résidé longtemps à Taïti, dit dans son ouvrage :

« Cet archipel comprend neuf îles principales, occupant un espace immense » en longitude occidentale et en latitude méridionale, séparées qu'elles sont les » unes des autres par des canaux dont plusieurs sont d'une largeur considé- » rable. »

J'attacherai d'autant moins d'importance au nombre réel de ces îles que, n'ayant pu voir que Taïti, Eimeo et Bora-Bora, c'est sur elles que j'appellerai toute l'attention.

Si vous avez jamais créé, dans les rêves de votre imagination, une terre qui jouisse d'un ciel éclatant, d'une végétation triomphante, d'une atmosphère baignée de lumière et de parfums, assurément Taïti réalise tout ce que l'esprit peut enfanter de plus magique : il est impossible, par les seules ressources du langage, de parvenir à décrire les étonnantes beautés de cette nature, dont

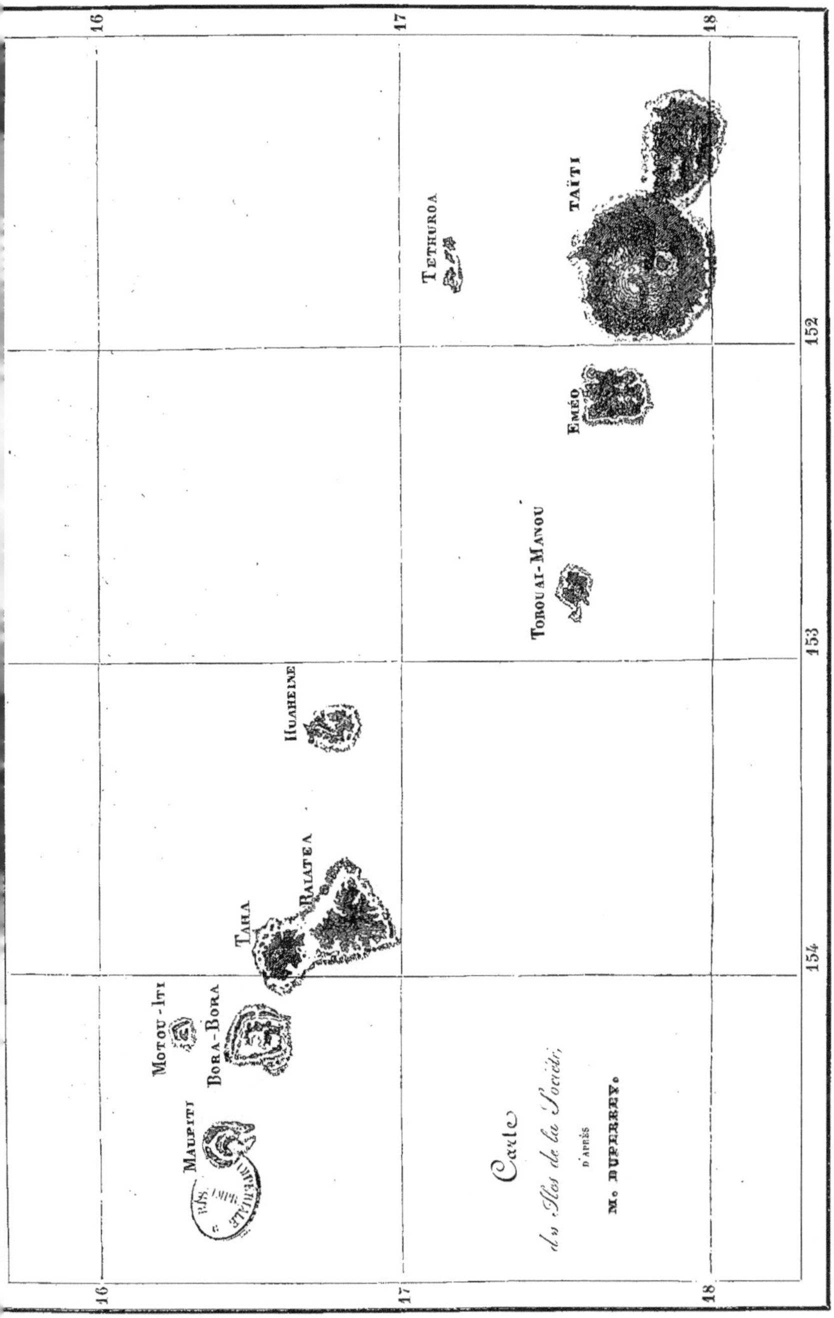
16
17
18
152
153
154
Tethuroa
Taïti
Eméo
Tobouai-Manou
Huaheine
Raiatea
Taha
Motou-Iti
Bora-Bora
Maupiti
Carte des Iles de la Société d'après M. Duperrey.

le pinceau lui-même ne pourrait donner qu'une esquisse incomplète. Comment peindre cette étonnante variété de formes et de couleurs, dont l'aspect imprévu frappe et captive les étrangers? L'émotion qu'on éprouve devant ces gracieuses scènes, devant ces riches paysages qui varient et se transforment à chaque aspect, saisit d'admiration; on jouit de ce qu'on voit, sans chercher à l'exprimer. Qu'importent les bornes du langage! celui de l'âme et du cœur, quoique muet, fait entendre des voix mystérieuses que l'on connaît, et cela vaut mieux que les plus magnifiques périodes.

Mais le rôle change lorsqu'on veut communiquer ce qu'on a éprouvé : les mots ne répondent plus aux idées, souvent ils refusent leur secours; le plus souvent ils manquent entièrement. L'exactitude du récit ne sera qu'une cause de froideur, et le lecteur, loin de partager l'enthousiasme du voyageur, souriant de son impuissance, blâmera souvent même jusqu'à ses efforts.

Les navigateurs anciens qui ont écrit sur Taïti en ont tous parlé avec enthousiasme, et j'imagine qu'ils pensaient, comme moi, que leurs plus pompeux tableaux étaient au-dessous de la réalité : aussi ont-ils tous conservé de leur visite un doux souvenir, et dans toutes les relations de voyages, Taïti occupe une place réservée; elle est le sujet de prédilection de ces froids officiers de marine; elle exalte leur imagination, qui invente des figures de langage, et semble outrepasser le possible. « Quelque pompeux que soient ces » tableaux, nous dit M. Moerenhout, ils n'ont pourtant rien d'exagéré : j'en » appelle à tous ceux qui ont vu Taïti sans prévention, et qui peuvent appré- » cier et sentir les beautés de ce genre. »

C'est, en effet, un spectacle bien merveilleux que la vue de cette île : une couronne d'argent et d'écume règne sur ses récifs, sur le rivage elle revêt sa verte parure d'émeraude. Les roches inaccessibles et perpendiculaires, couronnées d'arbres magnifiques, versent de nombreux cours d'eau qui se précipitent en cascades ou roulent paisiblement à travers de frais vallons. Cette eau limpide rafraîchit et féconde les plaines qui fournissent sans cesse des fleurs et des fruits. La nature se montre ici d'une prodigalité extraordinaire, dont elle ne donne d'exemple partout ailleurs qu'à une laborieuse culture. Là seulement elle semble fière d'échapper au despotisme de l'homme, et elle déploie toutes ses richesses, les étale avec profusion et se complaît en liberté dans les beautés qui lui sont propres.

Laissons un peu tomber notre enthousiasme, et étudions sommairement les détails de notre île.

Taïti se trouve par 17° 28′ à 17° 56′ de latitude sud, et par 151° 24′ à 152° 1′ de longitude occidentale. Cette île est formée par deux péninsules réunies par un isthme à peine large d'un mille et que submergent les hautes marées. La plus grande, de forme à peu près ronde, est Taïti proprement

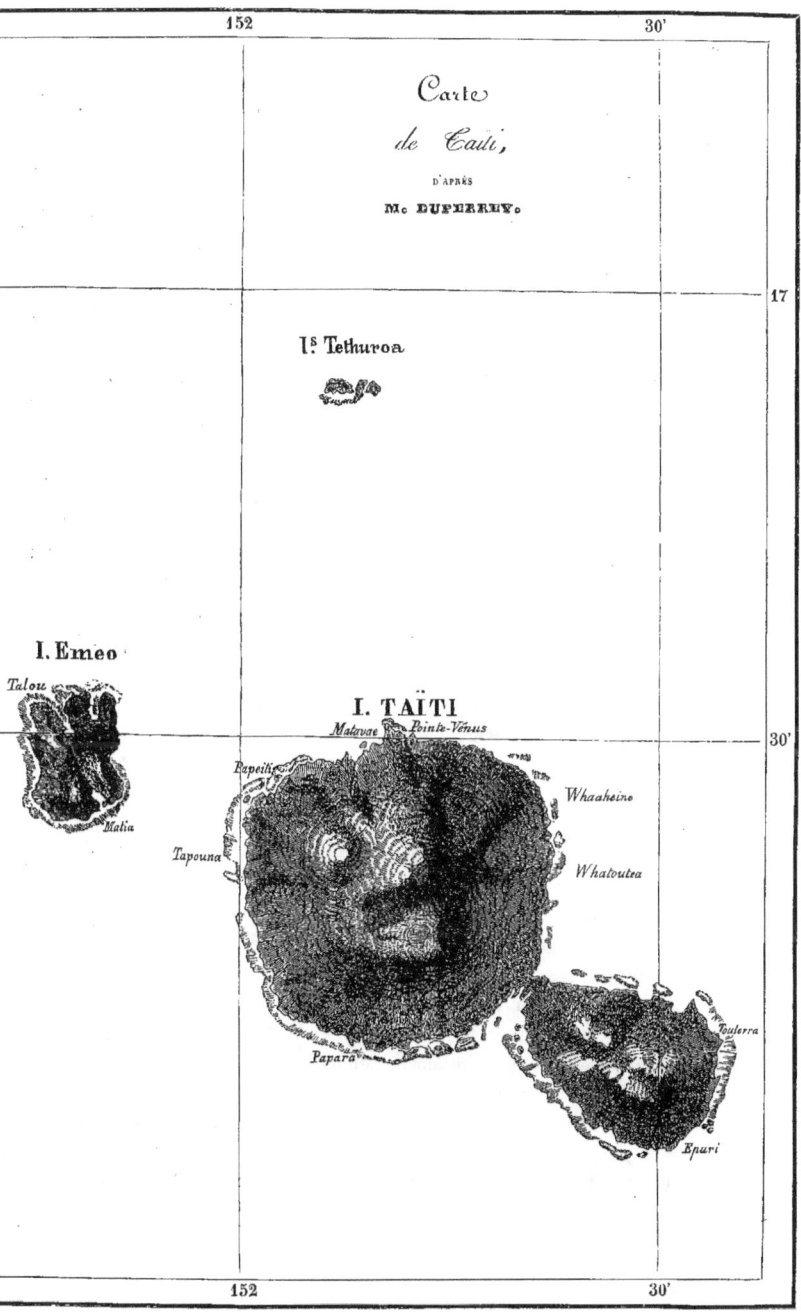

Carte
de Taïti,
D'APRÈS
Mr DUPERREY.

152   30'

17

Is Tethuroa

I. Emeo

Talou

Matia

I. TAÏTI

Matavae   Pointe-Vénus

Papeiti

Whaaheine

Tapouna

Whatoutea

Papara

Toulerra

Epuri

30'

152   30'

dite; l'autre, de forme ovale, est désignée sous le nom de *Taïtia-Babou*. Leur ensemble s'étend, du nord-ouest au sud-est, sur une longueur de quarante milles et sur une largeur qui varie de six à vingt et un milles.

Un auteur, le capitaine Lafond, demande si l'on doit dire *Taïti* ou *O-Taïti;* il répond que, lorsque les premiers navigateurs questionnèrent les naturels sur le nom de leur île, ceux-ci répondirent *O-Taïti*, ce qui veut dire *c'est Taïti*, et les étrangers, dans l'ignorance où ils étaient de la langue, confondirent tout naturellement le verbe avec le substantif. *Taïti* est donc le véritable nom de l'île féerique qui nous occupe, quoique la dénomination d'O-Taïti ait prévalu.

Comme toutes les îles de ces archipels polynésiens, Taïti est cernée par un récif de corail qui s'élève jusqu'à la surface de l'Océan, dont il arrête l'impétuosité, laissant entre la terre un canal où les eaux sont toujours tranquilles. Dans certains endroits le récif touche la côte, ailleurs il s'en écarte à quelque distance et forme ainsi plusieurs bons ports, où l'on pénètre par des brèches naturelles faites dans cette ceinture.

Ces récifs expliquent la formation d'une grande partie des îles polynésiennes, de celles du moins qu'on appelle îles basses : on les voit cachées au niveau, ou à peine élevées de quelques pieds au-dessus de la surface de la mer; elles ne se composent que de corail, de coquilles et de sables : quelques rares végétaux semblent croître à regret sur ces falaises ingrates. Aussi, à peine offrent-elles le strict nécessaire aux êtres de notre espèce, qui y végètent dans l'ignorance et dans la misère, sans cesse exposés à être submergés.

Tout le monde convient aujourd'hui qu'elles ont été créées par les polypiers, dont le travail infatigable marque chaque jour de nouvelles conquêtes sur les eaux : « Rien n'est admirable, dit M. Dumoulin, comme ce travail incessant de la nature dans ces mers tièdes des tropiques : d'abord ce sont de faibles animaux qui, malgré la lenteur de leur travail, élèvent des murailles inébranlables au milieu des eaux constamment agitées ; leur œuvre n'est terminée pour ainsi dire que lorsqu'il n'y a plus d'obstacles à vaincre, lorsque sur un pied solidement établi ils ont élevé les bases de leur édifice jusqu'au niveau de la mer. Bientôt la vague qui s'y brise impuissante recouvre ces récifs dangereux des sables qu'elle entraîne avec elle : ensuite un coco ou une graine quelconque enlevée par les eaux sur la rive voisine vient y trouver la vie. Un arbre surgit, et l'Océan compte une île de plus, qui, quelques siècles plus tard, sera riche en terre végétale et en productions de toute espèce.

» En parcourant l'archipel Dangereux et diverses parties de l'Océan Pacifique, on découvre à chaque pas cette formation graduelle. Une particularité de l'œuvre de ces polypiers, c'est que ces îles, en se montrant au-dessus des eaux, se ménagent toutes des lacs intérieurs qui finissent par se combler et par devenir des terrains propres à la culture. Ces terres intérieures, c'est-à-dire celles où se trouvaient les lacs, sont toujours plus fertiles que les terrains de la première ligne de corail et de sables qui constitue leur sol primitif; car les détritus de bois, de feuilles et de toute espèce de végétaux charriés dans les lacs y forment une sorte d'engrais ou de terreau bien autrement saturé de principes féconds que peuvent l'être les sables arides qui couvrent les récifs des îles le plus nouvellement formées.

» Quant aux autres îles qui, comme *Taïti*, s'élèvent majestueusement sur les flots et se couvrent d'arbres et de verdure depuis leurs rivages jusqu'aux sommets de leurs plus hautes montagnes, elles ne semblent pas de la même formation que les îles basses dont je viens de parler. M. Moerenhout pense que ces pics, ces élévations, ne sont que les sommets de grandes montagnes ; et, quoique de formation secondaire, leur revêtement de terre végétale et la richesse de leur végétation donnent lieu de les croire très-anciennes.

» Il semblerait résulter de la structure géologique des îles de la Société, et surtout de Taïti, que les coraux madréporiques auraient formé seulement les plaines de beaucoup moins anciennes que ces montagnes. On trouve en effet à Taïti, comme dans un grand nombre d'îles voisines, une double ligne de corail ou deux récifs, l'un près de la terre qui termine la plaine et distant d'un quart de mille à deux milles du pied des montagnes; l'autre à une distance presque égale du premier, et qui, plus au large, forme la barrière où la mer se brise. Ils laissent entre eux des espaces formant autant de lacs ou bassins, dont les uns, très-profonds, peuvent être parcourus en toute sûreté par les Indiens avec leurs pirogues, et offrent souvent d'excellents ports pour les navires, tandis que les autres, déjà encombrés par le corail qui s'y agglomère en masses épaisses, ainsi que par les pierres et la terre que les nombreuses petites rivières et les eaux pluviales ne cessent d'y charrier, livrent à peine passage aux plus petites pirogues, et sont sur le point de se combler tout à fait, comme on le voit sur plusieurs points de *Taïti*, et de former à leur tour de larges et de fertiles plaines. Il paraît donc certain que, pour toutes ces îles qui ont cette double digue de corail ou de récifs, celui du dehors est nouveau, et que le plus rapproché de terre, bien plus ancien, formait autrefois les limites de la mer. En plusieurs endroits, à *Taïti*, on marche sur un récif qui, tantôt en partie, tantôt entièrement couvert de sable et de terre, est néanmoins toujours facile à distinguer et se compose absolument de la même pierre ou du même corail compacte que le récif extérieur.

» Ces parties de terre, dont la base est du corail, se signalent à Taïti par un terrain ingrat, tandis qu'au delà, jusqu'au pied des montagnes, le sol s'améliore et devient d'une fertilité qui n'a peut-être rien de comparable au monde. C'est un sable mêlé d'argile que des pluies fréquentes et un grand nombre de petites rivières qui coupent les plaines dans tous les sens fécondent en l'arrosant et en le rafraîchissant sans cesse. »

De la formation des plaines, des îles de la Société par les coraux madréporiques, M. Moerenhout tire cette conséquence : « Je conclus qu'il est sûr, quoique la marche de ce travail soit lente, que ces différentes îles et ces divers groupes finiront avec le temps par s'unir et formeront un vaste continent sur les débris d'un plus vaste encore peut-être, existant jadis, d'après les traditions des habitants, et qu'ont détruit des déluges ou des commotions volcaniques. »

Je n'ai garde de contredire cette conséquence, que l'auteur appuie sur des observations patientes et sur des études sérieuses; mais il restera toujours à expliquer la formation des montagnes taïtiennes. Se sont-elles produites par l'action puissante des feux incandescents de la terre et datent-elles de la première formation comme celles de Bora-Bora? Peut-on leur appliquer le système ingénieux du savant M. Élie de Beaumont? ou devons-nous penser que des éruptions volcaniques développées dans des temps postérieurs les aient disposées sur leur piédestal splendide? c'est ce que feraient penser les rochers cellulaires volcaniques et les différentes espèces de basalte qu'on découvre fréquemment. Que de plus savants que moi expliquent ces phénomènes, en attendant une solution satisfaisante, je m'en tiendrai à la Bible, qui m'apprend que les montagnes se sont élevées et que les vallées sont descendues en la place que le Seigneur a marquée, et je m'écrierai : « Que la nature est belle, que ses secrètes puissances sont fécondes, ses industries merveilleuses et ses harmonies ravissantes! Chaque être vivant, chaque brin d'herbe, chaque grain de sable révèle Dieu! »

Quoique Taïti ne possède, pour varier ses paysages, ni tours moussues, ni châteaux en ruines, ni poétiques souvenirs du sol européen, elle n'en a pas moins un attrait saisissant pour le peintre et le poète : son histoire se lie par une association intime aux mystérieuses légendes des temps passés; et on y retrouve encore les traces de la puissance et de la prospérité de son peuple toujours si beau, si insouciant et si bien fait pour toutes les jouissances de la nature; ces hommes, il est vrai, n'étaient que des sauvages, à notre point de vue tant soit peu présomptueux, mais leur histoire n'en a pas moins des titres à notre attention, et leur décadence, amenée peut-être, hélas! par notre contact, mérite notre sympathie.

Mais, en attendant que nous étudiions ce peuple autochthone, parcourons un peu sa demeure, faisons quelques excursions dans ses domaines, véritable séjour enchanté que les poètes de la vieille mythologie eussent choisi pour leurs Champs-Élysées.

« L'île de Taïti, lisons-nous dans l'esquisse historique et géographique de

M. Vincendon Dumoulin, vue du nord-est, se présente comme une terre haute inclinant vers l'est et l'ouest une croupe arrondie. Ses pentes sont douces, sans déchirures ni escarpements remarquables, tandis qu'au centre le point culminant, assis sur un sol plus découpé, montre un gros morne dentelé. A l'est, la plus méridionale des deux presqu'îles efface dans l'éloignement les accidents de son terrain, et ses montagnes ne montrent à cette distance aucun accident brusque, ni le riche manteau de verdure qui recouvre les terres de *Taïti* proprement dite. Sur la masse imposante des hautes montagnes de l'intérieur, quelques taches rougeâtres, qui annoncent un sol dénudé, arrêtent d'abord le regard; mais il se repose avec plaisir sur le rivage, où règne sans interruption une zone plus ou moins large de terres basses, contenant de belles plaines, des vallons pleins d'ombre, de jolies baies où la population a semé ses demeures couvertes par de larges toits grisâtres. Cette lisière de terrain bien boisée, bien arrosée, s'étend jusqu'à la pointe de Vénus, partie septentrionale de l'île, où l'écume des brisants, jaillissant en vastes nappes, rehausse les beautés du rivage.

» Le panorama que l'œil contemple lorsqu'on a doublé la pointe de Vénus est un des plus séduisants qu'on puisse voir; il embrasse une longue suite de terres accidentées qui s'étend de *Matavaï* à la pointe de terre qui commence à la baie de *Papeïti*. Le coup d'œil est délicieux. Matavaï étale ses plages tranquilles, ses ombrages d'orangers et de citronniers, ses cases à demi voilées par des fourrés de goyaviers; une mer calme et transparente reflétant en lignes brisées les hautes têtes panachées des cocotiers de la pointe Vénus, le mouvement des pirogues quittant la rive pour accourir au navire, mille détails impossibles à décrire s'unissent pour donner à cette scène un charme inexprimable. La même pensée d'admiration est venue à tous ceux qui ont contemplé pour la première fois le sol fertile et le paysage agreste de Matavaï; tous ont apprécié ces beautés au point de désirer passer quelques années de leur vie dans ce charmant séjour. Sur le revers opposé du rivage on aperçoit, sur la pente plus inclinée du sol, des ravins ouvrir de profondes coupures; les montagnes naissent, grandissent, et bientôt le pic culminant Oreana s'élève en masse imposante jusqu'à ce que les vapeurs de l'atmosphère le dérobent à la vue. Tout autour d'étroits vallons, des côtes rapides, des plaines d'une étendue limitée, sont uniformément couverts d'un manteau d'arbres touffus livrés en grande partie à l'action seule de la nature. L'aspect des rivages de Taïti offre une variété sublime de beautés naturelles; une heureuse combinaison de terre et d'eau, de précipices, de plaines, d'arbres projetant souvent leur feuillage épais sur des eaux limpides, de montagnes éloignées dessinant leur profil sur un ciel pur, donne au spectateur de délicieuses sensations. »

Tous ces accidents de terrain qu'on dirait ménagés avec art, tous ces om-

brages, ces plaines verdoyantes, ces montagnes à pic, ces rivages animés empruntent un charme nouveau à la grande quantité d'eaux vives qui les arrosent.
Les hautes montagnes arrêtent à leur passage les nuages que chassent les vents
alisés sur la surface de l'Océan Pacifique. Leurs sommets, couverts de verdure,
absorbent l'humidité de ces nuées, qui alimentent les mille ruisseaux ; les
innombrables rivières qui remplissent la campagne d'une fraîcheur bienfaisante,
et dont le cours, tantôt paisible et paresseux, décrit d'interminables méandres,
tantôt arrêté par des rochers qu'il franchit en bouillonnant, féconde et rajeunit
sans cesse cette île fortunée.

Toutera, ruisseau et village à Taïti.

On se figure quelle doit être la fertilité et la richesse d'une terre si heureusement dotée : aussi les habitants pouvaient se dire tous gentilshommes ; aucun
n'était obligé de faire œuvre de roture pour vivre. Des milliers d'arbres produisent des fruits excellents qui ne demandent à l'homme que la main pour les
cueillir, et partout vivait grassement l'animal qui, dans nos villes, fournit au
pauvre son mets indigeste, mais qui semble ici avoir tranformé sa nature, tant
il est d'un goût délicat et savoureux. Les autres animaux qui partagent cette
existence de bonheur sont les oies et les poules. Par une singularité fort remarquable, les oiseaux qui, sous les mêmes latitudes, compensent par la richesse
de leur parure l'infériorité de leur chant, sont rares ici et négligent l'éclat de

leur robe. Ils ont pensé que les merveilles étaient assez nombreuses, et que la grâce de leur chant joyeux pour les célébrer était préférable aux éclatants plumages sans voix. Ces hôtes des bois peuvent sans crainte entonner leurs plus gaies chansons; ils ne redoutent pas la serre meurtrière de l'oiseau de proie, qui n'a pas à Taïti ses lettres de naturalisation. Vous pouvez à l'aise errer dans la campagne, vous égarer sans crainte dans tous les lieux solitaires où votre humeur vagabonde vous entraînera, les yeux sanglants de quelque animal de la race féline ne viendront pas vous glacer d'effroi, et le sifflement du venimeux serpent ne vous fera pas fuir; tout est ami, tout est caressant. Point d'animal carnassier, de reptile qui donne la mort; quelques rares scorpions et des scolopendres s'y montrent, mais, comme si leur naturel malfaisant n'osait se produire au milieu de tant de calmes habitants, la morsure de l'une ni de l'autre espèce n'est dangereuse.

Je regrette de ne pouvoir faire connaître scientifiquement les innombrables espèces du règne végétal : nos cabinets d'histoire naturelle, nos herbiers desséchés, pas plus que nos serres-chaudes, ne peuvent donner une idée de ces touffes panachées des palmiers; de l'élégance de l'arbre à pain au tronc svelte, à l'écorce lisse et blanche, aux fruits dorés dont la pulpe si savoureuse est la providence des peuples polynésiens; de la richesse du bananier aux fruits sucrés, de l'ananas si parfumé, des doux pommiers de Cythère, des myriades de fleurs qui pullulent au sein de cette terre inculte et primitive, et mêlent leurs parfums à tant d'enivrantes odeurs. A côté des arbres à fruit on trouve l'arbre des banians, qui abrite l'indigène de ses larges feuilles; le papayer aux doux fruits, symbole des pays tropicaux; le mûrier à papier, qui fournit les vêtements, etc.

Taïti seule donne, à peu d'exceptions près [1], tous les végétaux des îles environnantes; mais les autres îles n'ont pas tous les végétaux de Taïti, et souvent tous y sont moins forts, moins majestueux, moins productifs et leurs fruits moins savoureux. Les Taïtiens plantaient autour de leurs moraïs ou temples le colossal *Tomana*, que la science appelle *Calophyllum monophyllum*. L'auteur auquel j'emprunte ces détails en a vu qui avaient plus de six pieds de diamètre, et dont le tronc seulement avait quarante pieds d'élévation. Il ajoute qu'ayant obtenu d'un chef l'autorisation de couper de ces arbres, il fut à même de remarquer le respect que les habitants conservaient pour ces bosquets sacrés. Il put se convaincre qu'à l'exception du chef, il y en avait fort peu qui vissent tomber sans crainte ces arbres majestueux, témoins séculaires des cérémonies du culte aboli et de la décadence d'une religion des plus remarquables; ces arbres révérés, qui seuls avaient survécu au démolissement de

[1] M. Moerenhout.

leurs temples antiques, dont ils faisaient le plus bel ornement, et dont leur chute acheva la ruine. Le merveilleux vint encore ajouter à l'effroi superstitieux : on avait vu, disaient les plus croyants, l'eau d'une rivière voisine teinte du sang qui avait jailli du tronc des arbres abattus. Ainsi, la légende mythologique des poètes se retrouvait au sein de l'Océan Pacifique.

Les voyageurs ont diversement indiqué les divisions territoriales de *Taïti* : les uns parlent de quatre provinces et de vingt-deux districts; les autres comptent vingt districts seulement, et, dans son second voyage, Cook en compte quarante-trois. On conçoit qu'une nomenclature de ces districts ne pouvait pas être fixe; les apanages *féodaux* des chefs devaient singulièrement varier d'étendue avec le cours des années. Bientôt, sans doute, les géomètres de France auront assigné des noms stables aux riches et nombreux hectares que s'adjugeront incontestablement les maîtres puissants, et nous n'aurons plus à nous enquérir des délimitations anciennes ni des noms peu familiers à nos idiomes.

En attendant, nous pouvons cependant visiter quelques-uns de ces districts à la physionomie peu avancée en civilisation européenne. Leur caractère propre disparaîtra bientôt au contact des Européens, et puis de belles routes faciliteront sans doute bientôt nos promenades, mais Taïti aura perdu son charme.

Tous les voyageurs sont surpris du bon état de plusieurs chemins établis à Taïti. Hélas! j'appris, avec un serrement de cœur, que c'était le produit de rudes *travaux forcés*. Il est vrai que les crimes qui encourent ces châtiments nous sembleraient excusables, à nous autres Européens; mais les missionnaires ne l'entendent pas ainsi : le plus fréquent, le plus pardonnable dans ce pays est impitoyablement puni; un séducteur doit exécuter vingt à cinquante brasses de grand chemin; la belle pécheresse qui est en récidive se voit elle-même condamnée au *macadamisage,* après avoir été préalablement liée avec des cordes; mais j'imagine que ces victimes, trop impressionnables, ne cassent pas tous les cailloux de la route, ne relèvent pas tous les talus. Il doit se trouver à Taïti, très-certainement, des cœurs compatissants et des bras vigoureux pour venir en aide aux belles éplorées : les pauvres filles disgraciées par la nature, ou ravagées par les années, se voient sans doute aussi forcées d'accomplir une partie de la tâche.

Malgré la direction tant soit peu légère de mes idées, je blâmais la sévérité inintelligente des missionnaires, et j'aurais préféré marcher sur des sentiers pleins d'aspérités plutôt que de fouler ces chemins qui avaient déchiré des mains et fait verser des larmes. Je parlerai plus tard de ces missionnaires, animés d'un saint zèle sans doute, mais assurément très-maladroits interprètes du code évangélique.

Je disais, en commençant, que les voyageurs écrivaient avec leurs impressions du moment; les aspects frappent diversement les hommes, et les tableaux ne se réfléchissent pas uniformément à tous les yeux. C'est ainsi que deux auteurs ont exalté outre mesure chacun leur district de prédilection.

M. Moerenhout désigne le district de *Papara* comme le plus opulent de l'île, comme celui où la fréquence des pluies rend la terre plus fraîche et la verdure plus belle. Cette partie de l'île, dit-il, comprise entre la pointe *Mara,* au sudouest jusqu'à l'isthme, étant la plus fertile, fut toujours la plus peuplée, la plus puissante avant l'époque où les bâtiments étrangers donnèrent aux chefs des districts où ils mouillèrent des fusils, des munitions et les aidèrent souvent dans leurs guerres. C'est à *Papara* que vivaient *Amo* et *Berea,* sa femme, chefs de l'île, lorsque Wallis y aborda, et dont *Tati,* le chef actuel de ce district charmant, est le neveu.

Sans vouloir infirmer le jugement de cet auteur, qui est pourtant opposé à celui de Wilson, il nous semble qu'il a vu ce district à travers un prisme quelque peu éblouissant. Nous soupçonnons fort sa partialité pour l'apanage du beau chef Tati, qui devint son ami. Tati, le neveu des anciens rois, est un homme magnifique dans un pays où ses compatriotes sont tous beaux; mais c'est encore une puissante intelligence, un énergique caractère, un grand orateur; c'est M. Moerenhout qui parle : je ne le comprenais pas assez pour apprécier son éloquence parlée; mais quelle expression dans son regard, dans toute sa physionomie! quelle mélodie dans sa voix! quel geste et quelle tenue! C'était Talma sur la scène..... mais Talma dans un de ses rôles d'éclat. C'est de tous les chefs celui qui a le plus fréquenté les étrangers et qui a les meilleures manières; il jouit de la réputation d'être bon, droit, honnête et sincèrement attaché à la religion chrétienne.

L'accueil fut plein de cordialité, et gagna sans peine l'affection du voyageur. Peut-être devons-nous à ce sentiment très-honorable la description tant soit peu exclusive de Papara.

Tout en accordant une juste part d'admiration aux domaines du beau chef Tati, j'aurais une préférence marquée pour le district d'*Attahourou,* qui comprend toute la partie occidentale de Taïti : c'est sans contredit le lieu le plus favorisé de l'île, s'il faut en croire *M. Vincendon.* Il forme une large bande de terrain uni, chargé de cocotiers, de bananiers, d'arbres à pain. De belles vallées s'étendent à de grandes distances dans l'intérieur; les flancs des monts qui les forment sont couverts d'arbres fruitiers et leurs sommets de verdure. Les hautes cimes de la région la plus élevée des montagnes sont aussi revêtues d'arbres ou déchirées par de pittoresques précipices; leurs découpures, leur éloignement, les nuées qu'elles arrêtent au passage contribuent à augmenter la sublime majesté du paysage qu'elles dominent.

Avec quel plaisir on se repose près des chutes d'eau ombragées par de grands

arbres, où le frémissement des feuilles, le bruit de la source et l'aspect de ces
ombres flottantes appellent dans le cœur le repos et la méditation! qu'on serait
bien à rêver dans ces déserts! la scène change alors que le soleil est sur le
point de disparaître; une vapeur transparente semble s'étendre comme un
voile de gaze, laissant entrevoir, un peu incertaines mais plus touchantes peut-
être, les beautés du paysage, les chaînes de collines échelonnant les montagnes, les torrents tombant de la cime des mornes en longs filets d'argent, et
la fumée tremblante d'une case qui annonce la présence du maître de ces lieux.

Ailleurs de profondes vallées semblent se perdre dans les entrailles de la
terre; le soleil n'envoie que des rayons caressants et attiédis dans ces réduits
pittoresques. Une multitude d'arbres et de végétaux de toute espèce, montant,
croissant ensemble, nourrissant, soutenant des milliers de tiges grimpantes
entortillées autour d'eux, pompent les eaux du torrent qui roule à travers les
cailloux et les rochers; les poètes qui ont chanté la Thessalie ne connaissaient
pas les vallées de Taïti. La température de ces lieux fait oublier la zone torride : c'est le printemps perpétuel au mois des frimas; alors que nous grelot-
tons au coin de nos cheminées, le zéphyr du matin réveille les Taïtiens en leur
portant les enivrants parfums des fleurs et des arbrisseaux.

Combien je comprends l'émotion ravissante des premiers navigateurs qui
abordèrent dans ces lieux! Avec quel sentiment de bien-être ils durent se reposer sur ces rivages riants! avec quelles délices ils puisèrent de l'eau dans les
ruisseaux si clairs, si limpides, qui se filtrent parmi tant de cailloux, qu'ils
y acquièrent la transparence et la pureté du cristal!

La religion antique vient encore donner un nouveau prestige au district
d'*Attahourou*. C'est dans l'intérieur de ce district, non loin de *Panavia*, que
se trouve le grand *Maraï d'Attahourou*, objet de la vénération de l'île entière.

Je m'aperçois que j'aurais dû commencer mes aperçus descriptifs par le
chef-lieu du gouvernement taïtien, *Papeïti*, la capitale de ce royaume constitutionnel polynésien; mais avant, nous avons deux excursions à faire : l'une
au lac que Wilson appelle le lac de *Waï-Hiria*, dans le district de *Waïridi*,
et l'autre, qui nous rapprochera de *Papeïti*, à la fameuse montagne appelée
l'*Oreana*.

Le lac *Waï-Hiria* est le seul qui existe sur Taïti; mais il offre par sa position élevée, par les traditions superstitieuses qui s'y rattachent et par sa conformation, des particularités dignes d'intérêt. Nous aurons recours, pour cette
partie de notre récit, à la description de quelques officiers anglais et à celle
de M. Moerenhout, qui ont visité cette montagne et son lac.

La route pour arriver au lac est des plus difficiles. MM. les officiers *Belcher*
et *Collie* durent traverser vingt-neuf fois, dans leur excursion, le ruisseau qui
court à travers la vallée conduisant au lac. Après avoir dépassé ce premier

obstacle, il fallut grimper sur la montagne en s'aidant des mains et des genoux, en s'accrochant aux branches des fougères et des *musa sapientium*. En
avançant de cette façon, en zigzag, après s'être égarés une ou deux fois,
ils atteignirent enfin le sommet, but de leurs efforts, et alors, en descendant à
quelque distance, le lac apparut à leurs yeux. Ses dimensions pouvaient
être estimées à trois quarts de mille de circonférence; son eau était boueuse,
et paraissait s'alimenter de plusieurs ruisseaux descendant des montagnes voisines, et aussi des vapeurs condensées de l'atmosphère, produisant des goutte-
lettes qui bondissaient sur les parois proéminentes des rochers et qui finis-
saient par former çà et là de minces filets d'eau, des cascatelles transparentes
aboutissant au grand réservoir. Un fait remarquable, c'est que, quoiqu'il y ait
sur ce point une affluence constante d'eau, on n'a pas encore trouvé le débou-
ché où le lac se déverse. Ce qui est encore plus curieux, c'est que, lorsque de
grandes pluies ont lieu, l'eau, au lieu de s'élever et de déborder de son lit,
garde le même niveau et paraît se répandre dans quelque canal souterrain. Les
indigènes disent qu'à ces époques on voit un cours d'eau fuir à travers une
caverne. La température de l'eau du lac était; à sept heures du matin, de 22°
centigrades, celle de l'atmosphère était de 21° environ, et, pendant un grain
ou coup de vent, elle s'éleva à 23°. Le thermomètre indiquait dans le même
moment 25° au niveau de la mer.

Un des côtés du lac est bordé par de hauts rochers perpendiculaires, et, de
l'autre, le sol s'incline en une pente douce couverte de la plus belle végétation.
L'apparence générale de ce site fait penser qu'un énorme éboulement de la
montagne a dû combler la vallée et intercepter le cours des ruisseaux qui cou-
laient jusqu'à la mer.

La hauteur du lac au-dessus du niveau de la mer fut estimée, par M. Belcher, à 1,500 pieds, 460 mètres environ, et l'élévation des rochers qui le
surmontent à plus de 200 mètres. Quoique situé à une aussi grande hauteur
et si loin de toute grande nappe d'eau, ce bassin abonde, dit-on, en anguilles
d'eau douce d'une grande taille. Sur le pourtour de ce réservoir on trouve en
quantité des fragments de lave vésiculaire qui ont fait supposer qu'un volcan
avait jadis existé dans cet endroit, et que peut-être le lac était contenu dans
son cratère éteint. Le niveau de l'eau paraissait décroître avec une grande rapidité pendant le séjour des officiers anglais; ils observèrent qu'en quelques
heures un endroit sur lequel ils avaient trouvé dix-huit pouces d'eau fut mis
à sec; et, non loin de là, ils aperçurent une large fente à travers laquelle
l'eau semblait se frayer une issue, ce qui, à leur sens, favorisait l'hypothèse que
le bassin avait été produit par un éboulement des hauteurs voisines [1].

---

[1] Iles Taïti.

M. Moerenhout visita ce lac, le 10 août, en 1829; il partit de *Maïrephe* dans l'après-midi, sous la conduite des deux fils de son ami *Tati*, le chef de *Papara*, et de six ou huit indigènes. Il était nuit close quand ils atteignirent la dernière case à l'entrée du vallon où ils devaient passer la nuit : c'était la limite des habitations. Le récit de la réception qui lui fut faite dans cette maison est tout à fait touchant. Au point du jour, il se remit en route, non sans avoir pris sa part d'un succulent déjeuner, où l'on servit tout entier le plus gras animal du pays, qu'on avait fait cuire dans un four à la manière taïtienne. Les échos des montagnes répétèrent plusieurs fois les cris joyeux de ses compagnons de route; ils marchèrent longtemps dans une des plus belles vallées qu'on puisse voir, tapissée de verdure, ombragée richement et arrosée par des eaux limpides. Oh ! comme toujours, la conclusion est que Taïti est un pays des plus favorisés de la nature.

A mesure qu'on avance, dit-il, la vallée devient plus étroite et la route plus difficile, surtout à cause du ruisseau qui l'arrose en serpentant, ruisseau qu'il faut traverser à chaque pas, et dont la rapidité augmente à mesure qu'on s'élève vers le point où il se change en un vrai torrent très-difficile et très-dangereux à passer.

Il y avait deux heures que nous marchions d'un bon pas sur un sentier étroit, inégal, souvent encombré de bois et de pierres, et je n'exagère pas en disant que nous avions franchi cinquante fois le torrent. Depuis longtemps nous étions sortis de la vallée, qui ne s'étend guère qu'à une demi-lieue de la maison où nous avions passé la nuit. Cette vallée se change bientôt en un étroit vallon qui, à l'endroit où nous étions alors, ne formait plus qu'une gorge ou plutôt un ravin dont le lit du torrent occupait le milieu, laissant de chaque côté un étroit espace jusqu'au pied des montagnes, qui s'élevaient perpendiculairement de trois à cinq cents pieds.

Ces montagnes sont couvertes de bois et de verdure et ont souvent jusqu'à leur sommet des arbres immenses, ce qui rend ce passage fort dangereux. Nous en trouvâmes plusieurs sur notre route : les uns pourris, probablement tombés de vieillesse; d'autres sains encore, paraissant avoir été entraînés par de fortes pluies ou déracinés par les vents. Nous trouvâmes aussi de temps en temps de petites cabanes placées en des endroits peu élevés, où l'irrégularité du terrain laissait plus d'espace; elles paraissent avoir été l'ouvrage d'Indiens surpris dans ces lieux par de fortes pluies, qui rendent le passage du ravin impossible et changent quelquefois cet étroit torrent en une large rivière, dont les eaux, dans la rapidité de leur cours, entraînent tout ce qui leur fait obstacle. Nous nous arrêtâmes dans une de ces cabanes, qu'on me dit être à moitié chemin, pour prendre quelques rafraîchissements; mais les Indiens qui les apportaient étaient encore loin en arrière. Ceux qui étaient avec moi se mirent à crier pour leur faire hâter le pas; leurs cris, clairs et sonores, étaient répétés par les échos de la manière la plus extraordinaire et dans toutes les directions. Bientôt nous entendîmes aussi les cris des retardataires, pendant que nos compagnons allumaient un grand feu. L'effet de ces cris était singulier; on eût dit que des centaines de voix y répondaient simultanément. Le temps était à la pluie; les sommets des montagnes étaient couverts de nuages, et il tombait même un petit brouillard. Plus nous avancions, plus la route devenait difficile; les crêtes les plus élevées semblaient vouloir se réunir et les torrents devenaient de plus en plus rapides. En plusieurs endroits, à droite et à gauche, l'eau tombait en cascades de quatre à cinq cents pieds. Ces chutes d'eau, presque insignifiantes à cette époque de l'année, doivent être fort belles dans la saison des grandes pluies; il y en a une surtout, d'une grande largeur, digne de remarque, parce que l'eau tombe sans interruption d'une montagne rase et unie sur ce point, tandis que partout ailleurs elle est couverte d'arbres et d'une épaisse verdure. Les chutes d'eau, le bruit du torrent, les hautes cimes suspendues sur la tête des voyageurs, comme si elles menaçaient de s'écrouler sur eux, donnent à ce paysage un aspect triste et imposant. L'effet le plus singulier de ces gorges de montagnes est de tromper l'œil sur leur étendue; elles semblent se dresser si souvent, comme si elles interrompaient la route, que l'illusion est complète : on croit à chaque instant en voir la fin, tandis qu'elles se prolongent de plus en plus.

Enfin les guides m'annoncèrent que nous allions bientôt arriver. Il n'y avait plus alors devant nous à gravir qu'un pic presque vertical, haut de trois à quatre cents pieds; mais il fallait en opérer l'ascension par un petit sentier étroit, roide et très-glissant, à cause de la pluie qui était tombée toute la journée. Heureusement qu'il y avait, de chaque côté, de la verdure et de petites branches auxquelles on pouvait se tenir. Ce qui rendait surtout ce passage dangereux, c'est que de grosses pierres, dont le sentier est parsemé, y étaient assez peu solides, et qu'on devait pourtant les prendre pour point d'appui. Une seule en se détachant eût non-seulement exposé l'homme qui aurait eu les pieds dessus, mais encore aurait pu entraîner dans les précipices tous ceux qui le suivaient. Toutefois, il ne nous fallut pas plus d'un quart d'heure pour gagner le sommet. Là se trouvait un bois épais et je ne découvrais encore rien; quelques pas plus loin, le retour de la lumière annonça un espace plus dégagé d'arbres, et au même instant le lac s'offrit à ma vue.

La situation du lac est telle, que, loin de dominer sur une grande partie de l'île, il est environné par de hautes montagnes. Des arbres magnifiques, la verdure la plus riche, entourent ce beau bassin d'eau tranquille. Parmi ces végétaux, on trouve encore le *fara* (pandanus), qui embaume l'air, et le bananier sauvage, dont le fruit est excellent. Je contemplai longtemps ce site pit-

toresque, si calme, si retiré, qui ressemble à la retraite solitaire de quelques
amants lassés du bruit et de l'agitation des hommes. Puis je fis faire un radeau
de morceaux de bois qu'on trouva le long du rivage et de quelques perches de
bouraou (hibiscus) que mes guides allèrent couper, et je m'aventurai avec
trois d'entre eux pour aller sonder la profondeur de ce bassin. Dans les plus
grands fonds, je ne trouvai que quatorze brasses, et cette profondeur se rencontrait à une petite distance du bord.

Après cette exploration, M. Moerenhout songea à revenir sur ses pas. Quelques-uns des indigènes qui l'accompagnaient prirent un autre chemin à travers
les montagnes; il voulait les suivre, mais il renonça à ce désir parce qu'on lui
fit observer que la route était si peu tracée, tellement couverte de broussailles
et d'arbustes, et tellement rapide, qu'elle était impraticable aux Européens
portant des souliers : il revint donc chez son ami *Tati* par le même chemin
qu'il avait suivi [1].

M. Dumont-d'Urville dit que ce lac est à quinze cents toises au-dessus du
niveau de la mer. Les auteurs qui l'ont décrit et que nous venons de citer,
hommes positifs et craignant les écarts de l'imagination, ont négligé les chroniques qui se rattachent à ce lieu; les légendes merveilleuses des naturels
leur ont paru trop frivoles pour occuper des esprits sérieux. On me pardon-
nera de ne pas les imiter, j'ai un attrait particulier pour tout ce qui s'éloigne
de la vie commune, les événements les plus extraordinaires ne me trouvent
jamais indifférent, et je n'ai pas de scepticisme dédaigneux à me reprocher,
à l'encontre de la merveilleuse puissance des esprits.

Donc, j'admets volontiers avec les crédules Taïtiens, que les bords du lac
de *Waï-Hiria* étaient la demeure redoutée des sylphes, des gnomes et des
lutins. A Taïti, on donne d'autres noms à ces esprits fantastiques, mais je
présume qu'ils sont de la même nature que ceux qui peuplaient jadis nos vieux
châteaux, nos tours crénelées ou nos landes désertes, et que je regrette sincèrement. Il y avait, à mon avis, un charme poétique à se croire entouré d'esprits
immortels, dont les uns, amis de l'homme, le protégeaient depuis le berceau
jusqu'à l'éternité; dont les autres, génies malfaisants, voyaient presque toujours leur puissance nuisible, paralysée par des supérieurs mieux intentionnés.
La philosophie a gagné grand'chose à mettre en fuite nos gentils lutins, nos
farfadets et nos blanches fées. Le récit de leurs espiégleries délassaient le cam-
pagnard aux veillées de la chaumière; et malgré l'invraisemblance bien reconnue de cette mythologie subalterne, on aimait à entendre les mêmes faits et
les mêmes aventures extraordinaires sans que la répétition lassât le moins du
monde. Tant il est vrai qu'on prendrait plaisir à écouter *Peau d'Ane* si *Peau
d'Ane* était conté.

[1] *Voyage aux îles du Grand-Océan*, tome 1, page 270.

Il n'y a plus dans nos campagnes de ces habitants immortels; le paysan sourirait dédaigneusement aujourd'hui aux histoires de ses vieux parents; mais aussi il ne va plus à la messe et fréquente plus assidûment les avoués, les huissiers et les cabarets.

Le grand dieu *Oro*, en fuyant devant les conjurations puissantes des missionnaires méthodistes, a emmené avec lui les génies, les petites divinités tutélaires de l'île de Taïti : voilà pourquoi sans doute les voyageurs peuvent impunément visiter ce fameux lac et porter la hardiesse jusqu'à mesurer sa profondeur, ce que jamais le plus intrépide indigène n'eût osé faire, persuadé que du fond incommensurable de ces abîmes seraient sortis des êtres invisibles qui eussent cruellement traité le téméraire.

Je voudrais bien avoir pour ami un de ces génies dont je viens de parler, je lui demanderais quelque rapide hippogriffe qui nous porterait sans fatigue au sommet du fameux pic de l'*Oreana*. Sans ce moyen d'ascension je ne vois pas comment nous parviendrons à le gravir; les naturels eux-mêmes, gens au pied sûr et agile, y ont renoncé. Il faudra bien nous contenter de savoir que ce pic a, suivant les uns, 3,410 mètres de hauteur au-dessus du niveau de la mer, et, suivant les autres, 2,449 seulement. Quoi qu'il en soit, il est du plus gracieux effet au milieu d'une île d'un diamètre si restreint.

Grâce au voyage pittoresque de M. d'Urville, nous connaissons les environs de cette montagne; nous savons que la vallée de *Matavaï*, tout à fait au nord de notre île, se rétrécit graduellement à mesure qu'elle remonte dans l'intérieur et qu'elle se termine à la fameuse cascade nommée *Piha*. Autrefois elle était habitée jusqu'aux extrémités les plus reculées, aujourd'hui elle paraît déserte. A trois milles de la mer elle se resserre; les flancs de la montagne se rapprochent; tapissés jusque-là de bruyères, ils se hérissent d'arbres touffus le long de leurs versants les plus abrupts. La base du roc offre un trachyte poreux et très-noir. Çà et là l'eau suinte à travers le roc, serpente en filet ou tombe en cascade. Dans ces vallons que le soleil éclaire quatre heures à peine par jour, la fraîcheur est constante et délicieuse. Plus loin le sol commence à marcher sur un plan plus rapide; à chaque minute il faut traverser le lit du torrent pour retrouver la seule berge qu'il laisse praticable le long de ses parois basaltiques. On arrive enfin à un endroit où le torrent, encaissé entre deux rochers, se précipite de soixante à quatre-vingts pieds de hauteur verticale. Comme son volume n'est pas alors bien considérable, une partie de l'eau fouettée par le vent s'éparpille en pluie fine. Le reste serpente en écumant le long des rigoles creusées dans le roc. Plus loin, l'aspect du lieu est plus imposant encore. La rive gauche du torrent s'élargit et offre du terrain à un vaste bocage, tandis qu'à droite la muraille verticale se dresse à cent pieds de hauteur en formant des prismes basaltiques. Tous ces prismes, qui ont de quatre à six pouces de diamètre, affectent une direction exactement perpendiculaire, excepté dans leur partie inférieure, à dix ou douze pieds de hauteur; alors ils devient sous un angle de 45° environ en dehors du plan général. Sur la partie extérieure, une nappe d'eau divisée dès le sommet, tombe en rosée dans le torrent; au delà, une colonne d'eau volumineuse se précipite avec fracas d'une élévation immense, et le bruit de sa chute est tel, qu'il domine et annule la voix humaine la plus sonore. Cette cascade est nommée *Piga* par les naturels. Au-dessus, la vallée se resserre au point qu'il faut marcher dans le lit même du torrent parfois avec de l'eau jusqu'aux aisselles. A peu de distance se trouve un barrage de rochers d'où l'eau s'échappe en bouillonnant [1].

Un autre voyageur décrit ainsi les mêmes sites : après avoir suivi les bords de la mer, il s'enfonça, lui et ses compagnons, dans un bois en suivant un sentier régulier, traversant le plus souvent des massifs de goyavier, arbre le plus commun de l'île, quoique de récente introduction, et que partout on trouve en grand nombre. Il est peu élevé (cinq à six mètres), et forme des taillis souvent impénétrables, où se voient aussi l'arbre à pain, le *vihi* (*spondias cytheræa*) et des cocotiers; ce sentier conduit à la rivière, et dès ce moment nos voyageurs la suivirent en marchant tantôt sur une rive, tantôt sur l'autre, et quelquefois même dans son lit. Cette route était charmante, elle serpentait à travers des touffes d'arbres dont les racines entrelacées formaient des voûtes et des barrières impénétrables au grand jour. L'arbre appelé par les naturels *pourao* (*hibiscus tiliaceus*), les obligeait souvent à ramper sous le feuillage de ses branches semblables à des racines entrelacées. Bientôt hors de la vue des habitations, ils entrèrent dans une belle vallée dominée de tous côtés par de grandes montagnes entièrement couvertes par une végétation qui les rend presque inaccessibles. A mesure qu'ils avançaient dans cette voie, la vallée se rétrécissait, les montagnes semblaient grandir devant eux. De temps en temps, sur les versants et du milieu des bois, s'élançaient la touffe panachée d'un petit palmier balancée par la brise, ou les larges feuilles du bananier. De belles fougères croissaient au milieu des tufs et des basaltes; mais nulle part le rocher ne se montrait à nu, si ce n'est dans le lit de la rivière encombré de cailloux roulés provenant des montagnes. Une fraîcheur délicieuse régnait dans ce lieu; les hautes montagnes cachaient le soleil encore peu élevé au-dessus de l'horizon. De fort jolis oiseaux, peu farouches, voltigeaient çà et là, et un peu plus loin, dans la vallée, passaient des volées de phaétons qui viennent nicher sur les sommets déserts. En cet endroit, au milieu même de la rivière, sur un emplacement formé par de gros cailloux volcaniques et des troncs d'arbres, nos voyageurs firent une halte, et pêchèrent, disent-ils, pour leur déjeuner une grosse écrevisse et un beau poisson.

[1] *Voyage pittoresque*, tome I, page 571.

A partir de ce point, le chemin passait à chaque instant d'un bord de la rivière à l'autre; elle était peu profonde; l'eau ne montait guère qu'à mi-cuisse, et encore ces endroits étaient-ils rares. La vallée allait toujours en se rétrécissant. Les montagnes, dit le narrateur, étaient sur nos têtes : de grandes murailles s'élevaient de temps en temps d'un côté ou de l'autre, tapissées de mousses et de gigantesques fougères : la scène devenait magnifique. Toute cette gorge était couverte de grands bois si fourrés que jamais on ne voyait un bout de rocher. Sur les parties les plus à pic, la végétation avait la même vigueur. Cependant le nombre des cocotiers diminuait de plus en plus; et, enfin, ils cessèrent de se montrer. Des ananas sauvages, une espèce de poivrier à larges feuilles, ayant à la fois l'odeur du poivre et du gingembre, se voyaient fréquemment. Les arbres les plus nombreux étaient les *pourao* et les *vihi*. Ces derniers étaient, en général, des arbres gigantesques, dont le tronc et les branches étaient entrelacés dans les replis d'immenses lianes.

Les beautés de la vue compensaient amplement les fatigues de l'excursion dans cette belle vallée. Les sites qui variaient à chaque instant arrachaient des exclamations de plaisir et de surprise.

Plus de trois heures après avoir quitté le rivage de la mer, ces voyageurs arrivèrent au *Piha* qui les étonna peu : c'était tout simplement une grande chaussée de prismes basaltiques, s'élevant d'une centaine de pieds. Sur la gauche on voyait une cascade tombant du sommet et arrivant en poussière, après avoir bondi de rocher en rocher, ou filtré à travers les mousses et les branches. Un peu plus loin, de l'autre côté de la chaussée, c'est-à-dire à droite, une autre cascade à peu près semblable pour le volume, à la première, précipitait ses eaux à travers les arbres qui la cachaient en partie [1]. Entre les fentes des montagnes apparaissait le majestueux pic de l'*Oréana,* avec ses deux pitons : comme un roi superbe il se laisse admirer de loin; mais il tient à distance les importuns. A l'exemple de nos voyageurs, saluons du regard le roi des mers polynésiennes, et descendons rapidement pour aller nous délasser enfin à *Papeïti.*

Papeïti serait, à vrai dire, le chef-lieu du district de *Tettaha,* si l'on pouvait donner ce titre à ce mouillage, rade ou port. Tout ce district, situé au nord-ouest de l'île, est montueux et ne contient que peu de plaines au bord de la mer. Le rivage, bordé de sa ceinture de coraux, ouverte par des passes praticables, est orné de deux îlots : l'un, situé en face de la pointe *Toouta,* est nommé *Moutou-Ouna;* cette riante miniature d'île, toute fraîche de verdure, est celle qui est aussi appelée l'île de la Reine : le second, *Moutou-ta,* est assis sur les récifs, en face du port même de Papeïti. Les officiers de marine s'accordent à trouver dans les meilleures conditions le port de Papeïti; son

[1] *Voyage au pôle et dans l'Océanie,* tome IV, page 322.

enfoncement à près de deux milles dans les terres, et ses murailles madréporiques en font un lieu sûr, à l'abri des bourrasques de la mer. S'il n'était
sujet à de longs calmes et à de grandes chaleurs, à cause de son exposition
sous le vent, dit le capitaine Beechey, ce serait le meilleur port de l'île : c'en
est toujours le plus fréquenté; les terres qui l'environnent sont belles et verdoyantes. L'extrémité nord de la baie est formée par une pointe couverte de
cocotiers, au-dessous desquels se groupent, çà et là, quelques habitations. Au
sud-ouest la terre descend graduellement, depuis les hauteurs jusqu'à la mer,
vers le canal qui sépare *Taïti* d'*Eimeo,* qu'on voit dans le lointain, à l'ouest.
Dans cette direction s'étend une plaine magnifique, toute plantée de beaux
arbres à pain; mais elle se termine, à peu de distance, par une rivière qui
attend de nos hommes de l'art un pont pour la traverser.

Je voulus un jour, en me dirigeant sur la gauche, gravir une élévation d'où
la vue est très-étendue; je fus ravi du panorama qui s'offrait à moi : mes
regards embrassaient, par delà, la pointe Vénus, l'île Morea ou Eimeo à
l'ouest; aspect magique qui enchante et fait regretter de n'être pas artiste pour
le reproduire sur la toile. Les détails et les divers plans de mon paysage m'offraient, harmonieusement disposés, la baie, les petites îles, les récifs madréporiques, des navires européens, des maisons, des arbres superbes et des forêts
profondes. Tous ces accidents se dessinent séparément dans le lointain. Oh !
que ne suis-je assez habile, m'écriais-je! que ne puis-je tracer convenablement
les formes hardies de ces paysages, les lignes majestueuses et bizarrement
rompues de ces montagnes, la teinte vaporeuse de ces lointains, la prodigieuse variété de ces plans, les hauteurs immenses de ces pics, l'obscurité
mystérieuse de ces vallées! Le botaniste viendra méthodiquement étudier la
richesse de la végétation, dont il admirera l'éclatante diversité; le naturaliste,
géologue ou minéralogiste, se félicitera de la riche moisson que cette terre
prépare à sa spécialité; le vulgaire foulera d'un pied insouciant ces merveilles
de la création sans les apercevoir, ou si parfois son œil mesure la hauteur des
montagnes, la profondeur des vallées, la verte parure de ces champs ou le
bleu azuré des flots, il n'en ressentira qu'une impression passagère qui ne
trouve dans son organisation positive aucune corde poétique à faire vibrer. Le
peintre, dont le talent touche à la poésie, voit tout, embrasse de son regard
et l'ensemble et les détails; il admire en silence, il berce à l'aise ses impressions personnelles, et sa main transmet aux autres les merveilles qui l'ont
ému. J'ai su que le gouvernement avait envoyé à Taïti un habile peintre, qui
saura faire connaître à la France les beautés que j'admirais seul alors; c'est
un de ces artistes que Paris révèle au monde et dont le cœur est aussi chaud
que la tête : je parlerai plus tard des rapports tout intimes que j'eus avec lui.
Je reviens à Papeïti.

Aux alentours de Papeïti, le pays, quoique moins ombragé que partout ailleurs, est pourtant aussi riche que toutes les autres expositions; les plantations ne sont pas nombreuses, et les arbres à pain, dont l'île est couverte, vieillissent et ne se renouvellent pas. Les indigènes ont tort de négliger leur *providence :* le blé d'Europe ou de l'Amérique ne sera pas toujours sous leur main, et il coûte cher. Ce qui embellit plus que je ne saurais dire les maisons, ce sont les nombreux ruisseaux qui circulent dans les plaines et les coupent dans tous les sens. Cette partie de Taïti offre au centre de la baie un cours d'eau très-considérable, assez rapproché du débarcadère pour que les navires puissent se procurer, avec la plus grande facilité, une eau excellente et en aussi grande quantité qu'ils peuvent le désirer [1].

Mais enfin Papeïti, est-ce une ville, un village, un hameau? ce chef-lieu de la résidence des autorités indigènes et françaises répond-il par sa magnificence à l'importance de sa destination? D'après les idées que nous nous faisons d'une ville, rien à Papeïti ne ressemble à nos cités d'Europe. Voici, au reste, comment l'amiral Dupetit-Thouars décrit cette résidence :

« Papeïti, chef-lieu et résidence du gouvernement, est situé au bas de la plus haute montagne de l'île. Le terrain plat qui, du rivage, s'étend au pied des

Pavillon du protectorat.

montagnes, a peu de profondeur, mais il est couvert d'une riche et brillante végétation. Papeïti n'est point une ville, ce n'est pas non plus un village, ce serait plutôt un hameau; cependant ce n'est rien de tout cela : le nom espagnol

[1] M. Moerenhout.

pueblo me paraît définir mieux ce genre d'établissement. C'est enfin une foule
de petites cases ou de chaumières répandues sans ordre au milieu des orangers,
des cocotiers et de goyaviers, qui ornent le rivage courbé en forme d'arc sur
les bords de la rade. L'aspect général n'a rien d'imposant, mais il est extrêmement gracieux et très-pittoresque.

» Ce que l'on remarque d'abord en arrivant sur la rade, c'est un petit îlot à
fleur d'eau couvert d'un joli bouquet de verdure, à travers lequel on entretient
une batterie de huit canons où flotte le pavillon de Taïti. Cette île est *Moutou-
Ouna* ou l'Île de la Reine; Sa Majesté taïtienne en fait souvent sa résidence.

» La plus belle maison que l'on aperçoive au rivage de Papeïti est celle du
chef de la mission, à côté on distingue une grande case qui sert à la fois de
temple et d'école; tout le reste se compose de cases, parmi lesquelles on remarque plusieurs petites maisons blanchies à la chaux : elles indiquent ici, de
même que dans toute la Polynésie, la présence des blancs auxquels elles appartiennent. A Papeïti, presque tous ces étrangers sont Anglais.

» La reine n'avait point encore de maison; elle habitait une case de forme
indienne, dont la modeste construction n'était préférable en rien à aucune de
celles des autres indigènes. Cependant on a pensé qu'il convenait de lui donner
un logement plus décent, et on lui construisait, en décembre 1838, une maison

Habitation de M. Moerenhout.

assez belle et convenable à son rang. Située dans l'intérieur, elle est assise sur les bords d'un ruisseau dont l'embouchure est dans la rade. La position de cette maison, sans être désagréable, ne paraît pas bien choisie, parce que, placée dans un fond, elle sera privée de la vue de la mer, de celle des bâtiments au mouillage, et peut-être aussi de la brise du large, si agréable et si bienfaisante sous cette latitude.

» On trouve à Papeïti des magasins bien assortis en étoffes ou autres marchandises propres à la consommation et aux besoins de la population de cette île; on y trouve également quelques approvisionnements de mer, mais en très petite quantité.

» Les soirées sont délicieuses à Taïti : une légère brise arrive de la montagne, toute parfumée, et ride à peine, par intervalles, la surface des eaux tranquilles de la rade, qui, unies comme une glace, réfléchissent, en images renversées, les bâtiments qui se trouvent au mouillage, la gracieuse île de *Moutou-Ouna* et les hauts palmiers et cocotiers, qui, de leurs têtes touffues, projettent des ombres profondes qui semblent encadrer en noir ce joli bassin. Vers la mer la vue est bornée par le récif à fleur d'eau qui cerne la rade, et qui, sans cesse couvert d'une écume blanchissante, brille à la nuit de mille feux phosphoriques, auxquels viennent bientôt se mêler ceux d'un grand nombre de bateaux qui s'y rendent pour pêcher aux flambeaux. Tous les soirs le calme est dans l'air comme sur les eaux [1]. »

Papeïti se cache discrètement et se dérobe au regard jusqu'à ce qu'on soit arrivé sur le rivage; mais alors la vue a de quoi se satisfaire, et le panorama est charmant. Limité d'un côté par les terres basses et richement boisées qui forment le rivage, défendu au large par des brisants qui empêchent toute agitation des eaux de se faire sentir, ce bassin présente l'aspect d'un lac tranquille, où la mer conserve toute sa limpidité et sa transparence. Les eaux sont profondes et permettent aux navires de mouiller près de terre; quelques maisons nouvelles, d'une construction plus soignée, s'élèvent tout autour des modestes cases blanchies; d'autres, conservant encore l'aspect primitif, se mirent dans les flots qui viennent mourir à leur pied. Au moment où le soleil s'approche de son coucher, le paysage de cette baie est embelli des plus douces teintes, l'ombre du crépuscule semble convenir à cette scène paisible [2]. Les plus douces sensations, dit M. Vincendon, s'éveillent à la vue de cette riche et placide nature, mollement enveloppée par les vapeurs du soir : c'est un admirable tableau qui laisse au cœur de tous les voyageurs le désir d'habiter une pareille terre. Dans ces lieux favorisés, il semble que l'air soit plus agréable à respirer, la vie plus facile, les jouissances plus vives! Heureuse serait la vie de ceux qui

[1] M. Dupetit-Thouars, *Voyage autour du monde sur la frégate la Vénus*, tome II, page 433.
[2] *Iles Taïti.*

pourraient se dépouiller de leurs habitudes européennes, et vivre de la vie douce
des indigènes, sans souffrir de la privation du monde civilisé.

Maison du capitaine de vaisseau E. Pâris à Taïti, en 1859.

Saluons dans le district de Pari, tout près de Papeïti, au nord-est, le tombeau de Pomaré II, le réformateur. Ce Louis-Philippe polynésien fit de grandes
choses dans son petit royaume, où soufflaient de mauvaises inspirations étrangères. Il dort maintenant dans ce district, domaine héréditaire de sa famille,
et sa dernière demeure est un petit édifice en maçonnerie, entouré de palissades
et de beaux arbustes; il touche à l'ancienne résidence royale, comme s'il eût
voulu même après sa mort veiller sur ses descendants. Si l'art n'a rien fait pour
embellir ce monument, la nature a été prodigue de décorations. Il s'avance sur
la plage et repose sur un banc de polypiers, dépouillés de leurs animalcules et
recouverts par une épaisse couche de terre végétale. A en juger par l'âge des
arbres implantés sur ce sol fertile, dit M. Lesson [1], un *moraï* sépulcral a dû
jadis occuper cette position; car de vieux cocotiers inclinent leurs faisceaux
sur cette humble toiture de vaquois, tandis que les magnifiques *baringtonias* y

[1] *Voyage autour du monde*, tome I, page 295.

sèment leurs corolles blanches lavées de rose, les rameaux grêles et pendants
de l'*aeto* ou casuarina, tombent comme des saules pleureurs, et s'y dessinent
avec leur port funèbre.

A peu de distance se montre à nos regards l'ile *Eimeo,* nommée par les indigènes *Mourea,* par Wallis l'*ile du duc d'York,* et par d'autres *Santo Domingo
de Bonechea;* elle n'est qu'à sept lieues de Taïti. Dans cet archipel des iles de
la Société, on va de merveilles en merveilles. Nous avons signalé bien des
beautés à Taïti, qui sont encore relevées par l'étendue de son territoire et la richesse de son sol : l'ile *Eimeo* est plus merveilleuse encore ; elle offre, s'il est
possible, des sites plus pittoresques, des points de vue plus attrayants et plus
gracieux. C'est au moins l'opinion de tous ceux qui l'ont visitée. De loin, ses
montagnes agrestes, leurs découpures hardies, frappent tout d'abord ; de près,
l'enchantement s'accroît à chaque pas. De Taïti, *Eimeo* se montre sous l'aspect
d'une terre singulièrement accidentée : ses montagnes aux formes variées étalent

Ile Eimeo ou Emeo.

un riche manteau de verdure, qui s'étend jusqu'aux sommets les plus élevés.
Entourée d'un récif comme Taïti, elle possède plusieurs très-beaux ports, d'excellentes eaux en abondance ; on trouve dans l'intérieur un lac assez considérable, qui permet de traverser l'ile pour en étudier les diverses expositions, sans
être obligé de faire le tour comme à Taïti. Une douce inclinaison de terrain
produit en plusieurs endroits des vallées, qui ne demanderaient qu'un peu de
culture pour donner d'abondants produits. Les montagnes ne s'élèvent que par
une pente graduelle au nord de l'ile, et les collines intermédiaires paraissent
être les parties les plus fertiles du pays. Ses ports sont les meilleurs de l'archipel ; le plus important est celui de *Talou,* un des ancrages les plus sûrs de
l'Océan-Pacifique. Sur ses rives se montrent des habitations semblables à celles
de Papeïti. A l'est du port s'élèvent des montagnes couvertes d'une riche
végétation, et au fond s'étend une plaine qui se trouve encadrée d'une façon

toute pittoresque : ce sont des pics qu'on prendrait pour des châteaux-forts surmontés de tours crénelées. Malheureusement les *moustiques* empêchent de dormir dans ces beaux lieux ; ils sont si abondants, que la baie porte avec raison le nom de *Baie des moustiques*. Le sol de l'île, généralement couvert d'un terreau végétal mélangé de matières d'alluvion entraînées par les eaux des montagnes, est abondamment saturé de principes féconds.

Une haute montagne qui sépare du havre de Cook la baie ou port de Talou, était désignée dans les traditions des indigènes comme un lieu de séjour des esprits ténébreux et malfaisants. La légende rapporte que cette montagne était autrefois unie à la chaîne des sommets de l'île, et ne le cédait à aucun d'eux en dimension. Mais une nuit les génies du lieu résolurent de la conduire aux îles sous le vent et commencèrent cette opération ; à peine eurent-ils détaché cette masse de la grande terre que le jour parut, et, d'après les habitudes nocturnes de tous les *esprits* du monde, ils furent obligés de suspendre leurs travaux [1]. Voilà pourquoi le roc est resté tel qu'on le voit aujourd'hui. Le point culminant de ces montagnes est, d'après l'estimation et les calculs de M. Dortet de Tessan, de 1339 mètres au-dessus du niveau de la mer ; le pic semble rivaliser avec celui de Taïti, dont il offre de loin une apparence de même conformation.

A Eimeo se trouve aussi, avons-nous dit, un lac nommé *Tamaï,* et situé sur le côté nord-est ; ses eaux sont limpides et nourrissent de nombreux poissons. Il est alimenté par des cours d'eau qui, prenant leur source dans les hautes terres, roulent sur des lits rocailleux, serpentent dans de profondes ravines, et conduisent leurs ondes de cristal, à travers les mille sinuosités des vallées, vers la mer.

La plus grande longueur de l'île Eimeo, du nord-est au sud-ouest, est de neuf milles ; sa plus grande largeur, de l'est à l'ouest, est de six milles ; sa circonférence serait de vingt-neuf à trente milles, et sa superficie peut être évaluée à environ cent cinquante-deux kilomètres carrés.

Cette île est la troisième de l'archipel pour l'importance, et sa côte orientale n'est séparée de la côte occidentale de Taïti que de dix milles [2].

Voguons, par un bon vent et sur un fin voilier, à cent quinze ou jusqu'à cent quarante milles de Taïti. Sur l'élément liquide ces distances sont peu de chose, et d'ailleurs nous ne sortons pas des contrées qui nous occupent. Voici une nouvelle partie du groupe des îles de la Société : c'est d'abord *Raïatea,* l'île la plus considérable de l'archipel après Taïti. Quoique pourvue de belles plaines, elle ne fait pas, comme ses sœurs, étalage de grande richesse ; ses montagnes, qui semblent ne former qu'un seul pic, ont un aspect stérile. La

[1] Voir Ellis, *Polynesian researchs*, tome II, page 99.
[2] *Iles Taïti*, vol. 1, page 199.

baie, où les bâtiments viennent mouiller, n'est pas des meilleures. M. Moerenhout dit qu'il a trouvé à Raïatea de bons charpentiers et d'excellents
forgerons que les missionnaires protestants avaient formés. Cette ile est à peu
près triangulaire, et ses bords sont sillonnés par de capricieuses découpures
de la mer; les terres du nord et de l'ouest ont un aspect romantique. A l'époque
de mon voyage, la reine Pomaré, qui ne vivait pas en bonne intelligence avec
ses *protecteurs*, s'y était retirée et se voyait surveillée par la frégate *l'Uranie*
et le steamer *le Phaéton*. Les deux iles de Tahaa et de Raïatea, jointes par le
même récif et séparées à peine par un canal de deux milles de largeur, justi-
fient le titre de sœurs qu'on leur a donné. Mais l'une est la sœur courtisée par
les navigateurs, c'est la plus grande et la mieux partagée; l'autre a été dédai-
gnée, à peine en a-t-on fait mention; aussi les renseignements qui pourraient
nous la faire connaitre sont-ils d'une extrême pauvreté. Raïatea peut avoir
cinquante-huit milles de circonférence et cent trente kilomètres carrés; Tahaa
n'aurait que vingt-sept milles de circonférence et quatre-vingts kilomètres
carrés.

Ile Tahaa.

A vingt-cinq milles au nord-ouest de Raïatea, nous trouvons Bora-Bora,
entourée, comme les précédentes, d'une ceinture de récifs; elle se montre à
l'horizon comme un grand prisme vertical dont la partie supérieure est inclinée
vers l'ouest. Son aspect est à la fois bizarre et imposant. Les hautes terres du
centre de l'ile ne se fractionnent pas en élévations successives de plusieurs
chaines, mais elles s'unissent sous la forme d'une montagne unique, couronnée par un double piton et de neuf cents mètres environ de hauteur, d'après
M. Ellis. A dix ou quinze lieues de distance l'éloignement cache les terres basses
du rivage, et l'ile Bora-Bora ne se montre plus que comme un obélisque gigan-

tesque, une pyramide majestueuse sortant de l'océan d'un seul jet pour atteindre
les nuages. Lorsque Dieu fait un ouvrage il y appose le cachet de sa main,

Bora-Bora.

et certes les pyramides des Pharaons, élevées à grands frais dans les sables
d'Égypte, seraient honteuses de se comparer à ces merveilleuses aiguilles de
l'Océan-Pacifique.

Lorsque le soir projette ses ombres sur ces mers paisibles, le pic de *Pahia,*
dit M. d'Urville, découpe, sur un ciel orné des splendides couleurs du coucher
du soleil sous les tropiques, sa grande silhouette, sombre, grandiose, enrichie
de teintes violacées dues à la transparence de l'atmosphère, et montre, dans de
splendides jeux de lumière, les hardis délinéaments de sa pittoresque structure.

De plus près la haute montagne de l'île se montre couverte de verdure ; son
cône de rochers, tapissé vers le bas de *pandanus* et de cocotiers vers les hauteurs, l'a fait ingénieusement comparer à un bouquet ceint d'une guirlande de
verdure. A vrai dire, une seule montagne isolée et conique, dont les flancs se
prolongent sur les côtés en arêtes sinueuses, compose toute l'île. Il est incontestable que cette haute montagne est un volcan éteint, dont le cratère est en
partie affaissé vers le rivage et a formé une partie de la baie de *Beula :* c'est
l'opinion du docteur Lesson. La montagne domine une vallée étroite, mais
touffue, dont les arbres se dressent comme des parasols ; puis çà et là se dessinent des cases coquettes alignées avec une certaine symétrie, et ce site romantique charme le regard et absorbe l'attention de celui qui le contemple. Il n'est
pas inutile de noter ici une particularité très-remarquable de Bora-Bora : la
chaîne extérieure de ses brisants, au lieu d'être tantôt sous-marine, tantôt à
fleur d'eau, est toute plantée de cocotiers et forme une ceinture élégante autour
de l'île [1].

[1] *Iles Taïti*, Vincendon-Dumoulin et Desgraz.

Si, pour visiter Bora-Bora, vous êtes favorisé d'un de ces beaux jours si communs sous les tropiques, aucun spectacle ne saurait vous plaire davantage. Son aspect, où se mêlent des pitons volcaniques, nus et décharnés, des sites verdoyants et ombragés, est des plus admirables : des forêts de cocotiers, balancés par les brises du large, forment des dômes impénétrables au soleil, et couvrent les iles basses ou *motous*. Les récifs forment sous l'eau des labyrinthes peuplés de madrépores et de zoophites, que teignent les plus riches couleurs. La mer contribue elle-même à l'ornement de ce tableau lorsque le calme règne sur sa surface légèrement ondulée, ou lors même qu'agitée, ses vagues viennent se heurter contre les roches animalisées et jaillir au loin en gerbes écumeuses. La blancheur du sable qui couvre les grèves, la verdure sombre des *baringtonia*, qui croissent seulement sur le rivage, les feuilles larges et découpées des arbres à pain, achèvent d'embellir cette scène vierge et imposante. Le mouillage se trouve à une demi-encâblure du rivage, sur un fond de sable recouvert de débris madréporiques; il est abrité des vents d'est par la montagne centrale *Pahia* ou *Paya*, dont les flancs s'élèvent si perpendiculairement que, vus de cette partie, ils semblent être taillés à pic [1].

Les cabanes ou cases sont disséminées au pied du mont Pahia sur le rivage bas, et séparées chacune par des plantations et entourées de bosquets. Je dirai plus loin combien j'éprouvai de plaisir à visiter cette ile remarquable, à pénétrer dans les cases des indigènes, à faire connaissance avec eux; comme à Taïti, la sympathie et une candide confiance font partie de leur caractère. On trouve à Bora-Bora, de même que dans les autres iles importantes de l'archipel, les restes de maraïs élevés au redoutable dieu *Oro*, auquel on immolait des victimes humaines. La croix a détrôné ces divinités sanguinaires, dont les monuments se cachent honteusement sous l'exubérante végétation de la terre, et dans vingt ans d'ici, prédisait M. d'Urville, ces temples, ces tombes que les plantes ensevelissent, n'auront pas même la chance d'un souvenir dans la tradition populaire.

Je voudrais pouvoir vous conduire au sommet du pic gigantesque appelé *Pahia*. Après des fatigues extrêmes pour les Européens, nous parviendrions peut-être jusqu'au pic ou piton de forme conique nommé *Otée* par les naturels; mais pour aller plus haut il faudrait avoir des ailes, quoique les indigènes assurent qu'on y va dénicher les phaétons à brins rouges. Il faudrait pouvoir franchir des murailles volcaniques perpendiculaires, hautes de cinquante à soixante pieds.

Contentons-nous de jouir de la vue pleine de magnificence qu'on embrasse au pied de l'Otée. Le regard découvre tout Bora-Bora avec sa couronne d'iles

[1] M. Lesson, *Voyage autour du monde*, tome I, page 62.

vertes et son lac circulaire; au loin apparaissent les pitons des iles adjacentes
de Tahaa, de Raïatea et même de Ouahine, les plages de Maupiti à l'ouest et
de Motou-iti au nord-ouest. Un ciel pur permet de suivre parfaitement les
sinuosités et les accidents du sol qui forme la plupart de ces îles; c'est un
horizon immense, riche, peuplé d'îles, accidenté de terre et d'eau. Du pied de
la montagne partent trois petites chaines qui sillonnent l'île au nord, au sud et
à l'ouest; l'une d'elles, dont la direction incline au nord-est, est couverte d'une
riche verdure, du milieu de laquelle saille un roc décharné, s'élançant derrière
les arbres, et que sa forme a fait nommer le Marteau [1]. Le pied du mont Pahia
est légèrement déchiré dans sa partie sud; et comme le terrain en cet endroit
est un peu onduleux et recouvert d'un terreau meuble, il en résulte que les
arbres à pain ne sont nulle part ni plus nombreux ni d'une plus belle venue.

Bora-Bora n'atteint pas dans sa plus grande longueur, du nord au sud, plus
de cinq milles, et dans sa plus grande largeur, de l'est à l'ouest, deux milles
tout au plus; sa circonférence peut être de dix-huit milles et sa superficie de
trente-huit kilomètres carrés.

Dans cette excursion nautique, nous avons négligé plusieurs iles de l'archipel
Taïti d'une moindre importance et que d'ailleurs je n'ai pas vues : telles que
Toubouaï-Manou, *Ouahine*, *Motou-iti* et *Maouroua* ou *Maupiti*.

Si ces descriptions ont pu donner une idée de ces îles, dont la vue m'a tant
impressionné, on conviendra facilement avec moi que ce sont d'admirables
pays, et on se demandera si Dieu, qui a disséminé sur ces mers immenses tant
de fraiches oasis, en a voulu faire jouir un peuple privilégié, un peuple dont
l'organisation fût propre à goûter pleinement le bonheur de tant de merveilles.
Nous répondrons bientôt, si nous ne le répétons pas, que les indigènes de l'archipel Taïti sont remarquablement beaux et vigoureux; et l'étude que nous
avons faite de leurs mœurs, de leurs habitudes, nous a convaincu qu'ils ne
pouvaient naître dans de meilleures conditions pour goûter toutes les jouissances
de leurs terres si favorisées. Je puis conclure sans trouver de contradicteurs :
entre tous les pays que j'ai parcourus, ces petits coins de terre méritent d'être
distingués, comme le séjour d'un bonheur paisible et d'une vie de calmes habitudes; je les ai vus avec admiration, je m'y suis arrêté avec joie; pourquoi ne
puis-je pas ajouter : et j'ai la certitude que ce bonheur ne sera jamais altéré
par les relations plus fréquentes avec les nations civilisées.

Avant de parler des rapports que j'ai eus avec les habitants de Taïti, je
dois dire un mot de la grande question ethnographique qui se présente, là
encore, hérissée de difficultés : problème insoluble quant aux faits positifs,
sinon quant aux conjectures plus ou moins probables.

[1] *Iles Taïti*, vol. I, page 145.

Ces peuples divers, qui habitent les îles innombrables des vastes continents de l'Océanie, éloignés de plusieurs milliers de lieues des anciens continents, ont-ils une origine commune avec les hommes historiques, si je puis ainsi parler? et s'il en était ainsi, par quels points se rattachent-ils aux trois grandes divisions de l'espèce, à la famille caucasique, à la famille mongolique ou à l'éthiopique? On trouve dans l'Océanie toutes les conformations, toutes les teintes, depuis le blanc pur des pays septentrionaux jusqu'au noir foncé de la brûlante Afrique. Seraient-ce des embarcations perdues de l'Asie-Méridionale qui auraient peuplé les nombreux archipels à partir de Sumatra, Bornéo, passant par la Nouvelle-Guinée, faisant une halte dans la Nouvelle-Hollande, pour remonter dans la Micronésie et s'arrêter enfin dans la vaste Polynésie? Il faudrait encore rendre compte de cette diversité de types, de couleurs, de conformations et d'aptitudes.

Ou bien faut-il admettre, pour les archipels de la Polynésie qui nous occupent, que ces îles faisaient partie de vastes continents autrefois habités par des peuples puissants et civilisés, et que de violents cataclysmes ont anéantis pour ne laisser subsister que les îles océaniennes; mais, alors, il resterait toujours à expliquer d'où sortaient ces bienheureux *Noé,* que les déluges et les bouleversements terrestres épargnaient. La difficulté serait toujours la même : je n'ai pas la moindre prétention de faire avancer d'un pas cette question ardue, et je m'incline, avec humilité, devant ce mystère ethnographique, où je ne vois pas plus clair que dans celui des Peaux-rouges de l'Amérique.

En ce qui touche les peuples de la Polynésie, M. Moerenhout nous dira quelles patientes recherches il a faites : nous ne saurions avoir un meilleur guide dans cette étude, de même que pour celle de l'histoire et des mœurs des Taïtiens, avec lesquels il a vécu de nombreuses années et qu'il ne pense pas encore à quitter.

D'après cet auteur, l'analogie du langage des peuples indique plus sûrement que celle de leurs traits, de leur constitution et de leurs climats, les différences spécifiques des diverses races du genre humain. L'identité des climats peut, en effet, influer sur leurs traits et sur la couleur de leur peau; une ignorance et une vie sauvage, commune, peuvent amener les mêmes habitudes; mais jamais, ou bien rarement du moins, un même mot n'a servi de signe à une même chose chez des peuples totalement étrangers les uns aux autres et d'une origine différente. La présence de plusieurs mots semblables, chez des nations séparées par de longues distances, est donc la preuve, sinon d'une même origine, du moins de la préexistence entre elles d'un commerce ou de relations plus ou moins intimes, plus ou moins prolongées; et, dans tous les lieux où l'on trouve ces analogies, on peut tenir pour certain que les peuples chez lesquels elles sont signalées ont bien pu se perdre de vue, mais n'ont pas toujours vécu séparés.

Ce n'est donc pas sans raison que plusieurs auteurs ont écrit que les peuples des îles de l'Océan-Pacifique étaient de la même origine que les Malais; puisque depuis l'île de *Pâques,* par 111° de longitude ouest, l'île la plus orientale de l'Océanie, jusqu'aux Moluques, on rencontre plusieurs mots qui sont absolument les mêmes.

Mais quoiqu'une telle similitude de mots puisse exister chez des peuples que sépare une si prodigieuse distance, quoiqu'elle paraisse attester qu'ils ont eu jadis quelques communications, on ne devrait pas en conclure que ces îles reculées vers l'est aient pu être peuplées par les habitants des îles de la Sonde, des Moluques, etc., où se trouve aujourd'hui le principal siége de la race malaie.

Le premier fait qui repousse cette opinion est la prédominance du vent d'est qui règne presque continuellement sous les tropiques, depuis une centaine de lieues de l'Amérique jusqu'à l'extrémité occidentale de cet immense Océan.

Ce fait incontestable admis, croira-t-on possible que, chez des nations où l'art de la navigation était aussi peu perfectionné que chez les Malais, d'aussi frêles embarcations que les leurs aient, pu être poussées de l'extrémité orientale de la mer des Indes à l'extrémité orientale de l'Océan-Pacifique; depuis les îles *Moluques* jusqu'à l'île de Pâques; et qu'elles aient pu parcourir, en luttant contre un vent et un courant constamment contraires, plus d'un tiers de la circonférence du globe, ou plus de cent trente degrés de longitude?

Une autre circonstance vient détruire l'opinion qui veut que les habitants des îles orientales soient venus de l'ouest : c'est la différence de manières, de mœurs, de langage, toujours plus marquée chez les habitants des îles, à mesure qu'on avance à l'ouest. En effet, pour peu qu'on s'avance dans cette direction, au delà des *îles des Amis,* on rencontre un groupe d'îles (les îles Fidgi) dont les habitants paraissent différer, sous tous les rapports, de ceux des îles de l'est. Si l'on continue à se porter à l'est-nord-ouest, vers les îles Salomon, la Nouvelle-Zélande, la Nouvelle-Guinée, partout on trouve des peuples qui diffèrent entièrement des habitants de la Polynésie. Si on arrive à la Nouvelle-Hollande, à la terre de Diémen, les peuples représentent, par leur excessive infériorité, le dernier anneau qui sépare l'espèce humaine de la brute, races stupides, dégradées, dont la conformation, quant à l'extérieur, semble à peine se rattacher à l'humanité, et tenir plus à l'orang-outang qu'à l'homme. Quelle affinité, quel rapport de ces monstres avec la belle espèce qui peuple la Polynésie? Ces raisons paraissent démontrer que les Polynésiens n'ont pas pu venir de l'ouest.

Ces difficultés ont fait recourir à une autre hypothèse : on a conséquemment exprimé l'opinion que ces îles pourraient avoir reçu leurs habitants du côté opposé, et que l'Amérique aurait été la souche des habitants de la Polynésie ; on avait levé la difficulté des vents régnants et on se fondait sur quelques coutumes plus ou moins analogues, telles que les sacrifices humains, l'organisation du culte, le tatouage et les peintures du corps qui existaient chez les deux peuples.

Mais ces usages, quelque semblables qu'ils soient, ne sont pas une puissante autorité, si des analogies de langage ne viennent pas les corroborer. A l'état sauvage, à l'état d'ignorance, les hommes tombent partout.dans les mêmes vices, sont entraînés dans les mêmes erreurs. Quoi de plus frappant, comme application de ce principe, que les cruautés commises par toutes les nations au berceau, surtout en matière de religion et de culte? Partout les mêmes superstitions amènent les mêmes résultats. On ne peut donc rien conclure des usages quand on les voit répandus chez toutes les nations à leur enfance ; et il est prouvé que, pour les mœurs et pour la religion, les hommes placés dans les mêmes circonstances s'imitent presque toujours, quoique éloignés les uns des autres et sans avoir jamais eu la moindre communication.

Il n'en est pas de même pour les langages : là, tout rapport doit être concluant ; mais il faut que ce rapport soit positif. Or, on n'a pas même reconnu l'analogie la plus faible entre la langue polynésienne et les langues américaines : ajoutons que la conformation physique diffère essentiellement entre les habitants de la Polynésie et les Américains. Enfin cette objection, prise à l'inverse, n'a pas moins de force contre les Américains que contre les Malais, sauf les vents et les courants contraires. Il paraît de toute impossibilité que des embarcations semblables à celles qu'on a trouvées chez les nations du Nouveau-Monde aient pu franchir la prodigieuse distance qui les sépare de l'île de Pâques, la plus orientale des îles océaniennes connues jusqu'à ce jour. Et puis, enfin, comment expliquer la présence, dans les îles océaniennes, de certaines espèces d'animaux : le cochon, le chien, la volaille, espèces qu'on ne trouve point en Amérique? Les difficultés sont donc égales sur tous les points. S'il est impossible que les habitants actuels de la Polynésie soient venus de l'ouest, il l'est également qu'ils soient partis du continent américain ; mais l'affinité entre leur langue et celle des Malais n'est pas moins incontestable.

M. Moerenhout pense donc que bien loin que les Malais aient peuplé la Polynésie, ils sont au contraire les descendants des Polynésiens ; il donne à l'appui de son opinion une infinité de raisons très-judicieuses.

En résumé, s'il est vrai que les foyers des populations puissent se reconnaitre à la beauté et à la perfection corporelle de chacune des familles qui les constituent, et si chacun de ces foyers est le centre d'une langue mère, d'où sont descendus une foule d'idiomes ou dialectes, il est certain que les îles polynésiennes sont le foyer de la grande famille malaie : car dans les iles polynésiennes seules cette race joint à une haute stature et à de belles proportions une régularité et une beauté de corps qui ne se trouve nulle part dans les iles malaies, où, comme le langage, comme les habitudes, comme les mœurs, les traits diffèrent et semblent surtout corrompus par le mélange d'espèces moins belles et d'idiomes moins parfaits.

Cette dernière observation, qui résume en quelque sorte tout ce qu'a longuement exposé l'auteur, l'amène à conclure que cette belle race, de couleur olive, au corps tatoué, a eu son foyer primitif sur un continent situé à l'est de la Mer-Pacifique, et que les Malais de la mer des Indes sont leurs descendants, et non leurs pères comme on l'a cru jusqu'à ce jour.

Ce continent bouleversé dans quelques convulsions des agents naturels est le grand système de M. Moerenhout; et si on lui objecte que si le continent dont il suppose l'existence a existé véritablement, il a pu s'étendre soit jusqu'à l'Amérique dans l'est, soit jusqu'à l'Asie dans l'ouest, et recevoir ainsi ses habitants indifféremment de l'un ou de l'autre de ces deux points du globe, il répond que cela paraît également impossible, en raison de la différence des langages, de la couleur et des traits, etc., et, de plus, si ce continent eût été gagné d'un côté ou d'un autre par leurs populations respectives, pourquoi les animaux des iles polynésiennes sont-ils si différents? pourquoi ne trouve-t-on dans ces iles ni ceux de l'Amérique, ni ceux des iles malaies? pourquoi, surtout les insulaires, loin de les connaître, n'en ont-ils pas la moindre idée? Dans les combats de leurs héros, de leurs géants ou de leurs dieux, leur imagination même, souvent si riche, n'a rien créé d'analogue au tigre, au serpent et aux autres animaux, partout si funestes à l'homme; ils n'ont trouvé, pour éprouver la valeur de leurs divinités, d'autres adversaires que le cochon sauvage, ce qui prouverait qu'ils ne connaissaient pas, même par tradition, d'animaux plus formidables, raison de plus pour croire qu'ils sont autochthones et ne descendent d'aucun autre peuple : car comment des hommes qui divinisaient tout, les oiseaux, les requins, les lézards, etc., n'auraient-ils pas mis au nombre de leurs dieux l'horrible et hideux crocodile, les terribles serpents, les tigres, les rhinocéros, les éléphants et les autres animaux monstrueux des iles malaies et de l'Inde? Ils ne les connaissaient pas, ni les caïmans, ni les serpents, les ours, les jaguars, et tant d'autres animaux féroces de l'Amérique. Ignorant tout l'univers, ils se croyaient eux-mêmes, avec le peu d'animaux qui les entouraient, les seuls êtres organisés et les uniques habitants de ce monde.

On le voit, la question n'avance pas : M. Moerenhout nous démontre d'où les Polynésiens ne viennent pas; mais il avoue qu'il ne sait pas comment ils seraient venus dans les lieux qu'ils habitent aujourd'hui. Ce serait pour lui aussi difficile que d'expliquer comment le noir a pris sa couleur, et diffère si fort du blanc, tant au physique qu'au moral.

Nous laisserons cette question aux patientes études des hommes de science : ils élaboreront, peut-être, quelque autre système tout aussi plausible que ceux dont nous venons de dire quelques mots; mais ils seront toujours forcés, à moins de se perdre dans le dédale inextricable de conjectures plus hasardées, plus téméraires les unes que les autres, de s'en tenir comme nous à ce livre si rempli d'autorité qui commence par ces mots : *Au commencement Dieu fit le ciel et la terre,* et qu'on appelle la *Bible.*

L'histoire des habitants de Taïti, comme de tous les peuples de la Polynésie, ne remonte qu'aux époques des découvertes des archipels par les navigateurs, et nous n'avons d'autres documents sur les faits antérieurs que les chroniques et les légendes transmises par la tradition et recueillies par les voyageurs et les missionnaires. Ces légendes, empreintes de la disposition générale du caractère de ces peuples, ont subi toutes les altérations, tous les changements, toutes les modifications des temps, des lieux et des circonstances : ce sont donc de très-peu sérieuses autorités. Ne fût-ce que pour étudier sous une de ses faces une portion de la grande famille humaine, l'historien ne saurait les négliger ; mais il n'a garde d'appuyer son récit sur ces créations plutôt poétiques que positives.

Taïti, la nouvelle Cythère de Bougainville, offre, sous le rapport des renseignements historiques, peut-être moins de ressources que les autres îles. Chez un peuple où tous les moments étaient consacrés au plaisir, où la vie s'écoulait doucement dans une périodicité de jouissances et de bien-être, qu'importaient les faits passés? les morts ne revenaient pas, et le souvenir de leurs actions aurait pu troubler l'économie d'une vie exclusivement consacrée aux jouissances de la nature. Est-ce que les habitants de Cythère, de Paphos ou d'Idalie rédigeaient des annales historiques, faisaient imprimer des mémoires effrayants de volume, ou payaient grassement un corps savamment ennuyeux pour révéler à la postérité leurs faits et gestes de tous les jours? Ils avaient bien autre chose à faire vraiment, et je me doute qu'ils n'eussent guère trouvé d'instants dans la journée à pouvoir donner aux études peu récréatives pour eux de leur histoire. Ainsi faisaient les Taïtiens et bien agissaient-ils. Hélas! que n'ont-ils vécu toujours dans cette calme ignorance! Mais un jour apparut à leurs yeux étonnés une gigantesque machine portée par les eaux et poussée vers leurs rivages; de ses flancs sortirent des hommes singulièrement accoutrés, dont les sons étrangers frappaient vainement les oreilles sans éveiller la moindre idée dans l'esprit.

Dès ce moment sans doute, le Dieu puissant qui féconde le monde et qui avait choisi pour séjour de prédilection l'île de Taïti, s'enfuit, j'imagine, car nos

insulaires polynésiens n'ont plus ce joyeux sourire qui annonçait constamment
le calme de leur vie et le perpétuel retour de leurs plaisirs.

Le jour néfaste où les étrangers pénétrèrent à Taïti fut, selon les uns, vers
l'année 1600, et l'aventureux navigateur qui aurait fait cette découverte aurait
été l'Espagnol Pedro Fernandez de Quiros; mais dans ces derniers temps on a
fortement contesté cet honneur à Quiros. Rien, dans la narration du voyage de
ce navigateur, ne peut se rapporter à Taïti, dont il ne mentionne pas la moindre
particularité; il n'a pas même vu l'île d'Eimeo, si peu éloignée, et dont il
devait côtoyer les rivages en se dirigeant ouest-nord-ouest, comme il fit en
quittant cette prétendue *Sagittaria*. On peut donc affirmer avec confiance que
l'île de Quiros n'est pas Taïti, et que c'est à Wallis qu'est due sa découverte.
Cet officier de la marine anglaise est le premier qui nous ait donné des notions
exactes sur cette terre, qu'il aperçut le 19 juin 1767 et qu'il nomma île de
George III.

Taïti et Eimeo étaient alors réunies sous l'autorité d'un chef nommé *Amo*
ou *Aamo*, au rapport de Wallis et de Cook; il en était *arü-rahi*, principal
chef ou roi, et ces deux îles jouissaient d'une paix générale, qui, au sein de
l'abondance, procurait à leurs heureux habitants tout le bonheur qu'ils étaient
appelés à goûter dans leurs îles. La résidence de ce chef et de sa femme *Béréa*
ou *Obéréa*, dont il est si souvent parlé dans les voyages des navigateurs qui
visitèrent Taïti, était à Papara, côté sud de l'île. Tous deux appartenaient à
une famille dont les ancêtres étaient au nombre de leurs dieux. Tous deux,
également respectés, tenaient une cour que l'affluence des courtisans, l'adulation, la flatterie, la pompe des titres rapprochaient de celle des souverains de
l'Orient. Depuis longtemps le gouvernement de l'île semblait avoir été dans la
même famille, puisque *Tavi-eou-roo*, leur trisaïeul, déjà *arü-rahi*, régnait
cent vingt à cent cinquante années avant eux, ayant acquis tant de renommée,
qu'il était encore l'objet des chants dans toutes les fêtes, même postérieurement
à la venue des Européens. Après lui *Toun*, l'un de ses descendants, gouverna
les deux îles, et livra à Papara une bataille mémorable désignée dans les
chants et dans les traditions sous le nom de *Ouré-popoï-oha*.

Il paraîtrait donc que Taïti aurait été constitué en royaume au moins cent
cinquante années avant la découverte par les Anglais, et avait joui depuis, sauf
quelques troubles momentanés, d'une paix assez constante quand le capitaine
Wallis y aborda.

La première vue d'un bâtiment causa dans Taïti, comme dans toutes les
autres îles, un étonnement extrême. Les Taïtiens, ne pouvant concevoir comment une telle masse avait pu être construite par des hommes, ni comment
elle pouvait se soutenir sur l'eau, la prirent pour une île flottante.

Ils regardaient les mâts comme des arbres, les pompes comme des ruisseaux, et les marins, dans leur tenue militaire et ornés de plumes, comme des êtres supérieurs ou des dieux.

Combien le récit de cette première visite inspire de tristes réflexions! Les bons insulaires étaient dans l'étonnement mais parfaitement tranquilles, et tout dans leurs manières annonçait des intentions bienveillantes. La brutalité de quelques matelots fait naître une querelle ; la défiance arrive, et, au lieu d'étudier sans colère les dispositions de ces insulaires, Wallis fait charger ses canons, et le massacre signala cette première visite des Européens. On se figure l'étonnement plein de stupeur que durent éprouver les insulaires à la détonation des armes à feu, qui emportaient, en les déchirant, les membres de leurs voisins, de leurs proches, de leurs amis.

A la nouvelle de ces étranges choses, *Amo* et *Béréa,* qui ne pouvaient croire à cette puissance inouïe des étrangers, semblable à celle des dieux armés du tonnerre, se décidèrent à aller au-devant de cette île, qui lançait la foudre.

Le peuple se réunit en foule ; plusieurs centaines de Taïtiens, montés dans des pirogues, s'approchent du navire plutôt en curieux qu'en combattants : il est vrai qu'ils avaient une arme meurtrière à opposer aux balles et aux boulets européens, quelques cailloux du rivage et l'innocente fronde des peuples enfants. Wallis raconte sérieusement qu'il voulut *abréger la lutte pour diminuer le mal;* comme argument irrésistible ses canons tonnèrent, emportant les pirogues et les pauvres sauvages, que la crainte et l'horreur semblaient avoir pétrifiés. Amo et Béréa se tenaient sur une petite éminence au fond de la baie, où ils se croyaient à l'abri des dangers ; mais Wallis, en Européen bien appris, ne voulut pas leur laisser ignorer la supériorité de ses moyens, et les boulets, qui vinrent tomber aux pieds du roi et de la reine pour, de là, aller abattre et les arbres et les insulaires, leur prouvèrent que le capitaine anglais avait la raison du plus fort.

Il semble que ce devait être assez, mais l'orgueil britannique n'était pas satisfait. Ce fut en vain que les habitants de Taïti avaient pris la fuite ; les soldats anglais débarquent, et, après avoir tué quelques retardataires inoffensifs, ils détruisirent toutes les pirogues, dont le nombre s'élevait à plus de cinquante et dont plusieurs avaient soixante pieds de long. C'est bien horrible, malgré toutes les précautions des narrateurs pour en atténuer l'atrocité.

Mais voyez combien la vengeance des insulaires fut noble ! Tout ce peuple, aux mœurs candides, aux sentiments bienveillants, vint en foule apporter à une poignée de vainqueurs sans pitié les meilleures productions de l'ile, et les donna sans vouloir rien accepter en retour. On vit même ceux qui avaient perdu leurs proches venir les pleurer auprès des meurtriers, sans irritation et sans d'autres signes qu'une tristesse touchante. Une femme avait perdu son mari et plusieurs de ses enfants, elle fut la première à se présenter avec les deux fils qui lui restaient, pour remettre aux Anglais son offrande ; puis elle les quitte les yeux inondés de larmes, mais elle leur tend la main. Ah ! ces sauvages ne connaissaient pas l'Évangile, et pourtant combien ils en appliquaient admirablement bien les divins préceptes ! Le Christ pardonnait à ses bourreaux, ici une mère comble de biens et pardonne aux bourreaux de ses enfants et de leur père ; et qu'on ne dise pas que la crainte les faisait agir de la sorte, ou que l'insensibilité de leur caractère diminuait leurs regrets. Pour se soustraire à leurs vainqueurs ils avaient leurs forêts et leurs montagnes inaccessibles, et les larmes, les sanglots de cette femme n'annoncent pas une insensibilité du cœur.

Je me réjouis et je remercie Dieu de ce que ce ne sont pas des Français qui ont commis ce premier sacrilége sur une terre inoffensive ; je puis au moins à mon aise maudire ce barbare attentat.

M. Moerenhout ajoute à son récit tout à fait calme cette singulière phrase :

« De cet instant s'ouvrirent des relations amicales qui depuis n'ont presque » jamais été interrompues, et qui ont fait de Taïti un séjour aussi agréable que » sûr pour les navires parcourant ces mers. »

Wallis vit bien à qui il avait affaire, aussi ne se gêna-t-il pas pour faire couper du bois et demander les provisions dont il avait besoin ; il n'avait pas même la peine de demander, ses désirs étaient aussitôt satisfaits que connus, et on lui prodigua, ainsi qu'aux gens de son équipage, les marques les plus touchantes de l'hospitalité. La confiance que les canons avaient suspendue était revenue entière ; on ne craignit pas d'aller visiter cette ile terrible, dont les entrailles vomissaient naguère et la mort et le carnage. Un matin, le pont du navire anglais se trouva couvert de plusieurs centaines de personnes des deux sexes ; parmi les femmes, on en distinguait une au port majestueux, à l'air noble, belle encore malgré les années, elle avait quarante ans. A ses manières aisées, au respect qui l'entourait, on reconnaissait *un chef*. Cette fière sauvage ne montra ni embarras ni crainte à l'approche du capitaine anglais ; elle reçut ses marques de respect et ses présents avec cette dignité que donnent et la supériorité réelle et l'habitude du commandement : c'était la reine Béréa, dont la majesté sévère n'altérait pas les douces vertus de la femme, car elle soigna elle-même Wallis malade, et lui prodigua toutes les attentions qu'inspire la bonté.

Que m'importe, après cela, que cet officier anglais ait été le premier à nous donner quelques idées de l'état, des mœurs et du caractère de ces insulaires ! c'est là un faible mérite à mes yeux ; s'il a par devoir raconté le premier ce qu'il a vu, il a fait aussi le premier couler le sang de ces populations paisibles. Voici un Français qui, moins d'une année peut-être après Wallis, en 1768, aborde à Taïti. Bougainville laisse au repos et ses canons et la mitraille. La foule du peuple curieux, attiré sur le rivage, ne l'épouvante pas ; il aborde avec douceur ces habitants inconnus, rassuré sur leurs dispositions par un air de bienveillance extérieure qui ne trompe jamais un esprit attentif.

Raconter comment il fut reçu serait inutile : des hommes qui prodiguent leurs attentions à des combattants sans pitié ne devaient avoir que de l'affection pour l'étranger pacifique qui les visitait. Il faut lire la description de Bougainville; on la prendrait moins pour la réalité que pour une fiction poétique, si tant d'autres depuis ne l'avaient confirmée. Son séjour à Taïti fut marqué par des fêtes et des réjouissances continuelles, et en partant il appela cette ile *la nouvelle Cythère.*

Nous ne citerons qu'un passage très-court de cette relation du célèbre navigateur : « Je me croyais, dit-il, transporté dans le jardin d'Éden; nous par-
» courions une plaine de gazon, couverte de beaux arbres fruitiers et coupée de
» petites rivières, qui entretiennent une fraîcheur délicieuse sans aucun des
» inconvénients qu'entraîne l'humidité. Un peuple nombreux y jouit des trésors
» que la nature verse à pleines mains sur lui. Nous trouvions des groupes
» d'hommes et de femmes assis à l'ombre des vergers; tous nous saluaient avec
» amitié; partout nous voyions régner l'hospitalité, le repos, une douce joie et
» toutes les apparences du bonheur [1]. »

C'était là ce peuple que Wallis avait mitraillé. Honte éternelle sur cet emploi brutal de la force armée contre des peuples inoffensifs ! Malheureusement c'est ainsi qu'ont procédé généralement les Européens à la découverte des nouveaux mondes. Les hommes qui ont égorgé les populations du Mexique et du Pérou ont laissé des imitateurs, et ce Pizarre, de sanglante mémoire, a vu se propager sa race.

Au commencement de 1769, moins d'un an après le départ de Bougainville, parut le navigateur Cook. Les récits de ce marin renommé sont à la fois les plus vrais et les plus intéressants : ses descriptions ont un charme qu'on ne trouve nulle autre part; elles présentent des observations si fines, si attachantes, soit de mœurs et d'usages qui n'existent plus, soit de positions géographiques qui sont toujours les mêmes, que ses voyages seront toujours consultés avec fruit.

Dans ce premier voyage, Cook avait pour but des observations scientifiques; il choisit Taïti pour sa position géographique, afin d'observer le passage de Vénus sur le disque du soleil. Il donna le nom de *Pointe de Vénus* à la partie la plus septentrionale de l'ile, où il s'établit pour faire ses observations; c'est encore aujourd'hui un lieu de reconnaissance où les navigateurs rectifient leurs calculs et leurs instruments.

Cook fit à Taïti deux autres voyages; après lui vinrent des navigateurs de

[1] Bougainville, *Voyage autour du monde.*

diverses nations, attirés par la magnificence des récits que les premiers explo
rateurs avaient laissés de leurs visites. Cette reine de l'Océan Pacifique était
révélée au monde civilisé. La nouvelle Cythère devait donc jouir des bienfaits
sociaux que l'Europe daigne laisser tomber sur les peuplades sauvages, lorsque,
dans ses explorations intéressées, elle les rencontre sur son chemin.

Taïti n'échappa point à ces bienfaits inconnus. Hélas ! après le départ de
Wallis, ces Indiens, naguère doués du caractère le plus gai, le plus heureux ;
cette race si belle au moment de la découverte, qu'elle a fait dire qu'aucun
autre peuple européen n'était aussi favorisé qu'elle ; ces hommes à la taille élégante et souple, ces femmes aux traits qu'on aurait dit empruntés à la statuaire
antique, se mouraient d'une maladie étrange. Le marin anglais ne s'était pas
contenté de donner violemment la mort, il avait laissé en fuyant un germe actif
de destruction. Ce mal, dont le nom ne saurait s'écrire, mais qu'on trouve, à
notre honte, dans la dernière colonne des journaux et sur les murailles macu-
lées d'immondices de toutes nos cités, se propageait à Taïti avec d'autant plus
de rapidité que tout dans les mœurs favorisait son développement. Cachons la
rougeur de nos fronts, les hommes civilisés distribuaient le poison aux
sauvages.

Il y eut dès lors une incroyable décadence dans cette race exceptionnelle
d'Indiens : les plaisirs cessèrent ; les fêtes publiques, les réjouissances de tous
les jours abandonnèrent ces lieux, où ils faisaient une partie essentielle de
l'existence, et les ravages s'étendirent dans tout l'archipel.

S'il en faut croire Cook, la population aurait atteint, lors de son voyage, le
chiffre énorme de deux cent vingt mille habitants, « nombre qui me parut
» incroyable au premier moment, dit ce navigateur ; mais quand je réfléchis
» à ces essaims de Taïtiens qui frappaient nos regards partout où nous allions,
» je fus convaincu que cette évaluation n'était pas trop grande. »

Forster donne à ses calculs des proportions moins gigantesques, et pourtant
le résultat d'une énumération très-modérée lui donna aussi le chiffre de cent
vingt mille personnes pour la population des deux péninsules [1].

Qu'était devenue cette population ? En 1797, le capitaine Wilson, après des
recherches patientes et de longues observations, ne trouve plus que seize mille
cinquante individus de tout âge et des deux sexes pour l'île entière, et, quelques
années plus tard, les missionnaires anglais ne l'évaluaient plus qu'à cinq mille
habitants.

En faisant la part des inexactitudes que peuvent renfermer les chiffres de
Cook et de Forster, il ne restera pas moins démontré avec évidence que, dans
une période de quelque vingt années, la population taïtienne a diminué de plus

---

[1] G. Forster, *A Voyage round the world*, tome II, page 66.

des trois quarts. Il faut sans doute, pour être juste, tenir compte des guerres désastreuses qui ont ensanglanté cette île au commencement de ce siècle; mais, au rapport des missionnaires, les maladies importées par les Européens ont été les agents les plus énergiques de cette dépopulation.

La question débattue pour savoir si ce sont les Anglais ou les Français qui ont importé à Taïti la maladie, nous paraît de mince importance. Assurément les voyageurs des deux nations ont apporté un contingent de contagion; cependant nous aimons à nous autoriser de M. Moerenhout, qui pense que le mal se manifesta aussitôt après la première visite des blancs, c'est-à-dire après le passage de Wallis. Attendons que les panacées menteuses de nos empiriques de carrefour aient traversé l'Atlantique pour aller tenter des expériences sur ces pauvres sauvages, et disons quelle fut dans les temps loin de nous leur organisation politique.

Dans les temps les plus reculés eu égard aux notions historiques de Taïti, une sorte de gouvernement féodal était en vigueur dans cette île; son aristocratie n'était pas moins turbulente que chez les nations européennes, et ses membres entreprenants se disputaient souvent à main armée l'autorité suprême. Chaque district avait son chef indépendant ou momentanément tributaire des autres; la chance seule du combat soumettait l'île à la loi d'un seul ou la divisait entre plusieurs. Mais ces gouvernements éphémères se succédaient à de fréquents intervalles; on ne voyait pas de dynastie régnante issue d'antique souche.

Cependant, alors même que l'île était soumise au gouvernement d'un seul, l'autorité s'y présentait encore avec la forme féodale, attendu que le pays, divisé par grands districts, avait autant de chefs particuliers soumis un peu nominalement au chef général. Ce seigneur suzerain n'avait guère d'autorité absolue que dans son district spécial, et son pouvoir devait d'autant moins se consolider que la jalousie ou l'union des autres chefs ne lui permettaient jamais d'ajouter des districts à son domaine; car, en vertu d'une espèce de loi salique, la conquête d'un district n'en établissait pas la possession au profit du vainqueur. L'individu dépossédé perdait seul son autorité, mais la famille ne perdait rien de ses droits ni de son pouvoir, puisqu'un autre de ses membres prenait aussitôt la place du titulaire. A défaut d'héritier direct, le respect pour la légitimité de succession, ou la consécration du partage étaient tels, qu'il se trouvait toujours quelque parent éloigné, ou même, au besoin, un chef subalterne ami du déshérité, prêt à le remplacer en prenant son nom et ses titres. Les premières familles étaient donc autant de maisons souveraines. Si d'impérieuses circonstances réduisaient à la soumission une de ces familles puissantes en la rendant tributaire d'un chef plus heureux, on n'en vit jamais aucune aliéner tous ses droits et renoncer à tout pouvoir. Cette aristocratie appliquait d'instinct ce principe consacré ailleurs : *Noblesse oblige*. Il fallut l'influence armée des étrangers pour faire déroger à ces anciennes coutumes.

Aux îles de la Société, comme en France, comme en Angleterre, comme partout où le régime féodal a existé, il y a eu des combats incessants, des luttes perpétuelles entre tous ces petits souverains ambitieux et insatiables ; le plus fort absorbait le plus faible, et peu à peu le pouvoir se concentrait dans une seule main, sur une seule tête. Sous ce rapport, la condition politique de Taïti était pourtant différente des autres îles. De temps immémorial, le pouvoir avait été représenté par un seul individu, connu sous le nom d'*Arii-rahi ;* mais ce pouvoir héréditaire, ayant des prérogatives mal définies, des droits vagues et indéterminés, était chaque jour contesté par les autres chefs de l'île : de là des insurrections, des guerres, enfin tous les tiraillements d'un pouvoir mal assis.

La population de Taïti s'étageait en rangs distincts : d'une part, les *Houiarii* comprenaient le chef souverain de Taïti, les chefs régnants des îles voisines, les membres de leurs familles et leurs alliés ; d'autre part, on désignait vulgairement, sous le nom de *Boué-ratira,* les propriétaires et les cultivateurs d'une certaine portion du sol, non pas en vertu d'une concession du souverain, mais comme héritiers du patrimoine de leurs ancêtres. Les *Boué-ratira* comprenaient une corporation riche et puissante, qui, exerçant une influence égale à celle des chefs inférieurs, constituaient avec ceux-ci une véritable aristocratie. Les premiers se nommaient *Ratitas,* les seconds *Tavanas.* « Ils jouaient tout » à fait, dit M. Moerenhout, envers les *Arii* ou chefs principaux soit d'une por- » tion de l'île, soit d'une île entière, le rôle des barons féodaux auprès de notre » Europe dans le cours du moyen âge. Les principaux chefs ne pouvaient agir » sans leur secours, car c'étaient eux et leurs gens qui composaient leurs ar- » mées ; aussi, quoiqu'ils dussent le service aux *Arii,* ces derniers n'entrepre- » naient jamais de guerres sans les consulter. »

Ce n'est pas une chose des moins curieuses que cette organisation féodale parmi ces populations sauvages ; il semblerait résulter de ces faits que la féodalité est l'état naturel des peuples à leur naissance. L'égalité absolue à l'état de nature est donc une chimère, et partout il a existé des distinctions sociales. Quel est en effet le peuple qui n'ait pas produit des borgnes, des boiteux, des aveugles, des paresseux et des êtres sans intelligence ? Alors, tout naturellement, les forts et les habiles ont commandé ; le *servum pecus* s'est rangé sans mot dire sous la loi du plus fort. Que deviennent, dans ce cas, les théories naïves de la démocratie pure ? ce qu'elles deviennent ! des systèmes qui expriment le mécontentement et la jalousie, le besoin de prendre sa part d'une autorité enviée, afin de créer après une nouvelle aristocratie, qui ne tardera pas, comme celle qu'on aura dépossédée, à exciter et l'envie et la jalousie. Donc enfin la féodalité, reconnue chez les peuples enfants, établit la reconnaissance des inégalités de classes ; elle consacre irrévocablement l'existence universelle de la noblesse : il faut bien en prendre son parti. Même au sein de nos gouvernements constitutionnels, les niveleurs n'ont pas pu répartir également et l'intelligence et la valeur ; et les faiseurs de théories n'ont pas encore trouvé, que je sache, des motifs assez puissants pour nous faire respecter le traître à son pays, à l'égal de celui qui l'a défendu au prix de son sang. Pour le respect qu'on doit à la vertu, les descendants des hommes qui ont passé en faisant le bien, en secourant leurs semblables par les trésors touchants d'une bienfaisance qui vient du cœur, ou qui les ont éclairés par leurs travaux intellectuels, jouiront dans tous les temps d'une considération différente de celle qu'on accorde aux lâches, aux paresseux et aux méchants. Redressez tout le monde, ouvrez tous les yeux, éclairez toutes les intelligences, faites que tous les hommes soient courageux et bons, alors, je vous l'accorde, l'égalité sera établie et l'aristocratie détruite ; jusque-là résignez-vous, elle existera par la seule force des choses et la tendance de la nature humaine.

A Taïti, le bas peuple, n'ayant aucune propriété territoriale, était appelé *manahoune ;* les *manahounes* se divisaient en *manahounes* proprement dits et *tititeou-teou,* esclaves et serviteurs. Ceux-ci, d'après Ellis (*Polynesian researchs*), avaient perdu leur liberté dans les combats, et, devenus la propriété du vainqueur, ils vivaient dans un état de servitude fort douce. Après un certain temps d'esclavage, le captif était rendu à la liberté, à moins qu'il ne préférât rester au service de son maître : ce n'était plus un esclave, c'était un serviteur [1].

Les propriétés foncières étant la principale, ou pour mieux dire l'unique richesse de ces peuples, le plus ou moins d'autorité des chefs dépendait toujours de la quantité ou de la qualité de leurs terres : aussi, plus ils pouvaient nourrir de monde, plus ils étaient sûrs d'avoir des sujets. De là le soin extrême que prenait chaque famille d'assurer l'indivisibilité de ses biens, pour perpétuer son pouvoir et l'introduction d'une sorte de loi de majorat, d'une reconnaissance tacite du droit d'aînesse, ou, pour mieux dire, la coutume de ne reconnaître qu'un héritier pour les biens et pour les titres [2].

Les femmes participaient à cette hérédité tout comme les hommes ; elles héritaient de la souveraineté à défaut de mâles en ligne directe. En se mariant, la souveraine de Taïti, comme ses sœurs d'Espagne, de Portugal ou d'Angleterre, n'abdique pas son pouvoir. Le mari actuel de la reine *Aimata-Pomaré* n'a aucune autorité ; il n'a pas même le droit de prendre le titre d'*Arii.*

On a trouvé dans presque toutes les îles la coutume dont fait mention Cook,

[1] MM. Vincendon-Dumoulin et Desgraz, tome II, page 305.
[2] M. Mœrenhout, tome II, page 12.

en vertu de laquelle le fils premier-né d'un chef succédait à son père, au moment même de sa naissance. Cette espèce de loi organique modifiait singulièrement l'autorité de l'*Arii,* qu'elle rendait de courte durée. L'enfant, si c'était un garçon, recevait le titre sacré d'*Atou* ou *Otou;* si c'était une fille, celui de *Tetoua*. Le père devenait régent et faisait proclamer l'*Atou* par un messager du gouvernement, nommé *Vea*. Cependant le père, tout en abdiquant les titres et la considération du rang, tout en devenant le premier sujet de son fils, conservait longtemps encore l'autorité réelle, à moins que l'âge ou des infirmités l'eussent rendu incapable de commander. Si l'*Arii* qui abdiquait commandait à toute une île, il entrait dans la classe des chefs de district, mais rarement renonçait-il au gouvernement sans se réserver assez de pouvoir pour demeurer le rival dangereux de son propre fils, avec lequel il n'était pas rare de le voir plus tard en guerre ouverte; mais il n'en était pas moins toujours le premier, dans les cas ordinaires, à lui rendre hommage et à donner envers lui l'exemple du respect le plus obséquieux et de l'adoration la plus flatteuse [1].

Cet usage bizarre qu'on attribuerait à une adroite politique des chefs pour consolider leur pouvoir, était pratiqué dans les classes les plus infimes, où il semblait détruire la première et la plus légitime de toutes les autorités : celle du père sur ses enfants. Ainsi, partout et toutes les fois qu'un homme marié devenait père d'un enfant mâle, ce dernier devenait le maître, et sa puissance grandissait avec l'âge; dès lors le père perdait tout son pouvoir : il n'était plus que le second dans la maison, où il finissait par devenir étranger, chaque jour plus humblement soumis à toutes les volontés, à tous les caprices de son fils. Malgré les inconvénients de cet usage étrange, il était, pour ces populations ignorantes, la sauvegarde de l'ordre public, en prévenant l'ambition des uns, la convoitise des autres, la jalousie de ceux-ci, le mécontentement de ceux-là. L'élévation de l'enfant n'entraînait pas d'ailleurs l'abjection du père qui commandait longtemps encore, et quelquefois même toute sa vie.

Dans leur jeunesse les chefs étaient donc en quelque sorte des divinités dont on n'approchait qu'en tremblant et avec adoration, et cela souvent jusqu'à la mort, époque où, s'ils avaient fait quelque action d'éclat, ils étaient effectivement mis au rang des dieux. C'était là tout le secret de ce pouvoir si étonnant pour les étrangers, dont jouissaient ces chefs, qu'on voyait sans armes, sans gardes, sans défense, assis, tout nus, au milieu d'un peuple sauvage et obéis néanmoins, au moindre signe, beaucoup mieux que le plus puissant monarque des royaumes civilisés [2].

Quoique la volonté de l'*Arii* fût la loi suprême, et son gouvernement à peu

---

[1] *Voyage aux îles du Grand-Océan*, tome I, pages 13, 15, 16.
[2] Vincendon-Dumoulin et Desgraz, tome II, page 298.

près arbitraire, il était cependant soumis à des conditions qui en limitaient l'action. Malgré les nombreux hommages rendus à la tête et aux membres de la famille régnante, et la considération qui naissait de leur participation aux attributions divines, l'influence de l'*Arii*, sur les chefs hautains et jaloux des districts, n'était ni puissante ni permanente, et il pouvait rarement se fier à leur fidélité dans l'exécution des projets qui ne favorisaient pas leurs intérêts aussi bien que les siens [1]. Son administration offrait un mélange des droits de la monarchie et de l'aristocratie. Presque toujours le souverain avait auprès de lui un chef qui remplissait les fonctions de conseiller et de confident dans toutes les affaires importantes : il était de fait son premier ministre; souvent le nombre de ces conseillers était de deux ou trois, mais selon la remarque d'Ellis, qui n'oublie pas dans ses recherches les rouages de la constitutionnelle *Albion,* la participation de ces ministres à la direction des affaires ne leur imposait aucune responsabilité : il n'y avait pas là de chambres des communes pour accuser les Walpole océaniens.

Le souverain n'ayant pas de force armée à sa disposition n'exerçait point non plus de police régulière pour le maintien du bon ordre. Le chef de chaque district était responsable de la conduite du peuple placé sous sa juridiction. Il ne pouvait exister, par conséquent, de régularité dans l'administration de la justice : aussi chacun était-il à peu près maître de se venger des offenses reçues; mais avec ce droit reconnu de se faire justice soi-même, on en était venu à admettre des espèces de lois tacites, qui, en donnant à certaines actions un caractère de criminalité, ôtaient le droit de défense à celui qui les avait commises, attirant sur lui le blâme de toute la communauté, et l'abandonnant sans secours aux poursuites de ceux qui avaient souffert de ses actions. En vertu de cette convention acceptée du plus grand nombre, plusieurs actions coupables étaient sévèrement punies, surtout le vol. On peut dire que ces peuples s'étaient réellement élevés à des idées générales de justice, et qu'ils reconnaissaient à chacun un droit légitime de propriété.

Pour des causes de trahison, de rébellion, les coupables étaient condamnés au bannissement et à la confiscation de leurs terres. L'*Arii* pouvait désigner le successeur du coupable; mais il ne pouvait pas s'approprier les terres confisquées. C'eût été un acte de despotisme dont l'injustice trop flagrante, et contraire aux usages ayant force de lois, eût fait murmurer tout le monde. Et, d'ailleurs, la condamnation d'un chef d'un rang élevé, et d'une grande influence, avait rarement lieu sans le consentement des autres chefs ses égaux : il devait être jugé par ses *pairs*. Le chef souverain était par conséquent plus désireux de se concilier leur coopération que de les mettre en opposition avec

[1] Vincendon-Dumoulin et Desgraz, tome II, pages 314, 316. M. Mœrenhout, tome II, page 9.

ses desseins. Aussi ne négligeait-il rien pour se maintenir en bonne intelligence avec ses sujets. Cette déférence existait dans tous les échelons de la
hiérarchie. Un Indien injustement traité par son chef menaçait de le quitter,
et il était rare que ce dernier ne cherchât pas à l'adoucir et à le retenir à son
service. Il y a quelque chose d'assez touchant dans ces menaces d'un simple
Indien à son chef, qui sembleraient prouver que le seigneur était bien plutôt
le père que le maître de ses sujets. M. Moerenhout, à la suite de ces détails
administratifs, rapporte le fait suivant : « Tu es fâché contre moi, » disait un
Indien que je connais, aujourd'hui vieillard, à qui son chef avait enlevé le
peu de terrain qu'il possédait. « Hé bien ! je quitterai la terre où nos pères sont
» morts pour les tiens, et j'irai mourir avec nos enfants chez des étrangers tes
» ennemis. » Son chef ému se retira sans répondre ; mais le lendemain il fit
remettre à l'Indien, avec d'autres présents, deux fois plus de terre qu'il ne lui
en avait enlevé.

Les mesures importantes d'administration, comme une déclaration de guerre
ou l'expédition d'une flotte, se décidaient dans des assemblées où étaient con-
voqués les chefs : Ces *champs de mars* ou *de mai* avaient lieu en plein air,
comme chez nos barons féodaux. Les principaux chefs formaient un cercle
dans lequel des orateurs des différents partis se plaçaient les uns vis-à-vis des
autres. Les chefs n'étaient pas les seuls orateurs : l'*Arü*, lui-même, adressait
souvent la parole à l'assemblée. Les guerriers, et même les petits *raatiras,*
donnaient aussi leur avis avec hardiesse et en toute liberté. Si une différence
d'opinion se manifestait, et si les discours s'animaient, l'impétuosité des passions n'avait plus de retenue, et le conseil aboutissait à des scènes de confusion que la clochette de nos présidents parlementaires eût été impuissante à
réprimer. La volonté des chefs principaux ne prédominait pas toujours ; les
questions de paix ou de guerre dépendaient souvent des impressions produites
par les orateurs publics. Ces harangues étaient des types d'une éloquence naturelle, hardie dans ses expressions, variée dans ses figures, et dont les effets
émouvaient les spectateurs.

Cet aperçu sur la constitution politique de *Taïti* peut donner l'idée de son
organisation première. Arrivons maintenant à la famille qui a le plus ancien-
nement possédé la suprême autorité de l'île.

Amo, qui régnait à Taïti à l'époque de l'arrivée de l'Anglais Wallis, avait
conservé, par la tradition, le souvenir de son trisaïeul *Tavi-eau-roo*, qui gou-
vernait l'île cent vingt ou cent cinquante ans avant lui, et qui avait acquis tant
de renommée qu'il était l'objet des chants dans toutes les fêtes, postérieurement même à l'arrivée des Européens [1].

[1] M. Moerenhout, tome II, page 388. — Vincendon-Dumoulin et Desgraz, tome II,
page 339.

L'autorité souveraine paraissait donc être restée dans cette même famille, dont les ancêtres avaient pris rang parmi les dieux. A une époque indéterminée, mais antérieure à la première apparition des navigateurs dans l'Océanie, trois frères composaient la famille régnante : *Tenae, Hapaï*, qui depuis prit le nom d'*Otey*, et *Toutaa* le plus jeune. *Tenae* succéda, par droit de primogéniture, à la jouissance du pouvoir suprême et du district patrimonial de *Papara*. Il donna naissance à *Amo*, qui devint le chef suprême de l'île, et prit le titre d'*Otou*, déféré à l'héritier présomptif. *Hapaï*, ou *Otey*, reçut en partage le district de *Pari*, et fut la souche des chefs connus aujourd'hui sous le nom de *Pomaré*. *Toutaa* devint le chef du district important d'*Attahourou*[1].

Telles sont les seules notions historiques antérieures à l'arrivée de Wallis, c'est-à-dire au 19 juin 1767. *Amo* et *Béréa* sa femme, tous les deux d'antiques et très-illustres familles, régnaient souverainement à Taïti : tous deux également respectés tenaient à *Papara* une cour[2]. Vraiment c'était une cour où l'affluence des courtisans, l'adulation, la flatterie, la pompe des titres auraient rappelé les réceptions de Versailles, alors que tout s'inclinait et courbait la tête devant le grand roi. Sous le gouvernement de cet *Arii* puissant, l'île jouissait d'une paix générale, qui, au sein de l'abondance et des fêtes, procurait à ses habitants les jouissances dont leur nature était si avide.

Mais la présence des Européens devait être fatale à plus d'un titre aux Taïtiens. On eût dit que ces navigateurs civilisés avaient infecté l'air pur de ces îles; car à peine y avaient-ils posé le pied, que le peuple s'y trouva soudain frappé de fièvres, de dissenterie, et d'autres maux jusqu'alors inconnus, qui les moissonnaient avec une effrayante rapidité.

Ce ne fut pas encore là toute la somme des maux que les Européens laissèrent à Taïti. Après leur départ survint la désorganisation politique, puis des commotions et des guerres cruelles. Enrichi par nos produits d'Europe, le chef favori des navigateurs se fit des amis parmi les subalternes et le peuple. Soutenu par nos armes meurtrières, il devint exigeant, et, ses prétentions allumant partout des rivalités funestes, il introduisit sur la scène de nouveaux acteurs, changea les dynasties et renversa tout l'ordre social. Aussi, par le mépris des choses sacrées, auquel on l'excitait et dont on lui donnait l'exemple, les autorités perdirent leur considération, et, pour comble de maux, l'irréligion et l'anarchie furent, conjointement avec les maux physiques, l'ivrognerie et la débauche, les suites déplorables du séjour des peuples d'Europe parmi ces pauvres malheureux sauvages[3]. Nous verrons bien s'ils trouve-

---

[1] Moerenhout et Vincendon-Dumoulin.
[2] Moerenhout, page 388.
[3] Moerenhout, page 406. — Vincendon-Dumoulin et Desgraz, tome II, pages 340 et 344.

ront dans notre commerce, et dans la connaissance de nos principes religieux et politiques, une compensation à la misère et aux maux de toute nature que nous leur avons causés.

Cette époque de la découverte marqua le terme de la puissance souveraine d'*Amo*, dont l'influence diminuait dans la même proportion que s'accroissait celle des autres chefs. Ce fut en vain que le vieux roi abdiqua en faveur de son fils; il ne put pas satisfaire l'ambition de ses ennemis : on l'accusa de faiblesse; on le déclara incapable de régner, lui et sa postérité; et après de sanglantes guerres, après de honteuses trahisons, où trempèrent ses parents et ses meilleurs amis, il se vit dépouillé de sa puissance par un fils de son frère, et perdit la vie dans un grand combat qu'il livrait pour soutenir les droits de son fils : c'était vingt-cinq ans après l'arrivée de Wallis, et ces mêmes armes à feu, qui avaient si fort épouvanté le roi et si cruellement décimé ses sujets, l'emportèrent enfin. Son neveu n'avait pas attendu sa mort pour se faire proclamer souverain de l'île; il combattit quelques années encore, et se trouva légitime héritier par la mort de son cousin, le fils d'*Amo*.

En lisant ces récits ne dirait-on pas qu'on a devant les yeux une page de l'histoire de tant de nations modernes? Ce vieux roi plein de bonté, et dont tous les voyageurs vantaient les nobles qualités, se trouve abandonné des siens, sa famille proscrite et rendue odieuse par l'ambition puissante de quelques chefs; il meurt et on insulte à sa mémoire : ses dernières années avaient été amères; la pauvreté avait visité son foyer. *Béréa*, sa fière compagne, qui avait par la noblesse de ses manières étonné les officiers anglais, disait quelque temps avant sa mort, à un navigateur qu'elle revoyait pour la seconde fois : « Je ne suis plus qu'une pauvre femme sans pouvoir; je n'ai pas même » des fruits à vous donner en échange de vos présents. »

La branche aînée avait fait son temps à Taïti. De par les Anglais, ces professeurs nomades de gouvernements à rouages constitutionnels, la branche cadette allait prendre sa place. Comme tout courtisan bien avisé, saluons la dynastie nouvelle dans la personne de *Pomaré* Ier! A l'heure présente les années ont consacré sa puissance, et son arrière petite-fille, *Aïmata Pomaré,* ne saurait être reine plus légitime.

En 1774, à l'époque de la révolution dont nous venons de parler, la nouvelle dynastie comptait un grand nombre de membres : quatre filles et autant de jeunes princes, parmi lesquels *Otou,* qui fut *Pomaré* Ier. C'était un fort bel homme : sa taille mesurait six pieds et trois pouces anglais; il était bien fait et de bonne mine; ses longues moustaches, sa barbe et ses cheveux extrêmement touffus, étaient parfaitement noirs. La même attitude de corps et une aussi grande profusion de cheveux se retrouvaient chez ses frères et chez ses sœurs. Un corps sain et vigoureux, une abondante chevelure, les traits de la figure on ne peut plus agréables, tels paraissent être les signes caractéristiques de la famille régnante des *Pomaré*. (*Forster*.)

Il ne paraîtra pas hors de propos de rapporter ici, d'après M. Moerenhout, l'origine du nom de *Pomaré*, que prirent les descendants du frère d'*Amo*. Une cause fort insignifiante, ainsi que cela arrivait fréquemment, amena le changement de nom : *Otou*, pendant un voyage, s'était fort enrhumé. Une nuit qu'il avait toussé d'une manière fort extraordinaire, un de ses serviteurs dit d'un ton de pitié : *Po-maré* (nuit de tousser); de *Po*, nuit; et *maré*, tousser. Le ton dont ce mot fut dit, et le son même du mot, plurent au chef : il l'adopta pour son nom; et ayant appris depuis qu'en Angleterre le roi ne change pas de nom en montant sur le trône, il se proposa de l'imiter, ce qui fait que lui et ses descendants ont constamment porté le nom de *Pomaré*.

Mais laissons pour un moment cet habile cadet de famille asseoir son autorité. Voici, des bords de la Tamise, des missionnaires, au maintien sévère et à l'air inspiré, qui viennent évangéliser les sauvages Taïtiens. Ces apôtres méthodistes, la Bible sous le bras, vont livrer de rudes combats aux divinités de toutes sortes de notre île. Hâtons-nous donc de faire connaissance avec ces dieux voués à l'exil, avant qu'ils disparaissent honteusement devant les ministres d'une religion nouvelle.

L'auteur du *Voyage aux îles du Grand-Océan* a longuement exposé la cosmogonie des Taïtiens : il avait pu se mettre en rapport avec un vieux prêtre qui avait conservé toutes les traditions de la religion primitive. Je me bornerai à analyser brièvement les études patientes et les longues dissertations de cet auteur consciencieux [1].

Deux idées qui dominent toutes les autres frappent, surtout dans l'examen des habitudes religieuses de ces peuples : la première c'est l'ascendant universel qu'avait la religion sur leur existence. Toutes les actions de la vie privée, toutes les pensées, tous les discours, se rapportaient à la religion bien ou mal conçue. Chez eux la divinité se montrait incessamment dans tous leurs travaux comme dans tous leurs plaisirs.

La seconde est cette monstrueuse alliance du panthéisme le plus grossier avec le spiritualisme le plus délicat et le plus pur, qui nous découvre, dans tous ses développements, ce dogme si ancien d'un Dieu unique, âme universelle qui donne la vie et l'intelligence à tout ce qui existe, d'un Dieu en même temps effet et cause, actif et passif, matière et moteur de la matière; tout lui-même est dans tout. Assurément ces idées, d'une aussi profonde abstraction, sont bien faites pour inspirer des réflexions au philosophe.

Les pouvoirs des dieux de Taïti étaient hiérarchiquement divisés comme les

[1] M. Moerenhout, tome I, pages 417, 440, 455.

pouvoirs humains. Il y avait deux espèces de dieux : les *Atouas* proprement dits, et les *Oromatouas*. Les *Atouas* composaient la famille des dieux nationaux. Ils se distinguaient les uns des autres par le degré de leur influence et de leur autorité : les uns se nommaient *Atouas* supérieurs, et les autres *Atouas* inférieurs. Les *Oromatouas* étaient les dieux domestiques, les dieux lares, faits à l'image des Taïtiens. Tous ces dieux se passionnaient, s'injuriaient, se combattaient, s'irritaient, s'affligeaient, se réjouissaient comme de simples mortels : ils ne se distinguaient de leurs adorateurs que par le privilége de l'immortalité et une puissance plus étendue. De quelque côté que le Taïtien se tournât il rencontrait un Dieu. Ils étaient par milliers dispersés dans l'ile : les uns renfermés dans le calice des fleurs, les autres cachés au fond des eaux, au milieu des forêts ; les plus puissants vivaient dans les cieux. Peuplant l'univers d'êtres invisibles, notre sauvage, nourri dès le berceau dans la crainte des châtiments et l'espérance des récompenses à venir, avait mis sa conscience d'accord avec son intérêt futur, en divinisant les vices et les vertus. Comme le sectateur de Mahomet, le Taïtien s'était créé un paradis conforme à ses goûts et propre à satisfaire ses penchants. Transportant dans les cieux ce qu'il trouvait à Taïti, une puissante végétation, un climat sensuel, des amours faciles, il s'était borné à ajouter des fleurs toujours fraîches, des fruits toujours mûrs, une nourriture toujours savoureuse et abondante, des chants, des danses sans fin et surtout des femmes éternellement belles. Ce paradis était connu sous le nom de *Rohoutou noa-noa* (le *Rohoutou* parfumé). Mais dans le lieu d'expiation, une lumière terne et grise à la place d'un ciel pur ; une terre rude et couverte d'aspérités, au lieu d'une terre riante et couverte de fleurs ; les bords d'un fleuve glacé, au lieu des douces brises de l'Océan-Pacifique.

Les plaisirs du paradis étaient éternels ; les châtiments de l'enfer ne l'étaient pas : c'est la croyance des âmes tendres. Sainte Thérèse n'admettait pas l'éternité des peines ; et le candide bonhomme, l'inimitable La Fontaine a dit que les damnés finiraient par se trouver dans l'enfer *comme les poissons dans l'eau*. A Taïti, le coupable, après avoir expié ses fautes, sortait de sa triste et sombre prison pour aller habiter un palais immense, suspendu au milieu des airs. De ce séjour éthéré il pouvait se mettre en communication avec ses parents et ses amis encore vivants.

Les temples des Taïtiens, images et symboles de leurs croyances religieuses, s'élevaient respectueusement, isolés sur les bords de la mer, cachés à la vue des profanes par l'épais ombrage des arbres les plus majestueux de l'ile, tels que le *tomanou* [1], le *miro*, et surtout l'*aïto*, dont les larges feuilles agitées par le vent imitaient la voix de Dieu. Les femmes ne pouvaient franchir l'enceinte

---

[1] 1. *Calophyllum inophyllum.* 2. *Thespesia populnea.* 3. *Casuarina equisetifolia.* M. Moerenhout, tome II, page 469.

sacrée, leur présence aurait souillé la sainteté du lieu. Au fond de ces temples, sur des autels, espèces de plates-formes en bois montées sur quatre piliers, s'élevaient, couvertes de grossières étoffes, les figures des *Atouas*. Ces images n'étaient le plus souvent qu'une colonne ou un bloc triangulaire, ou bien des morceaux de bois évidés en dedans et n'ayant presque ni forme ni figure, ou présentant des traits horribles, les jambes et les bras monstrueux ou seulement indiqués.

Les *maraïs* ou temples étaient desservis par un nombreux personnel sacerdotal. Dans chaque district il y avait un grand-prêtre ou souverain sacrificateur, chargé de présider aux solennités et d'offrir les victimes humaines aux dieux, puis un *amoï-toa,* gardien des images, un *pouré,* prêtre subalterne, et un certain nombre de serviteurs, qui préparaient les autels, enterraient les restes des victimes et faisaient la police dans l'intérieur des temples. La personne du *pouré* était sacrée; sa place était héréditaire, comme celle des chefs de districts. On les regardait comme les interprètes de la volonté des dieux, les arbitres de toutes les questions de guerre ou de paix; ils jouissaient d'un pouvoir égal, quelquefois supérieur à celui du souverain.

La superstition avait établi des coutumes féroces; ainsi les sacrifices humains étaient assez fréquents chez les Taïtiens. Au début d'une guerre, à la fin d'une expédition, soit pour s'attirer la bienveillance des dieux, soit pour les remercier de leur puissante intervention, les chefs taïtiens n'hésitaient pas à immoler sur l'autel du dieu *Oro* (le dieu Mars de l'île) leurs parents, leurs meilleurs amis, ou les prisonniers faits à la guerre.

A la suite des prêtres marchaient les devins ou inspirés, qui, s'érigeant souvent en dieux, nourrissaient la crédulité populaire par des récits merveilleux; ils s'insinuaient dans les cases, promettant aux malades la santé, aux guerriers la défaite de leurs ennemis, aux criminels le pardon des dieux : à tous ils révélaient les secrets de l'avenir. Comme la Pythie de Delphes, quelques-uns d'entre eux, montés sur un trépied au fond d'une caverne sombre, dévoilaient les mystères des dieux en poussant des cris horribles et de longs gémissements entrecoupés de paroles confuses, que la foule, pressée autour d'eux, interprétait à sa manière.

Mais le fait le plus curieux à constater du culte des Taïtiens, c'était une société secrète, une corporation qu'on dirait empruntée à l'Égypte ou à la Grèce, aux mystères d'Isis ou à ceux de Cérès, et dont l'organisation offrait de l'analogie avec nos sociétés de francs-maçons et avec toutes les sectes de haute philosophie religieuse établie dans l'Inde et chez les peuples qui prenaient au sérieux leur cosmogonie. Cette société, dite des *Areoïs,* semble n'avoir été autre chose que l'initiation aux mystères du dieu Oro, le plus puissant de l'Olympe taïtien. Il serait impossible d'assigner une époque à l'établissement de

cette société; d'après les insulaires, elle remonterait au moment de la naissance de l'homme.

Ce n'était pas chose facile que de se faire admettre au nombre des initiés;
les épreuves étaient rudes et ne le cédaient en rien à la fantasmagorie de nos
loges maçonniques ou des *ventes* du carbonarisme. Vous étiez impitoyablement
repoussé si vous n'étiez pas reconnu réellement inspiré des dieux; le grand
Jupiter Océanien ne reconnaissait pour ses favoris que ceux qui donnaient des
preuves de ses bonnes grâces. Le récipiendaire devait s'armer de patience, car
les épreuves duraient quelquefois des années, et tout cela pour obtenir le premier grade dans l'initiation. Pour atteindre aux suivants, de nouvelles cérémonies, de plus difficiles épreuves avaient lieu; puis enfin les candidats immo-
laient aux dieux un petit cochon, et le principal areoïs interpellait à haute voix
le dieu Oro : *Consentez vous, dieu Oro,* criait-il, *qu'un tel soit élevé à tel
grade?* un prêtre répondait affirmativement pour le dieu, et l'aspirant recevait
alors les marques de tatouage qui distinguaient tous ceux de la classe où il
venait de passer [1].

Tous les Taïtiens pouvaient prétendre à cette initiation. La société des areoïs
était divisée en douze loges, qui avaient chacune un chef ou grand-maître.
Au-dessous d'eux, les areoïs avaient les néophytes, qui les suivaient partout,
les servant, préparant leur nourriture, les secondant dans leurs occupations et
participant à leurs fêtes et banquets; mais c'était à titre de serviteur, jusqu'au
jour où, ayant rempli les formalités de la réception, ils étaient admis parmi
les initiés. Ils vivaient en bandes séparées, parcouraient le pays, chantant ici
les merveilles de la création, les actions merveilleuses des dieux; là, entraînant
le plaisir sur leurs pas et provoquant les populations à la danse et aux fêtes.
Inviolables et sacrés, comme les prêtres, les areoïs profitaient de la terreur
qu'ils inspiraient pour se livrer sans retenue à tous les plaisirs sensuels, à tous
les raffinements de la débauche la plus licencieuse.

L'auteur du *Voyage aux îles du Grand-Océan* se demande quel but s'étaient
proposé les fondateurs de cette société. Il pense que c'était une institution religieuse établie dans des vues d'ordre et d'utilité, et qui ne devait point son établissement au hasard; mais tout est mystérieux dans ses tendances comme dans
sa création.

Les areoïs, à la fois prêtres et laïques, jouissaient des avantages attachés à ces
deux états : comme prêtres, ils étaient inviolables, c'étaient les favoris des
dieux, qu'ils semblent même souvent représenter sur la terre; comme laïques,
ils se voyaient applaudis, recherchés dans tous les lieux où les conduisait leur
humeur inconstante et vagabonde, et partout les jeux, les fêtes, les réjouissances

[1] M. Moerenhout, tome I, page 494.

les suivaient. Ils proclamaient cependant la prostitution, l'assassinat et surtout
l'infanticide comme des actions méritoires [1].

Tantôt, comme les bardes et les scaldes de l'antiquité gauloise et scandinave,
ils célébraient par des hymnes inspirés la nature, la vie et la puissance des dieux ;
quelquefois, insouciants troubadours ou ménestrels, ils exprimaient, dans des
chants qui ne sont rien moins que sévères et dans des scènes dramatiques et
voluptueuses, les mœurs et les habitudes si faciles d'une nation que sa riche
conformation physique, l'ignorance d'une morale plus relevée et l'excessive
ardeur du climat entraînaient vers tous les plaisirs des sens.

A Taïti, où règne une abondance éternelle, où la vie s'écoule sans le moindre
souci des besoins matériels, les fêtes des areois étaient presque continuelles ;
on y célébrait sans scrupule la volupté et l'amour, et il n'était pas rare de voir
la jeunesse des deux sexes offrir publiquement des sacrifices à la déesse de ces
plaisirs : les danses, on le conçoit, étaient lascives et sans gêne.

La vie des areoïs se passait donc dans un cercle perpétuel de plaisirs ; dans
cette vie, comme dans l'autre, tout était privilége et faveur pour eux. Ici-bas,
le peuple les vénérait comme les amis des dieux ; après leur mort, un paradis,
bien plus excellent que celui du commun, les attendait. Qui n'eût voulu appartenir à une corporation dont les membres ne paraissaient vivre et mourir que
pour être heureux !

Mais l'heure de la société voluptueuse des areoïs avait sonné ; les dieux allaient descendre de leurs autels, les maraïs se fermer et les oracles devenir
muets. En 1797, un vaisseau anglais, *le Duf*, débarque sur les côtes de Taïti
trente missionnaires protestants bien sérieux, bien croyants et profondément
versés dans la lecture de la Bible. On vit ces missionnaires, plus zélés qu'intelligents, s'insinuer sans bruit, lentement sur divers points de ce littoral à peine
connu des navigateurs. Ils apportaient avec eux une belle doctrine, capable
de régénérer cette population, dont les mœurs relâchées avaient altéré les bons
instincts ; mais ce livre de la divine doctrine, les missionnaires l'avaient placé
à côté des ballots de marchandises et des produits fabriqués en Angleterre,
dont ils espéraient faire trafic : il leur parut habile, sinon très-apostolique,
d'associer les conquêtes de la foi aux bénéfices du négoce.

Dès leur début ils s'appliquèrent à centraliser le pouvoir, à maintenir les
diverses influences locales, en lutte les unes contre les autres, pour mieux les
affaiblir et les faire concourir sûrement à l'établissement d'une administration
régulière, d'une vie sociale plus parfaite ; mais bientôt l'austérité et la rudesse
de ces missionnaires, leur esprit mercantile peu en rapport avec leur caractère
religieux, soulevèrent de toutes parts les défiances des naturels et finirent par

[1] M. Moerenhout, tome I, page 495.

provoquer une lutte, d'abord sourde, puis éclatante contre leur domination absolue.

La sévérité des méthodistes, la gravité rude des nouveaux apôtres, la simplicité du culte protestant, tout, dans la prédication et dans les prédicateurs, était antipathique aux Indiens. On comprendra combien cette population, de mœurs licencieuses, d'un esprit léger et indépendant, devait se trouver mal à l'aise devant ces hommes qui prêchaient une doctrine dont la sublimité métaphysique s'éloignait trop violemment de ses habitudes et de ses traditions. Si les Taïtiens adoptèrent le culte protestant, ce fut plutôt par cet attrait de la nouveauté qui forme le caractère des sauvages que par une sincère conviction, qui n'avait pas eu le temps de se bien former. Ces nouveaux convertis protestants ressemblaient, dit un auteur, à ces enfants indisciplinés, ignorants, qu'on émancipe avant que leur caractère ne soit formé et leur raison développée.

Cependant, à la voix impérieuse des missionnaires, dont l'argument le plus irrésistible peut-être se déployait sur les rivages de Taïti sous la forme redoutable des puissants navires de l'Angleterre, qu'on savait, hélas! lancer la foudre, les temples et les vieux maraïs, si longtemps vénérés, s'écroulaient. Le sauvage s'agenouillait devant la croix et baissait la tête devant ses nouveaux maîtres. Les areoïs seuls opposaient une vive résistance à l'invasion des principes chrétiens. Ce n'était pas chose facile que de détruire cette association de la riante mythologie océanienne! le dieu Oro ne se rendait pas sans combattre; il restait fièrement sur son piédestal, lorsque la tombe des dieux d'un moindre pouvoir gisait déjà sans honneur dans la poussière. Il représentait à lui seul tout le prestige de ce panthéisme que les traditions taïtiennes avaient immortalisé; et les vallons de Taïti et d'Eimeo conservaient encore ces danses lascives, ces fêtes licencieuses, où, à l'ombre des cocotiers et des citronniers, au bruit des cascades murmurantes, les areoïs chantaient les exploits de leur dieu et la grandeur de ses œuvres. De là une lutte désespérée, entre le passé, qui voulait encore vivre, et l'avenir, qui s'avançait, ouvrant devant lui un nouvel horizon.

Le chef habile qui avait opéré une révolution politique venait de mourir : ce fut le 3 septembre 1803 qu'arriva la mort de Pomaré Ier, au moment où son omnipotence était incontestée. Il avait su conquérir et transmettre à ses descendants une position à laquelle il ne pouvait pas espérer d'atteindre. Mais, quoique d'un esprit entreprenant, ambitieux, il fut singulièrement secondé par les circonstances; et les marins anglais, qui lui fournirent des armes, des munitions, et qui combattirent pour lui, furent aussi d'actifs agents de la révolution taïtienne.

Pomaré avait une apparente bienveillance qui le faisait aimer de ses sujets, mais il était difficile de décider si cet air était naturel ou simulé. On voit qu'il avait de l'aptitude pour la pratique et l'application de la politique transcendante des chefs souverains de la civilisation. C'était, à tout prendre, un sauvage d'une grande adresse et de beaucoup de ruse : il n'avait rien de commun dans son extérieur, ses manières étaient engageantes; mais ce n'était là qu'un masque, disent les auteurs qui ont parlé de lui, qui, sous l'aspect de la candeur, cachait une profonde dissimulation. Il savait concevoir un plan et en poursuivre l'exécution avec persévérance. Il fut pourtant le bienfaiteur de ses sujets et plusieurs améliorations datent de son règne. Malgré des guerres continuelles, interminables, il s'occupa avec ardeur d'améliorer la culture de l'île et d'augmenter les ressources du pays. Les pentes incultes des montagnes, les parties basses et sablonneuses du rivage, rarement cultivées par les naturels, furent défrichées sous sa direction. Suivant les indigènes, il aurait planté lui-même un grand nombre de cocotiers et d'arbres à pain; il encourageait de tout son pouvoir cette culture, et ces arbres magnifiques témoignent de sa sollicitude paternelle pour les habitants de son île : comme ces vieux et respectables ormeaux que Sully fit planter, et que la mémoire des peuples entoure de vénération. Les Taïtiens n'ont pas oublié le chef intelligent qui s'occupa de leurs intérêts les plus pressants, les besoins de la vie matérielle.

Pomaré II n'offrait pas les mêmes qualités que son père; il lui manqua la prudence dans les vues, et la volonté qui exécute. Son règne fut cruellement agité. Des révoltes fréquentes, des guerres intérieures, des soulèvements partout, telle fut son existence. Comme son père, il trouva un puissant appui dans les missionnaires anglais, qui l'aidèrent à asseoir son pouvoir et à diminuer celui des chefs turbulents des districts.

Ce fut en 1811, selon M. Ellis, que naquit sa fille, *Aïmata*, qui règne aujourd'hui à Taïti. Une année après, Pomaré II se fit baptiser. Dès ce moment, l'influence des missionnaires ne fit qu'augmenter, et les idoles finirent par disparaître. Hélas! en devenant chrétien, le roi converti devint ivrogne. C'est une suite fatale de notre action sur toutes les populations sauvages; nous ne pouvons pas leur apporter un bienfait sans leur donner aussi des vices qu'ils ne connaissaient pas.

Les relations fréquentes avec les Anglais avaient rendu général ce goût passionné pour les boissons alcooliques. Le peuple tombait dans un état d'abrutissement déplorable; la prédication était impuissante à détruire ce vice nouveau.

Cependant les conversions se propageaient. En 1816, tout l'archipel taïtien était chrétien, et dès lors le peuple dut entrer dans un autre ordre d'idées. Les missionnaires eurent à se préoccuper en même temps de la direction à donner à leur œuvre religieuse et des moyens d'opérer une rapide transition de l'état social à une organisation plus avancée; ils devinrent prêtres et législateurs. Ils eurent à remplir une double mission, difficile, pleine de dangers; il fallut con-

struire un nouvel édifice, après avoir renversé l'ancien. Gouvernement, lois,
institutions, culte, tout fut changé ou modifié par les ministres protestants;
étaient-ils tous à la hauteur d'une telle mission? non sans doute.

L'état politique et civil des idolâtres taïtiens était étroitement uni à leur
culte; leurs usages comme leurs lois, inspirés par la religion, en avaient le
caractère. Le jour où les Taïtiens idolâtres devinrent chrétiens, il y eut entre
leur culte et leur législation de telles anomalies, qu'on ne pouvait se dispenser
d'organiser sur la surface de l'île un droit nouveau : c'est ce que firent les
missionnaires, en se proposant pour but le renversement complet de l'idolâtrie,
l'abolition de la société des *Areoïs*, l'oubli de l'usage monstrueux de faire
mourir les enfants, de massacrer les prisonniers, la suppression des amusements et des fêtes où la volupté ne se voilait jamais, et enfin la réforme complète
des sentiments moraux et des habitudes de la population.

Depuis que le nom d'un de ces missionnaires a si bruyamment retenti en
France, on se demande si tous ces prédicateurs méthodistes ressemblaient à
M. Pritchard. Heureusement non, mais on a eu à signaler de ces excès intem-
pestifs de zèle religieux assaisonnés de vues ambitieuses, de calculs intéressés
ou de tendances peu sincères. Ce n'en était pas moins une tâche bien difficile que
l'établissement d'un ordre nouveau qu'ils entreprirent. Ils avaient deux écueils
à éviter : l'abus du principe et l'application inopportune de certaines théories
politiques. Il faut bien, pour être vrai, avouer qu'ils ne surent éviter ni l'un
ni l'autre excès. Sans tenir compte des passions du pays, et par suite de l'exagération de leur influence sur les sauvages, ils promulguèrent des lois d'une
sévérité draconienne. Ces lois heurtaient les coutumes, les mœurs, et surtout
cette ébauche de civilisation qui s'était développée sous l'influence des areoïs.
Ces insulaires, malgré leur conversion, offraient encore un mélange de barbarie, de grossière ignorance, d'idées morales, de sentiments généreux dont
il fallait tenir compte. En voulant trop hâter l'établissement de la civilisation
européenne, les missionnaires la compromirent.

Les débuts furent certainement favorables à la morale; les sacrifices humains cessèrent, les autels des faux dieux étaient tombés, et les prétendus
inspirés, imposteurs fanatiques, s'étaient dispersés; les belles Taïtiennes, si
folles de joie et de fêtes, si ardentes au plaisir et au culte de la déesse de Paphos et d'Idalie, avaient renoncé à leurs danses et à leurs mœurs voluptueuses.
Plus de rendez-vous amoureux sous les ombrages des arbres à pain et des palmiers; il fallait aller au prêche, écouter sans dormir la monotone instruction
qu'un grave méthodiste débitait d'une voix imposante. Suivant la pittoresque
expression de M. de Chateaubriand, *elles expiaient dans un grand ennui la
grande gaieté de leurs mères.* Du roi Pomaré II, les missionnaires firent
un législateur terrible. Nous avons dit déjà que le fol amour, auquel une

pente trop facile entraînait souvent les Taïtiens, était puni par ces travaux forcés qui ont produit les premières voies de communication à Taïti. Nous voudrions pouvoir parler de ce code nouveau, que le représentant du roi des Français a trouvé trop sévère, et qu'il a fait reviser ; mais cela nous entraînerait beaucoup trop loin.

Les apôtres anglicans s'imaginèrent, et cela très-sérieusement, de fonder dans l'île un gouvernement constitutionnel. Ils allèrent jusqu'à couronner Pomaré III et à lui donner l'investiture ; puis ils créèrent une chambre des communes, établirent des tribunaux de justice civile et criminelle, et n'oublièrent pas le jury. C'était le gros bagage de nos régimes pondérés.

Ces essais eussent été seulement risibles, s'ils n'avaient pas provoqué le désordre et la désorganisation. Les missionnaires ne comprirent pas qu'il appartient au temps seul de changer les mœurs et les habitudes d'un peuple ; ils rêvaient des êtres abstraits et oubliaient les pauvres sauvages. Cette précipitation plus que téméraire s'explique par l'inexpérience de ces législateurs improvisés. La plupart, médiocrement instruits, appartenaient aux classes inférieures de l'Angleterre ; étrangers au commerce des hommes, aux études de haute politique sociale, ils n'avaient aucune des qualités indispensables. Le pire de leur position fut qu'ils vivaient à Taïti d'une vie précaire, pouvant à peine subvenir à leurs besoins et à ceux de leur famille. La nécessité les fit *trafiquants ;* ils faisaient provision des produits manufacturés en Angleterre, et ce n'étaient pas les meilleurs, ils les imposaient ensuite avec de hauts profits aux indigènes, avides de nos étoffes et de notre orfèvrerie de cuivre. Il est pénible de voir des apôtres du Christ dénaturer leur caractère, paralyser leur noble mission en se faisant chefs d'entreprises commerciales, de fabriques de coton ou de sucreries, unissant ainsi les fonctions de prêtres, de spéculateurs ou de marchands, passant successivement de la boutique à la chapelle, de la direction des âmes à l'exploitation des intérêts matériels. Ils n'en étaient pas moins devenus les véritables souverains de l'île. Il n'en fallait pas tant pour se déconsidérer vis-à-vis de ces populations sauvages, et, s'ils méconnurent leur devoir, ils rabaissèrent étrangement la sublime mission qu'ils avaient acceptée.

Dans leur aveuglement inexplicable, ils allèrent jusqu'à établir un impôt sur la foi des Taïtiens, à l'effet de salarier d'autant la propagande ; c'est ainsi que chaque membre de la religion nouvelle devait leur payer chaque année un cochon, cinq *bambous* d'huile de coco, trois ballots d'arrow-root ou quatre paniers de coton. Le peuple se soumit en murmurant. Les chefs se tenaient à l'écart, peu satisfaits de cet empiètement sur leurs droits et leurs prérogatives ; chacun attendait le moment de la réaction. Elle arriva en 1828 ; elle faillit emporter le protestantisme, pour y substituer une secte dont les adeptes croyaient en Jésus-Christ, lisaient la Bible, mais transigeaient avec le dieu *Oro*, et remettaient en honneur les maximes des areoïs. Le réveil fut magique; on revenait avec passion aux anciennes mœurs, et la religion protestante allait disparaître. Mais l'apôtre *Pritchard* était à Taïti, et les *Mamaïa* (c'était le nom des nouveaux sectateurs) furent obligés de céder.

Bornons ici cet aperçu historique que nous empruntons aux divers écrits sur Taïti, pour dire quels faits signalèrent l'apparition des Français dans l'île. Montrons enfin ces gracieux insulaires agissant; leurs mœurs domestiques nous intéresseront au moins autant que les arides discussions de leurs discordes et de leurs révolutions.

J'ai dit qu'à notre arrivée dans la baie les pirogues taïtiennes circulaient autour de *la Minerve*, mais je n'ai pu dire encore qu'au milieu de ces embarcations légères se trouvait celle du stationnaire, qui nous apportait l'ordre de satisfaire à toutes les exigences de la police, sous peine d'amende. J'arrivais d'une colonie anglaise où les étrangers sont autrement reçus, et je fus fort étonné de cette singulière injonction. Il fallut cependant nous résigner. Il est vrai de dire que *la Minerve* était un navire anglais, et que son équipage et son chargement pouvaient laisser quelques doutes; quoi qu'il en soit, il nous fallut d'abord nous rendre chez le commissaire, puis de là à la préfecture de police du lieu, où un ancien sous-officier de la garde municipale de Paris, et dont on

Case de la police en 1846 à Papeïti.

avait fait une autorité, nous remit un permis de séjour. Toute la journée fut employée en courses obligées, quoique insignifiantes, et d'autant moins agréables sur une plage blanche qui prend le nom de place publique, que le thermomètre marquait trente degrés; il serait superflu de dire que ce n'est pas à l'ombre, car ce centre d'affaires, choisi par le gouverneur, est exposé à tous les soleils possibles.

Enfin vers la fin du jour qui suivit notre arrivée dans l'île, et grâce à mes lettres de recommandation, nous avions, le capitaine dont je fus caution et moi, satisfait à toutes les prescriptions de l'ombrageuse police que l'on a cru devoir établir sur ce rivage; nos réflexions prenaient une teinte de critique au sujet des étranges règlements qu'on impose aux voyageurs et aux naturels; il nous semblait que les ordonnances et les arrêtés sont à leur place sur les murs de la capitale du grand royaume de France; mais à Taïti, les prescriptions du gouverneur, que nous lûmes affichées sur un arbre, et qu'un gendarme avait copiées de sa plus magnifique écriture, nous faisaient quelque peu sourire.

Je reproduis l'ordonnance affichée ce jour-là et que deux Taïtiens cherchaient sans doute à déchiffrer au moment où nous sortions de la case du chef de la police :

« Nous, gouverneur des établissements français dans l'Océanie, commissaire du roi près la reine des îles de la Société, etc., etc., etc. En vertu de l'article... etc., etc., arrêtons :

» Tout étranger, arrivant à Taïti, devra dans la journée se présenter au bureau de police pour recevoir un permis de séjour qui lui sera délivré sous la garantie de deux habitants connus, et alors il pourra circuler librement dans Papeïti depuis le coup de canon du lever du soleil jusqu'à celui du soir. A ce signal il devra rentrer chez lui; et s'il est rencontré dans la rue par une patrouille ou un officier de service, il pourra être condamné à une amende de vingt-cinq à cent francs.

» Tout capitaine de navire devra retourner à son bord avant le signal de retraite, et son embarcation devra en l'attendant être amarrée près du poste.

» Si un homme d'équipage reste à terre il sera puni, et le capitaine sera responsable de l'amende encourue.

» En faisant une demande au chef de la police, on pourra obtenir une permission spéciale de circuler jusqu'à dix heures moins un quart; toutefois le permissionnaire devra se munir d'une lanterne et répondre aux appels des factionnaires.

» Tout habitant désirant quitter l'île devra en faire la demande huit jours à l'avance au chef de la police.

» Toute embarcation sortant de la baie devra aborder le stationnaire pour obtenir l'autorisation. »

L'heure nous rappelait à bord, lorsqu'en avançant vers le centre de la plage où devait se trouver notre canot, nous ne fûmes pas médiocrement étonnés de

voir des essaims de jeunes filles et de jeunes Taïtiens se précipiter en jouant
sur le rivage, qui en un instant se trouva transformé comme par enchantement
en une scène du plus ravissant spectacle. La plage avait été déserte toute la
journée; mais le soleil avait caché ses rayons, la police se faisait tolérante, et
cette jeunesse rieuse venait respirer avec délices les brises de la mer.

Jeunes filles taïtiennes.

On se ferait difficilement une idée du tableau qui s'offrait à nos yeux; il me
captivait d'autant plus que je n'avais encore aperçu à terre que de rares indigènes et les pantalons garance de notre infanterie. Je voyais enfin cette population qui avait inspiré de si riantes descriptions aux premiers navigateurs, et
dans ces groupes divers, hommes et femmes, vêtus avec une grâce parfaite et
une coquetterie toute particulière, je retrouvais encore, et je m'en réjouissais,
le beau type océanien.

C'était bien en effet les plus belles formes de l'espèce humaine qui s'offraient à mes regards. Les femmes, aux traits fins et réguliers, au maintien
noble et touchant, avaient cette teinte brune des climats chauds, mais rien ne
rappelait chez elles l'altération des formes qu'on remarque si généralement
chez les peuplades sauvages. A voir briller leurs grands yeux noirs si expressifs,

on se demandait si ces belles jeunes filles n'étaient pas quelques enfants perdus des races les plus favorisées de la nature, tant il y avait d'attraits ravissants sur ces charmants visages. Elles ont les plus belles dents du monde; la coupe de leur figure offre les lignes harmonieuses de la famille caucasique; la main, le pied, l'oreille, ces principaux signes de belle race, sont irréprochables. Tous leurs mouvements, tous leurs gestes, toutes leurs attitudes ajoutent à leurs grâces.

Les hommes sont généralement de haute taille, forts, robustes et parfaitement proportionnés; la souplesse de leur démarche, l'agilité qu'ils montrent dans leurs jeux annoncent une conformation physique chaque jour plus rare chez les Européens civilisés; un goût parfait préside à leur manière de s'habiller, et une propreté recherchée vient ajouter au plaisir qu'on éprouve à les voir.

Hélas! ce fruit amer de la dépravation humaine, qui n'aurait pas dû être connu dans un lieu si retiré, s'était pourtant propagé à Taïti dès l'arrivée des Européens. Ni la vaste étendue des mers, ni les montagnes inaccessibles de l'île, ni les retraites cachées des solitudes n'avaient pu garantir ces Indiens. Grâce à Dieu, le mal n'avait pas tout détruit : la terre était aussi fertile, les aspects aussi imposants, et les habitants, plus rares sans doute, plus soucieux du présent et de l'avenir, rappelaient toujours les hôtes joyeux de Wallis, de Bougainville et de Cook. Si les maladies avaient décimé les individus, si la mort avait fait de nombreuses victimes, l'espèce avait conservé la pureté de ses formes.

Je m'explique parfaitement l'étonnement extrême des premiers navigateurs qui visitèrent cette île; ils se trouvaient transportés dans un lieu ravissant, au milieu d'une population richement conformée et dont les mœurs offraient un mélange d'élégance et de sauvagerie, de douceur et quelquefois de cruauté, toutes choses aussi inexplicables pour les détails que l'ensemble en était intéressant.

Il serait en effet impossible de se figurer sous ces latitudes un concours de circonstances plus favorables à la félicité matérielle, à la pleine satisfaction des sens que celles que présentent ces lieux enchanteurs; et certainement rien de plus aisé pour les Taïtiens que de goûter le bonheur, si tout n'avait pas été détruit par les guerres, les massacres et mille autres horreurs dont l'homme seul est capable, qu'il invente comme à plaisir pour détruire et ruiner son propre bien-être en contrariant les vues bienveillantes de la nature. Dans l'état de paix, la vie de ces insulaires pouvait faire envie au reste de l'univers.

Tels qu'on les a trouvés à l'époque de la découverte, ils jouissaient d'un bonheur peu commun. Sans cesse aiguillonnés par des plaisirs de toute espèce, leur vie n'était pas l'inactive indolence de plusieurs autres nations indiennes qui végètent et croupissent dans la paresse et dans les privations qu'enfante la misère. Le Taïtien voulait et savait jouir de la vie; et, quoique ennemi du travail, il n'y avait peut-être pas sous les tropiques de peuple si occupé que lui. Ses exercices gymnastiques, la danse, les chants, les fêtes et les plaisirs de mille sortes, remplissaient pour lui la fatigante monotonie des heures [1].

Malgré la sévérité des lois que les missionnaires ont établies, malgré la modification que la religion nouvelle a nécessairement apportée dans les mœurs, on retrouve encore dans l'expression de la figure de ces beaux Antinoüs océa- niens, de ces belles femmes si ardentes au plaisir, les traces dissimulées, mais non effacées, du caractère primitif. Les collègues de M. Pritchard ont réformé bien des choses, apporté d'incontestables améliorations, mais ils ont proscrit le simple et commode vêtement des insulaires. Maintenant ces hommes sont vêtus d'un morceau d'étoffe appelé *pareu* ou *maro*, qui tombe de la ceinture au genou, et d'une chemise. Les femmes ont le même *maro* et par-dessus une chemise plus longue : c'est parfaitement disgracieux; mais ce qui l'est bien davantage, c'est le goût qu'on leur a donné pour le costume européen. Rien n'est grotesque comme l'attirail de nos toilettes sur ces indigènes.

Avant de s'affubler des robes venues des manufactures anglaises, les femmes se couvraient la tête de petites couronnes de paille qu'elles tressaient elles- mêmes avec les écorces macérées de *pourao*. Deux grandes pièces d'étoffe drapées avec art composaient tout leur habillement : la première, d'une blan- cheur éblouissante, entourait les reins et enveloppait tout le haut du corps; les deux extrémités étaient jointes l'une à l'autre, et engagées sous un pli qui les retenait pour retomber avec grâce. Dans leur intérieur, les femmes sont à demi nues. Les jeunes filles s'ajustent sur les épaules, pour tout voile, une sorte de petit fichu étroit, très-blanc et travaillé en losanges à jour. La portion la plus brillante de leur parure est empruntée aux fleurs qui parent éternellement leur riante patrie. C'est le plus souvent l'*hibiscus*, rose de Chine, dont elles se font des guirlandes et qu'elles entrelacent dans leur noire chevelure. Les jeunes gens se font aussi des couronnes de cette fleur, dont l'éclat est des plus vifs, ou passent seulement dans leurs cheveux deux petites branches flexibles dont les extrémités réunies les fixent sur la tête et garantissent les yeux de l'ar- deur du soleil. Les hommes d'un âge plus avancé ont quelquefois la tête rasée et ne conservent qu'une couronne de cheveux, sans doute afin d'avoir moins chaud.

Quelle différence de voir ces femmes parées de la sorte ou de les voir fago- tées avec des robes d'Europe et des chapeaux sans forme, mais qu'elles trou- vent pourtant magnifiques! Si elles étouffent dans leurs nouveaux habillements,

[1] M. Moerenhout, page 54 et 55.

TAÏTIENNE.

elles se privent cependant encore de deux objets qui, chez nous, constituent une
partie essentielle de la toilette : les bas et les souliers. Hommes et femmes ont
une invincible horreur pour l'emprisonnement des pieds : il faut croire qu'ils
se sont doutés des tortures que font éprouver et les bottes étroites et les souliers
élégants.

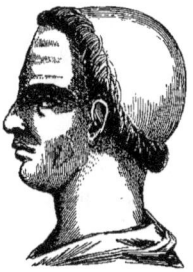 

Taïtiens.

Depuis l'arrivée des étrangers, chacun cherche à se procurer des vêtements
européens, des colifichets et de l'eau-de-vie. Afin d'en obtenir pour son mari
ou son père, la femme et la fille se sont décidées à vendre ce qu'auparavant
elles donnaient sans conditions.

J'aurais été enchanté de pouvoir faire le portrait de la reine Pomaré. Malheureusement cela m'a été impossible. C'est une assez belle femme, de haute
stature, mais d'un peu trop d'embonpoint; de très-beaux yeux animent sa
physionomie; elle a de belles mains, d'admirables dents d'émail et la noire et
brillante chevelure de la race des Pomaré. Elle a eu beaucoup d'enfants, sept,
je crois; quatre seulement existent, trois garçons et une fille; elle a dans l'île
une grande et belle case, dans une jolie position, au milieu et en arrière de
Papeïti. Mais on raconte que, toutes les fois qu'elle le pouvait, elle se rendait
dans une grande case non fermée, établie sur un monceau de pierres, et située
à l'ouest de la baie, au bord de la mer. C'était le lieu de ses plaisirs intimes,
de ses *houpas houpas*.

Elle ne faisait alors, à sa grande joie, aucuns frais de toilette européenne.
On la voyait vêtue absolument de la même manière et des mêmes étoffes que
les Taïtiennes les plus vulgaires; ses jambes, ses pieds étaient nus : rien ne
distinguait la souveraine de ses sujets; elle avait conservé le goût de la liberté
en tout, partout et pour tout. Vêtue d'une simple chemise, elle allait avec les
autres femmes à bord des navires baleiniers qui mouillaient à Papeïti, et toute la
journée elle se baignait avec ses compagnes. On ne la reconnaissait qu'à une

suite nombreuse d'étranges princesses, de grotesques dames d'honneur et de gaies courtisanes qui l'accompagnent toujours.

M. Pritchard, choqué de cette manière de vivre de la reine, et autant pour la dominer que dans l'intérêt de la morale, tenta tous les moyens qui pouvaient le conduire à son but. Il ne négligea pas même l'intimidation : il réussit. Dès ce moment, il la combla de présents, mais il lui imposa l'obligation d'agir en reine européenne; il voulut qu'elle s'habillât, qu'elle mît des bas et des souliers, que l'accès de la case royale fût rendu difficile et que ses sujets ne l'abordassent qu'avec humilité. La jeune reine n'osait pas se révolter contre les exigences de son dominateur, et Dieu sait tout ce qu'elle souffrait de cette contrainte. Pour se soustraire à son tyran, elle employait toutes les ruses. On l'a vue à bord des navires, où elle se rendait en reine, demander la permission d'ôter ses bas et ses souliers. Un restaurateur français, établi à Taïti depuis dix ans, recevait fréquemment ses visites. Pour arriver chez lui sans être aperçue, elle traversait un large ruisseau bourbeux, et elle entrait par une porte de derrière. Chaque fois qu'elle était surprise, elle était rigoureusement réprimandée.

Il se passera encore bien des années avant que la reine de Taïti ait amélioré l'état social de son sexe. Jusqu'ici les femmes de notre île se sont trouvées vis-à-vis des hommes dans une position d'infériorité humiliante : ni le titre d'épouse ou de mère ne venait les relever. Une femme se servait-elle d'une jatte, d'un vase, le mari ne devait plus toucher à ces objets; elle se voyait exclue des lieux sacrés, et ne pouvait s'approcher ni de son époux ni de ses fils pendant leurs repas : partout ce préjugé barbare l'atteignait, tandis que l'homme seul était noble et souvent l'égal des dieux.

S'agissait-il d'un mariage, on faisait peu de façons; et lorsque dans ce pays toute action était soumise à des rites religieux, cette cérémonie seule en était affranchie. Un jeune homme se présentait pour demander une jeune fille, il apportait des cochons, des étoffes, un lit était dressé, et dès ce moment il avait une épouse.

Ces mariages si facilement conclus se rompaient avec non moins de facilités; on se quittait quand on ne se plaisait plus; les enfants, s'il y en avait, appartenaient soit au père, soit à la mère, suivant le sexe.

Les hommes ne souffraient guère que leurs femmes disposassent spontanément d'elles-mêmes, et cependant ils ne se faisaient aucun scrupule de les livrer à un ami, à un étranger, les forçant même de céder au premier venu pour de l'argent ou de l'eau-de-vie. Dans ces mariages aucun contrat, pas même verbal, ne venait entraver la fantaisie : il n'était pas question de fidélité, ou, s'il y avait stipulation à cet égard, elle était tacite [1].

---

[1] M. Moerenhout, tome II, pages 63, 64, 70.

La reine Pomaré s'éloigna pourtant, lors de son mariage, de l'usage consacré : il y eut des cérémonies extraordinaires. Ce fut en 1822 que la jeune Aïmata épousa un jeune chef portant le nom de Pomaré, qui lui avait été donné, comme un témoignage d'affection, par le feu roi de Taïti, dont il était le favori. La cérémonie du mariage eut lieu à Ouahine, point intermédiaire entre les domaines des deux époux. Aïmata, accompagnée de sa mère et de sa tante, arriva une semaine après son futur. Dans l'après-midi du jour de l'arrivée, elle fut conduite par ses parents dans la maison ; son fiancé l'attendait en silence et entouré de ses amis. Ils restèrent tous deux immobiles ; le futur ne se leva pas pour complimenter les parents de sa femme, sa dignité ne lui permit pas de se déranger même pour sa future [1]. Aïmata, qui le voyait pour la première fois, lançait des regards furtifs sur celui qui devait être son mari, et qui était assis devant elle avec l'immobilité d'une statue. Au bout de cette singulière entrevue, qui dura plus de vingt minutes, les deux parties se retirèrent sans avoir échangé une seule parole. Peu de temps après, les formalités du mariage furent accomplies, et les deux époux fixèrent leur résidence à Taïti [2].

A cette époque, Aïmata n'avait pas l'espérance de régner un jour sur Taïti, et son autorité avait été limitée à la possession d'un seul district, car son frère était vivant. Cependant des apprêts considérables eurent lieu pour la célébration de cette union. Les deux époux se rendirent, dans tout l'appareil du pouvoir, à la chapelle des missionnaires protestants. Une garde armée les accompagna, et les principaux chefs formèrent un demi-cercle dans l'église, dont toutes les parties étaient envahies par la foule. La plupart des assistants étaient revêtus d'habits européens ; Aïmata portait une belle robe anglaise, et toutes les femmes de la famille royale étaient habillées de blanc ; ses *raatiras* portaient leurs plus beaux vêtements, et le marié était couvert d'habits éclatants de fabrication indigène. Il était âgé de seize ans à cette époque, Aïmata était un peu plus jeune ; il était d'un caractère taciturne et réservé, à l'opposé de sa femme, dont les manières étaient engageantes, l'aspect léger et la conversation gaie. Elle n'était ni forte, ni corpulente ; sa contenance était ouverte et pleine de vivacité ; ses yeux noirs étincelaient d'intelligence : ils se remplirent de larmes au moment d'accomplir les derniers rites du mariage [3].

Il était naturel que la reine future de Taïti consacrât solennellement son union, ne fût-ce que pour rendre aux yeux du peuple le lien du mariage plus sacré et plus respectable ; mais, on aura beau faire, le naturel taïtien reviendra toujours. On ne connaît plus que par la tradition les fêtes brillantes du temps de la reine Béréa et les danses gracieuses des bayadères de cette époque de

[1] MM. Vincendon-Dumoulin et Desgraz, page 657.
[2] *Iles Taïti*, page 558-559.
[3] *Iles Taïti*, page 659.

gloire; mais le goût subsiste : on se cache pour danser, et, à tout prendre, j'aimerais mieux encore les fêtes autorisées que les plaisirs défendus. On n'a conservé de vraiment original que le chant; il est, en effet, on ne peut plus agréable : les airs *taïtiens* sont pleins d'harmonie et ont un charme qui captive, surtout quand ils sont chantés par de jeunes filles. Les missionnaires ont tiré parti de ces belles voix. S'ils ont défendu les chants lascifs et licencieux, ils ont composé, en l'honneur du Dieu des chrétiens, des chants religieux qui ajoutent merveilleusement aux solennités du culte et rendent peut-être plus accessible notre religion à ces natures impressionnables.

Ce qu'ils ne détruiront jamais tant que cette ardeur du sang tropical bouillonnera dans les veines des Taïtiens, c'est l'attrait du plaisir, c'est le penchant irrésistible de l'amour sensuel. Avant l'arrivée des missionnaires, une femme avait autant de maris qu'il lui plaisait d'en avoir : les missionnaires n'ont plus toléré qu'un seul époux; mais leurs prescriptions ont été éludées, et les chefs continuent à vivre comme précédemment. Quand un jeune homme et une jeune femme s'aiment, ils partent ensemble, ils vont dans la montagne; au bout de quelques jours ils redescendent; le jeune homme va de son côté, la jeune femme du sien; ils ne s'aiment plus, ils ne se connaissent plus; la constance serait un phénomène : des Européens ont fait, dit-on, des efforts et des sacrifices inouïs pour retenir des femmes sans pouvoir y réussir. Qu'elles aient un amant, plusieurs amants, je ne sais trop, elles sont là-dessus de la meilleure foi du monde; leur code d'amour prescrit le plaisir, mais point la constance. Elles ne croient sans doute ni aux langueurs, ni à ces persévérances outrées qui ne font que des martyrs; en revanche elles ne se permettent ni la pruderie ni les rigueurs. Une d'elles qui désespérerait un homme serait regardée par ses compagnes comme une cruelle qui abuse de son pouvoir, et bientôt elle reviendrait à de meilleurs sentiments.

On se souvient à Taïti de la société des *Arcoïs,* où tout le monde, hommes et femmes, briguait l'honneur d'entrer : aujourd'hui encore il y a des rendez-vous de plaisir, comme au temps des raffinés adorateurs de la déesse de Cypris. Mais, s'il se passe encore des faits répréhensibles au point de vue du nouveau code taïtien, du moins a-t-on grand soin qu'il n'en arrive rien aux oreilles des missionnaires. Ces rudes méthodistes sont prompts à punir ces sortes de fautes.

Les auteurs qui ont parlé des femmes de Taïti, trompés sans doute par cette facilité naïve d'aimer observée chez les habitantes de cet asile de toutes les séductions de la nature, ont pensé que les Taïtiennes étaient incapables de toute affection profonde. Nous avons pourtant signalé chez elles une grande sensibilité, à l'occasion de l'attaque de Wallis : mais à d'autres époques et dans diverses circonstances elles ont fait preuve d'un sincère attachement pour leurs maris; leur caractère est non-seulement bon, mais elles sont encore capables de l'attachement le plus durable et le plus sincère. L'histoire suivante d'une victime de l'amour conjugal, et que nous empruntons au récit des *Voyages aux îles du grand Océan,* convaincra les plus incrédules :

« Un aspirant de marine nommé *Stewart,* à bord d'un navire anglais dont l'équipage s'était révolté (*la Bounty*), s'était choisi pour femme une Taïtienne du nom de *Peggy.* Jeunes tous deux, l'Anglais s'était sincèrement attaché à la belle insulaire, qui le payait du plus tendre retour : ils vivaient ensemble chez le vieux père de Peggy dans la plus parfaite union, et leur amour si constant avait fait l'admiration des volages insulaires. Hélas! ce bonheur fut troublé par le plus affreux des malheurs : l'époux, qui avait participé à la révolte du navire, fut jeté dans les fers à bord d'un bâtiment anglais. Quel coup pour la pauvre enfant! Hors d'elle-même et ignorant la cause de ce traitement, elle se rendit à bord avec son enfant dans une petite pirogue. Là, à la vue d'un amant, d'un époux chargé de chaînes, elle eut à peine la force de se traîner jusqu'à lui et tomba évanouie dans ses bras, tandis que Stewart lui-même l'inondait de larmes, elle et son enfant. Fille de la nature, ignorant les lois de notre impitoyable discipline, elle voulait à toute force rester avec son mari, et soulager ses maux en les partageant. Il fallut user de violence pour l'en séparer, et, afin de lui épargner des émotions trop fortes pour son âge, on lui interdit l'accès du vaisseau. Ce fut pour elle un arrêt de mort. Languissante, elle cessa bientôt de pleurer; mais elle dépérit à vue d'œil ; et, ne pouvant s'approcher de l'homme pour qui elle existait, on la voyait des journées entières, assise sur le rivage avec son enfant, porter des regards égarés, tantôt sur lui, tantôt sur le navire. Et quand le bâtiment partit, déjà faible et se soutenant à peine, elle le suivit aussi longtemps qu'il resta en vue, le regardant encore même lorsqu'il avait disparu, jusqu'à ce qu'enfin, levant les yeux et les mains au ciel, elle regagna sa demeure, la tête penchée sur son sein, et se mit au lit : deux mois après l'arrestation de son mari, la belle, la douce, l'affectionnée Peggy n'existait plus [1]. »

N'est-ce pas là un exemple du plus touchant, du plus admirable sentiment d'affection. Non, certes, les femmes qui ressemblent à Peggy ne sont pas sans cœur.

Pendant une promenade sur le rivage, en compagnie du capitaine de mon navire, j'examinais avec attention tous ces beaux visages si doux, à l'air si caressant : mon imagination aidant, autant peut-être que mes connaissances physiognomoniques, je supposais dans ces groupes pittoresquement disposés plus d'une inconsolable Peggy, si le malheur venait à atteindre un objet aimé.

Ces promenades sur le rivage de la mer offrent un attrait tout particulier à la population taïtienne. C'est le rendez-vous quotidien où de douces causeries

[1] M. Moerenhout, tome II, page 421.

s'échangent, où se racontent des histoires et où l'on vient folâtrer à la fraîcheur.

La propreté est une habitude si générale chez les femmes qu'elles passent volontiers la moitié de la journée dans l'eau : dans un pays aussi chaud, ce goût devient une nécessité et une grande jouissance.

Autrefois, l'habitant de Taïti se désaltérait dans ses eaux limpides, ou avec ses fruits savoureux; il ne connaissait pas nos liqueurs fermentées, si pernicieuses surtout dans les climats brûlants; nous lui avons donné le goût de ces détestables breuvages que les sauvages Peaux-rouges appellent l'*eau-de-feu*. Avec des oranges, les Taïtiens font une mauvaise liqueur enivrante, qu'ils aiment parce qu'elle est très-forte, et ils en boivent à rouler par terre. Cette passion s'est propagée également chez les femmes; cependant il est juste de dire qu'il y en a beaucoup qui, soit coquetterie, soit bon goût, savent résister à l'entraînement général et ne boivent que de l'eau.

Le tabac est une autre passion des Taïtiens : tous fument, hommes et femmes, les enfants eux-mêmes. C'est pitié de les voir. Ils aspirent et avalent coup sur coup d'énormes bouffées sans sourciller. Cet usage immodéré du tabac et des liqueurs spiritueuses, qui a déjà altéré chez quelques femmes le son de la voix, finira par dénaturer ce doux parler si harmonieux de leur langage, composé de voyelles. Jusqu'ici et malgré l'usage immodéré du tabac et des alcooliques, l'haleine des femmes est restée pure et fraîche. Ce fait est d'autant plus remarquable que les infortunées portent trop souvent la peine des honteuses passions européennes. Mais leur saine et vigoureuse organisation, la bienfaisante influence de leur climat, ou peut-être d'autres conditions physiques qui m'échappent, ont-elles contribué jusqu'ici à préserver d'une trop remarquable altération le beau sexe de Taïti.

Malgré la défense des missionnaires, le tatouage est encore en grand honneur. Les hommes et les femmes sont tatoués; ces dernières ne jouissent pas d'un privilège aussi étendu, signe de distinction, ou bien encore indice d'âge; car on n'est pas tatoué entièrement d'une même fois; ce n'est qu'à des époques éloignées : les enfants ne le sont pas. Les femmes ne portent guère le tatouage que sur les lèvres, sur l'avant-bras, les mains, les jambes et les pieds; si elles appartiennent à une famille de grands chefs, elles peuvent se faire tatouer certaines autres parties du corps. Le talent des artistes qui martyrisent ainsi la peau de tout le monde n'est pas sans valeur : leurs dessins, qui représentent un peu de tout, mais principalement des arabesques et des poissons, sont d'une délicatesse extrême. Le tatouage de la reine *Tahia-Hoko*, femme d'un roi d'une des îles de l'archipel des *Marquises*, est un travail admirable. J'ai lu dans un journal, publié à Taïti sous le titre de l'*Océanie française*, que, lorsqu'on demande à voir le tatouage de cette belle reine, elle relève sans céré-

monie sa *tapa* et découvre toute la richesse des formes de son corps. Le journal
ajoute que la jambe de cette femme est ravissante, et que sa main et son bras
seraient copiés par nos statuaires.

L'emploi d'une journée à Taïti n'offre guère d'analogie avec nos habitudes
européennes : c'est une suite d'occupations peu importantes, enfantines même,
ou plutôt c'est une suite de mouvements continuels, d'allées et de venues, la
plupart sans but et tous sans un grand intérêt, et qui ne sont remarquables
que parce qu'ils révèlent une existence qu'il faudrait nommer nonchalante et
sans destinée : existence où l'homme, exempt de soucis et d'inquiétudes, goûte
pleinement le bonheur de ne penser à rien ou du moins à rien de sérieux, et se
trouve par là même naturellement disposé plutôt à jouir, à s'amuser de toutes
choses qu'à s'affliger ou à se chagriner d'aucune : aussi, dans la tranquillité
d'esprit dont ils jouissaient à un si haut degré, ces insulaires, au dire des
voyageurs, avaient-ils constamment le sourire sur les lèvres, connaissant à
peine la mauvaise humeur qu'amènent trop souvent parmi nous les contrariétés
de la vie ; et, comme leur état social ne présentait que peu de circonstances où
ils eussent intérêt à se nuire, ils ne connaissaient presque jamais que des sentiments d'affabilité et de bienveillance, toujours remplis les uns pour les autres
d'égards, de prévenances et de bonté [1].

Une Taïtienne se lève de grand matin et se coiffe ; son premier soin est
ensuite d'aller chercher des fleurs, qu'elle sème capricieusement dans ses cheveux, toujours admirablement disposés ; la toilette finie, elle court se réunir à
ses amies. Les Taïtiennes ont horreur de la solitude ; on rencontre toujours les
femmes par groupes, se tenant deux ou trois par la main et couvertes d'écharpes
en étoffes rayées de couleurs éclatantes et variées. Après un déjeuner frugal,
qu'elles sont sûres de rencontrer dans la première case venue, elles vont en
troupes se baigner et visiter les Européens, chez qui elles entrent et se mettent à
leur aise tout comme chez elles. Ces femmes, dont la gaieté est folle, passent de
demeure en demeure les heures qui précèdent la grande chaleur du jour ; à ce
moment elles se dispersent, rentrent sous leur toit ou se réunissent chez l'une
d'elles pour faire la sieste, jouer aux cartes, amusement qu'elles aiment beaucoup, ou préparer la toilette du lendemain. Quand la chaleur diminue elles vont
de nouveau se baigner, et elles remplacent les fleurs du matin par des fleurs
fraîches écloses ; alors recommencent leurs courses, qui ne se terminent qu'à
la nuit. De tous côtés on les entend rire, on les voit s'égarer et sauter comme
de véritables enfants. C'est à la tombée de la nuit qu'elles aiment à se grouper
sur la plage pour chanter en chœur les chansons du pays. Dans la plupart de
leurs chants, les paroles sont improvisées, et l'on m'a dit qu'il y en avait en

---

[1] M. Moerenhout, tome I, page 74.

l'honneur de l'amiral Dupetit-Thouars, dont le souvenir paraît devoir vivre longtemps à Taïti. Elles sont toutes parfaitement organisées pour la musique; elles ont le sentiment des accords, et leur oreille est d'une justesse extrême.

Les Taïtiennes mettent de la grâce dans tout; et j'ai admiré l'une d'elles se promenant à cheval et galopant à la manière primitive : j'aurais eu un grand plaisir à dessiner sa pose ravissante et l'expression animée de son regard.

Du reste, ne demandez à ces grands enfants aucune preuve de leur existence, de leur identité; ils existent, qu'importe le reste ! Ils sont vieux ou jeunes, les années ne comptent pas pour eux : jeunes, ils se livrent à la joie, au plaisir; vieux, ils se résignent à l'oubli et vivent retirés.

Leurs cases sont assises sur le sol et formées d'un carré de petits bambous qui supportent une toiture en feuilles de *pandanus* ou de cocotiers; l'air circule dans ces simples demeures et entretient la fraîcheur, mais il s'y propage aussi une quantité prodigieuse d'insectes gros et petits qui ne sont rien moins qu'agréables. Vous croiriez que nos insulaires vont, à notre exemple, faire une guerre à outrance à ces ennemis de leur repos, il n'en est rien : quand ils en prennent, ils se contentent de les mettre à la porte, de les chasser de la case, mais ils ne leur font aucun mal; ils laissent aux chats, quand ils en ont, le soin de faire la police des animaux qui ont élu domicile dans la case. Presque toutes les cases sont construites sur le même modèle; on en distingue cependant une, c'est celle d'un marchand de vin qui eut l'idée de construire la sienne avec les caisses dans lesquelles il avait reçu sa marchandise, de sorte que sa maison est arlequinée; on y voit de tous côtés et placées dans tous les sens des étiquettes de saint-julien, de médoc, de saint-estèphe, de saint-émilion, etc., etc. C'est une bonne enseigne.

Leur amour de la communauté s'étend à tout : donnez-vous un morceau de pain à un Taïtien, le morceau est divisé en autant de parties qu'il se trouve d'individus présents; chacun a sa part : c'est la fraternité enseignée par l'Évangile, et elle existe chez des peuples qui n'ont eu que la nature pour guide.

Les femmes préparent les écorces d'arbres pour faire de la *tapa,* des nattes; les hommes fabriquent des armes, des filets, des pirogues, des cases. Leur cuisine est des plus simples et leur table des plus frugales : du poisson, des fruits, quelquefois la viande du cochon, tels sont leurs mets habituels, qu'ils mangent avec leurs doigts. Pour lit, ils ont une natte étendue sur les herbes fraîches qui jonchent le sol de la case.

La maison du gouverneur est en bois, c'est la plus belle de l'île; elle a été faite en France et paraît assez commode. D'élégantes varandas lui forment une gracieuse ceinture, et de vastes pelouses figurant un jardin anglais l'entourent. Au lieu de statues, le jardin est orné de canons qui semblent honteux de se trouver là. Près de ce palais de bois est la plus grande case de l'île; elle était

INTÉRIEUR D'UNE CASE A TAÏTI.

autrefois l'habitation de la reine, et on ne saurait mieux la comparer qu'à une grange ouverte; elle sert aujourd'hui aux réunions, et quelquefois on y a établi un théâtre dont les acteurs, soldats et marins, égayaient l'assemblée.

Afin d'utiliser les courts instants que je devais passer à Taïti, je ne négligeais aucun moyen de connaître tout ce qui se rattachait à cette population si curieuse à étudier. Je m'en allais visitant les cases, où j'étais toujours accueilli avec la plus touchante cordialité; j'interrogeais les Européens, je causais avec les naturels qui comprenaient un peu l'anglais, et je n'avais garde de manquer aux réunions que les cérémonies du culte prescrivaient.

Je remarquai à cette occasion que le dimanche pour les Anglais est un samedi pour les Français. Cette singularité tient à ce que les Anglais sont arrivés par le cap de Bonne-Espérance, ont gagné, minute par minute, un jour pendant la traversée, tandis que les Français, en venant par le cap Horn, ont perdu chaque jour quelques minutes, qui, au terme du voyage, font un jour; et comme aucune des deux nations n'a voulu se conformer à la date de l'autre, il y a donc deux dimanches scrupuleusement observés à Taïti par les insulaires : le dimanche anglais est consacré aux dévotions, et le dimanche français se passe en fêtes joyeuses et en danses. Sous ce rapport, les Taïtiens partagent les errements de certaines classes d'ouvriers de Paris qui se garderaient bien de travailler le lundi.

Un dimanche matin, j'entendis la cloche qui appelait les fidèles au temple : je me hâtai de me rendre à l'office. L'église est un grand bâtiment construit en corail et en planches, il est garni à l'intérieur de plusieurs rangées de bancs et d'une chaire; la tribune est supportée par des colonnes en bois d'*artocarpus*, dont le travail annonce la main exercée d'ouvriers européens. Je vis une centaine d'Indiens, ne prêtant guère d'attention au sermon du ministre. Après la prédication, qui fut faite en langue taïtienne, les chants commencèrent. J'ai dit que ce peuple était instinctivement musicien, et que sa langue harmonieuse ajoutait encore au charme des voix. Je fus vraiment émerveillé en entendant ces cantiques, dont les airs rappelaient peut-être de joyeuses chansons en l'honneur des dieux faciles de l'île. Les missionnaires ont très-certainement été bien inspirés en utilisant l'efficace moyen de civilisation fourni par la musique, et jamais on ne trouvera de plus riche organisation musicale chez d'autres peuplades sauvages.

Mais combien je fus disgracieusement impressionné en voyant mes belles Taïtiennes de la veille, alors que, dans le simple costume national, elles venaient s'ébattre sur la plage! Combien j'aimais les pittoresques draperies de leur vêtement, les couronnes de fleurs qui ornaient leur tête! De par les missionnaires, le dimanche il est défendu de porter des fleurs et de venir à l'église sans chapeau. On croirait à peine que des hommes revêtus d'un caractère auguste, que des ministres chez qui on doit supposer une certaine instruction, aient pu prescrire une mesure aussi étrange, si on ne savait que ces missionnaires avaient, avant l'arrivée des Français, le monopole du commerce de l'île, et que ce qu'ils appellent une loi de pudeur n'a été qu'une loi de trafic et de négoce. Ils avaient des chapeaux de pacotille, il fallait trouver le moyen de les vendre.

Ces pauvres femmes, ignorant les secrets de toilette qui président à la mise d'un chapeau, s'étaient affublées de hideuses ailes de paille tressée, dont la mode doit remonter, même en Angleterre, à quelques vingtaines d'années; elles me parurent affreuses, et celles que j'avais précédemment remarquées pour leur beauté n'avaient plus aucune grâce sous cette coiffure plus que ridicule : le reste de l'accoutrement, sans forme ni figure déterminées, appartenait en même temps à la civilisation et à la sauvagerie; mais il fallait obéir au missionnaire, qui interprétait avec aussi peu d'intelligence les préceptes de la morale évangélique. Je quittai donc le temple très-mal édifié sur les moyens employés par les méthodistes, et je plaignis sincèrement mes bons Taïtiens, dont on mascaradait ainsi sans nécessité le vêtement si simple et si bien en rapport avec la température du pays.

A la sortie du temple, je fus entouré d'une vingtaine de jeunes filles, très-surprises de m'avoir vu au sermon; elles me demandèrent si j'étais de leur religion et s'il y avait beaucoup de Français qui partageaient leurs croyances; sur mon affirmation, elles parurent si contentes que, me prenant les mains, elles m'auraient toutes embrassé si elles n'avaient été retenues par l'arrivée du ministre qui calma, comme par enchantement, leurs transports.

Je fus un jour introduit auprès du régent, la seconde autorité de l'île. J'entrai dans sa case, qui se trouve au centre de la plage et tout à côté du Café-Français.

J'avais bien vu autour de la maison une douzaine de beaux hommes, véritables colosses taillés en apollons, qui semblaient former une garde d'honneur à Son Altesse le régent, mais personne ne me défendit l'entrée de ce modeste palais; je pus donc, sans plus de cérémonie, complimenter M. Paraïta et madame son épouse. Le régent se délassait des soucis de son gouvernement en fumant avec beaucoup de dignité un cigare d'un pied de long, et sa femme était nonchalamment couchée sur une natte, fatiguée sans doute d'avoir raccommodé les filets de pêche que je remarquai dans un coin. C'est une femme entre deux âges, mais dont les traits réguliers attestent qu'elle a dû être très-belle. Paraïta est un très-respectable régent, fort et passablement gras; il porte un orgueilleux toupet qu'il ne ferait pas couper pour un empire, depuis qu'on lui a dit qu'il ressemblait à Louis-Philippe. Il parle assez bien la langue anglaise, et nous eûmes une longue conversation. Je témoignai le désir de goûter le fruit de l'arbre à pain, dont l'époque était passée : le maître fit un signe à un de ses gardes, et en quelques minutes j'eus le fruit tout préparé.

L'arbre à pain est connu des botanistes sous le nom de Jaquier (*Artocarpus*); il s'élève à quarante pieds environ sur un tronc d'un pied de diamètre. Sa tête est touffue, arrondie, et assez étendue pour abriter un large espace des rayons du soleil, ce qui n'est pas à dédaigner à Taïti. Les fruits qu'il produit sont globuleux, de six à huit pouces de diamètre, verdâtres et rugueux à l'extérieur. Les rugosités présentent une disposition assez régulière et forment des hexagones ou des pentagones subdivisés en triangles. Sous la peau, qui est épaisse, se trouve, à une certaine époque, avant la maturité complète, une pulpe blanche et farineuse. Lorsque le fruit est mûr, cette pulpe jaunit et prend une consistance gélatineuse. L'arbre à pain donne des fruits pendant huit mois de l'année. Lorsqu'on veut les manger frais, on choisit le degré de maturité convenable, que l'on reconnaît à la couleur de l'écorce. La préparation qu'on leur fait subir consiste à les couper par tranches épaisses que l'on expose à un feu de charbon; l'on peut aussi les placer entiers dans un four bien chauffé d'où on les retire quand l'écorce commence à noircir. Après avoir gratté les surfaces charbonnées, on trouve une chair tendre et blanche comme de la mie de pain frais, et d'un goût de châtaigne bouillie. Pour conserver le fruit ou plutôt pour se préparer une nourriture pendant les quatre mois que l'arbre ne porte pas de fruits, les insulaires font une pâte qu'ils laissent fermenter et qui peut longtemps se conserver sans qu'elle se corrompe. Cette pâte, cuite au four, donne une espèce de pain dont la saveur, légèrement acide, n'est pas désagréable.

La maison du régent se compose de deux chambres, sans autres meubles que le tabouret en bois sur lequel j'étais assis, et deux malles qui renferment quelques effets et un uniforme français. Le gouvernement a fait comme les missionnaires, il a déguisé, comme pour une mascarade, les autorités insulaires : des habits brodés, des chapeaux à trois cornes à ces sauvages!!! c'est souverainement ridicule.

A la porte de la case du régent flotte le pavillon du protectorat. Je fus très-content de la réception que me firent ce chef et sa femme; ils me parurent tous les deux d'excellentes gens, et nous nous quittâmes fort bons amis.

En sortant de la case de Paraïta, j'entrai un moment dans un café-restaurant tenu par un Français; c'est là que mangent presque tous les officiers de la garnison. Je causai un instant avec le maître de la maison, qui me parla de suite de la difficulté de se procurer de la viande fraîche; ce que j'appris plus tard à mes dépens. A un dîner, on sert du cochon à toutes les sauces; il est vrai que cet animal, nourri de noix de cocos, est extrêmement délicat. Un jour je voulus réunir à bord de *la Minerve* quelques personnes pour partager un modeste dîner, et je ne pus me procurer de viande fraîche. Ne voulant cependant pas réduire mes invités aux rations journalières, je me vis forcé de faire tuer un des moutons achetés par moi à Sydney et que nous ménagions avec une réserve proportionnée à la longueur de la route que nous avions encore à parcourir avant de trouver le moyen de faire de nouvelles provisions. Mon dîner aussi eut-il un grand succès!

Je fis rencontre à Taïti d'un compatriote que je vis avec un sensible plaisir : c'est M. Ch. Giraud, peintre de grand mérite, envoyé dans l'île par le gouvernement français. Dans la visite que je lui fis, je le trouvai travaillant à un délicieux tableau de genre; tout auprès de lui se tenaient deux jeunes femmes, deux sœurs : elles lui servaient probablement de modèles. C'étaient deux fort jolies personnes à peine âgées de quatorze ou quinze ans; elles étaient gracieusement posées sur une même natte, et elles lisaient la *Bible,* traduite dans leur langue. A mon arrivée, elles quittèrent leur livre pour venir m'interroger; malheureusement mon vocabulaire était très-pauvre de mots et la conversation devenait difficile : elles m'accablaient de questions que M. Giraud prenait la peine de me traduire. Lorsqu'elles furent suffisamment édifiées sur mon histoire, elles reprirent leur lecture, qu'elles continuèrent ainsi pendant les trois quarts de la journée. La langue taïtienne est extrêmement douce, elle s'apprend facilement; aussi quelques mois de séjour dans l'île permettent-ils aux étrangers de suivre une conversation avec les Taïtiens.

L'intérieur de cette case eût été le sujet du plus beau tableau taïtien que Giraud eût pu faire, et qu'il m'assura vouloir entreprendre avant son départ. Que mon lecteur, s'il est quelque peu artiste par l'âme, se figure une case tout à fait indigène, en bambous et recouverte de feuilles de cocotier. Au fond, un rideau négligemment pendu servant à séparer la chambre à coucher du salon, qui est en même temps l'atelier; deux, peut-être trois chaises, un buffet, une table sont dans un coin, couverts de dessins et d'objets de peinture. Ici, se trouvent des modèles, des croquis, des pochades, des tableaux ébauchés; plus loin les deux jolies personnes dont je viens de parler, nonchalamment couchées sur leur natte. Auprès de la porte est placé Giraud, peignant un groupe de Taïtiennes; derrière lui, une fabuleuse collection de pipes et de curiosités de toutes sortes. Mettez dans cet intérieur un ordre sans monotonie, une propreté recherchée, grâce aux deux fées qui lisent la Bible; ajoutez devant la porte un petit, tout petit jardin couvert de fleurs, et vous aurez une idée de l'atelier d'un peintre à vingt-cinq mille kilomètres de France.

Dans un incendie qui occasionna de grands ravages à Taïti, il y a trois ans, M. Giraud perdit le fruit de précieux travaux; mais il ne s'est pas découragé. Il possédait au moment de mon voyage une riche collection, que la gravure et la lithographie reproduiront un jour, je l'espère, pour l'agrément et l'instruction de nos compatriotes. Je pus examiner à l'aise les travaux de cet habile artiste; j'y aurais passé la nuit, si on ne fût pas venu me prévenir qu'il fallait retourner à bord.

Trois jours après mon arrivée à Taïti, M. Téchoires, directeur du port et commandant le stationnaire (brick *Anna*), me fit l'honneur de venir me voir à bord de *la Minerve;* il connaissait une partie de ma famille, et cette visite me fut des plus agréables. Qu'on est heureux de trouver au bout du monde l'occasion de parler de ses parents! aussi restâmes-nous longtemps à causer ensemble; il voulut bien me présenter à M. Moerenhout, et je me trouvai bientôt en pays de connaissance. Ces messieurs me firent, à ma grande joie, les honneurs de la conversation, qui fut presque exclusivement consacrée à des souvenirs de Paris; ils connaissaient ma famille, et l'on comprendra facilement que chacune de leurs paroles touchait mes cordes les plus sensibles. Nous causâmes aussi de Taïti, de son importance, de son avenir, et, par une politesse exquise de leur part, ils me prièrent de leur donner quelques détails sur la colonie de Sydney, que je venais de quitter. M. Téchoires était l'ami de mon cousin Adolphe Delessert, avec lequel il avait eu de nombreuses relations dans l'Inde.

Mes conversations avec plusieurs personnes qui connaissaient parfaitement bien Taïti et habitaient l'île depuis longtemps me mirent à même d'apprendre quelques détails assez curieux sur les relations commerciales du pays; je ne parlerai que de ce qui m'a le plus surpris.

Il n'y a pas à Taïti de monnaie propre au pays, et l'argent de toutes les nations y est parfaitement bien reçu : la piastre espagnole, la pièce de cinq francs de France, les shillings anglais ou les roupies de l'Inde y sont les bien-

venus. Tout le monde sait que la piastre espagnole vaut à peu près, suivant le
cours, 5 francs 35 à 37 centimes; mais, dans le but sans doute de favoriser la
circulation de la monnaie française, le gouvernement mit la piastre et notre
pièce de 5 francs au même taux de 5 francs. Cette mesure, comme on va le
voir, devait au contraire jeter de la défaveur sur l'argent de France, et elle
occasionnait, lors de mon séjour à Taïti, une perte de plus de 30,000 francs
pour le trésor. Le Taïtien, destiné à devenir Français, était né malin lui aussi,
et il reconnut bientôt que la piastre espagnole avait plus de valeur que la pièce
de 5 francs; il paya donc toutes ses redevances au trésor avec cette dernière
monnaie et ne voulut recevoir que des piastres. Cette prétention ne rencontra
pas de difficultés et parut contenter tout le monde; car les Taïtiens payaient
avec des piastres les marchandises qu'ils pouvaient acheter aux capitaines de
navires, en faisant bien valoir les 37 centimes de différence. Il en était de
même pour la petite monnaie anglaise, mise au même taux que nos pièces de
1 franc et de 10 sous, dont la différence n'est de rien moins que de 25 0/0. Le
Taïtien ne voulait recevoir le shilling et les 6 pence que pour 1 franc ou pour
10 sous, et ne s'en servait pour ses acquisitions qu'en profitant de la différence,
qui n'était et ne pouvait être contestée par les étrangers et surtout par les
Anglais. Je ne sais si cette mesure est encore aujourd'hui en vigueur, mais en
1846 il en était ainsi.

Le gouvernement a acheté des terrains à Papeïti, et l'on a le projet de former
une espèce de ville en établissant des rues; car ce qu'on appelle Papeïti consiste
simplement en quelques cases placées à distances inégales les unes des autres
sur le bord de la mer. Il faut aussi construire des casernes pour les troupes,
qui sont provisoirement entassées plutôt que logées. Ces projets, avec commencement d'exécution, ont donné beaucoup de valeur aux terrains appartenant
encore pour la plupart à des indigènes qui les louent à des prix incroyables.
La moindre case rapporte 50 à 60 francs par mois; sa construction n'a pas
coûté cela. Presque toutes ces cases sont en bambous; on en voit quelques-
unes, douze ou quinze, formant des boutiques tenues par des Anglais. Au centre
de la baie la chaleur est presque insupportable; mais aux extrémités on jouit
d'une fraîche brise, surtout à la pointe des Cocotiers : c'est là qu'est placé l'arsenal de la marine. On a creusé un canal qui communique de la mer à la baie,
de sorte que la pointe des Cocotiers est maintenant une île fortifiée : de là on a
une vue magnifique.

Si l'on se dirige vers Matavaï, on trouve encore un paysage ravissant. C'est
dans la baie de Matavaï, aujourd'hui abandonnée parce qu'elle est trop exposée
aux vents, que débarquèrent les premiers navigateurs : Quiros en 1606, Wallis
en 1767, Bougainville et Cook en 1768 et 1769.

Il est bien prouvé aujourd'hui que Taïti coûte à la France près de trente millions, quelque cent hommes et bien d'autres sacrifices que je passe sous silence. Depuis cinq ans environ ce petit coin du globe a pris de l'importance, grâce à un fou aussi ridicule qu'ambitieux, à Pritchard, négociant et missionnaire. Mais ceux qui ont pris possession de Taïti au nom de la France ont-ils eu en vue l'intérêt de la métropole ou une satisfaction à l'honneur national, ou enfin les îles de la Société ont-elles été adoptées par la France comme un riche adopte de pauvres orphelins dans un but de protection et de civilisation? Cette dernière hypothèse me paraîtrait la plus heureuse et la plus honorable, si les Taïtiens ne nous donnaient la preuve positive qu'ils ne goûtent nullement nos procédés et qu'ils se soucient fort peu de notre protection. Il semble qu'on aurait tout aussi bien pu laisser Taïti royaume libre, puisque reine il y a, et ne pas se jeter dans des embarras de tout genre, financiers et politiques. Chacun vante Taïti, la belle île aux riantes vallées; mais, je l'ai déjà dit, en définitive, que peut-elle produire? Les Anglais, ces colonisateurs par excellence, ont cherché à y cultiver la canne à sucre [1], et n'ont abandonné les lieux qu'après de vains efforts et de grandes dépenses; et c'est la France, qui n'a pas une seule colonie digne de l'envie des autres nations, qui veut chercher à triompher des obstacles! On semble ignorer que les îles de la Société et Taïti surtout sont envahies par l'indestructible goyavier, qui renaît, faut-il dire, de ses cendres et s'empare, dans son développement rapide, de tous les sucs nutritifs de la terre. Cet arbre envahit tout et s'oppose à toute culture; c'est un élément contre lequel il faudra s'épuiser en luttes inutiles.

Pour commencer une plantation il faut beaucoup d'argent, et ce grand mobile est très-rare à Taïti; le crédit y est plus rare encore. L'intérêt était à 12, 18 et 20 0/0 lors de mon séjour, de sorte que le planteur qui se verrait obligé d'emprunter à ce taux-là n'aurait d'autre espoir que sa ruine en moins d'un an. Quel que soit le lieu d'où viennent ces capitaux, il n'existe pas de cours légal de change, et les traites doivent être payables à un an de date au moins. Quel serait donc l'intérêt?

Taïti est aux antipodes de la France; il résulte de cette position que, pour faire concurrence à Bourbon et à nos possessions des Antilles, il faudrait qu'à qualité égale les produits de l'île fortunée fussent vendus à des prix dix fois inférieurs à ceux des autres colonies, car il y a double voyage sur mer, par conséquent double fret, double assurance, double chance d'avaries et double intérêt à payer. Il est vrai que le gouvernement peut réduire les droits à peu de chose ou même n'en point prélever, mais à quoi servirait cette bienveillance? les produits pourront-ils arriver en France à moins de frais que si le

---

[1] La canne à sucre croît admirablement bien à Taïti; mais il paraît que, malgré ce succès, les frais à faire absorbent les bénéfices possibles, ne pouvant pas obtenir un travail régulier des Taïtiens.

trajet était moins long, et les envois de nos colonies ne viendront-ils pas faire
une concurrence accablante? Quels sont d'ailleurs les produits actuels que peuvent nous offrir les îles de la Société? De la nacre, de l'huile de cocos; mais
en si petite quantité qu'un navire ne trouverait pas un chargement en un an.
Taïti, dira-t-on, est un refuge pour nos bâtiments, qui peuvent s'y abriter et
s'y réparer; mais le protectorat n'était pas nécessaire pour cela. En 1839,
l'Artémise trouva le moyen de se réparer tout aussi facilement que la frégate
la Virginie, que commandait l'amiral Hamelin en 1846, alors que notre protection nous laissait maîtres de quelques points du littoral.

Enfin, en cas de guerre, où nos bâtiments trouveraient-ils des vivres, des
munitions, des renforts? Taïti, la belle Taïti, ne vaut pas, au point de vue de
l'intérêt du pays, la plus mauvaise de nos frégates, comme on a eu raison de
le dire, et le sang et l'argent que nous y semons ne produiront jamais que des
regrets.

Mais laissons ces questions déjà cent fois abordées; l'heure du départ avance
et sous peu nous mettrons à la voile. Je vais profiter des instants que m'accordent les préparatifs de notre nouveau voyage pour dire, d'après ce que j'ai lu
dans divers livres ou journaux, un mot de l'action des missionnaires à Taïti
avant l'arrivée des Français et de l'ancienne législation de ces îles de la Société.

Lorsque Aïmata Pomaré devint reine, M. Pritchard, qui l'avait élevée avec
une sollicitude toute paternelle, qui avait flatté, caressé ses penchants, et in-
sinué dans son esprit une admiration craintive pour l'Angleterre, ne s'oublia
pas; il devint le conseiller le plus intime de Pomaré. Maître du pouvoir, il
l'exerça despotiquement; dédaignant les influences locales, traitant avec hauteur les chefs des districts, se raillant de leurs menaces, il les réprimait par
l'aiguillon de la peur. Tour à tour marchand et missionnaire, médecin et grand-
juge, il était arrivé au faîte des honneurs dans l'archipel taïtien, lorsque les
prêtres français, MM. Laval et Caret, débarquèrent à Papeïti. C'était en 1836.
M. Pritchard mit tout en œuvre pour empêcher les deux missionnaires de pénétrer jusqu'à la reine. N'ayant pu y parvenir, il les fit violemment expulser
de l'île, malgré l'intervention énergique du consul des États-Unis, M. Moerenhout Les missionnaires catholiques protestèrent contre une pareille conduite,
contraire au droit des gens, et M. Dupetit-Thouars, commandant la frégate *la
Vénus,* en station à Valparaiso, reçut ordre de se présenter à Taïti pour exiger
de la reine une complète réparation de l'insulte faite à la France en la personne
de MM. Laval et Caret. Le 29 août 1838, *la Vénus* entrait dans la baie de
Papeïti. Le lendemain, à dix heures, le commandant Dupetit-Thouars faisait
notifier à la reine Pomaré la mission dont il était chargé, déclarant qu'à défaut
de l'accomplissement des conditions exigées elle serait en hostilité avec la
France.

Le même jour, à cinq heures du soir, le grand-juge Pritchard se présenta à
bord de la frégate *la Vénus* comme agent de la reine; il avait une lettre d'ex-
cuses, qu'il remit avec 125 onces d'or en indemnité du voyage des deux missionnaires. Une convention établit le droit de séjour des sujets français dans
l'archipel taïtien. Mais, à peine les Français disparus, la reine Pomaré, au
mépris de la convention stipulée, révoqua la loi qui assurait à nos missionnaires l'accès de Taïti. En apprenant cette révocation, le capitaine Laplace,
commandant *l'Artémise*, se rendit immédiatement de Sydney à Papeïti. A la
vue de nos canons et de nos marins, une terreur générale se répandit dans
l'île. Pritchard recommanda à la reine la résistance, lui promettant des secours
de l'Angleterre. Mais les principaux chefs de l'archipel l'engagèrent à céder;
c'est ce qu'elle fit, en ajoutant une clause qui conférait aux Français établis à
Taïti le libre exercice de leur religion. Puis M. Pritchard partit pour l'Angleterre, espérant, avec l'appui de la Société biblique, engager le gouvernement
anglais à prendre possession de Taïti.

Quoiqu'absent, M. Pritchard était encore puissant par le souvenir, et les
traités avec la France étaient violés. Les Français, injustement persécutés,
étaient brutalement dépouillés de leurs propriétés; la police de Taïti, interprète
des sentiments les plus hostiles, emprisonnait, frappait, exilait nos compatriotes suivant son bon plaisir. De tels traitements ne pouvaient se prolonger
sans danger pour notre influence dans l'Océanie. C'est ce que comprit l'amiral
Dupetit-Thouars, lorsqu'il écrivit à la reine, le 8 septembre 1842, pour réclamer 10,000 piastres comme garantie des indemnités dues aux Français
lésés dans leurs personnes ou dans leurs propriétés. A la réception de ce mes-
sage, le parlement taïtien se réunit à Papeïti pour délibérer sur la légitimité
de nos réclamations. C'est dans cette circonstance que la plupart des chefs résolurent de placer l'archipel taïtien sous la protection de la France. Cette réso-
lution fut communiquée à la reine, qui l'accepta immédiatement et signa
librement et volontairement la demande du protectorat. Cette demande, signée
par la reine et les principaux chefs, fut transmise à l'amiral français, qui
l'approuva sauf la ratification de son gouvernement.

Tout le monde paraissait content : et, en attendant la ratification du gouvernement français, l'amiral Dupetit-Thouars organisa un conseil provisoire
composé de M. Reine, lieutenant de vaisseau; de M. de Corpegna, lieutenant de
frégate, et de M. Moerenhout, depuis notre consul. La frégate *la Reine-Blanche*
quitta Taïti. Le calme fut de courte durée. M. Pritchard était de retour : à
peine débarqué, il appelle toute la population à la révolte, à l'insurrection;
puis il invoque l'appui du capitaine anglais Toup Nicolas, qu'il fit entrer dans
son ressentiment contre la France. Il persuade à la reine de hisser l'ancien
pavillon sur sa demeure, et chaque jour il y ajoutait de nouveaux change-

ments. Le fait en lui-même du pavillon n'avait d'autre importance que la mal-
veillance de l'intention. Enfin, le 4 juin, Toup Nicolas écrivait à M. Dupetit-
Thouars une protestation contre notre protectorat, et cette protestation avait
été rédigée de concert avec Pritchard.

La reine était entrée dans la lutte contre le protectorat autant par crainte
de désobéir à Pritchard que par défiance de nos projets. Elle avait écrit à la
reine Victoria pour lui demander sa protection, lui apprenant qu'elle avait cédé
à la peur en signant le traité du protectorat. Quoique les manifestations
hostiles de Pritchard se renouvelassent sans cesse, elles étaient sans cesse
réprimées par nos marins. Néanmoins cet état d'hostilité avait tellement aigri
de part et d'autre les esprits, qu'une collision était inévitable entre la marine
anglaise et la marine française.

Ce fut sur ces entrefaites que l'amiral Dupetit-Thouars notifia à la reine la
ratification pleine et entière du traité du 9 septembre 1842 et la prochaine
arrivée du commissaire royal accrédité auprès d'elle. En arrivant à Papeïti,
l'amiral français avait remarqué le nouveau pavillon de la reine. Ayant pris
connaissance des motifs qui avaient décidé ce changement, l'amiral considéra
le maintien de ce pavillon comme un acte d'hostilité et de révolte flagrante. En
conséquence, il conseilla à la reine d'amener ce pavillon : ce conseil ne fut pas
suivi ; de nouveaux avertissements restèrent sans effet. Ce refus constituait une
insulte à la France et au roi. Il y avait une réparation à obtenir. L'amiral
Dupetit-Thouars la demanda à la reine : « Si avant deux heures écoulées, à
» partir de la remise de ma lettre, lui écrivait-il, ce pavillon n'est point amené,
» et si avant le coucher du soleil vous ne m'écrivez pas une lettre d'excuse, je
» ne vous considérerai plus comme reine des îles de la Société. »

La reine Aïmata Pomaré répondit par un nouveau refus. Avant d'agir,
l'amiral Dupetit-Thouars fit auprès d'elle une démarche personnelle : vains
efforts! elle persistait dans son opposition. En se retirant de cette entrevue, l'amiral lui annonça que, si avant midi son pavillon n'était pas amené, il exécuterait
ce qu'il lui avait déclaré la veille dans la lettre qu'il lui avait adressée. C'était
à dix heures du matin, le 6 novembre, que l'amiral s'exprimait ainsi. Rentré à
son bord, il se prépara au débarquement. Midi sonnait. Le drapeau flottait
toujours. 200 hommes d'artillerie et d'infanterie de marine et 400 matelots
avaient débarqué. La reine Pomaré avait cessé de régner, et Taïti était française. Deux jours après, le capitaine Bruat fut installé à Papeïti comme gouverneur. Les chefs des îles se rendirent auprès du gouverneur français pour
l'assurer de leur concours et reconnaître son pouvoir. Dépossédée de sa couronne, Pomaré écrivit au roi des Français pour se plaindre de la conduite de
l'amiral Dupetit-Thouars et protesta contre le renversement de son trône. Au
moment où nos marins débarquaient, elle s'était retirée chez Pritchard, qui

avait amené le pavillon du consulat anglais. Dès que nous fûmes maîtres de Papeïti, il conduisit la reine à bord de la frégate *le Dublin*, en station dans l'archipel. En apprenant la prise de possession de la souveraineté entière de l'île et la conduite de l'amiral Dupetit-Thouars, le gouvernement français ordonna l'exécution pure et simple du traité du 9 septembre 1842, et désavoua l'amiral.

Tels sont les principaux événements de Taïti depuis le commencement des intrigues de Pritchard jusqu'au désaveu de l'amiral Dupetit-Thouars. Quel bruit pour peu de chose! Il y a quelque sept ou huit ans, la reine Aïmata Pomaré vivait inconnue sur son rocher fleuri, n'ayant d'autre souci que de se baigner en compagnie de ses nymphes dans la baie de Papeïti ou d'errer, sans plus de cérémonie qu'une simple Indienne, dans son empire exigu, mais au moins suivant son bon plaisir[1]. Elle était bien loin alors de se douter de la grandeur de son royaume, de l'importance de sa dynastie et surtout du poids de sa couronne dans les relations de deux grands peuples. Et ce Pritchard, qu'elle avait élevé si haut dans sa confiance, n'était-il pas un agent de trop mince valeur pour exciter les orages de notre parlement, la colère de nos journaux et l'agitation dans tout le pays!

Le ministère français, en désavouant la prise de possession, accomplit un devoir pénible, mais peut-être nécessaire. De graves provocations et des insultes avaient été faites à notre pavillon dans la baie de Papeïti, mais on pouvait réprimer et les provocations et l'insulte sans la mesure violente de l'occupation à main armée. Le ministère, en tranchant toutes ces questions, n'a sans doute agi que sous les inspirations de l'équité; en renonçant à l'occupation de Taïti, il a respecté les traités, dont une fausse interprétation avait altéré le sens. En allouant une indemnité à cet obscur brouillon nommé Pritchard, il a fait preuve de son respect pour la propriété privée; et sans s'arrêter à la valeur de l'homme et laissant de côté un faux point d'honneur national, il s'est bien gardé de compromettre la tranquillité de deux grands États en se montrant opposé à l'indemnité réclamée par Pritchard. J'ajouterai seulement que le chiffre de l'indemnité m'a semblé exagéré, car tout ce que possédait Pritchard à Taïti n'avait pas une valeur de dix mille francs, et qu'il eût été bien plus sage de ne pas aller chercher à Taïti des occasions de discorde; car, on ne saurait trop le répéter, nous ne ferons jamais rien d'aucune des iles de l'archipel de la Société, et une plus longue obstination n'aboutira qu'à des pertes énormes d'hommes et d'argent. Au point de vue politique, je ne dirai rien du

[1] Nous avons déjà dit que la reine s'empressait de se rendre à bord de tous les navires marchands en relâche dans la baie de Taïti; là elle se faisait inviter à dîner par les capitaines, et acceptait volontiers leurs cadeaux. On m'a raconté même à ce sujet beaucoup d'histoires qui ne peuvent trouver place ici.

missionnaire Pritchard ; mais au point de vue commercial et religieux sa moralité est jugée, et, s'il restait un doute, il suffirait de citer un des nombreux
actes qui ont signalé sa présence plus intéressée qu'évangélique à Taïti : « Indépendamment des produits manufacturés que portait le navire frété par Pritchard, il était chargé d'une monnaie de cuivre frappée en Angleterre, et
représentant une valeur de douze mille piastres fortes qui devaient être mises
en circulation dans le pays. Les pièces de cette monnaie portaient d'un côté un
navire et de l'autre en exergue les mots *general accommodation*. On comprend sans peine le but de cette spéculation : la monnaie de cuivre devait faire
rentrer tout l'argent monnayé en circulation dans la caisse de M. Pritchard,
principal marchand de l'île, en laissant en échange aux indigènes des médailles
ou des jetons d'une valeur douteuse et sans cours légal. Cette spéculation était
un vol manifeste ; elle suffit à elle seule pour faire apprécier la moralité de
l'homme qui n'a pas craint de la concevoir et de la mettre à exécution. Cependant le gouvernement provisoire ne pouvait tolérer une pareille spéculation,
il s'y opposa de tout son pouvoir ; mais la reine, incapable de secouer le joug
qu'elle subissait, délivra un ordre pour autoriser la circulation de cette monnaie. Heureusement la population, prévenue du peu de valeur de ces jetons,
refusa de s'en servir. Pritchard s'efforça en vain de mener son entreprise à
bonne fin. Il annonça publiquement, dans l'église de Papeïti, qu'il avait reçu
des marchandises d'Angleterre, et qu'il les céderait contre la monnaie de
cuivre autorisée par la reine. Cette annonce n'eut pas de succès. Quelque
temps après, plusieurs indigènes voulurent vérifier la valeur des promesses de
Pritchard ; mais alors il refusa péremptoirement de leur céder les objets qu'ils
demandaient en échange d'une valeur équivalente de pièces de cuivre amas-
sées à cet effet. Dès cet instant, la *monnaie Pritchard* fut complétement dis-
créditée [1]. » Mais Dieu me garde d'entrer plus avant dans une ridicule question
depuis longtemps jugée, et je reviens à l'histoire de Taïti. Le roi Pomaré II, à
l'instigation des missionnaires, avait eu la fantaisie de se faire législateur. En
1818, il publia un code des lois civiles et criminelles en dix-neuf titres où l'on
traite du meurtre, du vol, des déprédations commises par les cochons, de l'in-
observance du jour du sabbat, des hommes ayant deux femmes, des femmes
abandonnées avant l'introduction de l'Évangile, des cours de justice, etc., etc.
Les juges, pour faire exécuter ces lois, étaient au nombre de quatre cents. La
peine de mort, qui fut d'abord établie, fut proscrite plus tard. Le calomniateur
était condamné à faire un sentier de un à dix milles de longueur [2]...

Plus tard les missionnaires, à l'époque du couronnement ou de la consécration de Pomaré III, modifièrent le pouvoir monarchique en l'entourant d'insti-

[1] MM. Vincendon-Dumoulin et Desgraz, page 973.
[2] MM. Vincendon-Dumoulin et Desgraz, page 602.

tutions constitutionnelles. Ce n'est que la vérité : on organisa à Taïti ce régime pondéré des pouvoirs qui se choquent, se heurtent et se renversent souvent dans nos contrées ; on décréta que des députés élus dans chaque district à la pluralité des voix, s'assembleraient annuellement dans le but de discuter et de promulguer de nouvelles lois, ou d'annuler les lois déjà existantes. La justice civile était rendue par des juges, à la nomination du roi ou des chefs suprêmes, pourvus du titre de gouverneurs.

La justice criminelle était rendue par un jury composé des membres de la famille royale, ou des individus d'une race analogue, si l'accusé était un membre de la famille royale ; des propriétaires, si l'accusé était un propriétaire ; des fermiers, s'il appartenait à des fermiers.

Nous savons combien ces institutions rencontrèrent de difficultés dans leur application ; depuis on s'est efforcé d'améliorer la machine gouvernementale. Ces députés de nouvelle création prennent goût à la confection des lois. J'ai lu un dernier recueil publié dans la *Revue coloniale,* qui en contient un nombre prodigieux. La plupart de ces nouvelles mesures législatives modifient les anciennes ; elles doivent recevoir la sanction de la reine et du gouverneur que le roi des Français envoie pour *protéger* les Taïtiens. Ce qui m'a surtout frappé dans ce dernier code, c'est la quantité prodigieuse d'amendes imposées en expiation des moindres fautes, comme pour celles d'une haute gravité : aussi pour tel crime ou telle faute on payera un, deux, quatre, huit cochons, dont la moitié pour la reine et l'autre moitié pour le gouverneur. C'est prévoyant. Il en est de même de l'huile de cocos et des autres produits de l'île, dont la reine et le gouvernement prennent leur part. On a pourtant eu soin, dans cette dernière révision, d'abolir les lois étranges des missionnaires, notamment celles qui infligeaient des punitions corporelles pour l'inexactitude aux offices, pour avoir dansé ou s'être laissé tenter par l'attrait chatoyant du tatouage. On reconnaît enfin qu'il règne à Taïti un pouvoir plus intelligent et plus humainement inspiré.

Je faisais ces réflexions en préparant mes adieux à Taïti, car le navire se balançait déjà, impatient de fendre l'onde ; le vent soufflait et l'ancre allait être levée. La rade en ce moment offrait un spectacle des plus ravissants. La corvette *la Fortune* venait d'arriver et débarquait ses troupes. Deux cents hommes, dans de nombreux canots, se dirigeaient vers la plage couverte de curieux indigènes et européens. A ce mouvement extraordinaire, ajoutez la musique militaire qui se faisait entendre en l'honneur des arrivants, et sur *la Minerve* les chants des matelots qui viraient le cabestan. La beauté de cette scène animée me rappelle la date, c'était le 15 septembre. J'arrivais à bord, chargé de nombreuses dépêches que M. Bruat m'avait prié de remettre au commandant de la station de Bora-Bora.

Ce n'est pas sans regrets que je quittai Taïti, l'île fortunée où le besoin d'envahir n'a su apporter que la discorde, les horreurs de la guerre et tous les maux que nous considérons en Europe comme la conséquence inévitable de notre civilisation avancée.

Nous côtoyâmes plusieurs îles de l'archipel de la Société sans nous y arrêter, Eiméo, Toubouai-Manou, Huaïne, Raiatea, Tahaa, et enfin nous arrivâmes à Bora-Bora, dont j'ai déjà parlé. Nous reconnûmes facilement l'entrée de la baie dont la passe est difficile et dangereuse ; le *Phaëton* était à l'ancre au centre de la baie, c'est vers lui que nous nous dirigeâmes par une manœuvre qui valut de grands éloges à notre capitaine. Je devais être bien accueilli par les officiers du *Phaëton,* car je leur apportais des nouvelles de France, et ils en étaient privés depuis près d'un an. Nous allâmes aussitôt nous promener à terre, où nous attendait un grand nombre de curieux indigènes qui nous escortèrent jusqu'à la case d'un chef qui nous reçut de son mieux. On retrouve ici les mêmes mœurs, les mêmes habitudes, la même population qu'à Taïti. J'y rencontrai de vigoureux jeunes hommes, de très-belles femmes, et la même hospitalité, la même bienveillance que dans l'île capitale ; peut-être rencontre-t-on une plus grande naïveté, sans doute parce que les Européens y abondent moins. Comme à Taïti, je visitai les cases, je parcourus l'intérieur de l'île, et je recueillis tous les documents qui pouvaient m'être utiles. J'augmentai mon album des portraits de plusieurs belles habitantes de Bora-Bora, qui se prêtaient de la meilleure grâce du monde au rôle fatigant de modèle, et prenaient un grand plaisir à voir se produire petit à petit sur le papier tous les traits de leur figure.

Il n'est pas sans intérêt de dire que, lorsqu'elles surent que je désirais faire quelques portraits, elles s'esquivèrent aussitôt, ce qui me contraria d'abord beaucoup, car je ne m'expliquais pas une retraite si précipitée ; mais je compris bientôt leur disparition d'un moment, car en un instant elles revinrent les unes après les autres avec des fleurs fraîches dans les cheveux. Quelques-unes étaient véritablement belles. Elles ont grand soin de leurs mains, qui sont ordinairement couvertes d'un léger tatouage en forme de bracelet, ainsi que leurs jambes.

Une charmante Indienne fut si ravie de son portrait qu'elle m'offrit une fort jolie perruche à laquelle elle semblait tenir beaucoup et que je crus devoir refuser. La coiffure des femmes de Bora-Bora se compose parfois d'une espèce d'abat-jour en feuilles fraîches gracieusement tressées qu'elles fabriquent elles-mêmes et qu'elles portent pour se garantir des rayons du soleil.

Quelques jours avant notre arrivée le pavillon du protectorat avait été hissé devant une grande case qu'on désigne sous le nom de Camp, et qui sert de lieu de réunion. Comme à Taïti, le protectorat était un sujet de discorde, les mécontents étaient les plus nombreux et s'étaient retirés en promettant de venir bientôt renverser ce pavillon qu'ils ne voulaient pas reconnaître, tandis que ceux des indigènes qui avaient embrassé notre parti s'étaient établis dans cette case défendue par un rempart de corail et armée par les soins du commandant du *Phaëton*.

Le docteur Villaret, chirurgien à bord de ce navire, m'avait accompagné à terre; il parlait parfaitement la langue et connaissait presque tous les habitants. Mais le charme de notre promenade fut un instant troublé par le départ inattendu du *Phaëton*, qui s'éloigna à toute vapeur sans faire aucun signal, ce qui laissa mon docte compagnon dans une grande inquiétude que je partageai de tout cœur. Que faire en cette circonstance? La journée s'avançait, et je l'engageai à venir partager ma cabine sur *la Minerve*. A notre arrivée à bord, on nous apprit que *le Phaëton* était allé remorquer la frégate *l'Uranie* qui entrait dans la baie, et s'était fait précéder par la grande chaloupe. Un officier et vingt matelots, qui montaient cette chaloupe, devaient la conduire en lieu sûr pour la nuit, et se mettre à même de prêter assistance aux insulaires qui avaient accepté notre protection. L'officier, rencontrant *la Minerve,* demanda l'hospitalité à notre brave capitaine, et cette augmentation du personnel du bord nous fit passer une soirée des plus agréables en causeries animées par un joyeux punch. A la pointe du jour nous aperçûmes *le Phaëton* et *l'Uranie,* et nos visiteurs nous quittèrent pour retourner à leur poste.

Chaque matin de nombreuses visites arrivaient de Bora-Bora à bord de *la Minerve*. Chacun de nous avait déjà ses *tayos* (hommes, femmes et enfants qui vous prennent en amitié et viennent vous apporter des fruits, en échange desquels on donne quelques bagatelles). Je reçus ainsi diverses coquilles, et une jeune fille m'apportait des fruits frais et des morceaux préparés du fruit de l'arbre à pain. On est tayo et on a ses tayos. Le *tayo* absent a sa part réservée pendant le repas de la famille, et c'était la mienne que je recevais. Je fis cadeau à cette jeune fille d'un mouchoir en madras dont les vives couleurs lui plurent beaucoup, et de suite elle s'en fit une parure gracieuse que n'aurait point imaginée l'Européenne la plus coquette.

Je me rendis à bord de *l'Uranie*, où les chefs de l'île avaient été invités à un grand dîner à l'occasion de la reconnaissance du pavillon. Beaucoup d'indigènes étaient arrivés déjà sur la frégate, où ils exécutèrent des danses fort originales, mais qui n'offrent de curieux que la souplesse extraordinaire du corps et la simultanéité des mouvements des danseurs, qui se servent, faut-il dire, plus de leurs bras que de leurs jambes. La danse fut interrompue par un coup de sifflet qui annonça l'arrivée des chefs, auxquels on rendit presque les honneurs dus à des officiers supérieurs. Le premier qui monta à bord fut un nommé Mattaie, avec lequel j'avais déjeuné le matin même à bord de *la Minerve,* où il était venu en costume demi-paré, c'est-à-dire vêtu d'une chemise et d'un pantalon, et il s'était distingué en engloutissant la part de dix personnes. Le soir son costume était bien différent, le négligé était remplacé par l'habillement qui lui a été donné par le gouvernement en échange de son amitié. Il portait un pantalon bleu et une redingote de même drap, garnie de boutons dorés et d'un collet rouge; un long col de chemise formait un triangle dont la pointe arrivait à son nez. Malheureusement sa casquette était tellement étroite, qu'elle semblait perchée sur son énorme tête. Il ne se doutait certes pas de ce que cet accoutrement lui donnait de grotesque, car, par sa gravité, il cherchait à justifier les préférences dont il était l'objet; mais ce qui ne pouvait lui faire

illusion, c'est qu'il étouffait dans ses habits et que la sueur le noyait véritablement. Sa femme l'accompagnait, et comme le gouvernement ne lui avait pas
fait cadeau d'un costume, elle se présentait en chemise et coiffée d'un chapeau
de paille à la mode des missionnaires.

Mattaie et sa femme.

Lorsque tous les invités, en costumes plus ou moins grotesques, furent réunis,
un dîner fut servi à la table du commandant et un autre à celle des officiers;
c'est à cette dernière que je pris place; il s'y trouvait quelques jeunes filles de
Bora-Bora; elles essayèrent de manger, mais rien ne se trouva de leur goût
que le biscuit. Au dessert, on servit des oranges, et une de nos jeunes insulaires
nous donna l'idée du parti qu'elles savent tirer des moindres choses pour se
parer. Elle prit la peau d'une orange, la coupa en plusieurs morceaux de diverses formes, réunit tous les morceaux à l'aide d'un fil et se fit, en peu d'instants, une couronne gracieuse qu'elle plaça sur sa belle chevelure noire. Après
le dîner tout le monde se réunit sur le pont, et le pavillon du protectorat fut
salué de vingt et un coups de canon; la musique de la frégate fit le reste des
frais de la fête. Quelques chefs, sans doute excités par le vin qu'ils avaient bu,
faisaient, de temps à autre, faire silence et prononçaient des discours qu'on
me dit être en l'honneur du roi Louis-Philippe, et ils se terminaient tous par
des cris à rompre le gréement de *l'Uranie*. On distinguait parfois les mots
Luis Pilibi, Luis Pilibi.

Enfin les invités se retirèrent dans leurs canots, la nuit était sombre et on leur ménageait une surprise pour éclairer leur voyage jusqu'à terre; des feux de bengale placés sur les mâts illuminèrent la frégate et la baie.

Il n'en fallait pas tant, sans doute, pour enthousiasmer les Bora-Borains et nous en faire des amis; mais à cet égard il faut peu compter sur la sincérité de leurs démonstrations, car voilà ce qui m'arriva le lendemain : le chef Mattaie vint à bord de *la Minerve* nous apporter quelques fruits et remit au capitaine l'argent que celui-ci lui avait compté pour acheter des volailles qu'on ne put se procurer. La veille, au milieu de la fête du navire français, il n'avait pu me distinguer, et naturellement, à bord de *la Minerve,* il me prit pour un Anglais, et tint un langage peu en faveur du protectorat et qui ne me laissa aucun doute sur la nature de ses sentiments.

L'Uranie et *le Phaëton* absorbaient tout ce que les Bora-Borains avaient de vivres : aussi ne pouvions-nous nous en procurer. Le capitaine prit alors le parti d'aller en chercher dans le camp des dissidents. Il fit armer la chaloupe, et nous nous dirigeâmes, sous pavillon anglais, vers le point de l'île qu'ils occupaient, après avoir eu le soin de cacher nos armes sous les bancs de l'embarcation; aussitôt que nous fûmes aperçus, une nombreuse population accourut et nous reçut avec mille démonstrations amicales; et le roi de Bora-Bora, qui était à la tête de ces bouders, nous fit apporter des provisions de toutes sortes, des fruits, des légumes, des cochons et de la volaille; en un instant la chaloupe fut remplie à couler, et cependant il ne voulut recevoir que le prix des porcs et des volailles; et nous ne pûmes nous séparer de ces insulaires qu'en leur promettant de revenir.

Après cette petite expédition, qui remonta un peu nos vivres, le capitaine fit appareiller, et nous voilà de nouveau en route. Dix jours après nous passions entre les îles Niouha, séparées par un canal d'environ trois milles. Là se trouvait à l'ancre un petit navire, sous pavillon taïtien, qui nous détacha un canot pour avoir quelques nouvelles. Le canot était monté par des Anglais, qui nous apprirent que leur bâtiment appartenait aux missionnaires et qu'ils étaient venus à Niouha pour vendre ou échanger des étoffes et divers ustensiles. Ces îles furent découvertes en 1616 par Schouten, qui fut en apparence bien reçu par le chef; mais le lendemain il fut attaqué par les pirogues de Niouha, commandées par le roi lui-même.

Schouten se vit obligé de repousser cette agression par quelques coups de canon, et la mitraille eut bientôt mis fin au combat en coulant presque toute la flottille. Après les îles Niouha, la première terre que nous aperçûmes fut l'île Tikopia, couverte d'arbres serrés et au milieu desquels on reconnaît de nombreux cocotiers; cette île est petite et présente une seule élévation qui doit se trouver au centre de sa surface. Nous passâmes à distance en nous dirigeant

sur Vanikoro, île de triste souvenir depuis qu'on a acquis la preuve que deux
navires français, *la Boussole* et *l'Astrolabe*, commandés par Lapérouse, se
perdirent sur ses récifs. Je ne parlerais pas de cette perte cruelle, dont on
connaît maintenant les horribles détails, si des genres de mort bien différents,
mais aussi affreux, n'avaient terminé la glorieuse carrière des chefs d'expéditions dirigées vers ces îlots sauvages.

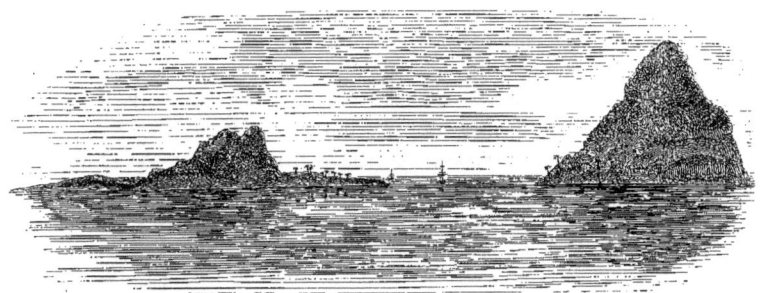

Iles Niouba.

Lapérouse succombe à Vanikoro, massacré sans doute par les cruels habitants de cette île, et Dumont-d'Urville, après avoir trouvé les preuves incontestables de la perte de *l'Astrolabe* et de *la Boussole*, revient en France, où, victime du plus déplorable accident, il périt dans les flammes, lui, sa femme et
son fils, au milieu de cent autres malheureux qu'un jour de fête avait appelés
à Versailles. Le capitaine d'Entrecasteaux, envoyé en 1791 à la recherche de
Lapérouse, n'était-il pas déjà mort pendant son voyage avec le regret que
laissent toujours d'honorables mais infructueux efforts! Honneur cependant à
ces courageux officiers! la France attristée de leur perte a trouvé leurs noms
gravés dans les annales des sciences, et leurs travaux leur assurent une gloire
égale au moins au malheur qui les a frappés.

Lapérouse était parti pour exécuter un voyage autour du monde, et le roi
Louis XVI lui-même lui avait en quelque sorte tracé la route à suivre. Deux
bâtiments faisaient partie de cette expédition, *la Boussole* et *l'Astrolabe;* ce
dernier était commandé par M. Delangle. Des savants distingués, parmi lesquels
nous ne citerons que Monge et Lamanon, assuraient une grande importance
aux découvertes qu'on espérait faire. Arrivé à Botany-Bay, Lapérouse envoya
en France le journal de cette partie de son voyage avec les cartes qu'il avait
fait dresser, c'est, hélas! tout ce qu'on reçut de lui. Un silence trop prolongé

inspira des craintes sérieuses sur le sort de nos malheureux compatriotes et
décida le gouvernement à faire partir sous les ordres de d'Entrecasteaux deux
autres bâtiments, *la Recherche* et *l'Espérance*. Cette nouvelle expédition devait
suivre pas à pas la marche de la première et en chercher partout les traces.
Après mille difficultés, la mort de d'Entrecasteaux et celle de deux autres officiers, les deux bâtiments passèrent à peu de distance de Vanikoro, où se trouvaient peut-être encore vivants quelques-uns des hommes de *la Boussole* et de
l'Astrolabe; de là ils se dirigèrent sur Java, où l'exploration se termina par
la capture de *la Recherche* et de *l'Espérance* par les Hollandais. En 1825, un
nouveau voyage de circumnavigation fut entrepris par le capitaine Dumont-
d'Urville, et, à la suite des renseignements fournis par Dillon, commandant le
navire Saint-Patrick, de la Compagnie des Indes, Dumont-d'Urville put enfin
reconnaître le lieu du naufrage de Lapérouse entre les récifs de Vanikoro.

Pendant le séjour de Dillon à Tikopia, les naturels apportèrent à bord divers objets dont on reconnut sans peine l'origine européenne, et l'on apprit
d'eux qu'ils provenaient de Vanikoro, où deux grands navires avaient autrefois
fait naufrage. En examinant un de ces objets (une poignée d'épée), dit
M. Dillon, je crus y découvrir les initiales du nom de Lapérouse, ce qui fit
naître en moi des soupçons et pousser mes questions aussi loin que possible; à
l'aide du Prussien Buchart et du Lascar Joë, qui depuis longtemps habitaient
l'île, j'interrogeai les insulaires sur la manière dont leurs voisins s'étaient
procuré tous les objets en argent et en fer qu'ils possédaient. Ils me répondirent que les naturels de Vanikoro racontaient que, bien des années auparavant, deux grands vaisseaux étaient arrivés près de leurs îles; qu'ils avaient
jeté l'ancre l'un à l'île de Vanou, l'autre à l'île de Païou, peu éloignées l'une
de l'autre. Quelques jours après, et avant qu'ils eussent eu communication avec
la terre, une tempête s'était élevée et avait poussé les deux vaisseaux à la côte.
Celui qui avait jeté l'ancre à Vanou échoua sur les roches. Les naturels se por-
tèrent alors en foule sur les bords de la mer, armés de massues, de lances et
d'arcs, et lancèrent quelques flèches à bord du vaisseau ; l'équipage riposta par
des coups de canon et tua plusieurs sauvages. Le vaisseau, battu par les vagues
et continuant de se heurter contre les roches, fut bientôt mis en pièces. Quelques hommes de l'équipage se jetèrent dans les canots et furent poussés par les
vents à la côte, où, en débarquant, ils furent tués jusqu'au dernier par les
naturels. D'autres, qui s'étaient jetés à la nage, ne gagnèrent la terre que pour
partager le sort de leurs compagnons; de sorte que pas un seul homme de ce
vaisseau n'échappa à la mort. L'autre vaisseau qui échoua à Païou fut jeté sur
une plage de sable. Les naturels accoururent et lancèrent leurs flèches sur ce
navire comme ils avaient fait sur l'autre; mais les gens de l'équipage eurent la
prudence de ne pas répondre par les armes à cette agression. Au contraire,

ils montrèrent aux assaillants des haches, de la verroterie et d'autres bagatelles, comme offrande de paix, et ceux-ci cessèrent leurs hostilités. Aussitôt que le vent eut un peu diminué, un vieillard poussa au large dans une pirogue et aborda le vaisseau. C'était un des chefs du pays : il fut reçu avec des caresses, et on lui offrit des présents qu'il accepta. Il revint à terre, apaisa ses compatriotes et leur dit que les hommes blancs étaient bons et affables; sur quoi plusieurs naturels se rendirent à bord, où il leur fut offert à tous des présents. Bientôt ils apportèrent en retour à l'équipage des ignames, des volailles, des bananes, des cocos, des porcs; et la confiance se trouva établie de part et d'autre.

Le vaisseau dut être abandonné, les hommes blancs descendirent à terre, apportant avec eux une partie de leurs provisions. Ils restèrent quelque temps dans l'île, et bâtirent un petit vaisseau avec les débris du grand. Aussitôt que le petit bâtiment fut prêt à mettre à la voile, il partit avec autant d'hommes qu'il en put convenablement porter, après avoir été approvisionné de vivres frais en abondance par les insulaires. Le commandant promit aux hommes qu'il laissait dans l'île de revenir promptement les chercher et d'apporter en même temps des présents pour les naturels; mais jamais il ne revint. Les blancs restés dans l'île se partagèrent entre les divers chefs, auprès desquels ils résidèrent jusqu'à leur mort; il leur avait été laissé par leurs camarades des fusils et de la poudre; et ces objets leur servirent à rendre de grands services à leurs amis dans leurs batailles avec les naturels des iles voisines.   (DE RIENZI.)

Je n'ajouterai rien à ce récit, tout le monde a lu le voyage de Dumont-Durville, ou du moins en connaît les détails curieux qui se rattachent à la découverte des débris du naufrage de Lapérouse. On sait que l'équipage de *l'Astrolabe* éleva à Vanikoro un modeste monument en l'honneur des malheureuses victimes; et, depuis, M. Legoarant de Tromelin, commandant de la corvette *la Bayonnaise,* a pu s'assurer que les naturels avaient respecté ce pieux souvenir.

Reprenons le récit de notre voyage, un moment interrompu par l'expression de nos regrets pour de si grandes infortunes. Nous passâmes devant Vanikoro sans qu'il nous prit fantaisie de nous y arrêter, et nous nous dirigeâmes vers le nord en laissant à l'ouest les iles Nitendi et Mindana.

N'ayant pu faire de provisions depuis notre départ de Borabora, nous étions réduits depuis longtemps au biscuit et à la viande salée, lorsque nous arrivâmes en vue de l'île Ualan, nous promettant bien d'y faire des vivres si cela nous était possible. Il était prudent de prendre quelques précautions en cas d'attaque; notre défense une fois assurée, nous fûmes bientôt assez près de terre pour voir très-distinctement ce qui s'y passait. Nous vîmes sortir d'entre des rochers, qui nous parurent être l'entrée d'un port, une belle pirogue mon-

tée par quinze ou vingt hommes ; elle vint à notre rencontre, et, dès qu'elle fut
près de nous, nous pûmes apprécier sa forme gracieuse et reconnaître qu'elle
avait été faite avec le plus grand soin. Enfin elle nous aborda ; tous les hommes

Pirogue de Ualan.

montèrent à bord ; ils étaient nus , le ventre seulement entouré d'une ceinture.
Parmi eux se trouvaient deux Anglais déserteurs qui traitaient les naturels
comme de vrais esclaves et semblaient leur inspirer beaucoup de crainte. Le
capitaine leur demanda s'il était possible de se procurer quelques volailles ou
des fruits, et leur réponse qu'il n'y avait absolument rien dans l'île nous obligea
à la résignation.

Je désirais beaucoup aller à terre ; j'en parlai au capitaine, qui fit armer le
grand canot. Un des naturels nous servit de pilote ; les autres devaient rester
en otages à bord jusqu'à notre retour. Plus nous approchions de l'île et plus
sa végétation me semblait riche. Enfin nous arrivâmes ; je débarquai en bon
ordre avec ma petite troupe , en ayant le soin de laisser trois hommes bien
armés dans le canot. Le guide qui nous avait accompagnés nous offrit de nous
mener aux habitations par un sentier couvert et boisé que par goût j'aurais
préféré au chemin que nous suivîmes sur le bord de la mer ; mais la prudence
nous commandait ce sacrifice. Déjà nous étions assez éloignés de notre canot
et entourés par une foule de curieux insulaires, nus comme les premiers que
nous avions vus. Quelques femmes et des enfants se tenaient à distance ; notre
marche fut tout à coup arrêtée par un coup de canon tiré de *la Minerve*. Ce
signal me parut de fâcheux augure, et nous devions supposer qu'il se passait
quelque chose d'extraordinaire à bord. Nous gagnâmes au plus vite le canot,

et, chemin faisant, quelques couteaux et autres objets de peu de valeur, que j'avais eu le soin de prendre pour faire des échanges, me mirent à même d'obtenir des ceintures d'hommes et de femmes, qui s'en dépouillèrent sans peine à la vue des objets que je leur offrais. J'obtins aussi un fort beau morceau d'écaille de tortue qu'un naturel portait suspendu à son cou, sans doute en signe de distinction. Ne sachant ce qui pouvait se passer à bord, notre retraite fut précipitée et mes échanges très-limités; nous quittâmes l'île comme nous y étions arrivés, et, à notre retour, j'appris que *la Minerve,* poussée par les courants, chassait beaucoup et faisait craindre au capitaine d'être jeté à la côte, ce qui, bon gré mal gré, le forçait à se remettre en marche sans retard.

Ile Ualan.

Les naturels que nous retrouvâmes sur *la Minerve* nous assurèrent qu'ils n'avaient vu que deux bâtiments depuis que *la Coquille,* commandée par le capitaine Duperrey, s'était arrêtée devant leur île; aussi étions-nous pour eux un sujet de curiosité et d'étonnement : ils examinaient avec un soin extraordinaire toutes les parties de notre navire. Nous leur fîmes quelques petits cadeaux, et ils partirent dans leur pirogue. Huit jours après, nous traversions le groupe des Mariannes à la hauteur de l'île Saypan, bien désireux les uns et les autres d'arriver au but de notre voyage, car, réduits à la plus mince ration, nous avions beaucoup à souffrir. Notre détresse était telle que deux matelots risquèrent leur vie pour aller chercher une poule tombée du pont à la mer; c'était une des trois qui restaient en provision, et qui n'avaient été épargnées jusque-là qu'à cause de leur maigreur. Hélas ! à ces privations devaient s'ajouter de bien plus rudes épreuves; le 2 novembre, un ciel gris et une mer clapoteuse nous annonçaient que nous approchions des côtes de la Chine; nous étions en effet à peu de distance des îles Bashée, dans le détroit de Formose, si redouté des navigateurs. Nous fûmes assaillis par une tempête affreuse. Plus que jamais je comprends qu'il est impossible de donner la description d'une tempête; ceux-là seuls qui ont navigué pourront s'en faire une idée. Celle qui nous éprouva si cruellement dura cent vingt heures. Le capitaine avait prudemment mis à la cape et fait calfater les sabords et les écoutilles. Ces dispositions peu rassurantes et la teinte orageuse de l'horizon nous promettaient un passage des plus difficiles. Aussi, à notre détresse, rien ne manqua que le naufrage. Pour ajouter à notre malheur, nous avions trois matelots malades sur dix dont se composait l'équipage. La tempête éclata. Nous gouvernions avec la plus grande difficulté; une lame, qui couvrit *la Minerve*, brisa les bastingages de tribord, éventra la chaloupe et nettoya complétement le pont de tous les objets qui s'y trouvaient. J'aidais en ce moment le second sur la dunette, et je ne dus mon salut qu'à la drisse de brigantine qui me tomba sous la main et à laquelle je me cramponnai de toutes mes forces. Il y avait trois pieds d'eau dans la cabine; tous nos effets étaient sous l'eau. Jour et nuit nous étions sans abri possible contre une pluie torrentielle produite par les vagues qui se brisaient au-dessus de nos têtes. Exténués de fatigue et tourmentés par la faim que nous ne pouvions satisfaire, nous avions à souffrir d'un abaissement extraordinaire de la température, sans possibilité de nous couvrir de vêtements secs. Cinq jours se passèrent en vue du danger, sans pouvoir faire aucune observation, n'ayant pas aperçu le soleil un seul instant, ce qui rendait notre position des plus périlleuses. Dans un moment de répit, nous fûmes en vue des îles Bashée, au nord desquelles nous passâmes. Bientôt après, nous vîmes le roc Pedra-Bianca, qui se trouve à environ soixante milles de terre. Enfin quelques bateaux pêcheurs chinois se montrèrent à l'horizon, et, en quelques heures, nous pouvions nous réjouir d'avoir sous les yeux la vue si variée quoique si aride des côtes de la Chine. Nous traversâmes un archipel de petites îles; et le lendemain l'ancre tomba devant Hong-Kong à Victoria-Town, le 7 novembre 1845.

VUE DE HONG-KONG.

ÉGLISE DE BINONDO (Manille).

MANILLE.

Pour que mon récit suivît l'ordre de mon voyage, je devrais parler de la Chine et des Chinois; mais à cette époque je restai peu de temps à Hong-Kong, parce qu'une heureuse circonstance me permit de faire un charmant voyage à l'île Luçon, une des Philippines. De là, je revins en Chine, j'y fis un assez long séjour et je parcourus les localités accessibles aux Européens; je placerai donc tout ce que j'ai à dire sur cet intéressant pays à la suite de quelques pages consacrées à mon voyage à l'île Luçon. Dès mon arrivée à Hong-Kong, je fus assez heureux pour rencontrer M. l'amiral Cécile, pour lequel j'avais des dépêches et des lettres de recommandation; il m'honora de l'accueil le plus gracieux, à bord de la frégate *la Cléopâtre,* qui portait son pavillon, et voulut bien m'embarquer pour me conduire à Manille, où il devait se rendre. Le 7 février *la Cléopâtre* levait l'ancre, et, poussée par les courants et une forte brise, elle s'éloigna en peu de temps du port de Hong-Kong. L'amiral m'ayant donné sa chambre, je me trouvais d'autant mieux à bord, que j'étais peu habitué au confortable des bâtiments de guerre, et que mes souvenirs me rappelaient sans cesse mes voyages sur les bâtiments marchands, dont les dimensions et l'organisation intérieure laissent trop souvent beaucoup à désirer. La traversée me parut très-courte; les manœuvres exécutées avec précision et les exercices habituels des matelots fixèrent toute mon attention, et, grâce aux officiers avec lesquels j'étais assez lié et qui me témoignaient la plus grande bienveillance, le temps se passa avec une rapidité surprenante. Parmi ces messieurs, je retrouvai un ancien camarade de collége que depuis longtemps j'avais perdu de vue.

Dans la matinée du quatrième jour après notre départ, nous avions devant nous les côtes verdoyantes de l'île Luçon, couvertes d'une épaisse végétation tropicale contrastant avec les côtes arides de la Chine; à midi, nous étions à quelques milles du Corréjidor, petite île qui domine et partage l'entrée de la baie, et sur laquelle se trouve un télégraphe à l'aide duquel on communique de Caviti à Manille.

Un calme plat, qui nous prit dans la baie, nous empêcha de jeter l'ancre le même jour en rade de Manille; ce ne fut que le lendemain que nous prîmes terre. La rade était presque déserte; j'y reconnus trois navires français : *l'Amélie* et *le Méloë* de Bordeaux, et *l'Éva* du Havre.

Le Méloë, pendant sa traversée de Batavia à Manille, avait perdu son capitaine, quatre passagers et plusieurs matelots morts d'une fièvre qui se déclara à bord.

De la rade, la vue de Manille n'a rien d'extraordinaire, on aperçoit les murailles de la citadelle qui constitue la ville proprement dite; on distingue aussi quelques dômes d'églises et de misérables cases de bambous construites sur les bords de la baie. M. Favre, le consul français, vint faire sa visite à l'amiral, et je profitai de sa rentrée à Manille pour aller voir M. Lagravère, un de mes amis, qui m'avait fait depuis longtemps promettre de descendre chez lui. Je n'avais nulle intention de manquer à ma promesse; je me trouvais dans une île espagnole, ne connaissant pas la langue; et la gracieuseté de mon ami, indépendamment du plaisir que j'avais à le voir, devait suppléer à mon ignorance. En arrivant à Manille, ce qui nous surprit le plus fut le changement de température; en Chine nous devions nous couvrir de vêtements d'hiver, et à quatre jours de marche nous supportions avec peine les habits les plus légers; déjà j'avais pu observer une grande différence dans la température de trois villes chinoises, qui sont distantes seulement de douze heures : Macao, Canton et Hong-Kong. Ainsi le thermomètre, consulté en même temps dans ces trois localités, présentera peut-être cinq ou six degrés de variation. Il fait si chaud à Manille que les bains qu'on y prend se préparent purement et simplement au soleil; il faut au plus une heure pour que l'eau, mise dans d'énormes jarres exposées au soleil, arrive à la température convenable. On ne sort qu'en *birloche*, espèce de calèche suspendue sur des ressorts qui élèvent la caisse à une hauteur prodigieuse. Les Indiens seuls vont à pied. Cet usage n'est pas dû au luxe, mais bien à la nécessité de se garantir des rayons ardents du soleil, et le dernier commis d'une maison de commerce se garderait bien de faire ses courses à pied. Je m'empressai donc de me procurer une de ces voitures, et pour quarante piastres par mois j'eus à ma disposition jour et nuit une birloche attelée de deux chevaux et conduite en daumont par un jockey Tagal. Je me rendis ainsi birloché à la Calsada, promenade qui fait presque le tour de Manille et suit les contours des fortifications; c'est le rendez-vous général des élégantes Espagnoles qui viennent respirer le frais, et faire admirer leurs magnifiques cheveux, qu'elles ne cachent sous aucune coiffure. Dès mes premières sorties dans la ville, je fus on ne peut plus étonné de voir que chaque Tagal que je rencontrais avait un coq sous le bras. Je connaissais la réputation des coqs de Manille, mais je pensais que l'exagération des voyageurs pouvait bien faire

COSTUME DE MANILLE.			302

COSTUME DE MANILLE

passer pour une nécessité de la vie des Tagals ce qui n'était par le fait qu'une habitude répandue dans une partie de la population. Je me trompais, chaque Tagal a bien son coq qu'il entoure de soins extraordinaires, qu'il dresse aux combats et sur lequel il fonde souvent de grandes espérances; il ne le quitte que très-rarement; le bankero a son coq sur son banka, le cocher a le sien sur sa voiture : le coq est de toutes les fêtes et il suit son maître à la promenade. Nous aurons bientôt l'occasion de revenir à ce sujet. La population des Philippines se divise en quatre classes : 1° les Espagnols; 2° les Métis, nés de père ou de mère espagnols; 3° les Tagals; 4° les Aëtas. Les Tagals forment la plus grande partie de la population, et c'est à tort qu'on les suppose indigènes des Philippines; les vrais indigènes sont les Aëtas ou Négritos, aujourd'hui peu nombreux et refoulés dans l'intérieur du pays, où ils vivent en quelque sorte à l'état sauvage. Ils sont très-noirs, n'ont aucun vêtement; leurs cheveux sont crépus, et le portrait qu'on en fait les rapproche des Aborigènes de la Nouvelle-Hollande. Je vis un seul de ces Négritos : il était jeune et paraissait intelligent. Le vêtement des Tagals consiste en un pantalon d'étoffe légère et à raies de couleurs diverses et en une chemise de toile d'abacas, tissu très-clair et transparent. Cette chemise plus ou moins brodée est un objet de luxe pour les Tagals; elle coûte souvent 60 à 80 piastres, et, contrairement à nos habitudes, elle recouvre le pantalon. Ils ont pour coiffure des chapeaux de paille finement tressée. Les riches Tagals ont sur la tête un mouchoir et un salacot, ou chapeau garni d'ornements en argent. J'ai vu de ces salacots du prix de 100 à 700 piastres.

Tout le luxe des femmes est dans leurs cheveux, aussi ne portent-elles rien sur la tête; seulement, pour se garantir du soleil, elles prennent parfois un voile ou un mouchoir. La plupart sortent avec leur chevelure pendante, et étalent ainsi des flots de cheveux noirs et brillants dont la vue ferait le désespoir de plus d'une Parisienne. Les femmes sont généralement bien faites; elles ont les pieds petits ainsi que les mains. Il en est de jolies, mais c'est en petit nombre; elles sont défigurées par un nez épaté, et surtout par une grande bouche que l'usage du bétel rend affreuse. Oserai-je ajouter que leurs dents sont noires et paraissent sortir à peine des gencives, parce qu'elles ont la singulière habitude de les limer. Si on leur en demande le motif, elles répondent que leurs parents agissaient ainsi et que leurs enfants feront de même; d'autres disent que c'est pour ne pas avoir les dents blanches et pointues comme les chiens et les tigres. Leur costume se compose d'un nagua ou sarong, espèce de jupon qui, serré autour du corps, dessine parfaitement la forme des hanches, et d'une chemise en gaze transparente, qui laisse en quelque sorte à nu toute la partie supérieure du corps. Cette gaze ou piña est faite avec les fibres des feuilles d'ananas, et peut supporter la comparaison avec les étoffes de même genre qu'on fabrique en Europe. Leur chaussure, quand elles en ont, est assez singulière :

elle consiste en petites sandales brodées d'or ou d'argent, dans lesquelles elles ne peuvent placer que trois doigts; les deux autres servent à maintenir les sandales pendant la marche : aussi toutes les femmes traînent-elles les pieds et ont-elles quelque chose de guindé dans les allures, et il y a un mouvement des hanches qui précède disgracieusement celui des jambes. Indépendamment de la couleur blanche de leur peau, les Métisses se distinguent encore des Tagales par les étoffes plus riches qu'elles portent. Le costume des enfants jusqu'à l'âge de huit à dix ans, garçons ou filles, est des plus simples; ils n'ont qu'une chemise beaucoup trop courte pour l'usage auquel elle est destinée.

Il y a à Manille beaucoup de Chinois qui, mariés avec des femmes tagales, ont en quelque sorte formé une race mixte. Beaucoup plus actifs, économes et commerçants que les habitants, ils font seuls tout le commerce de détail et ce sont eux qui ont les plus beaux magasins. La rue de la Escolta est celle où se trouvent leurs jolies boutiques, et ce serait en vain qu'on tenterait de leur faire concurrence.

Manille, la plus grande, la plus importante ville des Philippines, est située sur la côte Est d'une belle et vaste baie. Une petite rivière (la Passig), dont les bras nombreux entourent la ville et la traversent, divise Manille en trois quartiers principaux : Manille, Binondo et Romero. Le premier de ces quartiers est la ville fortifiée, entourée de bastions et de fossés. On y voit des rues droites, mais tristes, nues et non pavées; les maisons sont basses et ont peu de fenêtres à l'extérieur, et les murs noircis par le temps ajoutent encore au sombre aspect du lieu. On remarque deux ou trois églises et sur la grande place une cathédrale spacieuse; sur cette place se trouve aussi la maison de ville et l'hôtel du gouverneur : c'est là que deux ou trois fois par semaine la musique des régiments se réunit autour de la statue de Fernando VII, et fait entendre des marches militaires et les airs les plus nouveaux. Dans ce quartier privilégié on voit encore la Poste aux lettres, le Consulat de France, le Casino et plusieurs couvents ou casernes. Le système de défense est, dit-on, bien établi, aussi les Espagnols sont-ils si jaloux de leurs fortifications qu'il est absolument défendu d'en dessiner le moindre profil, et que, pour plus de sûreté, on ne doit pas dessiner dans les rues. Un jeune officier anglais qui, ignorant cette ridicule précaution, cherchait à faire le croquis d'un groupe de femmes, fut arrêté, poursuivi et condamné parce qu'on crut reconnaître un plan de fortifications dans certaines parties de ce commencement de dessin.

En sortant de la ville et près de la Calsada, on voit la grande fabrique de cigarettes; la fabrique de cigares est dans le quartier de Binondo, qui est réuni au premier par un pont dont la construction paraît dater de la fondation de Manille, au seizième siècle. Ce pont, en pierres de taille et malgré sa solidité, a plusieurs fois été emporté par les eaux; il a été récemment réparé, et l'on

PONT DE MANILLE.

304

MARCHANDE DE PIÑA (métise). 305

peut dire que c'est le seul point de vue un peu remarquable de Manille. La
population de la ville et de ses faubourgs, en y comprenant la troupe, est d'environ 125 à 130,000 âmes. La monnaie en usage est la piastre espagnole et
mexicaine, mais il faut bien se garder en venant de Chine de conserver les
piastres chopées, c'est-à-dire couvertes des marques particulières des marchands chinois, parce que ces pièces perdent beaucoup de leur valeur. Étant
arrivé sur un bâtiment de guerre, mes malles n'avaient point été ouvertes à la
douane, ce fut un ennui de moins; et j'appris pendant mon séjour qu'il est
très-facile d'éviter cette visite, moyennant quelques pièces d'argent, à cause du
peu de surveillance auquel les employés sont soumis.

J'étais depuis quelques jours à Manille, j'avais visité toutes les parties de la
ville, mais je tenais beaucoup à faire quelques excursions aux environs; une
bonne occasion se présenta : un de mes amis, neveu de M. Lagravère, m'engagea à faire une visite à la Lagune, et je m'empressai d'accepter sa bonne
invitation. La Lagune est un lac de dix lieues environ de longueur. Nous partîmes dans une belle banka faite d'un seul tronc d'arbre; nous avions six
rameurs dont j'admirai la force, car, ayant quitté Manille à six heures du soir,
nous n'arrivâmes que le lendemain à huit heures du matin, ce qui fait quatorze heures pendant lesquelles ces braves Banceros ne cessèrent de ramer. La
force physique de ces hommes n'avait rien d'extraordinaire; aussi ne compren-
drais-je pas la résistance à la fatigue dont nos Tagals nous donnèrent la preuve,
s'il n'y avait pas aussi cette force particulière que donne l'habitude. Ces hommes,
nourris de riz et de poisson salé, soumis à une température accablante, sont
loin d'être aussi forts que nos lamaneurs français, et cependant ces derniers ne
pourraient pas lutter avec les Tagals pour une course un peu longue.

Notre banka, longue de cinquante pieds, calait à peine quelques pouces
d'eau; elle était couverte au centre par une natte finement tressée, et, quoique
obligés de nous tenir assis ou couchés, nous y étions assez confortablement. A
dix heures nous nous trouvions devant le beau village de Passig; la nuit était
des plus belles, et nos Banceros, inspirés sans doute, se mirent à chanter diverses barcarolles auxquelles répondaient quelques échos lointains. Autour de
nous et à distance voltigeaient des myriades d'insectes phosphorescents. Il y a
des plaisirs qui seraient bien plus vivement sentis si l'on pouvait les faire partager, et toutes les fois que je me suis trouvé en présence d'une de ces scènes
émouvantes qui enthousiasment les voyageurs, le bonheur que j'éprouvais était
mêlé du regret d'être isolé au milieu d'étrangers indifférents, et de n'avoir pas
près de moi parents et amis pour partager mes impressions. A six heures du
matin, après une nuit calme et délicieuse, nous entrâmes dans la Lagune, dont
la largeur est d'environ quatre lieues. A huit heures nous débarquions à Yala-
Yala, où se trouve la propriété de M. Vidi, chez lequel nous nous rendions.

Cette plantation produit principalement de la canne à sucre ; elle est dominée par des montagnes couvertes de bois touffus et souvent impénétrables. On rencontre dans ces forêts un grand nombre de bêtes à cornes qui y vivent en liberté, quelques buffles sauvages, beaucoup de sangliers et de cerfs.

M. Vidi est Français ; établi depuis plus de vingt ans à l'île Luçon, il fait valoir sa propriété et se fait un plaisir d'offrir aux voyageurs l'hospitalité la plus gracieuse.

Yala-Yala est un petit village composé d'une trentaine de cases de bambous, faites sur pilotis et habitées par les Tagals employés dans la plantation ; une de ces cases, plus grande que les autres, sert d'église. On remarque une seule maison confortablement organisée et bâtie en briques, c'est celle de M. Vidi, le gouverneur de l'endroit. Nous le trouvâmes en effet donnant des ordres pour continuer des recherches de police. Des voleurs avaient pillé et désarmé, quelques jours auparavant, un de nos amis qui chassait seul à peu de distance de Yala-Yala. Deux hommes, armés de couteaux, l'avaient surpris et ils lui prirent tout ce qu'il avait, le laissant complétement nu. De retour à la plantation, où il arriva tout en sang, obligé qu'il avait été de traverser des haies d'épines, et les pieds déchirés, il donna l'alarme, et l'on se mit de suite à la poursuite de ces brigands, mais on ne put les atteindre. Cette aventure nous donna de la prudence. Nous chassions avec des guides et une trentaine de chiens. J'avais pour guide un garçon très-intelligent et qui comprenait tout mieux que les autres, quoique sourd et muet. Pipit, c'est son nom, est parfaitement connu de tous les officiers de l'escadre française dans les mers de la Chine. A la pointe du jour, je le prenais pour aller tirer des oiseaux sur le lac, et sa vue perçante lui permettait de les découvrir à d'énormes distances, et même de les distinguer sous l'eau ou au milieu des roseaux. J'étais le plus aguerri de la bande ; la chaleur retenait mes amis à la maison, et ils ne retrouvaient leurs forces que pour faire honneur à mon gibier, car je fis de fort belles chasses ; je tuai surtout un grand nombre de canards sauvages, qui sont très-communs. Notre retour à Manille devait se faire pendant le jour pour nous permettre de voir les bords du lac et de la rivière de Passig. Nous partîmes de grand matin et nous traversâmes le lac, poussés par une légère brise ; de distance en distance, nous faisions lever des bandes de canards sauvages, d'énormes pélicans et un grand nombre d'autres oiseaux. Nous entrâmes bientôt après dans la rivière, dont les bords peu élevés sont habités par des myriades de grues et de hérons. De chaque côté de la rivière, le pays est plat et l'on ne voit que de vastes champs de riz. La rivière n'est pas large ; elle mesure une trentaine de mètres ; mais rien de plus beau, de plus pittoresque que ses bords. Chaque rive offre çà et là d'énormes touffes de bambous dont le feuillage vert et léger semble s'échapper de l'eau pour s'élever en panaches à une

FLAMANTS.

PÉLICANS.

GRÈBE CORNU.

grande hauteur. La souplesse des tiges de bambous produit, au moindre vent, mille ondulations gracieuses. Plus loin, le paysage s'anime; on aperçoit quelques cases aériennes de Tagals, des femmes et des enfants occupés à laver des filets; on surprend un troupeau de buffles se vautrant dans la vase, et cela est d'autant plus facile que la rivière fait de nombreux coudes. Depuis le village de Passig, les bords de la rivière étaient couverts d'un grand nombre d'hommes, de femmes et d'enfants, les uns pêchant, les autres se baignant, d'autres lavant du linge. Enfin, en approchant de Manille, on passe devant

Manille.

plusieurs ruines et des couvents; mais ce qu'on remarque avec le plus de plaisir, c'est la légèreté des cases des Indiens. Élevées sur pilotis au-dessus de l'eau, pour avoir plus de fraîcheur, on y pénètre à l'aide d'un escalier de bambou, au pied duquel stationnent les légères embarcations du pays.

Vers le soir, nous arrivions à Manille. J'appris, à mon grand regret, qu'un sanglier, que j'avais envoyé de Yala-Yala à l'amiral Cecil, était arrivé dans un état complet de putréfaction, malgré tous les soins que nous avions pris pour l'expédier promptement et dans de bonnes conditions d'emballage. Il fait si chaud à Manille qu'il est impossible de faire provision de viande pour plus d'un jour ; aussi les marchés se tiennent-ils le soir et sont-ils surtout garnis de légumes et de fruits. Parmi ces derniers, le plus en réputation est la mangue, qui devient ici beaucoup plus grosse qu'au Brésil, et qui n'a pas ce goût résineux qu'on lui reproche avec raison dans d'autres contrées. On obtient, dit-on, ce résultat en faisant à l'arbre de nombreuses entailles qui donnent issue à la résine avant la maturité des fruits.

Pendant notre séjour à Manille, l'amiral Cecil fit souvent les honneurs de sa belle frégate, en invitant les autorités et la société de la ville soit à des dîners, soit à des fêtes à bord. Il calma ainsi des susceptibilités froissées ; l'ambassadeur qui avait visité Manille avant nous avait sans doute cru pouvoir se dispenser de répondre, par un échange de politesses, aux honneurs qui lui avaient été rendus.

Je rencontrai à Manille un ami d'enfance, M. Dalglish, avec lequel j'avais été en pension à Liverpool, et il me fit l'amitié de me présenter dans plusieurs maisons anglaises. Cette bonne rencontre me valut aussi quelques invitations qui me permirent de mieux connaître le pays. Il me fit faire, entre autres, une délicieuse partie de campagne au village de Passig dont j'ai déjà parlé. Nous descendîmes chez un riche Tagal avec une vingtaine d'autres invités, jeunes gens anglais et jeunes dames espagnoles, et là je pus à mon aise observer les habitudes du pays. La société se divisa le matin ; les hommes partirent pour la chasse, les dames pour la rivière où elles devaient se baigner. Notre chasse, peu fructueuse, nous engagea au retour et, à ma grande satisfaction, nous trouvâmes encore nos jolies baigneuses prenant leurs ébats dans la rivière. Elles nageaient avec une rare perfection et comme de vrais poissons, cueillant çà et là des fleurs aquatiques, les unes venant se reposer en s'accrochant d'une main à notre embarcation, les autres s'arrêtant près d'une touffe de bambous pour laver leurs noires chevelures en les couvrant de la mousse que fournit le merveilleux gogo. Le gogo est une écorce filamenteuse qui, mouillée et frottée, produit une mousse épaisse et blanche comme le meilleur savon. On lui accorde généralement la propriété de nettoyer on ne peut mieux les cheveux et de les rendre brillants et souples ; ajouterai-je que dans ce pays, où les femmes ont toutes des cheveux longs et épais, on attribue aussi cette richesse à l'usage de l'huile de cocos fraîche et parfumée.

Après cette journée, qui me rappelait l'âge d'or, nous rentrâmes à Manille. J'employai alors le temps qui me restait à visiter les curiosités de la ville. Je me rendis à la fabrique de cigares, vaste établissement qui se trouve sur la place de Binondo, et qui occupe environ huit mille femmes ou jeunes filles, toutes très-légèrement, mais très-proprement vêtues ; elles préparent, en moyenne, par jour, deux millions de cigares de trois qualités.

J'eus aussi l'occasion d'aller visiter le volcan de Taal, que veulent voir tous

CANARDS BOSCHAS.

308

les étrangers, et qui ne mériterait réellement pas le voyage, la fatigue et les privations qu'il faut supporter, si cette excursion ne permettait en même temps de faire de nombreuses observations sur les habitudes des habitants de l'île. Notre retour s'effectua par une autre route, afin de nous rendre au village de los Baños, célèbre par ses sources d'eau chaude. Il y avait autrefois une maison pour recevoir les voyageurs et les personnes qui voulaient prendre des bains pour leur santé, mais nous n'aperçûmes que des ruines. L'eau est évidemment très-chaude ; elle sort en bouillonnant et peut marquer 75 à 78 degrés au thermomètre centigrade.

Le moment du départ était arrivé; je voulus profiter d'un jour qui me restait pour aller voir la petite ville de Cavite, située de l'autre côté de l'entrée de la rade ; c'était autrefois une ville importante, mais le développement de Manille lui a été funeste; on trouve cependant un bon port, et l'on distingue de loin l'arsenal et les chantiers de construction qui ont fourni plusieurs beaux navires. Je ne voulus pas quitter Manille sans avoir vu un combat de coqs. Il y a quatre établissements dans les pueblos, aux environs de Manille, où se livrent ces combats. Ils sont affermés par le gouvernement au prix énorme de 40,000 piastres par an. On nomme ces lieux galleras ; le dimanche, ils sont le rendez-vous d'une grande partie de la population indienne. Je me rendis donc à une gallera, en suivant des Indiens qui s'y portaient en foule. Après avoir payé un réal pour droit d'entrée, j'arrivai dans un hangar soutenu par d'énormes bambous et entouré de palissades ; le sol était jonché de plumes, et, de tous côtés, on voyait les Tagals chercher parmi les coqs présents un adversaire digne de celui qu'ils portaient. Aux piliers de la palissade étaient suspendues les victimes toutes plumées des précédents combats ; de larges blessures sillonnaient leur corps. A d'autres piliers étaient exposés au grand soleil et haletant de soif et de douleur des coqs encore en vie, mais blessés et plumés. Nous demandâmes à un Tagal le motif de ce supplice, et il nous fut répondu très-sérieusement que c'était le châtiment réservé aux lâches qui, blessés, avaient fui sans vouloir continuer le combat à mort.

Il y avait eu déjà plusieurs coqs de tués ou de blessés, et les cris des parieurs nous guidèrent vers le lieu du combat. Au moment où nous arrivions, deux coqs étaient en présence, et sous l'ergot de la patte droite de chacun d'eux était fixé un petit dard courbé et à deux tranchants. Le combat fut de peu de durée ; l'un des champions frappé tomba roide mort, et son adversaire, sans quitter sa victime, fit entendre son chant de victoire.

Un second combat commença aussitôt; cette fois nous pûmes en suivre toutes les phases ; un magnifique coq blanc et un autre au plumage doré allaient s'attaquer. On entendit alors un grand bruit dans toutes les parties de la salle ; les paris étaient ouverts, on faisait les enjeux. Des centaines de piastres et de doublons tombaient à terre aux pieds du fermier. Un de nos voisins nous apprit que le coq doré avait fait gagner, huit jours avant, trois cents piastres à son maître. Celui-ci le flattait, le caressait pour exciter son courage et lui jurait de ne plus le faire combattre si cette fois il remportait encore la victoire. Le coq blanc était aussi caressé et flatté par son maître, dont la pâleur traduisait l'émotion, et il était facile de voir qu'il jouait tout son argent, son oiseau de prédilection, et que peut-être il allait perdre l'un et l'autre d'un seul coup.

Les paris terminés, la voix du fermier se fit entendre, *Larga, larga :* aussitôt les gaines enveloppant les dards sont enlevées ; on présente à chaque coq la tête de son ennemi, et, quand ils se sont mutuellement enlevé un lambeau de la crête, on les laisse libres dans l'arène ; ils s'observent quelques instants, piquent la terre de leur bec et se mettent en garde, les plumes hérissées, le cou tendu et la queue abaissée ; ils s'élancent furieux l'un sur l'autre en se croisant ; on voit briller la lame qu'ils cherchent à diriger ; deux fois le coq doré passe au-dessus de son antagoniste et paraît avoir une expérience acquise par plusieurs blessures. Il fait un troisième bond et divise seulement la crête du coq blanc, dont le sang coule avec abondance et rougit le brillant plumage. Un instant troublé, il paraît vouloir abandonner la partie ; mais, retenu par son maître, il avale plusieurs gorgées de son sang et paraît se raviser, aux grands applaudissements des spectateurs. La lutte recommence, le sang coule de nouveau et excite les combattants ; les plumes volent, et quelque temps les chances paraissent incertaines ; enfin le coq blanc reçoit en pleine poitrine un coup qui a pénétré, car, au moment même, l'oiseau fléchit sur ses pattes, s'affaisse et meurt. Il est de suite enlevé par son maître, dont le trouble et l'émotion sont extrêmes.

Ces jeux abrutissants sont fort du goût des Indiens, et les passionnent au point de leur faire négliger la culture des terres. Le gouvernement apprécie bien ces fâcheux résultats, et maintes fois il a été question de supprimer les galleras ; mais les quarante mille piastres qu'elles produisent ont été jusqu'ici une objection assez sérieuse pour suspendre les décisions de la métropole.

VUE DE SYDNEY.

NOTES.

SYDNEY, SON COMMERCE.

La fondation de Sydney date d'un demi-siècle à peine ; l'emplacement sur lequel on voit aujourd'hui des constructions qui feraient envie aux riches cités de l'ancien monde, était couvert d'arbres séculaires formant une forêt vierge. Cette colonie a si rapidement prospéré qu'un exposé fidèle des phases diverses de son accroissement pourrait être taxé d'exagération, si son immense commerce ne fournissait la preuve de l'importance qu'elle a dans le monde.

Cependant Sydney, pendant quelques années encore, tirera de la mère-patrie une partie des produits manufacturés nécessaires à sa consommation ; mais avant peu la colonie pourra se suffire à elle-même, et même faire concurrence à l'Europe par ses nombreux rapports avec les pays voisins. Ses charbons sont déjà exportés en Chine, à Taïti, à la Nouvelle-Zélande, à Singapoor, et ses tissus de laine de Newcastle se répandent dans toute l'Océanie. Les vins du pays ne peuvent manquer d'avoir une grande réputation, si l'on continue à s'occuper aussi sérieusement de la culture des meilleures espèces de vignes, tirées à grands frais de France et d'Espagne. On vient de découvrir dans les districts du nord de Sydney des mines considérables de cuivre, de fer et de plomb, dont l'exploitation viendra former une nouvelle branche d'industrie à ajouter à toutes celles déjà en activité. En un mot, la Nouvelle-Galles du sud est destinée à devenir un des plus riches et des plus importants pays du monde. Les bras seuls lui manquent, et l'Angleterre, qu'arrêtent des craintes trop fondées et une rivalité naissante, ne veut pas permettre aux émigrants chinois de venir accélérer par leur industrie et leur aptitude une émancipation inévitable et prochaine.

Le principal article de commerce de la Nouvelle-Hollande est la laine, dont l'exportation a progressé d'une manière remarquable depuis dix ans.

En 1835, l'exportation fut de.	3,893,927	livres.
1840, —	8,610,775	
1845, —	14,349,000	
1848, —	17,565,000	

Ces laines, de beaucoup supérieures à celles d'Amérique, arrivent directement aux fabriques d'Angleterre, et seraient un excellent article de commerce pour la France, qui en échange expédierait ses vins et autres produits. Mais nos traités de commerce et notre système absurde des douanes s'y opposent.

Lorsqu'en 1841 et années suivantes les affaires de la colonie étaient plus qu'embrouillées à la suite des faillites des banques, les valeurs des propriétés étaient tombées si bas qu'on vendait publiquement de magnifiques troupeaux de moutons à raison de 1 shill. (25 sous) et même 9 pence (18 sous) par tête; ce qui donna l'idée à un planteur, qui ne pouvait se soumettre à ces énormes pertes, de former un établissement pour tirer parti des peaux et du suif. Il en résulta qu'un mouton ordinaire produisait pour 3 1/4 à 4 shill. de suif, ce qui, avec la peau et la laine, donnait un revenu de 5 à 6 shill. En 1845, on tua 217,797 moutons, 20,148 bêtes à cornes, qui donnèrent 48,758 cwt de suif.

On conviendra que, dans un pays où l'on tue des animaux uniquement pour tirer parti de leurs dépouilles, considérées comme accessoires partout ailleurs, où les fruits et légumes sont si abondants qu'on en fait du fumier, où la température est celle des climats les plus favorisés, il ne peut y avoir de pauvres. Aussi, là plus que partout ailleurs, l'industriel peut facilement réussir.

La monnaie courante est la même qu'en Angleterre, mais l'or y est beaucoup moins en circulation; cependant, pour une faible prime, il est facile de s'en procurer. Des banques émettent des billets de toute valeur et ces billets ont régulièrement cours. En 1815 les espèces étant devenues très-rares, le gouvernement imagina de donner aux piastres espagnoles un cours de 5 shillings tout en enlevant le centre de la pièce qui fournit une monnaie représentant 15 pence. Aujourd'hui ces pièces ainsi dénaturées sont très-rares et n'ont plus cours; néanmoins je parvins à m'en procurer une dont les vignettes ci-dessous peuvent donner une idée exacte.

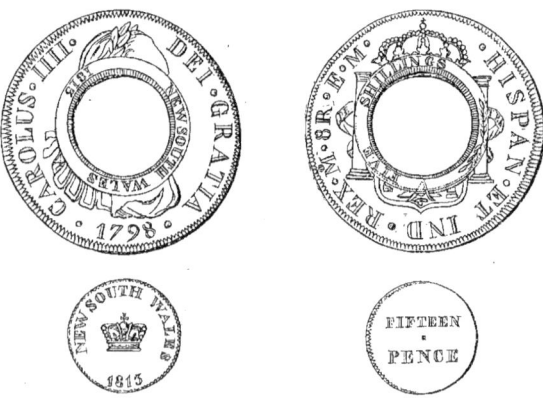

On trouve assez facilement à Londres à négocier du papier sur Sydney; et souvent chez les changeurs on peut se procurer, à des taux avantageux, des bank-notes, rapportées de la colonie par des voyageurs.

A Sydney il n'y a pas de Bourse, les affaires s'y traitent au comptant; et l'usage des ventes publiques est venu remplacer les courtiers d'Europe. Tout le monde peut être *auctionnier* (commissaire-priseur) en payant patente; et il se fait journellement des ventes considérables de chargements entiers de navires, de propriétés, de troupeaux de 40 et 50 mille moutons. Bref, nos ventes de la rue des Jeûneurs, à Paris, ne donneraient qu'une bien faible idée des ventes qui se font à Sydney ; elles sont journellement suivies par tous les négociants. Ce mode de transaction est certainement un des plus simples, car tout le monde y a accès, et, moyennant espèces, peut devenir acquéreur. Le vendeur court aussi moins de risques que s'il était obligé de vendre à terme : on peut ainsi réaliser promptement des valeurs. Il ne s'ensuit pas pour cela que les négociants, recevant d'Europe des marchandises, ne trouvent à les céder de gré à gré, ce qui arrive souvent ; mais le plus ordinairement c'est en vente publique. Il en résulte que l'on peut très-souvent acheter des objets à aussi bon marché qu'on le ferait en détail en Europe.

(Page 178.)

AUSTRALIAN JOURNAL SYDNEY

New South Wales 15 th July 1845.

THE GRAND PIGEON MATCH.

This match, which had excited so much intérest among the metropolitan sportsmen, and of which the prize was a silver cup, value twenty-five guineas, was decided on Saturday. Long before the appointed hour, Petersham Race Course (the destined scene of action) and its purlieus, were dotted with belligerent looking individuals, with an extensive assortment of fire-arms, from the highly finished « Joe Manton, » down to the superannuated musket that is usually placed in some conspicuous part of a country domicile as a « terror to evil doers! » As the day advanced, the plot thickened, and, by two o'clock, the ground presented a very formidable array. The main body of the forces remained with the commissariat, at head quarters — that is to say, with the pigeons, and the spring trap. Various skirmishing parties posted themselves along the frontiers to cut off from the fugitives all chance of retreat. In fact, if a new-comer in the Colony had, accidentally, come upon the spot, he might have reasonably concluded that it was a grand field day with some of the militia. So much for a sort of fancy sketch, touching the preliminaries. We now proceed to « stern realities » — the events of the day, and the issue of the conflict. Be it ours, therefore, to record them, in a manner becoming a sedate historian.

The prize was a splendid silver cup, value 25 guineas, to be presented to Monsieur Delessert, as an acknowledgment for the liberal support he has afforded to the sporting circles, and his gentlemanly, sportsman-lyke behaviour during his residence in this Colony. The competitors were nominally twenty-six in number — five birds each, but, if sufficient birds were procurable, seven each — distance, 21 yards. There were, however, three defaulters, so that twenty-three only came into the field.

All things being adjusted, the first shot was given at twenty minutes to three o'clock, and by the time five rounds were fired, *the sun had sunk, and night was coming*. There were then three ties — each having killed his five birds. A dispute now arose as to whether sufficient birds were on the ground to allow *seven* each, and if so, whether the terms of the match, in that respect, should be strictly adhered to. It was, however, finally agreed upon that the match should be forthwith decided by the three ties aforesaid. By a dim twilight, then (the moon seven days old), at it the went. One of the trio was soon *hors de combat*. The struggle now lay between Messrs. Patterson and Whitfield — and highly interesting it became — neck and neck. Two rounds were fired by each, and each brought down his bird, making seven consecutively. The *eighth* was now put up for Patterson, but owing to some untoward circumstance connected with its rise, several parties on the ground advised him not to fire. This advice was not followed, and a miss was the result. Whitfield's bird was put up, but, in some way or other, his piece missed fire, — the same thing happened a SECOND time! the third decided the fate of the bird, and of the cup.

Now, we by no means wish to impair, in the smallest degree, the freshness of Mr. Whitfield's laurels; he has won others before, and was declared to have won these, may he therefore wear them long. But we are not quite satisfied with the *two consecutive failures of his piece* at the eighth bird! We are not aware that such an occurrence happened previously during the day; and, all things considered, we think the termination anything but sasisfactory, Mr. Patterson was not fairly dealt with. However, they are both first-rate shots — Whitfield won a prize last week; but, if we were compelled to give a preference, we should take Mr. Patterson, as a prettier and a « cleaner » shot. There were on the ground many capital shots, and many firstrate guns. The most valuable, and in every respect the best finished piece, was M. Richard Underwood's — an A. 1, of the renowned Joe.

In the course of the afternoon, M. Delessert and the French Consul came on the ground with an exceedingly welcome accompaniment — a hamper of Champagne, *pro bono publico!* This refreshing donation was moreover infinitely enhanced by the unostentatious manner, and hearty good-fellowship with which it was dispensed. We have not the pleasure of a personal acquaintance with M. Délessert, but from our observations of Saturday, we should think him fully entitled to the honorable distinction he has received from the sporting circles of Australia.

The utmost good feeling and hilarity prevailed all day, nor was there a single accident. The birds did not rise well, they were too young — nor was the trap so good as it might have been. A pigeon trap should have a superior spring, to throw the bird up as it were. By the bye, there was a very remarkable occurrence. While one of the birds was up, a hawk very coolly sailed by, just over our heads, and struck at the pigeon. Of course, he received the reward due to his effrontery.

The day's proceedings were most appropriately wound up at Mr. Thomas May's, where a choice banquet was accurately prepared. About eight-and-twenty sportsmen and amateurs sat down thereto, and discussed its merits as became them. Mr. Richard Underwood (to whose excellent management the business of the day had been confided,) in the chair, with *Rookwood* as *vice*. The cup was duly presented to *M. Delessert*, who, in a very neat straight-forward speech, returned thanks. That gentleman also presented to the winner of the cup, (as a sort of *quid pro quo*,) a handsome goldmounted sword, which, both intrinsically and as a work of art, is certainly an equivalent for the cup — we should prefer it. The usual toats — the Queen, the King of the French, Sir George Gipps, Lady Gipps, and the ladies of the Colony, were drunk, and duly responded to; and then — furthermore this deponent saith not.

The cup, which is very handsome, is from the magazine of Messrs. Birnstingl. Upon it is engraved the crest of M. Delessert, with the names of the gentlemen who contended for it, and appropriate devices. This gentleman is about to leave us. He carries with him a *tangible* memento of the esteem in which he is held amonghst the residents of New South Wales; but if report speacks true, his urbanity and sportsmanlike behaviour will leave a not less *durable* memento in the recollection of those who have had the pleasure of his acquaintance.

In enumerating the important personages of the day, we must not leave out our good friend Shaw, to whom the visitors at Petersham are indebted for this contribution to their comfort and convenience, both on the course and at his house.

The following is a copy of verses made on the occasion : —

To Eugene Delessert, Esq., of Havre-de-Grace, this Sonnet and Cup are respectfully dedicated by the members of the Australian Sporting Club, in honor of their friendship and esteem.

                    Sydney, N. S. W., July 12 1845.

> Approving friendship wakes in tuneful theme,
> To blazon forth thy praise — her mark'd esteem,
> With blushing honors crown thy youthful fame,
> Thy virtues laud, and private worth proclaim!
> Australia's sons will long with pride record
> Thy manly feats when round the festive board
> In social harmony they meet — and tell
> Of him who seem'd in all things to excel —
> In proof of which, and their attachment, they
> This tribute small, as a memento pay,
> To testify the warm exalted sense
> In which they hold thy modest excellence :
> This toast on parting give, their heartfelt pray'r,
> « Health and long life to gallant DELESSERT! »

R. M. Blamey, M. D., etc., etc., etc. Script.   W. et H. Birnstingl, Delt.

THE SYDNEY MORNING HERALD.

Tuesday, July 29 1843.

« Sworn to no master, of no sect am I. »

TO EUGENE DELESSERT, ESQ., ETC., ETC.

SIR, — You have on mani occasions been pleased to honour me with your kind commendations as *a Tradesman to the Members of the Australian Pigeon Club*, and the *Sporting Gentlemen of Sydney*, and through your patronage I have derived much benefit. Under such circumstances, allow me, Sir, previous to your departure from the colony, thus to thank you for such kindness, and hope you will not consider me presumptuous in so doing.

Trusting your society may ever be as truly appreciate by your acquaintances wherever you go, as it has been to the sporting gentlemen of New South Wales,

I beg to subscribe myself,

Your obedient and

Obliged servant,

ISAAC JOHN ELLEY,

Gunmaker, etc.

Parramatta-street.

TAÏTI, SON COMMERCE.

Le sol de cette île, admirable sous d'autres rapports, ne se prête point aux grandes cultures ; très-riche dans ses bonnes parties, il est en général très-montagneux, inégal et pierreux. De plus, une grande partie de l'île est couverte d'une plaie assez difficile à guérir : je veux parler du goyavier, qui est très-abondant. On a beau arracher cet arbre, il repousse toujours tant que la plus petite racine reste en terre. Et ce qu'il ne faut pas oublier de dire, c'est que le Taïtien est très-indolent et ne pourra s'assujettir à aucun travail un peu rude ; les bras sur lesquels on compte feront donc défaut.

Taïti produit de la nacre, mais en si petite quantité qu'un navire ne trouverait pas un chargement par an.

L'huile de coco est aussi comptée parmi les produits de l'île ; mais ce produit est très-secondaire. Taïti est, dira-t-on, un excellent point pour caréner nos bâtiments au besoin. C'est très-vrai ; mais en 1839, avant le protectorat, la frégate *l'Arthémise* trouva les moyens de caréner tout aussi facilement que la frégate *la Virginie*, montée par l'amiral Hamelin en 1846, depuis le protectorat. Et, en cas de guerre, que ferions-nous? où irions-nous chercher des vivres et des renforts?

D'après les dernières nouvelles, la reine s'est enfin soumise, et tout marche à merveille. Effectivement, on lui fait une pension annuelle de 30 on 40,000 francs ; on caresse les chefs divers, et le pays qu'on dit conquis nous coûte plus que si nous l'avions acheté à l'amiable aux indigènes.

Il est bien reconnu que le Français n'est point colonisateur. Quel est donc celui de nos compatriotes, possesseur d'une belle fortune, qui quittera la France pour aller s'établir philanthropiquement aux antipodes de sa patrie et fonder de grands établissements? S'il s'en trouvait un, le gouvernement lui viendrait-il en aide, comme le fait toujours le gouvernement anglais? Depuis six ans, Taïti passe pour une colonie française, et cependant aujourd'hui il n'y a pas un seul négociant français, une seule maison digne d'être mentionnée, tandis que, dans les villes nouvelles qui s'élèvent comme par enchantement sur tout le littoral de la Nouvelle-Hollande, il s'établit un grand nombre de commerçants, qui, pour la plupart, réussissent à faire en peu de temps fortune.

L'argent de toutes les nations a cours à Taïti, car les espèces y sont rares : la piastre espagnole, la pièce de cinq francs de France, les shillings anglais et les ruppies des Indes y sont les bienvenus.

Tout le monde sait qu'une piastre espagnole vaut, à très-peu de chose près, suivant le cours, environ 5 francs 37 centimes. Mais le gouvernement, dans le but de faire connaître aux bons Taïtiens notre monnaie française, donna la même valeur aux piastres et à la pièce de cinq francs, et confondit les shillings, qui valent réellement 25 sous, avec notre pièce de 20 sous. Ce qui produisait, lors de mon séjour, une perte annuelle de plus de 50,000 francs pour le Trésor. Cette perte est facile à comprendre.

Le Taïtien sait parfaitement que la piastre vaut plus que la pièce de cinq francs, aussi les sommes qu'il verse au Trésor sont en monnaie française, tandis qu'il a soin de ne recevoir en payement que de la monnaie anglaise ou espagnole, qu'il réserve pour ses transactions particulières avec les capitaines marchands, et il a soin de faire valoir la différence à son profit ; cette différence est surtout sensible pour la monnaie anglaise, car elle est de 25 pour cent.

On a eu aussi la pensée de vouloir faire de Taïti un lieu de déportation, un Botany-Bay. Cette idée n'est pas praticable ; ce serait un crime que de placer le rebut de la société au milieu de ces braves et inoffensifs Taïtiens. Ces naïfs insulaires ont assez de connaissance du bien et du mal pour qu'il soit certain qu'ils s'opposeraient à l'exécution d'un semblable projet.

ARMES.

J'ai déjà eu l'occasion de dire que partout j'avais cherché à me procurer les armes des aborigènes ; malgré l'assistance de nombreux amis influents et dévoués, ma collection ne s'est pas complétée sans de grandes difficultés. Aujourd'hui elle est déposée au Musée du Havre ; et le journal de cette ville, en rendant compte de mon voyage, s'exprime ainsi :

Le Havre possède encore pour quelques jours dans ses murs une collection de curiosités remarquables, autant par leur nombre et leur valeur ethnographique, que par les circonstances particulières qui ont permis de réunir des objets de plus en plus rares, et dont l'acquisition, très-difficile déjà, sera bientôt rendue impossible par leur complète disparition. En effet, les progrès récents de la civilisation européenne dans les contrées lointaines, que naguère ses explorateurs ne visitaient qu'en passant, tendent à effacer partout la physionomie indigène. En transportant dans les mers australes et sur tous les points du monde le moins fréquentés jusqu'ici le siège de ses opérations et de ses établissements, elle y introduit insensiblement ses mœurs et ses usages, et les produits de ses arts et de ses industries s'y substituent facilement à ces procédés imparfaits que l'instinct de la nature avait enseignés aux populations primitives pour leurs besoins. Il est de certaines habitudes invétérées, et en quelque sorte innées, qui résistent longtemps au perfectionnement ; mais si la Chine conserve encore ses jonques informes et leurs voiles rebelles à la manœuvre, pour tout ce qui concerne les premières nécessités de la vie sociale plus ou moins avancée, c'est-à-dire l'appétit du bien-être et l'exercice des passions, la supériorité européenne ne tarde pas à s'imposer et à vaincre les répugnances les plus récalcitrantes.

Il en résulte qu'à mesure qu'elle pénètre davantage dans la confiance et les habitudes des populations, celles-ci renoncent plus volontiers à leurs anciens errements pour adopter les nouveaux. Les vêtements, les armes, les ustensiles, qu'elles avaient demandés à des inventions souvent bizarres et toujours ingénieuses, sont peu à peu abandonnés et délaissés pour ceux que l'Europe met en abondance à leur portée, disparaissent de la circulation ou deviennent des objets de curiosité sur les lieux originaires eux-mêmes. Ce fait est bien connu des navigateurs, qui ne réussissent plus, sans de grandes difficultés, à recueillir quelques débris de ces vestiges de l'industrie primitive des peuples auxquels nous donnions autrefois le nom de *sauvages*, et il se révèle assez par l'excessive rareté des importations de quelque valeur, qui menace de limiter nos richesses en ce genre à celles que contiennent déjà nos Musées.

La collection dont nous parlons, et qui est exposée dans une maison de notre ville où nous avons été admis à la visiter, est donc en quelque sorte une exception, en même temps qu'une occasion propice pour les établissements publics et les amateurs. Péniblement composée durant le cours d'un voyage de circumnavigation qui a duré trois ans, et que des circonstances favorables ont accompagné, elle consiste dans plusieurs collections : telles que produits des arts de la Chine et du Japon, de l'histoire naturelle de la Nouvelle-Hollande, et échantillons de l'industrie de tous les pays qui peuplent l'Océan-Pacifique.

Nous n'entreprendrons pas de les décrire. Plus de trois mille objets, dont la plupart, précieux soit par la matière, soit par le fini, la forme ou l'usage, soulèvent les plus intéressantes questions de l'ethnologie, nous feraient une tâche aussi impraticable qu'elle est au-dessus de nos forces, et nous devons nous contenter d'en indiquer les principales catégories.

L'ornithologie y compte environ trois cents oiseaux rares de la Nouvelle-Hollande, ce pays dont l'intérieur, encore inexploré, a révélé aux naturalistes des sillons ignorés jusqu'ici dans les règnes animal et végétal. La Malaisie, Bornéo et tout le groupe des îles de la Sonde y figurent pour leurs armes, dont la forme aussi capricieuse que terrible comme instruments de meurtre, riche et brillante de pierres précieuses, d'or et d'argent, comme objet de parure, est l'emblème du sombre et vindicatif caractère de ces populations. La Polynésie et toutes ses îles y étalent à leur tour leurs instruments fantasques de pêche, de chasse et de guerre, aussi variés de matière que de forme : massues, casse-têtes, flèches, lances, outils de bois, de pierre, d'arêtes de poisson. De nombreux modèles, exécutés en petit, y représentent les embarcations de toute espèce qui sillonnent ces mers parsemées de terres voisines, et jusqu'aux habitations qui servaient d'abri à ces misérables peuplades, avant qu'on eût eu l'idée de leur porter d'Europe des maisons toutes faites.

Cette partie de la collection est celle qui a coûté le plus de peine et de sacrifices, en raison de la rareté croissante des objets qui la composent. L'autre, consistant en produits de la Chine et du Japon, plus faciles à obtenir, se recommande surtout par le choix et la nouveauté des objets. On y remarque une nombreuse série de bronzes sculptés, la plupart antiques, et figurant soit des idoles, soit des ornements de salon, dont les Chinois sont si friands. Ces merveilleux petits chefs-d'œuvre de ciselure et de tabletterie, en ivoire, en bambou, en corne, où s'exerce la patience industrieuse de ce peuple, y abondent, et, par le fini du travail, rivalisent avec la richesse et le brillant des laques fleuris et diamantés du Japon. Une des salles de l'exposition offre cette particularité curieuse, qu'elle est disposée et meublée exactement comme un appartement chinois, avec des meubles du pays, dont une garniture complète, guéridons et chaises massives en bois de fer sculpté, est, si nous ne nous trompons, le premier *specimen* de ce genre apporté en France.

Nous n'avons pu donner qu'une idée imparfaite de cette magnifique collection, que son propriétaire et son auteur, M. E. Delessert, ouvre complaisamment aux curieux. Mais il n'est personne, ayant pu la visiter en détail, qui n'apprécie son importance et la rareté des objets qu'elle contient, et n'en vienne, comme nous, aux regrets qu'elle ne puisse rester au Havre, et, acquise en tout ou en partie pour le Musée, donner enfin à cet établissement une valeur propre et spécialement en rapport avec les éléments d'étude que peut offrir un port de mer.

Malheureusement, et quoique l'occasion soit unique peut-être d'acquérir aux meilleures conditions possibles une portion de ces richesses, le Musée n'en a profité jusqu'ici qu'à titre gratuit, c'est-à-dire par les dons qui lui ont été généreusement offerts par le propriétaire. Mais celui-ci, bien qu'il n'en fasse point un objet de spéculation, ne saurait supporter seul les suites du résultat heureux de son goût pour les voyages. Il pourrait faire bon marché des peines que lui ont coûtées ses studieuses recherches ; mais la valeur, même intrinsèque, de cette précieuse collection, a nécessité des avances dont la compensation existe, et au delà, dans le prix qu'elle a acquis pour les connaisseurs. Pour n'en citer qu'un exemple, qui donnera une idée du reste, croirait-on que le fisc seul a prélevé une somme assez considérable sur ces objets d'art et d'antiquité ; sans compter les détériorations que les mains peu artistiques des employés de la douane ont causées dans ces mille petits chefs-d'œuvre qu'elle a soumis à ses tarifs. Mais cet accueil un peu brutal fait en France à des tentatives qui mériteraient peut-être d'être mieux encouragées n'est pas le seul fait de la douane. Il n'est que trop souvent réservé à toute entreprise sortant des voies communes, et qui n'a pas exclusivement établi ses calculs sur les bases routinières où trottine cette rossinante éreintée que l'on veut bien appeler en France le progrès.

Nous espérons que M. E. Delessert n'est pas destiné à en faire l'expérience, et que la collection qu'il a réunie au prix de trois ans de fatigues, de soins et de sacrifices, qui vaudront au public, assure-t-on, une relation de ses intéressantes pérégrinations, obtiendra à Paris, où elle va se rendre, le suffrage des amateurs, et l'attention qu'elle mérite. Nous l'espérons, car elle en est digne, et, autant que l'expérience nous a mis à même d'en juger, elle ne trouvera pas de sitôt de rivale ; mais pourtant nous n'en voudrions pas jurer. (13 octobre 1847.)

Le rédacteur dit vrai lorsqu'il insiste sur la rareté de ces armes, qui bientôt partout seront remplacées par nos armes à feu, connues aujourd'hui dans le monde entier. En Europe, on rencontre quelques-unes de ces armes cachées dans un coin de musée ou placées en trophée dans le cabinet d'un amateur, mais rarement on en connaît la valeur ou l'usage. On s'inquiète encore moins du lieu d'où elles viennent, et elles sont connues seulement sous l'indication vague d'armes de sauvages. Lorsqu'on a voulu préciser leur origine, on n'a pu que faire de nombreuses erreurs.

Les sculptures qu'on remarque sur la plupart de ces témoins de l'instinct naturel de destruction dépendent du caprice ou de l'habileté de celui qui les a faites. En général, les naturels cèdent difficilement les armes qu'ils possèdent, et ils résistent à toutes les propositions qu'on peut leur faire pour les leur acheter.

Je pense qu'il ne sera pas sans intérêt de donner quelques explications au sujet de celles que j'ai pu me procurer, et que j'ai fait figurer dans ce volume.

Nos 1 à 22, page 132. Voir pour les détails pages 133 et suivantes.

    23. Lance en bois de fer, longue de 19 à 20 pieds, garnie à son extrémité de dents solidement fixées par des tours de corde en tresse. Cette arme d'apparat plutôt que de guerre vient des îles Tonga et Fidgi.

    24. Lance en bois ordinaire, se terminant par une fourche en bois de fer dentelé. Elle est employée aux îles Fidgi pour la chasse et la pêche.

25. Longue lance en bambou, armée d'os humains aiguisés et maintenus au moyen de fines tresses. Cette arme rare est très-meurtrière, car, lancée avec force, elle laisse dans les plaies des fragments souvent empoisonnés. Elle vient de Tonga.

26 et 27. Lances en bois de fer, polies avec soin et faites d'un seul morceau. Elles viennent d'Hamoa, où elles servent à la guerre.

A Longue lance à quatre pointes, quelquefois garnies de dents de requin. Sert à la guerre, vient des Fidgi et de Tonga.

28. Hache d'armes. La tête est en pierres dures, aiguisées et maintenues par des tresses de diverses couleurs. Le manche est artistement sculpté à jour, et prouve la patience des sauvages. Aussi c'est plutôt une arme de luxe qu'on trouve aux îles Viti et Tonga.

29. Hachette en os de tortue très-aiguisé, et pouvant servir à couper du bois. Venant des Nouvelles-Hébrides.

30. Espèce de poignard orné de dents de requin fixées par des tresses. Ces dents très-aiguës rendent cette arme dangereuse. Elle vient des Fidgi et autres îles voisines.

31. Lance à dents de requin. Venant aussi des Fidgi et îles voisines.

32. Lance en bois de fer. Arme d'apparat venant d'Hamoa.

33. L'extrémité de cette arme porte un os de tortue très-aigu. Le manche en bois de fer a de 6 à 8 pieds de longueur. Employée à la guerre, dangereuse. Venant des Hébrides.

34. Javelot en bois de fer ou en ébène, d'un seul morceau, long de 6 pieds. On le trouve, avec quelques variétés de forme, dans toutes les îles de la Polynésie. Les naturels le lancent avec une précision remarquable.

35. Espèce de nulla-nulla ou petit casse-tête en ébène d'un seul morceau. Se rencontre dans tout l'archipel des îles Sous-le-Vent.

36. Arme de fantaisie et d'ornement. Les naturels y attachent des coquillages, des glands, des grelots, et souvent quelques plumes ou une mèche des cheveux d'un ennemi. Elle vient de Tonga et des Pomotou.

37. Sorte d'épée armée de dents de requin. Venant des Fidgi.

38. Casse-tête petit, léger, ordinairement en bois de fer. Venant de l'archipel des îles Sous-le-Vent.

39. Casse-tête, dit gull's-beack, en forme de pioche, pesant et d'un seul morceau, de bois de fer. Venant de Viti.

40. Petite massue terminée en champignon. Arme commune dans toute la Polynésie.

41. Lance à 4 pointes pour prendre le poisson. Nouvelle-Zélande.

42. Pagaye sculptée de la Nouvelle-Zélande.

43. Casse-tête pesant, arrondi aux extrémités. Nouvelle-Zélande.

44. Arme de fantaisie et d'apparat. Nouvelle-Zélande.

45. Long bâton orné de plumes, employé dans les cérémonies religieuses. Nouvelle-Zélande.

46. Pagaye en bois sculpté. Nouvelle-Zélande.

41

47. Lance en bois de fer, très-aiguë, fixée à l'extrémité d'un bambou. Arme de guerre. Nouvelle-Zélande.

48. Lance à tête en bambou aiguisé, ornée de cheveux. Arme de chasse et de guerre. Nouvelle-Zélande.

49. Lance plus ou moins ornée et sculptée. Nouvelle-Zélande.

50 et 51. Javelots en bambou; la tête est en bois de fer sculpté. Nouvelle-Zélande.

52. Casse-tête, dit pinc-applos. Morceau de bois de fer, ordinairement un jeune tronc d'arbre recourbé par le feu, sculpté et à dents aiguës. Arme pesante et dénotant assez la force que doit avoir celui qui s'en sert.

53, 54, 55, 57. Lances et javelots de différentes formes, tant en bois de fer qu'en bambou. Armes de la Nouvelle-Zélande et des îles Sous-le-Vent.

56. Massue. Tongatabou.

58. Pagaye. Nouvelle-Zélande.

59. Arme employée pour les cérémonies religieuses. Nouvelle-Zélande.

60. Lance d'apparat. Nouvelle-Zélande.

61. Lance. La tête est en os finement aiguisé. Nouvelle-Zélande.

62. Massue. Signe de distinction. Nouvelle-Zélande.

63. Pagaye admirablement sculptée. Nouvelle-Zélande.

64. La même vue de profil.

65. Pagaye. Nouvelle-Zélande.

66. Casse-tête d'un chef. Nouvelle-Zélande.

67. Espèce de sceptre en os de baleine. Nouvelle-Zélande.

68. Casse-tête d'un chef. Nouvelle-Zélande.

69. Sceptre royal en bois de fer sculpté et orné de touffes de cheveux. Nouvelle-Zélande.

70 et 71. Petites herminettes ou haches. La tête en marbre aiguisé maintenue par des tresses.

72. Casse-tête sculpté, d'un seul morceau de bois de fer. Venant des Fidgi et Salomon.

73. Lance en bois de fer, à dents fixées sur un manche de bambou.

74 et 75. Arc et flèches diverses, dont la ciselure varie beaucoup. Elles ont l'extrémité en bois de fer, en bambou, en os, en pierres aiguisées, etc., etc. Elles sont en usage dans toute l'Océanie.

76, 77, 78. Lances en bambou. Des îles de la Polynésie.

79. Lance à pêche. En usage dans toute l'Océanie.

80. Casse-tête en bois de fer à pointes aiguës. Venant des îles Salomon.

81. Massue sculptée, en bois de fer. De la Nouvelle-Zélande et de la Nouvelle-Calédonie.

82. Massue à tête lourde et noueuse. Archipel polynésien.

83. Javelot en bambou; tête en bois de fer. De Tonga.

84 et 85. Massues en bois de fer à dents. Un morceau de fer, trouvé ou échangé, traverse cette arme et la rend très-dangereuse. Archipel, Nouvelle-Calédonie, Viti et Tonga.

86. Massue. Archipel polynésien.

87. Massue. Tête en pierre aiguë, maintenue par une fine tresse, et servant à donner du poids à l'arme. Venant de Kandabon.

88. Petite massue plate, en bois de fer, tranchante, armée d'un crochet à l'extrémité, sorte de wom-mur-rur (page 132, figure 15). Sert en même temps à lancer les javelots. Cette arme se trouve dans toute l'Océanie.

89, 90, 91. Massues diverses, sculptées et armées de pierres ou de dents. Venant de la Nouvelle-Zélande, Nouvelle-Hollande et Fidgi.

92. Lance à tête en os aiguisé. Nouvelle-Hollande.

93, 94, 95, 96, 97, 98. Lances de guerre et de fantaisie. Archipel des îles Sous-le-Vent.

99. Herminette. Tête en pierre. Iles Carolines.

100, 101, 102. Massues diversement sculptées. Nouvelle-Zélande, Nouvelle-Hollande, Fidgi.

103. Couteau en fer. Papouasie.

104. Massue d'un chef. Ile Salomon.

105. Massue plate. Nouka-Hiva.

1, page 194. Longue massue, aiguë, cannelée, finement polie, en bois de fer. Nouvelle-Zélande.

2. Petite massue d'un seul morceau de bois de fer à grosses dents pointues. Arme de guerre. Nouvelle-Zélande.

3 et 4. Massues diverses plus ou moins artistement sculptées. Nouvelle-Zélande.

5. Hache. Tête en pierre. Servant aux gros travaux. Nouvelle-Zélande.

6. Petit nulla-nulla ou casse-tête à bec armé d'une grosse dent de requin. Venant des Fidgi.

7. Casse-tête sculpté d'un chef. Nouvelle-Zélande.

8 et 9. Massues de la Nouvelle-Zélande.

10. Arme de fantaisie d'un chef. Nouvelle-Zélande.

11. Massue. Nouvelle-Zélande.

12. Lance à deux branches armées de dents, maintenues par de la gomme et des tresses. Arme de guerre. Nouvelle-Zélande.

13. Longue lance en bois de fer à dents renversées, faite d'un seul morceau de bois. Arme de fantaisie. Nouvelle-Zélande.

14. Massue. Nouvelle-Zélande.

15. Casse-tête. Nouvelle-Zélande. Sa forme rappelle une arme américaine; on en retrouve pourtant d'analogues dans l'Océanie.

CONSEILS AUX VOYAGEURS.

Aucun voyageur n'a daigné écrire quelques lignes sur le sujet que je vais traiter. J'ai souvent, mais trop tard, regretté de m'être embarqué sans pouvoir lire un manuel à l'usage des voyageurs sur mer. L'expérience seule m'a appris combien ce livre serait utile.

Il est très-difficile à une personne qui n'a jamais fait de traversée de se faire d'avance une idée de l'existence à bord : aussi, dès que l'ancre est levée et que toute communication avec la terre est impossible, on reconnaît qu'on a oublié bien des choses presque indispensables, ou que l'on s'est surchargé d'objets entièrement inutiles.

Un voyageur doit s'attacher à n'avoir que très-peu de bagages, et il doit renoncer à tous les objets de luxe et à tout ce qui n'est pas strictement utile, s'il veut éviter l'encombrement de son étroite cabine, qui généralement n'a guère plus de 2 mètres de longueur sur 1 mètre 50 centimètres de largeur. Il ne faut pas oublier que des circonstances imprévues peuvent obliger le capitaine à loger deux personnes dans la même cabine. Cela posé, qu'on juge de la place réservée aux petits bagages. Il devient donc important de ne pas perdre un pouce de terrain. Il ne faut faire de provisions de linge que pour dix ou quinze jours seulement. Les malles contenant la réserve sont placées dans la cale, et on ne peut les avoir à sa disposition qu'une fois par semaine, à cause du surcroît de travail qu'aurait à supporter l'équipage pour les hisser sur le pont. A cette occasion, je dirai qu'il faut avoir de bonnes malles en bois, bien solidement établies et bien hermétiquement fermées, car l'air de la mer gâte tout. Les dames qui auraient des robes de soie, des objets de toilette, des gants, etc., devront faire enfermer le tout dans des caisses de fer-blanc, fermées à la soudure, car autrement, en moins de huit jours, tout serait piqué.

Il ne faut pas croire que, parce qu'on se rend dans un pays chaud, on n'aura jamais à redouter le froid pendant le voyage. En mer, la température varie presque journellement, et souvent en moins de vingt-quatre heures le thermomètre varie de 12 à 15 degrés, de sorte que l'on doit être à même de se couvrir chaudement. Le linge est la seule chose dont on doive être largement muni; car on ne peut le faire laver dès qu'il est sale, et par les temps chauds on est obligé d'en changer souvent. Pour une traversée de trois mois il faut avoir environ six douzaines de chemises, de préférence en toile de coton. La toile de fil est trop fraîche et peut occasionner des rhumatismes.

Il est plus qu'inutile de se pourvoir de pantalons blancs, de vestes et d'habillements légers pour mettre dans les colonies; car on y trouve ces objets toujours mieux faits et à des prix moins élevés qu'en Europe.

Quand on approche de la ligne la chaleur est tellement intense qu'on peut difficilement se résoudre à coucher dans sa cabine : aussi le voyageur qui ne craint pas de prendre une planche pour matelas passe la nuit sur le pont. Il fera bien néanmoins de s'envelopper d'un manteau, à cause de l'humidité, qui est très à redouter.

Quelques voyageurs emportent, d'après de mauvais conseils, des matelas en caoutchouc, qui se gonflent d'air ; ils paraissent très-commodes pour voyager, et semblent devoir être très-frais et convenir très-bien aux pays chauds. J'en ai fait moi-même l'expérience, et bientôt j'ai reconnu que cela ne valait rien. La chaleur et l'humidité agissent sur le caoutchouc, le matelas se dégonfle et vous laisse sur le bois. En général tout ce qui est en caoutchouc, soit manteau, soit bretelles, etc., etc., n'est bon que pour les climats tempérés ; mais entre les tropiques cela ne vaut absolument rien. Mieux vaut pour se coucher se munir d'une bonne natte qu'on se procure facilement dans tous les ports de mer. Il y a à Paris, sur le boulevard Poissonnière, une maison spéciale pour les articles de voyage ; je dois dire que tous les objets qui m'ont été fournis par le Bazar du Voyage étaient de bonne qualité, et qu'ils m'ont été très-utiles. On ne me supposera pas, je l'espère du moins, l'intention de faire une réclame en faveur d'un négociant que je connais à peine ; car, en donnant ce renseignement, mon but unique est de rendre service aux voyageurs. Là ils trouveront tout ce dont ils peuvent avoir besoin pour toute espèce de voyages. On ne doit pas oublier de se munir de bougies et d'un flambeau à balancier afin d'éviter le feu. On n'est bien casé que lorsque tout est solidement fixé, afin d'éviter les fâcheux effets du roulis et du gros temps. Il faut avoir quelques livres pour aider à passer le temps. A bord, si l'on n'est pas malade, l'on peut facilement travailler et même dessiner ; l'on s'habitue promptement au roulis et au tangage. On peut emporter des hameçons et des lignes, parce qu'entre les tropiques l'on a souvent la chance de rencontrer des poissons qu'on s'amuse à pêcher. En consultant le capitaine ou un officier du bord, avant le départ du bâtiment, il vous donnera à ce sujet d'amples détails sur la manière de s'approvisionner. Un bon fusil est souvent utile. Si l'on emporte beaucoup d'armes, la seule manière de les préserver de la rouille est de les graisser avec du saindoux fondu avec partie égale de blanc d'Espagne. On laissera l'arme dans sa boîte hermétiquement fermée. Il faut faire choix d'une bonne montre, même de deux ; car, hors d'Europe, il est très-difficile de pouvoir faire réparer le moindre accident, et d'ailleurs une réparation coûte souvent autant que la montre. Une longue-vue sert souvent, et l'on ne peut compter sur celles des officiers, qui n'aiment pas à les prêter.

Celui qui dessine doit emporter avec lui une bonne provision de tout ce qui peut lui être nécessaire ; il n'oubliera pas un daguerréotype, car l'on ne trouve à l'étranger que très-difficilement à se procurer des objets de ce genre.

Un pupitre est de toute nécessité ; ceux en cuir de Russie et en forme de nécessaire sont les plus portatifs et les plus commodes. On emportera des pains à cacheter au lieu de cire ; car celle-ci se ramollit et devient d'un mauvais usage.

Rarement à bord d'un navire marchand l'eau est potable, et souvent la quantité allouée journellement est si minime qu'on ne peut en perdre une goutte. Il faut à la moindre averse s'empresser de s'en procurer une petite provision. On comprend alors l'utilité d'un petit filtre de voyage, haut de 50 centimètres et entouré d'osier. C'est un meuble des plus nécessaires, car la mauvaise qualité de l'eau devient souvent une cause de maladie. Il faut s'abstenir autant que possible de boire ; mais la boisson la plus saine est de l'eau et une légère quantité d'eau-de-vie. La bière et le vin sont rarement de bonne qualité. L'eau pure ou la limonade occasionnent parfois la dyssenterie.

Quelque arrangement que fasse un passager, il doit prendre ses mesures pour que tout soit bien en ordre dans sa cabine avant qu'on lève l'ancre; car, à peine sous voile, souvent on est assailli d'un coup de vent qui renverse et casse tout, on est alors réduit à de dures privations pendant tout le reste de la traversée.

Le meilleur de tous les remèdes contre le mal de mer est de prendre ce mal en patience, car jusqu'à ce jour la science n'a indiqué aucun moyen certain pour en combattre les effets, et les fameux bonbons plus ou moins approuvés de l'Académie sont sans résultats. On fera bien de tâcher de s'habituer aux mouvements du navire, et de lutter contre le mal; pour cela il faut marcher, se donner du mouvement, et surtout ne laisser jamais son estomac vide, car on pourrait craindre des vomissements de sang.

Beaucoup de personnes emportent avec elles des sirops, des sucreries, des gourmandises qui ne se conservent pas, car les allures du bâtiment ont bientôt fait fermenter les sirops : les bouteilles éclatent et salissent tout. Qu'on se rappelle aussi qu'une fois sous les tropiques des myriades d'insectes, de cancrelats, de mille-pieds, etc., etc., circulent dans tous les bâtiments, et ce sucre répandu attire promptement ces dégoûtants visiteurs.

A bord l'on doit beaucoup s'observer et être peu familier; l'on se trouve tout à coup jeté au milieu de passagers qu'on ne connaît pas et avec lesquels on est appelé à vivre pendant des mois entiers. Quelquefois les moindres plaisanteries sont fort mal reçues, et les querelles s'ensuivent d'autant plus facilement que les ennuis d'une longue traversée aigrissent les caractères; car les uns quittent leur patrie pour toujours ou pour de longues années, les autres laissent des affections, d'autres sont absorbés par leur commerce. Il est donc très-sage de se tenir sur une certaine réserve toujours polie, dont les Anglais nous donnent l'exemple. Le jeu est souvent un passe-temps dont il faut éviter les trop grands attraits.

Le passage de la ligne est fêté à bord d'un navire. C'est un jour de récréation pour l'équipage, qui s'amuse à faire diverses farces au fond très-innocentes. Le baptême de la ligne est une plaisanterie dont il faut rire, en ayant l'air de se prêter de bonne grâce aux premières épreuves; c'est le meilleur moyen d'en être quitte à bon marché. A cette occasion le capitaine accorde à l'équipage un bon dîner, et les passagers quelques pièces de monnaie. C'est un jour de fête qu'il ne faut pas troubler.

Je finirai ces quelques conseils en parlant des ennuis de la douane : dans toutes les colonies anglaises les douanes sont assez tolérantes pour les objets d'usage personnel; mais au Brésil, à Java, etc., etc., l'on doit faire bien attention de déclarer à l'avance tout ce qui pourrait être sujet à quelque droit, autrement on s'attirerait des désagréments qui pourraient nuire au capitaine et à son chargement.

TABLE.

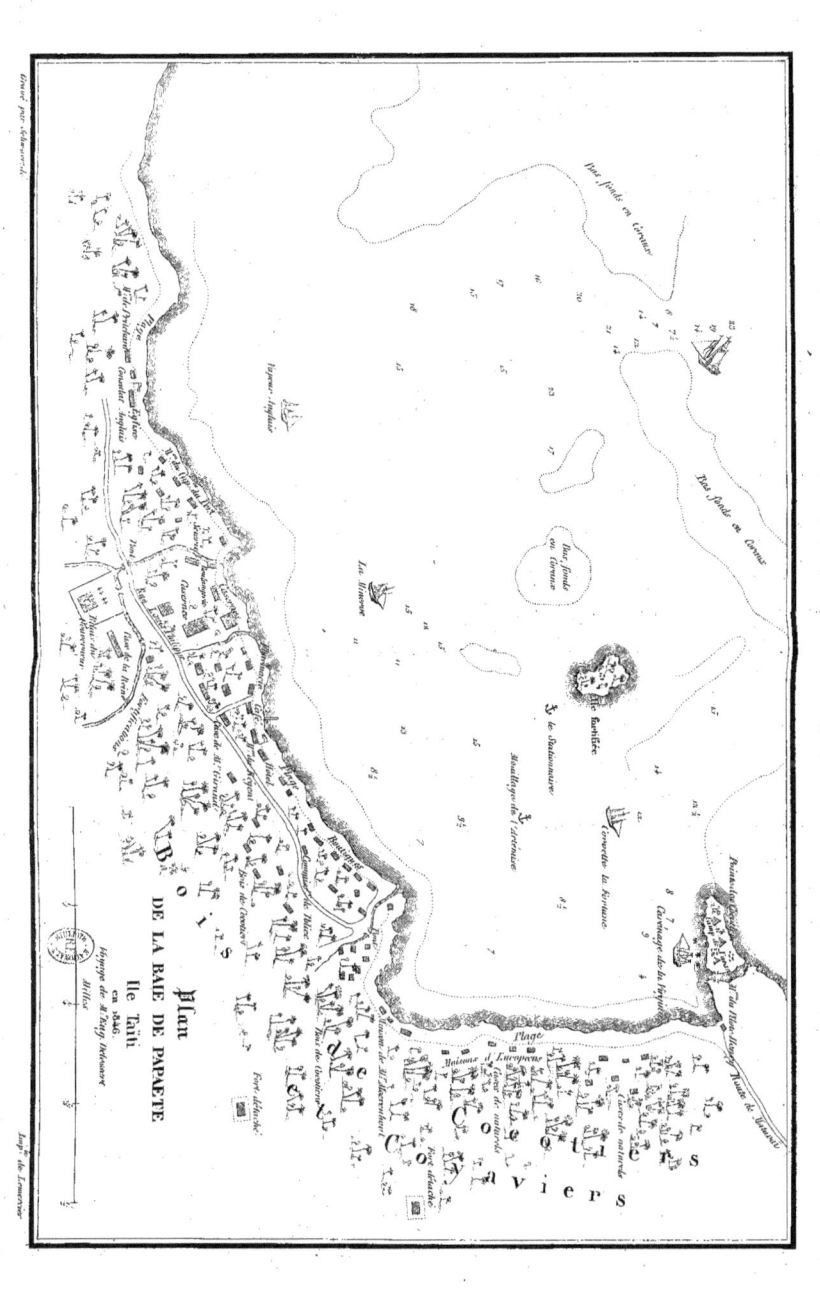

Plan
DE LA BAIE DE PAPEETE
Ile Taïti
en 1846

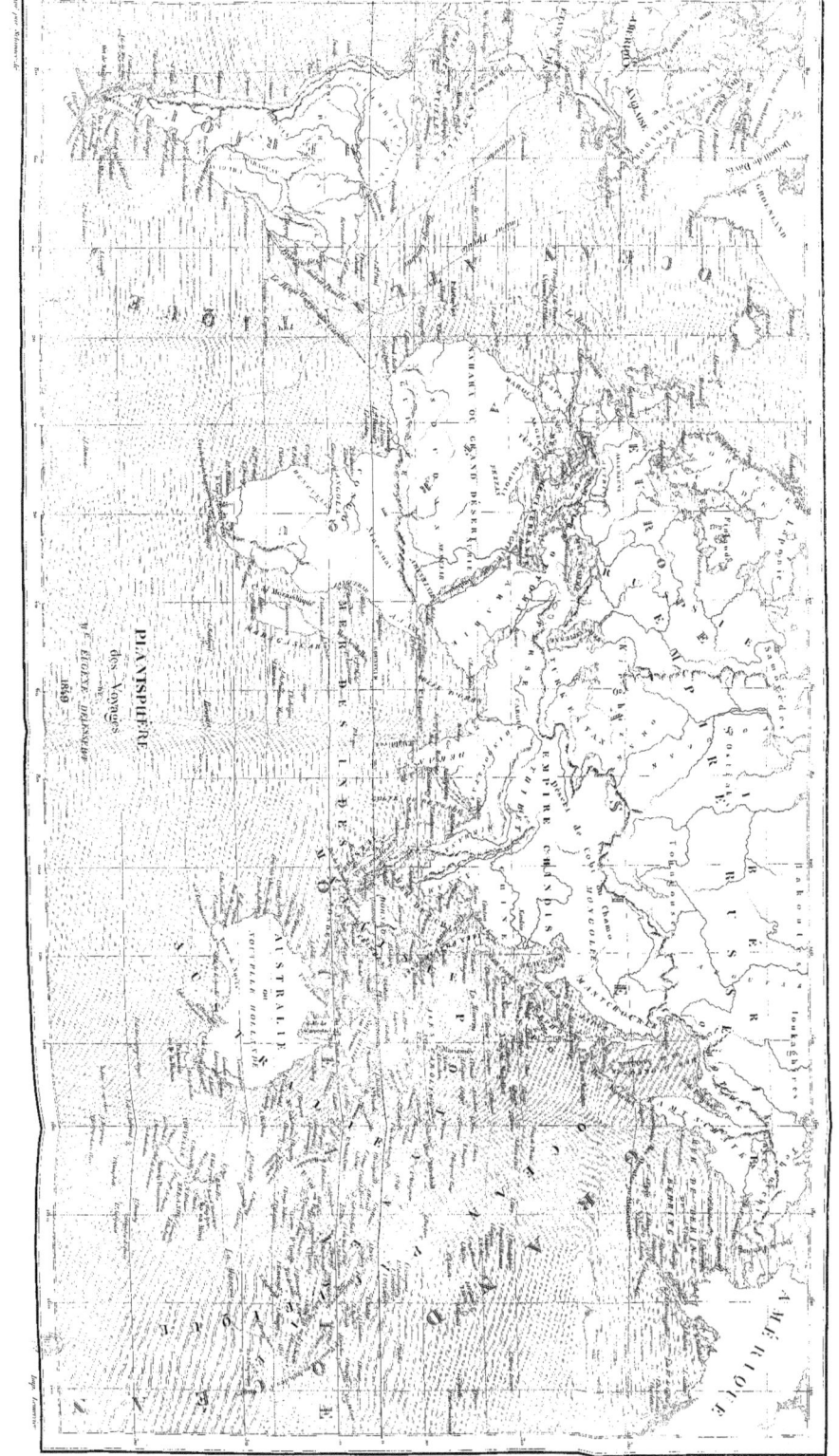

PLANISPHÈRE
des Voyages
Mr EUGÈNE DELESSERT
1849

www.ingramcontent.com/pod-product-compliance
Lightning Source LLC
Chambersburg PA
CBHW070302030726
47505CB00004B/889